编写人员

主　编：郑新芝　福建建达律师事务所主任

编委会委员

张传江	苏启东	华毅鹰	吴增锦	董帝亮	伍孝信
黄鸿东	王美强	戴世福	肖辉胜	李志强	叶文兴
刘伟英	朱乃坚	陈瑞龙	张旭东	彭丽梅	潘　毅
朱亚辉	郑佳臻	王惠琴	周学伦	李　洋	陈铭涛
汪佩元	王一恒	陈恩杰	陈晓烽	刘　洋	王昱杰

法律顾问实务系列

福建建達律師事務所

“三农”法律顾问实务

郑新芝　主编

SANNONG
FALÜ GUWEN SHIWU
JINENG WENDA YU ANLI

技能、问答与案例

中国法制出版社
CHINA LEGAL PUBLISHING HOUSE

自 序

农业是第一产业，是提供支撑国民经济建设与发展的基础产业。自2004年至今，中共中央连续多年每年发布以“三农”（农业、农村、农民）为主题的中央一号文件，强调“三农”问题在中国社会主义现代化建设中的重要地位。这一系列中央一号文件在不同时期虽各有侧重，但是集中反映以下三个特点：一是深化农业、农村制度改革；二是扩大农民就业，强调农民增收；三是增加惠农政策和保障措施。如2017年中央一号文件《中共中央、国务院关于深入推进农业供给侧结构性改革加快培育农业农村发展新动能的若干意见》提出深入推进农业供给侧结构性改革；2018年中央一号文件《中共中央、国务院关于实施乡村振兴战略的意见》提出实施乡村振兴战略；2019年中央一号文件《中共中央、国务院关于坚持农业农村优先发展做好“三农”工作的若干意见》提出坚持农业农村优先发展做好“三农”工作；2020年中央一号文件《中共中央、国务院关于抓好“三农”领域重点工作确保如期实现全面小康的意见》提出抓好“三农”领域重点工作确保如期实现全面小康。2021年中央一号文件《中共中央、国务院关于全面推进乡村振兴加快农业农村现代化的意见》指出，民族要复兴，乡村必振兴。要坚持把解决好“三农”问题作为全党工作重中之重，把全面推进乡村振兴作为实现中华民族伟大复兴的一项重大任务，举全党全社会之力加快农业农村现代化，让广大农民过上更加美好的生活。

随着全面依法治国基本方略的逐步推进，如何保障“三农”工作依法开展，这是一个历久而弥新的课题。二十多年来，我所致力于为“三农”工作提供全方位的法律服务，尤感受到“三农”工作的健康、有序及优先发展离不开法律的保驾护航，离不开乡镇农村干部对“三农”工作法律意识的提高，离不开“三农”工作依法依规的运行和保障。鉴此，本所根据“三农”领域最新的文件政策、法律法规，结合多年来乡镇法律服务实务经验，编著本书。

本书主要解决的问题如下：第一，关于“三农”领域中最新的法律法规、政策措施；第二，乡镇农村法律工作重点和难点；第三，农民合法权益保障。

在章节的编排上，本书共分为上、中、下三篇，其中上篇介绍乡镇法律实务技能，包括乡镇行政应诉实务技巧、乡镇行政执法、政府信息公开、乡村振兴建设实施方案、乡村治理制度建设、农村集体土地征收、农村不动产确权登记实施、乡镇法律纠纷救济等内容；中篇介绍农业、农村、农民最新法律法规和文件政策，包括2017年至2021年中央一号文件、乡镇依法行政事项、村委会自治事项、乡规民约、司法调解活动、工程招标、扫黑除恶、生态保护、农民权益保障等；下篇精选二十个案例，力求做到有法律知识、有政策措施、有服务技巧、有实务案例。

本书在写作过程中，得到了福建建达律师事务所专业服务团队（政府法律顾问专业委员会、建设工程与房地产专业委员会、婚姻家事专业委员会、行政诉讼专业委员会、民事诉讼专业委员会）的专业支持，也得到了福建建达（泉州）律师事务所、福建理则达律师事务所、新疆百丰天圆律师事务所、福建建达（漳州）律师事务所、福建建达（马尾）律师事务所、福建建达（福鼎）律师事务所、福建建达（霞浦）律师事务所、福建建达（长乐）律师事务所、上海劲达律师事务所、福建佳汇律师事务所、秉坚律师事务所、福建骁腾律师事务所、福建建达（厦门）律师事务所、福建建达（南平）律师事务所等建达机构成员单位的大力协助。特别是中国法制出版社黄会丽编辑对本书章节结构和统筹策划提出了宝贵的修改意见，在此一并致谢。

由于时间仓促和“三农”新规的不断出台，本书在内容上可能还有诸多待完善之处，借此还望读者予以关注和斧正！

郑新芝

2021年5月

简　目

上篇　法律实务技能

中篇　法律实务问答

下篇　案　例

目录
CONTENTS

上篇　法律实务技能

中篇 法律实务问答

下篇 案 例

上 篇

法律实务技能

1 第一章

乡镇行政应诉实务技巧

乡镇人民政府在履行法定职责时，必然要作出行政行为。行政行为相对人认为上述行政行为侵害自己的合法权益，一般选择行政复议或行政诉讼救济途径。因此，乡镇人民政府必须进行行政应诉。特别是2020年6月《最高人民法院关于行政机关负责人出庭应诉若干问题的规定》开始施行，其中明确规定，被诉行政机关负责人依法应当在第一审、第二审、再审等诉讼程序中出庭参加诉讼，行使诉讼权利，履行诉讼义务。这既从根本上改变了部分乡镇人民政府追求“少讼”“息讼”的行政管理目标，也在一定程度上促使乡镇人民政府对其行政应诉行为越发审慎，同时更愿意聘请法律顾问协助参与作出行政行为。随之转变而来的是乡镇人民政府在面对各类行政诉讼时，也应逐步建立行政应诉制度，形成相对合理且行之有效的应诉机制。

具体来说，一般可将乡镇人民政府应对行政诉讼的过程概括为庭前准备阶段、庭审阶段及庭后归纳总结阶段。

一、庭前准备阶段

具体的工作流程是：

1. 接收材料，通知相关部门

乡镇人民政府的法律事务，特别是涉诉事务，更强调信息的准确性、及时性以及时效性。诉讼案件都有举证期限的时间限制，乡镇人民政府无正当理由逾期提供证据，视为没有相应证据，将承担作出行政行为没有事实依据，被法院撤销的法律风险。

因此，乡镇政府信件接收部门在收到法院的举证通知书、起诉状及证据等材料后，应及时通知相关行政应诉部门，避免因超过举证期限逾期提供证据导致行政败诉的风险。

2. 案卷交接，留存原件

乡镇应诉相关部门收到诉讼材料后，可借助现代科技手段，将上述材料扫描件发送法律顾问或案件代理律师进行前期案件分析，并及时将上述材料复印件交由代理律师核对。对于复杂案件，乡镇人民政府通常应对案件发生的背景、作出行政行为时的具体情况及政策文件作出特别介绍与说明。同时需要说明的是，被诉的行政行为并非由乡镇应诉相关部门直接作出，此时与代理律师对接的部门还应包括作出行政行为的部门，乡镇应诉相关部门进行必要的协作工作。

当然，为应诉方便，乡镇人民政府有时也会将案件材料的原件交给代理律师，此时经办人员一定要注意办理交接手续。

3. 收集证据与草拟答辩状

本阶段代理律师经过对案情了解和法律分析，可以作出初步法律判断和行政应诉方案，并进行证据的收集与答辩状的草拟。鉴于乡镇人民政府已通过书面方式作出被诉行政行为，在作出行政行为时一般留存相应的证据并备案，这样代理律师可直接根据收集到的证据，草拟答辩状。

4. 核准审批

乡镇应诉相关部门收到代理律师草拟的答辩材料后，应及时提交乡镇人民政府进行核准审批，尤其对于重大行政诉讼案件中提交的证据清单、答辩状及代理词等，需要集体开会表决通过。必要时，可邀请乡镇法律顾问或代理律师列席，发表意见，提供诉讼思路、代理方案和法律风险，以便乡镇党委会议表决时提供法律参考。

另外，审批盖章也需要一定时间，乡镇应诉相关部门应尽早提交乡镇政府，保证在举证期限内将相关材料提交给法院等相关机关。

二、庭审阶段

乡镇应诉部门在收到法院寄送的开庭传票后，按照《最高人民法院关于行政机关负责人出庭应诉若干问题的规定》，应由被诉行政机关负责人出庭应诉，其中被诉行政机关负责人包括行政机关的正职、副职负责人，参与分管被诉行政行为实施工作的副职级别的负责人以及其他参与分管的负责人。被诉行政机关委托的组织或者下级行政机关的负责人，不能作为被诉行政机关负责人出庭。乡镇政府应及时指派参加出庭应诉人员，一般由乡镇人民政府负责人与代理律师（一名）共同出庭应诉，并由律师作为主发言人进行庭审，乡镇人民政府负责人补充发言。

三、卷宗归档阶段

行政案件往往要经过一审、二审两阶段，个别重大复杂的案件还可能经过再审程序。因此，在收到一审裁判文书后，乡镇人民政府应初步判断案件是否需要提起二审或再审，只有在确定案件最终结案后，乡镇人民政府才能进行案卷的整理归档工作。

对于进行二审或者再审的案件，如没有特殊情形，无论是乡镇人民政府的应诉人员还是案件经办律师除需要进行证据收集与提交新证据外，其工作流程与一审阶段大致相同。实际上，民事诉讼与行政诉讼基本一致，乡镇人民政府在应对民事诉讼时，工作流程基本也按照上述模式，但可能因每个具体案件的不同在细节上略有差异。

综上所述，在省略二审及再审程序的基础上，用以下流程来概括乡镇人民政府应诉的工作流程，大致如下：①接收应诉通知（乡镇人民政府）→②准备答辩材料（应诉部门、代理律师）→③审核盖章（乡镇人民政府）→④提交答辩材料（代理律师）→⑤接收开庭传票（乡镇人民政府/代理律师）→⑥出庭应诉（乡镇人民政府＋代理律师）→⑦接收裁判文书（乡镇人民政府/代理律师）→⑧案卷归档（乡镇人民政府＋代理律师）。

2 第二章 乡镇行政执法

乡镇政府是我国最基层的一级地方政权组织，负责本行政区域内政治、经济、文化等全方位的综合性行政管理。但现行法律法规对乡镇政府行政执法权、机构设置、职能设定等规定存在严重缺陷，导致乡镇政府大部分行政执法没有合法权源，不具备专业执法队伍和检测设备，且囿于“属地管辖”行政原则，在现实中不执法，属于不履职；执法又没有合法权源，更是知法违法。乡镇政府行政执法活动动辄皆错，举步维艰。一旦行政相对人提起行政复议或诉讼，乡镇政府行政执法行为即确认违法，政府权威受到严峻的挑战。

结合多年乡镇法律服务经验，以行政处罚为例，本所提出几点乡镇人民政府行政执法活动的工作经验、工作流程及注意事项，供参考。

一、乡镇政府无行政执法权之破局

根据现行法律、法规，乡镇政府除《社会抚养费征收管理办法》第四条规定的社会抚养费委托征收权和《城乡规划法》[①] 第六十五条规定的违建拆除行政执法权外，乡镇政府基本上无权执法。因此，乡镇政府作为执法主体在绝大部分执法活动中并不适格。

《行政处罚法》第二十二条规定：“行政处罚由违法行为发生地的行政机关管辖。法律、行政法规、部门规章另有规定的，从其规定。”第二十三条规定：“行政处罚由县级以上地方人民政府具有行政处罚权的行政机关管辖。法律、行政法规另有规定的，从其规定。”迫切需要解决的是行政执法

① 为行文简洁，方便读者阅读，本书所称法律名称均为简称，后文不再特别说明。

主体问题，各县市可以整合乡镇现有的行政执法和管理职能的资源，通过制度设计赋予乡镇行政执法权，目前比较可行的方法有三种：委托行政执法、综合行政执法和联合行政执法。

委托行政执法形式：根据《行政处罚法》《行政许可法》等法律规定，由县级行政执法机关依照法律、法规和规章委托乡镇政府行使相应的行政执法权。受委托乡镇政府确定相对固定的执法队伍和执法人员，配置技术检查或技术检测条件，以县级行政执法机关的名义在委托范围内行使行政执法权。如《社会抚养费征收管理办法》和《城乡规划法》已作出相应委托行政执法规定。

综合行政执法形式：《行政处罚法》第十八条规定，国家在城市管理、市场监管、生态环境、文化市场、交通运输、应急管理、农业等领域推行建立综合行政执法制度，相对集中行政处罚权。国务院或者省、自治区、直辖市人民政府可以决定一个行政机关行使有关行政机关的行政处罚权。限制人身自由的行政处罚权只能由公安机关和法律规定的其他机关行使。例如，北京市于 2020 年 4 月出台《北京市人民政府关于向街道办事处和乡镇人民政府下放部分行政执法职权并实行综合执法的决定》，从 7 月 1 日起，将 431 项由市、区有关部门承担的部分行政处罚权、行政强制权下放至街道办事处和乡镇人民政府，并由其依法行使与之相关的行政检查权，实行综合执法。又如，广东省人民政府 2020 年 5 月发布《广东省人民政府关于农村村民非法占用土地建住宅行政执法权的公告》，将《土地管理法》第七十八条规定的行政处罚权，以及与该行政处罚相关的行政检查、行政强制措施权，调整由乡镇人民政府（街道办事处）行使。

联合行政执法形式：乡镇政府和具有行政执法权的县级行政执法机关联合执法，根据各自权限范围和行政职责对行政违法相对人作出行政处罚。

二、乡镇行政执法工作流程

取得行政执法合法权限后，乡镇政府可以根据下列流程进行相关行政执法。

1. 行政执法启动

根据《福建省行政执法条例》第二十六条的规定，行政执法程序由行政执法机关依职权启动，或者依公民、法人和其他组织的申请启动。行政执法机关依职权启动程序，应当书面报请本行政执法机关负责人批准。情况紧急的，可以先行启动，并在一个工作日内补办批准手续。

公民、法人和其他组织申请启动行政执法程序应当采取书面形式（包括数据电文形式）。申请人书写确有困难的，可以口头申请，行政执法机关应当当场如实记录，并经申请人确认。

2. 乡镇人民政府审查受理

乡镇人民政府在依职权或者收到启动行政执法程序的申请后，一般需要依据部委规章或机关内部规程进行形式审查是否受理，主要应从以下几个方面进行审查：申请人的身份信息、是否属于本机关管辖范围、申请事项是否明确、相关依据和证据材料是否齐全、是否需要补充材料等。申请材料不符合规定的，限期修改重新申请，逾期不予受理。

3. 乡镇人民政府调查取证

乡镇人民政府决定受理后，首先应向相关当事人发出调查函，查明事实，收集证据，然后作出行政执法行为。以举报为例，乡镇人民政府受理举报事项后，首先应向被举报人及相关当事人发出就举报事项要求说明的函件，对当事人进行调查询问，必要时可组织各方进行质证，对物证进行鉴定，然后根据回复函、调查询问笔录、质证记录和鉴定意见，依据相关法律法规作出行政执法行为。

乡镇人民政府在调查或者进行检查时，执法人员不得少于两人，并应当向当事人或者有关人员出示证件。当事人或者有关人员应当如实回答询问，并协助调查或者检查，不得阻挠。询问或者检查应当制作笔录。

乡镇人民政府在收集证据时，可以采取抽样取证的方法；在证据可能灭失或者以后难以取得的情况下，经乡镇人民政府负责人批准，可以先行登记保存，并应当及时作出处理决定，在此期间，当事人或者有关人员不得销毁或者转移证据。

执法人员与当事人有直接利害关系的，应当回避。

4. 作出行政执法行为前的告知和听证程序

乡镇人民政府作出行政执法行为之前，必须履行告知和听证程序，否则，将承担不利的法律风险。下面以行政处罚为例来谈谈告知和听证程序。

（1）告知程序。乡镇人民政府在作出行政处罚决定之前，应当告知当事人作出行政处罚决定的事实、理由及依据，并告知当事人依法享有的权利。当事人有权进行陈述和申辩。乡镇人民政府必须充分听取当事人的意见，对当事人提出的事实、理由和证据，应当进行复核；当事人提出的事实、理由或者证据成立的，乡镇人民政府应当采纳。

（2）听证程序。乡镇人民政府作出责令停产停业、吊销许可证或者执照、较大数额罚款等行政处罚决定之前，应当告知当事人有要求举行听证的权利；当事人要求听证的，乡镇人民政府应当组织听证。

（3）违反告知和听证程序的法律风险。乡镇人民政府及其执法人员在作出行政处罚决定之前，未按规定向当事人告知给予行政处罚的事实、理由和依据，或者拒绝听取当事人的陈述、申辩，行政处罚决定不能成立；当事人放弃陈述或者申辩权利的除外。

5. 作出行政执法行为并告知救济权利

乡镇人民政府依据作出行政行为的事实、理由、证据及法律规定作出行政处理决定，并以书面形式向行政相对人和相关当事人送达，同时应告知行政相对人享有相应复议、诉讼等救济权利。一般在行政行为决定书结尾需要附上这样一段话："如不服本决定，可在决定书送达之日起六十日内向某市人民政府或某上一级主管部门申请行政复议，或者依据《中华人民共和国行政诉讼法》第四十六条的规定在决定书送达之日起六个月内向某市某区人民法院提起行政诉讼。"

三、注意事项

1. 重大执法决定法制审核

根据《福建省行政执法条例》第五十六条、第五十七条和第五十九条规定，行政执法机关在作出下列重大执法决定前，应当进行法制审核，未经法制审核或者审核未通过的，不得作出决定：（1）涉及重大公共利益；（2）可能造成重大社会影响；（3）直接关系行政相对人或者第三人重大权益；

（4）经过听证程序作出的行政执法决定；（5）案件疑难复杂，涉及多个法律关系。

在进行法制审核时，可以征求本行政执法机关法律顾问、专家的意见。负责法制审核的部门、机构进行法制审核时应当重点审核以下内容：（1）行政执法机关主体及其行政执法人员是否适格；（2）认定事实是否清楚，证据是否确实、充分；（3）适用依据是否正确；（4）行政裁量是否适当；（5）程序是否合法；（6）执法是否超越权限；（7）行政执法文书是否规范；（8）法律、法规、规章规定应当审核的其他内容。

负责法制审核的部门、机构应当提出同意或者存在问题的书面审核意见。行政执法承办机构应当对存在问题的审核意见进行研究，作出相应处理后再次报送法制审核部门。

2. 乡镇人民政府应当依法收集和固定证据

实际中，部分乡镇人民政府可能会认为行政相对人违法事实清楚，证据收集和固定只是工作流程，忽视了依照法定程序收集违法行为的相关证据。但是，一旦进入行政诉讼，乡镇人民政府作出行政行为的证据已经固定，除非特定情形，乡镇人民政府不能再就已作出的行政行为向行政相对人或第三人收集证据，而法院也更多地审查作出行政行为的合法性，其中也包括证据的合法性和程序的合法性。以常见的调查笔录为例，经常会出现违反法定程序的错误，如只有一名执法人员在调查笔录上签名；询问问题设定都是格式化的，甚至只有肯定或否定回答，无法体现行政相对人的陈述和申辩；执法检查没有出示工作证件等。

3. 如何理解“较大数额罚款”

乡镇人民政府作出较大数额罚款等行政处罚决定之前，应当告知当事人有要求举行听证的权利。如何理解“较大数额罚款”的标准，现行法律法规没有统一的标准，需要各地自行制定。目前福建省还没有制定省内统一的“较大数额罚款”的标准，主要依据部级、省级各部门规章。比如福建省财政厅根据《关于转发〈财政机关行政处罚听证实施办法〉的通知》（闽财法〔2005〕3号），按照财政部的“较大数额罚款”标准执行，即对公民作出5000元以上罚款，对法人或者其他组织作出5万元以上罚款，公民、法人或其他组织要求举行听证。

2002年，福建省建设厅实施的《关于建设行政处罚中适用听证程序的较大数额罚款标准的规定》，对建设行政处罚中适用听证程序的较大数额罚款标准的规定如下：对非经营活动中公民的违法行为处以1000元以上（含1000元，下同）的罚款；对非经营活动中法人或者其他组织的违法行为处以30000元以上的罚款；对经营活动中公民的违法行为处以5000元以上的罚款；对经营活动中法人或者其他组织的违法行为处以100000元以上的罚款。

4. 作出行政执法决定的期限

根据《福建省行政执法条例》第三十一条的规定，行政执法机关应当在法律、法规、规章规定的期限内作出行政执法决定。法律、法规、规章未明确规定期限的，行政执法机关应当自程序启动之日起三十日内作出行政执法决定；重大、复杂的案件，经本机关主要负责人批准，可以延长三十日，并告知当事人。特别重大、复杂的案件，经延长期限后仍不能作出行政执法决定，确需继续延长期限的，应当报本级人民政府批准，并将延长事由告知当事人。

5. 如何执行已生效的行政执法行为

对于已作出的行政执法行为，公民、法人或者其他组织对行政行为在法定期限内不提起诉讼又不履行的，乡镇人民政府可以申请人民法院强制执行，或者依法强制执行。并非所有的乡镇人民政府都具有直接强制执行权，目前我国只有税收征收管理法、海关法等法律规定乡镇人民政府具有直接强制执行权，对于法律没有赋予直接强制执行权的乡镇人民政府，如果当事人没有在法定期限内履行的，只能申请人民法院强制执行，且应在法定期限内申请执行。当事人在法定期限内不申请行政复议或者提起行政诉讼，又不履行行政决定的，没有行政强制执行权的乡镇人民政府可以自期限届满之日起三个月内，依照规定申请人民法院强制执行。

3 第三章 政府信息公开

政府信息，是指行政机关在履行行政管理职能过程中制作或者获取的，以一定形式记录、保存的信息。信息公开既是乡镇人民政府依法履责的具体表现，也关系到公民、法人和其他组织切身的合法权益。如处理不当，往往成为法院处理行政诉讼案件的高发区。乡镇人民政府如何依法公开政府信息，需要从规范工作流程、把控法律风险等方面入手，具体注意以下事项：

一、信息公开原则

公开政府信息，应当坚持以公开为常态、不公开为例外，遵循公正、公平、合法、便民的原则。

二、信息公开和不予公开内容

根据《政府信息公开条例》第十四条、第十五条和第十六条之规定，有以下情形的，乡镇人民政府可以不予公开政府信息：

1. 依法确定为国家秘密的政府信息，法律、行政法规禁止公开的政府信息，以及公开后可能危及国家安全、公共安全、经济安全、社会稳定的政府信息，不予公开。

2. 涉及商业秘密、个人隐私等公开会对第三方合法权益造成损害的政府信息，行政机关不得公开。

3. 行政机关的内部事务信息，包括人事管理、后勤管理、内部工作流程等方面的信息，可以不予公开。

4. 行政机关在履行行政管理职能过程中形成的讨论记录、过程稿、磋商信函、请示报告等过程性信息以及行政执法案卷信息，可以不予公开。

除上述情形外，乡镇人民政府应当公开政府信息。

三、信息公开方式

行政机关公开政府信息，采取主动公开和依申请公开的方式。

四、乡镇人民政府主动公开信息范围

根据《政府信息公开条例》第二十条和第二十一条之规定，乡镇人民政府主动公开信息范围包括：（1）行政法规、规章和规范性文件；（2）机关职能、机构设置、办公地址、办公时间、联系方式、负责人姓名；（3）国民经济和社会发展规划、专项规划、区域规划及相关政策；（4）国民经济和社会发展统计信息；（5）办理行政许可和其他对外管理服务事项的依据、条件、程序以及办理结果；（6）实施行政处罚、行政强制的依据、条件、程序以及本行政机关认为具有一定社会影响的行政处罚决定；（7）财政预算、决算信息；（8）行政事业性收费项目及其依据、标准；（9）政府集中采购项目的目录、标准及实施情况；（10）重大建设项目的批准和实施情况；（11）扶贫、教育、医疗、社会保障、促进就业等方面的政策、措施及其实施情况；（12）突发公共事件的应急预案、预警信息及应对情况；（13）环境保护、公共卫生、安全生产、食品药品、产品质量的监督检查情况；（14）公务员招考的职位、名额、报考条件等事项以及录用结果；（15）法律、法规、规章和国家有关规定应当主动公开的其他政府信息。同时，乡（镇）人民政府还应当根据本地方的具体情况，主动公开贯彻落实农业农村政策、农田水利工程建设运营、农村土地承包经营权流转、宅基地使用情况审核、土地征收、房屋征收、筹资筹劳、社会救助等方面的政府信息。

五、依申请公开政府信息事项的处理流程

1. 申请材料审查

申请人提交政府信息公开申请书，乡镇人民政府受理后审查，政府信息公开申请内容不明确的，应当给予指导和释明，并自收到申请之日起7个工作日内一次性告知申请人作出补正，说明需要补正的事项和合理的补正期

限。答复期限自乡镇人民政府收到补正的申请之日起计算。申请人无正当理由逾期不补正的，视为放弃申请，乡镇人民政府不再处理该政府信息公开申请。

2. 征询第三方意见

依申请公开的政府信息公开会损害第三方合法权益的，乡镇人民政府应当书面征求第三方的意见。第三方应当自收到征求意见书之日起15个工作日内提出意见。第三方逾期未提出意见的，由乡镇人民政府依照有关规定决定是否公开。第三方不同意公开且有合理理由的，乡镇人民政府不予公开。乡镇人民政府认为不公开可能对公共利益造成重大影响的，可以决定予以公开，并将决定公开的政府信息内容和理由书面告知第三方。

3. 信息公开申请答复期限

（1）乡镇人民政府收到政府信息公开申请，能够当场答复的，应当当场予以答复。

（2）乡镇人民政府不能当场答复的，应当自收到申请之日起20个工作日内予以答复；需要延长答复期限的，应当经政府信息公开工作机构负责人同意并告知申请人，延长的期限最长不得超过20个工作日。乡镇人民政府征求第三方和其他机关意见所需时间不计算在前款规定的期限内。

4. 答复

对申请人提出的政府信息公开申请，乡镇人民政府根据下列情况分别作出答复：

（1）所申请公开信息已经主动公开的，告知申请人获取该政府信息的方式、途径。

（2）所申请公开信息可以公开的，向申请人提供该政府信息，或者告知申请人获取该政府信息的方式、途径和时间。

（3）依据规定决定不予公开的，告知申请人不予公开并说明理由。

（4）经检索没有所申请公开信息的，告知申请人该政府信息不存在。

（5）所申请公开信息不属于本行政机关负责公开的，告知申请人并说明理由；能够确定负责公开该政府信息的行政机关的，告知申请人该行政机关的名称、联系方式。

（6）已就申请人提出的政府信息公开申请作出答复、申请人重复申请公开相同政府信息的，告知申请人不予重复处理。

（7）所申请公开信息属于工商、不动产登记资料等信息，有关法律、行政法规对信息的获取有特别规定的，告知申请人依照有关法律、行政法规的规定办理。

5. 特殊情形处理

（1）明确“一事一申请”。在实际工作中，有时会遇到一个申请要求公开分属多个行政机关制作或保存的政府信息，有的申请公开的信息类别和项目繁多，受理机关既不能如需提供，又难以一一指明哪条信息不存在，哪条信息属于哪个行政机关公开，影响了办理时效。为提高工作效率，方便申请人尽快获取所申请公开的信息，对一些要求公开项目较多的申请，受理机关可要求申请人按照“一事一申请”原则对申请方式加以调整，即一个政府信息公开申请只对应一个政府信息项目。

同时，对将申请公开的政府信息拆分过细的情况，即申请人就一个具体事项向同一行政机关提出多个内容相近的信息公开申请，行政机关需要对现有的信息进行拆分处理才能答复，受理机关可要求申请人对所提申请作适当归并处理。

（2）申请公开的信息中含有不应当公开或者不属于政府信息的内容，但是能够作区分处理的，乡镇人民政府应当向申请人提供可以公开的政府信息内容，并对不予公开的内容说明理由。

（3）乡镇人民政府向申请人提供的信息，应当是已制作或者获取的政府信息。除依照规定能够作区分处理的外，需要行政机关对现有政府信息进行加工、分析的，乡镇人民政府可以不予提供。

（4）申请人以政府信息公开申请的形式进行信访、投诉、举报等活动，乡镇人民政府应当告知申请人不作为政府信息公开申请处理并可以告知通过相应渠道提出。

（5）申请人提出的申请内容为要求乡镇人民政府提供政府公报、报刊、书籍等公开出版物的，可以告知获取的途径。

（6）依申请公开政府信息，应当根据申请人的要求及行政机关保存政府信息的实际情况，确定提供政府信息的具体形式；按照申请人要求的形式提供政府信息，可能危及政府信息载体安全或者公开成本过高的，可以通过电子数据以及其他适当形式提供，或者安排申请人查阅、抄录相关政府信息。

如乡镇人民政府提供的政府信息不符合申请人要求的内容或者法律、法规规定的适当形式的，一旦提起行政诉讼，法院将判决乡镇人民政府按照申请人要求的内容或者法律、法规规定的适当形式提供。

（7）公民、法人或者其他组织有证据证明行政机关提供的与其自身相关的政府信息记录不准确的，可以要求行政机关更正。有权更正的行政机关审核属实的，应当予以更正并告知申请人；不属于本行政机关职能范围的，行政机关可以转送有权更正的行政机关处理并告知申请人，或者告知申请人向有权更正的行政机关提出。

（8）对于同一申请人向同一行政机关就同一内容反复提出公开申请的，行政机关可以不重复答复。

（9）对主要内容需要公众广泛知晓或参与，但其中部分内容涉及国家秘密的政府信息，应经法定程序解密并删除涉密内容后，予以公开。

（10）申请人申请公开政府信息的数量、频次明显超过合理范围的，行政机关可以收取信息处理费。

六、信息公开工作制度

（一）建立健全政府信息公开审查机制和动态调整机制

1. 对制作、获取或保存的政府信息，乡（镇）人民政府应当建立健全政府信息公开审查机制，明确审查的程序和责任，依照《保守国家秘密法》以及其他法律、法规和国家有关规定对拟公开的政府信息进行审查。不能确定政府信息是否可以公开的，应当依照法律、法规和国家有关规定报有关主管部门或者保密行政管理部门确定。

2. 乡（镇）人民政府应当建立健全政府信息管理动态调整机制，对本行政机关不予公开的政府信息进行定期评估审查，对因情势变化可以公开的政府信息应当公开。

（二）及时准确公开政府信息

乡（镇）人民政府应当及时、准确地公开政府信息。乡镇人民政府发现影响或者可能影响社会稳定、扰乱社会和经济管理秩序的虚假或者不完整信息的，应当发布准确的政府信息予以澄清。

（三）建立健全政府信息发布机制

1. 乡镇人民政府应当将主动公开的政府信息，通过政府公报、政府网站，或者其他互联网政务媒体、新闻发布会以及报刊、广播、电视等便于公众知晓的方式公开。

2. 应当加强依托政府门户网站公开政府信息的工作，利用统一的政府信息公开平台集中发布主动公开的政府信息。政府信息公开平台应当具备信息检索、查阅、下载等功能。可以根据需要在政务服务场所设立公共查阅室、资料索取点、信息公告栏、电子信息屏等场所、设施，公开政府信息。

3. 乡镇人民政府应当在档案馆、公共图书馆、政务服务场所设置政府信息查阅场所，配备相应的设施、设备，为公民、法人和其他组织获取政府信息提供便利，并及时向档案馆、公共图书馆提供主动公开的政府信息。

七、法律风险提示

（一）根据规定，明确政府信息公开主体

1. 行政机关制作的政府信息，由制作该政府信息的行政机关负责公开。两个以上行政机关共同制作的政府信息，由牵头制作的行政机关负责公开。

2. 行政机关从公民、法人和其他组织获取的政府信息，由保存该政府信息的行政机关负责公开；行政机关获取的其他行政机关的政府信息，由制作或者最初获取该政府信息的行政机关负责公开。

3. 法律、法规对政府信息公开的权限另有规定的，从其规定。

4. 行政机关设立的派出机构、内设机构依照法律、法规对外以自己名义履行行政管理职能的，可以由该派出机构、内设机构负责与所履行行政管理职能有关的政府信息公开工作。

（二）严格依法确定为国家秘密的政府信息

实务中，有些政府部门动辄以国家秘密为由不予公开政府信息。但是我国法律对于国家秘密的界定具有严格的法定程序。

1. 确定国家秘密有严格的法定程序

根据《保守国家秘密法》的规定，国家秘密是关系国家安全和利益，依照法定程序确定，在一定时间内仅限一定范围的人员知悉的事项。机关、单位对是否属于国家秘密或者属于何种密级不明确或者有争议的，由国家保密行政管理部门或者省、自治区、直辖市保密行政管理部门确定，乡镇人民政府不能随意指称为国家秘密。

2. 确定国家秘密的具体范围及密级，应当遵守定密权限

国家秘密及其密级的具体范围，由国家保密行政管理部门分别会同外交、公安、国家安全和其他中央有关机关规定。中央国家机关、省级机关及其授权的机关、单位可以确定绝密级、机密级和秘密级国家秘密；设区的市、自治州一级的机关及其授权的机关、单位可以确定机密级和秘密级国家秘密。具体的定密权限、授权范围由国家保密行政管理部门规定。

3. 国家秘密具有保密期限和解密条件

国家秘密的保密期限，应当根据事项的性质和特点，按照维护国家安全和利益的需要，限定在必要的期限内；不能确定期限的，应当确定解密的条件。国家秘密的保密期限，除另有规定外，绝密级不超过三十年，机密级不超过二十年，秘密级不超过十年。机关、单位应当根据工作需要，确定具体的保密期限、解密时间或者解密条件。机关、单位对在决定和处理有关事项工作过程中确定需要保密的事项，根据工作需要决定公开的，正式公布时即视为解密。

4. 国家秘密的密级、保密期限和知悉范围及时变更

国家秘密的密级、保密期限和知悉范围，应当根据情况变化及时变更。国家秘密的密级、保密期限和知悉范围的变更，由原定密机关、单位决定，也可以由其上级机关决定。

机关、单位应当定期审核所确定的国家秘密。对在保密期限内因保密事项范围调整不再作为国家秘密事项，或者公开后不会损害国家安全和利益，不需要继续保密的，应当及时解密；对需要延长保密期限的，应当在原保密期限届满前重新确定保密期限。提前解密或者延长保密期限的，由原定密机关、单位决定，也可以由其上级机关决定。

（三）可能损害第三方合法权益的政府信息公开，乡镇人民政府应严格依照法定程序征求第三方的意见

乡镇人民政府认为依申请公开的政府信息公开会损害第三方合法权益的，行政机关应当书面征求第三方的意见。第三方应当自收到征求意见书之日起15个工作日内提出意见。第三方逾期未提出意见的，由行政机关依照

本条例的规定决定是否公开。第三方不同意公开且有合理理由的，行政机关不予公开。行政机关认为不公开可能对公共利益造成重大影响的，可以决定予以公开，并将决定公开的政府信息内容和理由书面告知第三方。《信息公开条例》对于“征求第三方的意见”使用了“应当”和“书面”的立法用语，表明乡镇人民政府征求第三方意见是强制性规定，同时还要求必须是书面形式。对此，乡镇人民政府应依法履行征求第三方意见的程序，否则，根据《最高人民法院关于审理政府信息公开行政案件若干问题的规定》的相关规定，乡镇人民政府公开政府信息涉及商业秘密、个人隐私且不存在公共利益等法定事由的，人民法院将判决确认公开政府信息的行为违法，并可以责令乡镇人民政府采取相应的补救措施；造成损害的，根据原告请求依法判决乡镇人民政府承担赔偿责任。

（四）现行条例确立“公开为常态”原则，取消“三需要”规定

现行条例确立了“以公开为常态、不公开为例外”的原则，取消了原条例关于公民、法人和其他组织“根据自身生产、生活、科研等特殊需要（即三需要）”申请获取相关政府信息的规定，进一步扩大乡镇人民政府公开政府信息的范围。

（五）规定依申请公开向主动公开转化制度

《政府信息公开条例》第四十四条规定了依申请公开向主动公开的转化制度，具体如下：

1. 多个申请人就相同政府信息向同一行政机关提出公开申请，且该政府信息属于可以公开的，行政机关可以纳入主动公开的范围。

2. 对行政机关依申请公开的政府信息，申请人认为涉及公众利益调整、需要公众广泛知晓或者需要公众参与决策的，可以建议行政机关将该信息纳入主动公开的范围。行政机关经审核认为属于主动公开范围的，应当及时主动公开。

4

第四章

乡村振兴建设实施方案

为贯彻落实中央、省、市、区关于乡村振兴要求，全面推进乡村振兴工作实施，加快乡镇经济社会全面协调发展，特制订本方案。

一、总体目标

整合各方面资源，坚持政府主导、全民参与，因地制宜、城乡统筹，综合治理、长效管理的原则，努力把××乡建设成为经济社会协调发展、民族文化特色鲜明、宜居宜游养老的特色乡镇，打造成为闽南地区新农村建设的金名片。

二、组织机构

为顺利推进乡村振兴建设工作，决定成立××乡乡村振兴工作领导小组。成员名单如下：

组　长：××

副组长：××、××、××

成　员：××、××、××

领导小组下设办公室，负责乡村振兴工作的组织、调度、指挥与协调，××同志兼任办公室主任。

三、××乡乡村振兴总体规划

结合本乡镇2014年至2030年总体规划和实际情况，拟订如下乡村振兴总体规划方案。

（一）××乡基本情况

××乡是某市唯一的少数民族乡，东与××隔海相望，南临××，北连××开发区，西衔××县，全乡总面积××平方公里，辖10个行政村和1个居委会，共××多户，××多人，其中畲族人口近三分之一，集中在××村、××村两个民族村。2018年，全乡完成规模工业总产值××亿元；农业生产总值××亿元，增长10%；全社会固定资产投资××亿元，增长×%；财政总收入××亿元，增长××%，农民人均可支配收入××元。

（二）××乡2014－2030年总体规划

根据《L市人民政府关于L市××乡总体规划（2014－2030）修改的批复》，××乡规划定位为彰显山海特色的滨海旅游养生度假胜地。以交通干线为轴线，以中心村为节点，形成结构合理、层次分明、联系便捷的乡村体系。

（三）××乡乡村振兴规划方案

1. 科技兴农，提升本地水果品质，做强做优做大特色农业产业，重点打造“龙眼”等××水果品牌、海鲜水产品品牌。

2. 严守规划生态红线，建设宜居宜游养老乡村。

3. 打造“山海特色”＋“畲族原生态文化”乡村原生态旅游产业链。积极开发观光农业、游憩休闲、健康养生等绿色生态产品和服务。

4. 逐步完善乡村振兴基础配套设施，优化教育、医疗、网络通信、公路交通等资源。

四、重点任务

为实现乡村振兴战略，××乡将重点开展以下几项工作：

（一）培育特色产业

1. 进一步整合资源要素，塑造畲族文化新地标，努力推动畲族文化成为闽南地区及国内文化中心。

2. 充分盘活、利用闲置集体经济组织资产，按照市场化运作模式、参照国有资产处置程序稳妥处置闲置资产。

3. 推动畲族文化创意和生态旅游业融合发展。

4. 加强宣传推介和项目招商，引进战略投资商对沿海村落进行整体包装运营，引进生态旅游、宜居养老产业链。

5. 搭建旅游、养老行业服务平台。发挥协会的组织引导作用，积极开展交流合作，提升生态旅游和养老品质的行业影响力。

（二）推进农村土地制度改革

建立健全农村集约节约用地保障机制，全面实施农村“房地一体”确权登记，明晰宅基地、集体建设用地等使用权属；建立健全农民自愿退出宅基地奖补机制。完善新增建设用地保障机制，将年度新增建设用地计划指标，确定一定比例用于支持农村新产业新业态发展。鼓励村集体盘活存量集体建设用地和村庄整治节约的建设用地，通过入股、联营或自办等方式兴办第二产业、第三产业。

（三）深化“两权”抵押贷款试点

深化探索农村承包土地经营权抵押贷款试点和农民住房财产权抵押贷款试点。支持承包农户、经营主体依法依规开展土地经营权抵押融资，探索农村土地经营权抵押登记的具体操作办法，因地制宜采取流转合同鉴证、交易鉴证等多种方式对土地经营权予以确认。

（四）规划乡镇民宿建设，严格个人建房管理

乡镇出台相关规定，规范沿海村落民宿建设，严格控制个人建房，所有建房必须完成审批手续。确保不新增一栋违章建筑，对已建成违章建筑进行强制拆除。

畲族文化村落重点保护区内修、建、翻、改、扩房屋及门面，外部装饰，必须做到：与历史渊源相承接；与乡镇风貌相协调；与毗邻房屋相衔接；与整体格局相适应；与乡镇规划相符合。

（五）改变原有污水处理方式，推进垃圾处理和“厕所革命”

根据农村与集镇的自身特点，采取两种方式对污水进行处理：一是农村污水处理实施改水改厕工程，对农村污水进行三级化粪，且有条件的积极推进沼气工程。二是集镇污水处理采取污水入管网方式。新集镇住户污水支管流入化粪池再流入污水管网，已建成道路采用雨污分流方式，流入污水主管网。老集镇住户污水通过污水支管流入污水主管网。重点做好以下几个方面工作：(1) 继续推进农村、集镇改水改厕工程。(2) 完成新集镇所有住户污水进污水管网。(3) 与龙海市政沟通协调，对老集镇污水管网进行勘查，

规划设计。(4) 推进农村垃圾处理和“厕所革命”。

（六）乡镇中心及景区管理

坚持“建管并举、重在管理”的方针，按照L市城区管理相关规定实行严格管理。乡驻地规划范围涵盖××、××等行政村（总面积约××平方公里）主要路段按照示范点来精心打造，确保全天候保洁。强化“门前三包”责任制，开展户外广告、违章占道、交通秩序等专项整治行动，规范交易市场和自由摊点管理，引导占道经营退路入市，规范主次干道车辆停放秩序。强化动态监管，对违法建设实行“零容忍”，保持拆违控违高压态势。完善城乡环境卫生整治投入、管理、考评等机制，推广垃圾分类减量处理，启动垃圾中转站建设，实现环境卫生常态化、精细化管理。

（七）特色项目打造

乡镇打造以下四个特色项目：

1. 畲族文化旅游项目

定期邀请国内专家学者召开畲族文化论坛、专家研讨会，挖掘××村、××村畲族民俗文化（如礼仪、习俗、饮食）重要内涵，将畲族文化符号转化为有形产品（如伴手礼、工艺品、礼品、服饰）；重建和修补畲族特色民居（危房）。重现福建省级非物质文化遗产——××、××等葆有丰富文化底蕴的畲族民俗节目，使游客领略别样的风土人情。

2. 生态环保项目

在规划划定的生态红线区域内禁止一切与生态保护无关的开发建设活动。强化污水收集、处理和生活垃圾无害化处理，从严控制污染物排放，实行“厕所革命”，切实保护××乡滨海生态环境。

3. 自然景观和海滨浴场项目

××乡境内拥有××、××等自然人文景观以及海滨浴场，具有独特的山海特质，必将成为闽南地区一道独特的旅游风景线。

4. 健康宜居养老项目

该项目提供了四种服务系统：健康医疗服务系统、文化教育服务系统、农业生产服务系统、居家生活服务系统。

①健康医疗服务系统：为每一个入住者建立完备的家庭健康档案，并定期提供健康检查和健康促进计划，以满足各年龄段业主的健康护理需求。

②文化教育服务系统：通过自然课堂、4点半学校、动物牧场、颐乐学院等平台为全年龄段入住者提供各类文化、亲子娱乐、养生休闲服务。针对1－16岁的孩子，提供从幼儿到初中的教育，针对60岁以上的老人，可以在本乡镇里老有所学，颐养天年。

③农业生产服务系统：庭院和田园将成为每个入住家庭的标准配置，极大满足养老群体诗意栖居的田园情节。

④居家生活服务系统：按照有机农业技术与标准，提供居家农艺服务，搭建农夫市集、农业硅谷、有机农业科普等，为入住者提供专业的农业顾问服务。同时，以小区、业主餐厅、慢生活街区等配套为每一位居民提供周到的居家生活服务。

（八）绿化和美化建设

按照福建省“绿盈乡村”建设要求，大力实施乡村绿化、美化工程。主要任务如下：

1. 公路绿化：乡村级公路绿化××公里以上，栽植常绿乔木××株。

2. 庭院绿化：对××村联片示范户进行规划、布局庭院绿化，共栽植三角梅、××、××等苗木。

3. 村落绿化：××村进行绿化美化工程，打造乡政府的后花园，建成××示范片区。

4. 裸露地区绿化：对××段地露黄地铺设草皮，改变原脏、乱、差现象，为环境整治工作打造亮点。

（九）乡村振兴配套建设

1. 在规划建设用地红线内，依法加强××乡各项建设用地和建设活动的统一规划管理。

2. 引入第三方投资建设市政工程，统一规划乡村内部道路，达到县道标准。

3. 引入第三方投资建造一座甲级标准公立医院，师资设备配套齐全，医疗水平较高，满足游客及入住养老者的医疗要求。

4. 引入第三方投资建设乡村小规模学校和寄宿制学校，全面改善农村薄弱学校基本办学条件。按标准化要求新建、改扩建乡镇寄宿制学校。深入实施乡村教师支持计划，推进中小学教师“县管校聘”改革。

5. 引进多家金融机构入驻，网点遍布各村落。发展农村普惠金融，推进普惠金融“村村通”，积极培育村镇银行、涉农投资和担保公司等新型农村金融机构。推动农业银行、农村商业银行等银行业金融机构创新信贷投资方式。

6. 建立和完善发达的通信基础设施，网络信号良好畅通，吸引高科技企业和高科技人才入驻。

五、工作要求

（一）统一思想，提高认识。乡村振兴是提高我乡镇经济社会全面协调发展，改善城乡面貌，提升××乡整体形象的重要举措，上级有要求，现实有需要，群众有期盼。全体党政班子成员、乡村干部和各成员单位负责人务必高度重视、加强领导、精心组织、主动作为。

（二）大力宣传，营造氛围。充分利用宣传车、宣传单、上门入户等方式，做细做实群众工作，广泛宣传乡村振兴的重要意义、目标任务和工作要求，特别要做好相关对象的宣传、解释、引导和鼓励，充分调动人民群众、社会各界参与乡村振兴的积极性。

（三）统筹调度，密切配合。服从领导小组的统一指挥调度，坚持分片负责、乡村配合、部门联动、整合资源、协同作战，形成强大合力，做好安全防范。乡村负责干部要精心组织，统一行动，扎实工作，确保乡村振兴工作稳步推进。

（四）严明纪律，依法行政。要严格执行工作纪律，依法依规依程序办事，坚持文明执法，既要依法行政、积极作为，又要确保社会大局和谐稳定。

5 第五章 乡村治理制度建设

《关于加强和改进乡村治理的指导意见》经2019年3月19日在中央全面深化改革委员会第七次会议上审议通过。结合我所律师多年来在乡镇法律服务的经验，提出一点乡村治理制度建设的拙见，供参考。

一、关于乡村治理政治建设

建立以村党组织为领导、村民委员会和村务监督委员会为基础、村股份经济合作社和农民专业合作社为纽带、其他经济社会组织（农村承包经营户、家庭农场）为补充的村级组织管理体系。

（一）明确村党组织领导核心地位，选好用好村“两委”班子成员

1. 坚持党对一切工作的领导，明确村党组织核心地位

村党组织在村级组织体系中处于领导核心地位，负责全面领导村民委员会及村务监督委员会、村集体经济组织、农民合作组织和其他经济社会组织开展活动。

2. 全面推行村党组织书记、村委会主任“一肩挑”，村“两委”班子成员交叉任职

《中共中央、国务院关于建立健全城乡融合发展体制机制和政策体系的意见》、《中共中央国务院关于坚持农业农村优先发展做好“三农”工作的若干意见》（2019年中央一号文件）、《中国共产党农村工作条例》等中央文件明确提到全面推行村党组织书记、村委会主任“一肩挑”。示范村应当实行村“两委”班子成员交叉任职。村务监督委员会主任一般由党员担任，可以由非村民委员会成员的村党组织班子成员兼任。

3. 规范民主程序，选好村领导班子

在村民委员会主任和村级集体经济组织、合作经济组织负责人选举中，村党组织成员作为候选人参加选举，通过《村民委员会组织法》、章程等规定的民主程序当选村委会成员、村股份经济合作社理事成员及合作经济组织管理成员，原则上由村党组织书记担任村主任、理事长和主要负责人。坚决防止和查处以贿选等不正当手段影响、控制村“两委”换届选举的行为，严厉打击干扰破坏村“两委”换届选举的黑恶势力、宗族势力。坚决把受过刑事处罚、存在“村霸”和涉黑涉恶、涉邪教等问题的人清理出村干部队伍。

（二）明确“村委”分工，厘清职责和范围

1. 村民委员会履行基层群众性自治组织功能，增强村民自我管理、自我教育、自我服务能力。

2. 完善村民（代表）会议制度，推进民主选举、民主协商、民主决策、民主管理、民主监督实践。

3. 拓展村民参与村级公共事务平台，发展壮大治保会等群防群治力量，充分发挥村民委员会、群防群治力量在公共事务和公益事业办理、民间纠纷调解、治安维护协助、社情民意通达等方面的作用。

4. 健全村级议事协商制度，形成民事民议、民事民办、民事民管的多层次基层协商格局。创新协商议事形式和活动载体，依托村民会议、村民代表会议、村民议事会、村民理事会、村民监事会等，鼓励农村开展村民说事、民情恳谈、百姓议事、妇女议事等各类协商活动。

5. 梳理村级事务公开清单，及时公开组织建设、公共服务、脱贫攻坚、工程项目等重大事项。健全村务档案管理制度。

6. 探索积分制形式助力解决村级事务。乡村治理中运用积分制，是在农村基层党组织领导下，通过民主程序，将乡村治理各项事务转化为数量化指标，对农民日常行为进行评价形成积分，并给予相应精神鼓励或物质奖励，形成一套有效的激励约束机制。通过农民群众广泛参与商定积分主要内容、评分标准、运行程序等环节，规范积分制的民主程序和具体内容，对加强和改进乡村治理、促进农村和谐稳定产生了积极作用。例如，宁夏固原，以各行政村家庭户为单元，将脱贫攻坚、移风易俗等十二大类 51 项内容，按基础积分、民主积分、贡献积分 3 个层面进行量化赋分，村民持卡按 1 分兑换

1 元标准，在爱心超市选购生活用品；又如，湖南常德市津市市在 51 个村和农村社区里推行“绿色银行”，对垃圾分类量化积分，为每个农户发放“绿色存折”，推动农村垃圾分类处理率达到 100%。

（三）全面推行“四议两公开”工作法，规范工作程序

健全村级重要事项、重大问题由村党组织研究讨论机制，全面落实村党组织领导下的“四议两公开”。“四议两公开”工作法，就是所有村级重大事项都必须在村党组织领导下，按照“四议”“两公开”的程序决策实施。“四议”即村党组织提议、“两委”会商议、党员议事会或党员大会审议、村民代表会议或村民会议决议；“两公开”即决议公开、实施结果公开。

1. 明确决策内容

“四议两公开”工作法决定的事项，主要是维护农民基本权益、强化集体资产管理、发展集体经济和农村公益事业等村级重大事项，以及与多数村民利益密切相关的重要问题，内容包括：新农村建设长期规划；村集体土地的承包、租赁；适用于“一事一议”的村内道路建设及维修村内农田水利设施、村内植树造林和其他村内集体公益事业的经费筹集、组织实施与管理；集体经济项目的立项发包及公益事业的建设承包；集体资产购建与处理、集体借贷、集体企业改制；村组建设规划、土地征用及补偿分配、宅基地审报；计划生育、农村低保、新型农村合作医疗等政策和制度的落实；重大救灾救济款物的发放，以及其他应当民主决策的事项。“四议两公开”工作法不能包揽所有村级事务，不能取代村委会的职能，不能代替村民依法开展自治活动。法律规定必须由村民会议讨论通过的事项，按有关法律规定执行。

2. 规范工作程序

进入决策程序的村级重大事项，按照以下步骤组织实施：

（1）村党组织提议。对村内重大事项，村党组织在广泛听取意见、认真调查论证的基础上，集体研究提出初步意见和方案，提议要符合中央和省、市、县、乡的要求，符合本村发展实际，符合群众意愿。

（2）村“两委”会商议。根据村党组织的初步意见，组织“两委”班子成员充分讨论，发表意见。对意见分歧比较大的事项，根据不同情况，坚持民主集中制，按照少数服从多数的原则形成商议意见。

（3）党员议事会或党员大会审议。村“两委”会商定的重大事项，要

根据事项的涉及面和重要程度，对涉及群众利益面窄、常规重要事项，可提交党员议事会审议，对涉及长远、关系到绝大多数村民利益等重大事项，必须提交党员大会讨论审议。召开党员议事会或党员大会审议前，须把方案送交党员议事会成员或全体党员，在党员中充分酝酿并征求村民意见。党员议事会审议时，须有占成员总数五分之四以上的党员参加，党员大会审议时，须有占党员总数五分之四以上的党员参加。审议事项须经应到会党员半数以上同意，方可提交村民代表会议或村民会议表决。党员议事会或党员大会审议后，村“两委”要认真吸纳党员的意见和建议，对方案修订完善，同时组织党员深入农户做好方案的宣传解释工作。

（4）村民代表会议或村民会议决议。党员议事会或党员大会通过的事项，依照有关法律法规规定，在村党组织领导下，由村委会主持，召集村民代表会议或村民会议讨论表决。召开村民代表会议必须有本村三分之二以上村民代表参加；召开村民会议必须有半数以上村民参加。讨论事项须经村民代表会议或者村民会议半数以上同意方可决议通过。

（5）决议公开。经村民代表会议或村民会议决议通过的事项，一律在村级活动场所和党务村务公示栏公告，公告时间不少于 7 天。公告期间，村“两委”成员要主动深入群众征求意见、做好相关解释工作，并将收集到的意见和建议进行认真分析、梳理，对决议事项做进一步的补充和完善。

（6）实施结果公开。决议事项在村党组织领导下由村委会组织实施，实施结果及时向全体村民公布。公布内容要翔实、准确、全面，群众对实施结果反映较集中的问题，由村委会予以答复；对村委会解释、答复不满意或村委会不能解决的问题，可由村党组织组织党员大会审核，把审核结果提交村民代表大会讨论、表决，表决结果作为村级最终处理结果。

（四）健全村务监督委员会在重大事项上的监督作用

1. 村务监督委员会发挥在村务决策和公开、财产管理、工程项目建设、惠农政策措施落实等事项上的监督作用。

2. 村务监督委员会重点监督本村重大事项在决策前是否广泛征求村民的意见，是否按照“四议两公开”工作法的程序决策实施，实施结果是否得到群众认可；对“四议两公开”工作法通过的村级重大事项的财务收支情况审核把关，并督促村“两委”及时向群众公开；及时向村“两委”反映在决策实施过程中的意见、建议以及合理诉求，如发现村“两委”有关决策民主、运行不规范等问题，应当督促其及时改正。

3. 完善党务、村务、财务“三公开”制度，实现公开经常化、制度化和规范化。

4. 推广村级事务“阳光公开”监管平台，支持建立“村民微信群”“乡村公众号”等，推进村级事务即时公开，加强群众对村级权力有效监督。

5. 规范村级会计委托代理制，加强农村集体经济组织审计监督，开展村干部任期和离任经济责任审计。

（五）建立健全其他制度

1. 完善和规范村级党员议事会制度。村级党员议事会是在村党组织领导下，由党员代表按照一定的议事规则建立起来的党内民主议事组织。明确农村党员议事会工作职责，严格农村党员议事会议事程序，所议事项必须经过到会成员绝大多数同意方能形成决议，并及时将讨论通过的议案交由村党组织审定后办理。党员议事会不得代替村党组织和党员大会进行决策或作出决定。

2. 健全党员联系群众制度。以服务群众为中心，建立有利于基层党组织和党员更好地联系服务群众的网络体系，组织开展党员设岗定责、服务承诺、结对帮扶等活动，使每个党员能够从自身条件出发，采取适当方式，有效地联系群众，对联系户进行党的有关政策宣传，在帮助群众解决生产生活实际困难中发挥作用，在了解群众意愿需求、反映群众意见和建议中发挥作用。

3. 健全村民代表联系户制度。严格按照《村民委员会组织法》的规定和要求，足额选好村民代表。本着“就近居住、便于联系”的原则，每个村民代表分别联系 5－10 户农户，联系户覆盖面要达到 100%。

4. 健全责任追究制度。凡不按有关法律法规和决策程序进行决策的，任何组织或个人擅自以集体名义借贷、变更和处置村集体的土地、企业、设备、设施等，均为无效，村民有权拒绝，造成的损失由责任人承担，构成违纪的给予党纪政纪处分，涉嫌违法的移交司法机关依法处理。

5. 建立档案管理制度。各村必须建立村务决策档案，由专人集中统一管理。对“四议两公开”工作法的每个环节内容、时间、参加人员、决策结果、执行情况、对执行中问题的处理情况等都应详细记录，并及时整理，分类归档，保存备查，使“四议两公开”工作法更加科学化、规范化、制度化。

二、关于乡村治理经济建设

1. 经济合作社或股份经济合作社将其拥有的资源要素或现有资金作为资产，通过股份合作的形式入股到家庭农场、农民合作社、涉农企业等经营主体，按合同约定获得收益分红。对一些闲置或低效利用的集体经营性资产，包括集体兴建或购置的房屋，具有经营价值的各种建筑物和机械设备，以及财政资金投入但划归经济合作社或股份经济合作社所有的经营性资产，通过清查核实、确定权属关系之后，折价入股经营主体，按合同约定获得收益分红。

2. 大力培育发展新型农业经营主体，推广"保底收益＋按股分红"等模式，完善农业经营主体与农户的利益联结机制，让农民成为现代农业发展的参与者、受益者，将各级财政投入扶持农业农村的发展类、扶持类资金(补贴类、救济类、应急类资金除外)，在不改变资金使用性质和用途的前提下，量化为经济合作社或股份经济合作社持有的资金，集中投入经济效益好、发展前景广、具有法人资格的农业经营主体，按合同约定获得收益分红。

3. 在自愿基础上，鼓励和引导农民发展多种形式的土地（林地）股份合作，组织农民以承包土地经营权、林地经营权等入股农业经营主体，让农民作为股东获得收益分红。在生态条件较好、人文资源丰富的地区组织农民盘活闲置房屋资产，以住房使用权入股，通过组建股份合作社等形式，发挥休闲农业与乡村旅游，增加农民收入。

三、关于乡村治理文化建设

1. 弘扬崇德向善、扶危济困、扶弱助残等传统美德，培育淳朴民风。开展好家风建设，传承传播优良家训。

2. 全面推行移风易俗，整治农村婚丧大操大办、高额彩礼、铺张浪费、厚葬薄养等不良习俗。破除丧葬陋习，树立殡葬新风，推广与保护耕地相适应、与现代文明相协调的殡葬习俗。

3. 加强村规民约建设，强化党组织领导和把关，实现村规民约行政村全覆盖。以法律法规为依据，规范完善村规民约，确保制定过程、条文内容合法合规，防止一部分人侵害另一部分人的权益。建立健全村规民约监督和奖惩机制，注重运用舆论和道德力量促进村规民约有效实施，对违背村规民约的，在符合法律法规前提下运用自治组织的方式进行合情合理的规劝、约束。

4. 传承发展提升农村优秀传统文化，加强传统村落保护。结合传统节日、民间特色节庆、农民丰收节等，因地制宜广泛开展乡村文化体育活动。

5. 挖掘文化内涵，培育乡村特色文化产业，助推乡村旅游高质量发展。

四、关于乡村治理社会建设

1. 大力开展“民主法治示范村”创建，深入开展“法律进乡村”活动，实施农村“法律明白人”培养工程，培育一批以村干部、人民调解员为重点的“法治带头人”。深入开展农村法治宣传教育。

2. 加强农村警务工作，大力推行“一村一辅警”机制，扎实开展智慧农村警务室建设。

3. 加强对社区矫正对象、刑满释放人员等特殊人群的服务管理。

4. 深入推进扫黑除恶专项斗争，健全防范打击长效机制。加强农民群众拒毒防毒宣传教育，依法打击整治毒品违法犯罪活动。依法加大对农村非法宗教活动、邪教活动打击力度，制止利用宗教、邪教干预农村公共事务，大力整治农村乱建宗教活动场所、滥塑宗教造像。

5. 推进农村地区技防系统建设，加强公共安全视频监控建设联网应用工作。

6. 健全农村公共安全体系，强化农村安全生产、防灾减灾救灾、食品、药品、交通、消防等安全管理责任。山寨食品屡屡上架，严格管控农村经销商的进货渠道，确保从正规厂家和渠道进货，保证产品质量。农村酒驾泛滥地，重城轻乡缺警力。

7. 坚持发展新时代“枫桥经验”，做到“小事不出村、大事不出乡”。健全人民调解员队伍，加强人民调解工作。

8. 完善调解、仲裁、行政裁决、行政复议、诉讼等有机衔接、相互协调的多元化纠纷解决机制。

9. 充分发挥人民法庭在乡村治理中的职能作用，推广车载法庭等巡回审判方式。加强乡镇司法所建设。

五、关于乡村治理生态建设

1. 农村“四治”，治垃圾、治污水、治厕所、治村容村貌。

2. 农村“三清一改”，“三清”指的是清理农村生活垃圾、清理村内塘沟和清理畜禽养殖粪污等农业生产废弃物，“一改”指的是改变影响农村人居环境的不良习惯。

3. 农村“门前三包”，包卫生、包绿化、包秩序。其范围是农户住宅四周、院（室）内、门前至人行道，两侧墙根至排水沟的区域。

4. 合理规划农村垃圾收集、转运、处理体系，全面推进农村生活垃圾分类处置，加快推进农村废弃物资源化利用等。

5. 借鉴“垃圾兑换银行”等经验，创新农村垃圾治理机制，激活农民美化乡村人居环境的积极性、参与感。如江西赣州市上犹县梅水乡设立“垃圾兑换银行”，工作人员对村民送来塑料袋、废电池等垃圾进行登记后，放进绿色分类垃圾箱，并折算成积分登记到村民各自的“垃圾兑换银行”存折上，按积分兑换肥皂、纸巾、牙膏、牙刷等，积分最高者还可获得电风扇、电磁炉等奖励。

6. 基层安全意识淡薄、避险能力不足，与防灾培训欠缺直接相关。防灾避灾设施缺失问题同样严重。在防灾避灾储备方面，不少避灾点、应急点储备的应急物资严重不足。

7. 山洪暴雨防灾预警体系建设也存在短板，如预警预报无法准确预测局部的特大暴雨，水位监测点设置覆盖面不够，一些支流突发山洪时无法预报；巡查人员因水文知识缺乏，分析判断能力不足；各级河长防汛应急能力弱等。

8. 乡村治理中，以防水、防风、防旱为重点的防灾治理不容轻视。特别是与大江大河的防洪建设相比，中小河流和山洪灾害防治成为我国防洪体系中的薄弱环节。

6 第六章
农村集体土地征收

《土地管理法》第二条规定，国家为了公共利益的需要，可以依法对土地实行征收或者征用并给予补偿。根据《土地管理法》《土地管理法实施条例》《福建省实施〈中华人民共和国土地管理法〉办法》等相关法律法规的规定，农村集体土地征收工作一般按照以下流程推进。

一、集体土地征收流程

（一）开展拟征收土地现状调查和社会稳定风险评估

县级以上地方人民政府拟申请征收土地的，应当开展拟征收土地现状调查和社会稳定风险评估。土地现状调查的内容包括土地的权属、地类、面积，以及农村村民住宅、其他地上附着物和青苗等的权属、种类、数量等信息。社会稳定风险评估应当对征收土地的社会稳定风险状况进行综合研判，确定风险点，提出风险防范措施和处置预案。社会稳定风险评估结果是申请土地征收的重要依据。

（二）发布拟土地征收公告

县人民政府认为符合《土地管理法》第四十五条规定，依照法定程序批准后，开展土地现状调查和社会稳定风险评估，并发布拟土地征收公告。公告内容包括征收范围、土地现状、征收目的、补偿标准、安置方式和社会保障等，并将上述征收土地公告在拟征收土地所在的乡（镇）和村、村民小组范围内公告至少三十日，听取被征地的农村集体经济组织及其成员、村民委员会和其他利害关系人的意见。

（三）拟定征地补偿安置方案并公告

县人民政府应当依据社会稳定风险评估结果，结合土地现状调查情况，编制征地补偿安置方案，包括征收范围、土地现状、征收目的、补偿标准、安置方式和社会保障等内容，对征收土地应当给予公平、合理的补偿，保障被征地农民原有生活水平不降低、长远生计有保障。

1. 征收农用地的土地补偿费、安置补助费标准由省、自治区、直辖市通过制定公布区片综合地价确定。制定区片综合地价应当综合考虑土地原用途、土地资源条件、土地产值、土地区位、土地供求关系、人口以及经济社会发展水平等因素，并至少每三年调整或者重新公布一次。

2. 征收农用地以外的其他土地、地上附着物和青苗等的补偿标准，由省、自治区、直辖市制定。

3. 对其中的农村村民住宅，应当按照先补偿后搬迁、居住条件有改善的原则，尊重农村村民意愿，采取重新安排宅基地建房、提供安置房或者货币补偿等方式给予公平、合理的补偿，并对因征收造成的搬迁、临时安置等费用予以补偿，保障农村村民居住的权利和合法的住房财产权益。

4. 县级以上地方人民政府应当将被征地农民纳入相应的养老等社会保障体系。被征地农民的社会保障费用主要用于符合条件的被征地农民的养老保险等社会保险缴费补贴。被征地农民社会保障费用的筹集、管理和使用办法，由省、自治区、直辖市制定。

征地补偿安置方案拟定后，县人民政府应当在拟征收土地所在的乡（镇）和村、村民小组范围内发布征地补偿安置公告，听取被征收土地的农村集体经济组织成员的意见，公告时间不少于三十日。公告应当载明征地补偿安置方案、办理补偿登记期限、异议反馈渠道等内容。同时注明：自土地征收公告发布之日起，任何单位和个人不得在拟征地范围内抢栽抢建；违反规定抢栽抢建的，不予补偿。

多数被征地的农村集体经济组织成员认为征地补偿安置方案不符合法律、法规规定的，县人民政府应当组织听证。研究农村集体经济组织成员的不同意见，根据法律、法规的规定和听证会情况修改方案。

（四）征地补偿登记

拟征收土地的所有权人、使用权人应当在补偿安置公告规定的期限内，持不动产权属证明材料办理征地补偿登记手续，未如期办理征地补偿登记手续的，其补偿内容以前期调查结果为准。

（五）保证征地补偿安置费用

县人民政府应当组织有关部门对拟征收土地和地上房屋等进行测算评估，并落实土地补偿费、安置补助费、农村村民住宅、其他地上附着物和青苗等的补偿费用以及社会保障费用等有关费用，保证足额到位。未足额到位的，不得申请土地征收。

（六）签订征地补偿安置协议

县人民政府根据征地补偿安置方案、评估报告等，与拟征收土地的所有权人、使用权人签订征地补偿安置协议。个别确实难以达成协议的，应在申请征收土地时如实说明，但不影响征地申请报批。

（七）征收申请报批

上述六项工作完成后，县人民政府方可提出土地征收申请，按照《土地管理法》第四十六条的规定报有批准权的人民政府批准。有批准权的人民政府对征地是否符合《土地管理法》第四十五条规定的公共利益进行审查，符合条件的，应当在国务院规定的时限内批准。

（八）发布土地征收公告

土地征收申请经依法批准后，县、市人民政府应当发布土地征收公告，并组织实施。公告内容包括征地批准机关、批准文号、批准时间和批准用途，征收土地的所有权人、位置、地类和面积，征地补偿标准和农业人员安置途径等事项。

（九）支付征收土地各项费用

征地批复公告后，与前期没有签订征地补偿安置协议的被征收人协商，协商不成的，县人民政府应当对个别被征收人及时作出征地补偿安置决定。

征收土地的各项费用应当自征地补偿、安置方案批准之日起 3 个月内全额支付。被征收土地的所有权人、使用权人对土地征收不服的，可以依法申请行政复议或者提起行政诉讼。

（十）申请强制执行退还土地

被征收土地所有权人、使用权人在规定的期限内对征收补偿行为不申请行政复议或者不提起行政诉讼，在限期内又不退还土地的，县人民政府可以依法申请人民法院强制执行。人民法院强制执行完毕后，征收基本完成。

二、法律风险

（一）关于征收土地的审批权限

根据《土地管理法》第四十六条规定，征收下列土地的，由国务院批准：(1) 永久基本农田；(2) 永久基本农田以外的耕地超过三十五公顷的；(3) 其他土地超过七十公顷的。征收前款规定以外的土地的，由省、自治区、直辖市人民政府批准。征收农用地的，应当依照本法第四十四条的规定先行办理农用地转用审批。其中，经国务院批准农用地转用的，同时办理征地审批手续，不再另行办理征地审批；经省、自治区、直辖市人民政府在征地批准权限内批准农用地转用的，同时办理征地审批手续，不再另行办理征地审批，超过征地批准权限的，应当依照本条第一款的规定另行办理征地审批。

上述法律明确规定征收土地的审批权限，违反《土地管理法》第四十六条规定，无权批准征收、使用土地的单位或者个人非法批准占用土地的，超越批准权限非法批准占用土地的，不按照土地利用总体规划确定的用途批准用地的，或者违反法律规定的程序批准占用、征收土地的，其批准文件无效。非法批准、使用的土地应当收回，有关当事人拒不归还的，以非法占用土地论处。非法批准征收、使用土地，对当事人造成损失的，依法应当承担赔偿责任。

（二）多数被征地村民认为征地补偿安置方案违法违规的，政府应当组织召开听证会

根据《土地管理法》第四十七条规定，多数被征地的农村集体经济组织成员认为征地补偿安置方案不符合法律、法规规定的，县级以上地方人民政府应当组织召开听证会，并根据法律、法规的规定和听证会情况修改方案。虽然法律没有规定“多数”的具体含义及在本农村集体经济组织的比例，但是只要达到一定数量的村民认为征地补偿安置方案不符合法律、法规规定，地方政府都应该组织召开听证会，并根据法律、法规和听证情况修改方案。

（三）征地单位应严格遵守法定程序，避免日后行政诉讼中被确认土地征收行为违法

第一点中前六项系土地征收审批的前提条件，其中开展拟征收土地现状调查和社会稳定风险评估、拟定征地补偿安置方案、征地补偿安置费用和签订征地补偿安置协议尤为重要，是保障被征地农民原有生活水平不降低、长远生计的重要环节，也是维护社会稳定的迫切需要，可以有效地减少现实中出现的“先拆后补”“拆后不补”的违法违规现象。

7 第七章 农村不动产确权登记实施

关于××县/市农村不动产确权登记实施意见（草案）

为了推进我县/市农村不动产确权登记及发证工作，有效保护农村集体、企业及农民合法权益，根据《农业农村部、自然资源部关于规范农村宅基地审批管理的通知》《福建省人民政府办公厅关于印发〈福建省农村村民住宅建设管理办法〉的通知》《中共福建省委农村工作领导小组办公室等四部门关于进一步强化农村宅基地管理的通知》《福建省农业农村厅、福建省自然资源厅、福建省住房和城乡建设厅关于规范农村宅基地审批管理的通知》等有关文件的要求，结合实际情况，参考福建、海南等省份出台的相关规定，特制定本实施意见。

一、农村不动产确权登记范围

本意见所指农村不动产确权登记范围包括符合登记发证条件的农村宅基地、集体建设用地及地上建筑物、构筑物，不包括未建造房屋的宅基地。农村简易房、棚房、农具房、圈舍、厕所等临时性建（构）筑物，没有符合规划或者建设的相关材料，一般不予登记。

解决农村不动产历史遗留问题，应以土地使用权确权登记为基础、房地一体确权登记为原则。难以认定地上房屋等建筑物、构筑物规划合法性的，可单独对宅基地、集体建设用地予以确权登记。

以下宅基地及房屋不予登记：

1. 非法买卖的农村宅基地及地上房屋；
2. 集体所有土地上开发的商品住房；

3. 权属存在争议的；

4. 因征地、土地综合整治等原因已享受安置的；

5. 应拆未拆旧房；

6. 2012 年土地变更调查确定的农用地范围内；

7. 法律、法规或政策规定的其他情形。

二、基本原则

1. 坚守底线：坚决守住土地公有制性质不改变、耕地红线不突破、农民利益不受损。

2. 宅基地确权应当坚持依法依规、程序规范的原则，宅基地审批必须做到公开、公平、公正，并接受群众监督。

3. 宅基地确权应当按照“一户一宅”“符合规划”“用途管制”的原则进行确权登记，同时尊重历史，兼顾现实。

三、关于确权登记中“户”的认定

农村集体经济组织成员户原则上应以公安部门户籍登记信息为准。符合下列条件之一的，经村民代表会议集体讨论决定，并经乡镇人民政府审核后公示后，可以独立作为“户”在本村申请宅基地确权登记：

1. 已婚或达到法定结婚年龄的；

2. 依法继承房屋及宅基地使用权的未成年人；

3. 法律、法规或政策规定的其他情形；

对上述情形之外，确需以“户”申请宅基地的，可提交村民代表会议集体讨论决定，并经乡镇人民政府审核后公示认定。

四、关于超面积使用宅基地

妥善处理超面积使用宅基地问题，可以参考以下方式处理：

1. 经依法批准获得的宅基地，按批准文件确权登记。

2. 1982 年 2 月 13 日《村镇建房用地管理条例》① 实施之前建房占用的

① 编者注：现已废止。

宅基地，至今未扩大用地面积的，按实际使用现状面积确权登记。

3. 1982年2月13日至1999年1月1日《土地管理条例》实施之前使用的宅基地，在××平方米面积限额内给予确权。超过面积限额部分在登记簿和不动产权证书记事栏内注明，以后分户建房或者重新建设时，按照当地政府规定的面积标准重新确权登记；或者按照宅基地有偿使用等规定处理后予以确权登记。

4. 1999年1月1日之后使用的宅基地，在××平方米面积限额内给予确权。超过面积限额部分可按照宅基地有偿使用等规定处理后予以确权登记，否则超过部分不予确权登记。

五、关于"一户多宅"

农村宅基地实行"一户一宅"。村民一户占用两处以上宅基地且总面积超过××平方米的，认定为一户多宅，总面积不超过××平方米，不认定为一户多宅。对村民"一户一宅"之外的宅基地，按以下原则处理：

1. 村民合法继承房屋所取得的宅基地，造成"一户多宅"的，予以确权登记。

2. 村民合法购买房屋取得的宅基地，以及经农村集体组织决定规划建设新村的房屋，但原有房屋（含"祖屋"）未拆除、腾退，造成"一户多宅"的，可按照宅基地有偿使用等规定处理后，予以确权登记。

3. 符合分户建房规定而尚未分户的农村集体经济组织成员，其实际使用的宅基地合计没有超过分户后用地合计面积标准的，按照实际使用面积予以确权登记。

4. 已合法取得一处农村房屋，又通过司法裁判等法律保护的方式取得宅基地使用权的。

六、关于农村妇女和进城落户农民宅基地

农村妇女作为集体经济组织成员，享有平等的宅基地分配权，其宅基地权益应记载到不动产登记簿及权属证书上。农村妇女因婚嫁离开原农村集体经济组织，取得新家庭宅基地使用权的，应依法予以确权登记，但不得再主张原农村宅基地使用权。

农民进城落户，其原合法取得的宅基地使用权应予以确权登记。

七、关于非本集体经济组织成员宅基地

1. 非本农村集体经济组织成员因扶贫搬迁、地质灾害防治、新农村建设、移民安置等按照政府统一规划和批准使用宅基地，并经本农民集体三分之二以上成员或村民代表同意，在退出原宅基地并注销登记后，依法确定新建房屋所占用宅基地使用权，予以确权登记，在不动产证书记事栏注记“该权利人原为本村集体经济组织成员”。

2. 原为农村集体经济组织成员，因升学、兵役、婚姻、就业、投靠、服刑等人口迁移成为非原农村集体经济组织成员的，其在原农村集体经济组织内批准建造的宅基地及房屋，提供相关证明材料后予以确权登记，在不动产证书记事栏注记“该权利人原为本村集体经济组织成员”。

3. 1982 年 2 月 13 日《村镇建房用地管理条例》实施之前，非本农村集体经济组织成员原有的宅基地或合法取得（含合法继承取得）房屋而占用的宅基地，范围在《村镇建房用地管理条例》实施后至今未扩大的，可按实际使用面积予以确权登记；扩大使用宅基地范围的，可按照宅基地有偿使用等规定处理后，予以确权登记。

4. 1982 年 2 月 13 日《村镇建房用地管理条例》实施之后，非本农村集体经济组织成员原有的宅基地或因合法取得（含合法继承取得）房屋而占用的宅基地，在 × × 平方米范围内确权登记。如用地面积超过 × × 平方米，则超过面积限额部分，可按照宅基地有偿使用等规定处理后，予以确权登记。

5. 原集体经济组织成员户口迁离本村后，未经批准，回村另外建设房屋或购买房屋所占用的宅基地，不予确权登记。

6. 1999 年 5 月 6 日《国务院办公厅关于加强土地转让管理严禁炒卖土地的通知》实施之后，城镇居民违反规定在农村购买或违法建造的房屋和宅基地，不予确权登记。

7. 非本农村集体经济组织成员在农村不动产确权登记发证时，其不动产登记簿和不动产权属证书的附记栏应注记“该权利人为非农村集体经济组织成员”。

八、关于华侨、归侨宅基地

对华侨、归侨原有或者合法继承的农村房屋，房屋产权没有发生变化的，可以依法确定其房屋宅基地使用权；其宅基地已被占用无法退回，归侨、华侨申请另外安排用地的，农村集体经济组织应当优先予以安排。

九、关于宅基地规划合法性问题

1. 2008 年 1 月 1 日《城乡规划法》施行之前使用宅基地建房的，办理不动产确权登记时可不审查是否符合规划。

2. 《城乡规划法》施行后使用宅基地建房的，符合当时实施的土地利用总体规划、村庄规划或“多规合一”总体规划之一的，可视为符合规划。

十、关于集体建设用地使用权及地上建筑物、构筑物的规划合法性问题

1. 1987 年《土地管理法》实施之前，使用集体土地兴办乡（镇）村公益事业、公共设施和乡镇企业的，经所在农民集体同意，报乡（镇）人民政府审核后，依法确定使用单位集体建设用地使用权。

2. 1987 年《土地管理法》实施之后至 1999 年 1 月 1 日，使用集体土地兴办乡（镇）村公益事业、公共设施和乡镇企业用地，由所在农民集体同意，经乡（镇）人民政府审核，报县级人民政府批准后，确定使用单位集体建设用地使用权。

3. 1999 年 1 月 1 日之后兴办乡（镇）村公益事业、公共设施和乡镇企业用地，应当依据县级以上人民政府依法批准的用地文件进行确权登记。

4. 依法确定使用单位集体建设用地使用权的，地上所建为公益事业、公共设施等建筑物、构筑物的，办理不动产确权登记时可不审查是否符合规划。

5. 依法确定使用单位集体建设用地使用权且确定为经营性集体建设用地的，审查地上房屋等建筑物、构筑物的规划合法性时，应综合考虑建设当时有关城乡规划的法律法规规定和规划覆盖情况，结合现行规划要求予以认定。可以认定的，一并确权登记；难以认定的，不对地上建筑物、构筑物予以确权登记。

十一、其他

（一）凡是已核发宅基地使用证或者土地来源合法，且建设时符合本意见有关规划要求，用地在村庄或城镇建设用地范围内的宅基地，由申请人提交《保证质量安全具结书》，可按使用现状办理房地一体的不动产确权登记，可以按如下方式办理：

1. 房屋等建筑物、构筑物在村庄建设用地范围内的，按不超过 3 层、高度一般不超过 12 米内登记发证，超出部分在登记簿和权属证书附记栏中注明，或者按照有偿使用等规定处理后予以确权登记。

2. 房屋等建筑物、构筑物在城镇建设用地范围内的，执行所在城镇的规划或规划标准，符合要求的，予以确权登记发证。

3. 如所建房屋等建筑物、构筑物不符合本意见有关规划要求或者最新土地利用现状调查为非建设用地的，应按照“缺什么，补什么”的原则，按程序完善相关规划调整或用地手续后，予以确权登记。

（二）对于原已经依法确权登记发证的宅基地，界线没变化的，不需再开展宅基地权籍调查，只需开展农房补充调查，完成房地一体不动产登记。已依法确权登记的宅基地，本次调查核实面积与发证面积不符的，可将宅基地的变更登记和房屋的首次登记，一并申请办理。

（三）两户或两户以上农村村民共同使用一处宅基地的，相关农户自行协商确定各自使用范围和面积。经协商能够确定各户准确使用界线，按协商确定的界线分割单独确权登记。不能确定使用界线但能明确各自分摊面积的，按共同共有办理确权登记，并按协商确定的分摊面积在不动产登记簿和不动产权属证书的附记栏注记。不能确定各户使用界线和分摊面积的，直接按共同共有办理确权登记。

（四）超出宅基地和房屋建筑面积标准部分，在不动产登记簿、证书记事栏内注明超占超建面积，能区分违法超占超建面积部分在宗地图和房产图上以虚线划定，待以后分户建房或现有房屋拆迁、改建、翻建、政府依法实施规划重新建设时，按有关规定作出处理。超占超建面积的宅基地使用权人，应当按照有关规定缴纳相应费用。

十二、附则

1. 本意见由×××部门负责解释。

2. 宅基地有偿使用相关规定由×××部门负责制定和解释。

3. 本意见自印发之日起施行。本意见实施后，国家、省、设区市就有关农村不动产确认出台相应规范性文件的，本意见与之相冲突的部分，从其规定。

8 第八章
乡镇法律纠纷救济

在农村法律服务中，可能遇到一些民间经济纠纷，说大不大，说小不小。有时纠纷标的比较小，不过几千元，甚至是几百元，诉至法院，得不偿失；但处理不好，又往往会导致矛盾激化，发生群体性事件。因此，如何处理农村发生的标的较小的纠纷，非常考验乡镇政府依法行政及法律顾问的法律实务操作能力。有鉴于此，本所提出以下乡镇法律纠纷处理机制，供参考。

一、调解

（一）调解工作流程

1. 村民之间发生纠纷后（宅基地、土地承包、合同、侵权等），可以直接向当地村民委员会、居民委员会设立的人民调解委员会申请调解，并提交调解申请书和相关证据材料。

2. 人民调解委员会收到调解申请材料后，在3个工作日内进行审核。符合调解条件的，及时指定调解员进行调解，并提前7个工作日告知当事人本次调解人员、调解时间、地点和参加人员。

3. 根据调解纠纷的需要，人民调解委员会可以指定一名或者数名人民调解员进行调解，也可以由当事人选择一名或者数名人民调解员进行调解。在征得当事人的同意后，可以邀请当事人的亲属、邻里、同事等参与调解，也可以邀请律师、具有专门知识、特定经验的人员或者有关社会组织的人员参与调解。

4. 经调解达成协议的，出具调解协议书。调解协议书自各方当事人签名、盖章或者按指印，人民调解员签名并加盖人民调解委员会印章之日起生效。

5. 人民调解员应当记录调解情况。人民调解委员会应当建立调解工作档案，将调解登记、调解工作记录、调解协议书等材料立卷归档。

（二）注意事项

1. 人民调解员在调解纠纷过程中，发现纠纷有可能激化的，应当采取有针对性的预防措施；对有可能引起治安案件、刑事案件的纠纷，应当及时向当地公安机关或者其他有关部门报告。

2. 人民调解员调解纠纷，调解不成的，应当终止调解，并依据有关法律、法规的规定，告知当事人可以依法通过仲裁、行政、司法等途径维护自己的权利。

3. 达成调解协议后，当事人之间就调解协议的履行或者调解协议的内容发生争议的，一方当事人可以向人民法院提起诉讼。

4. 经人民调解委员会调解达成调解协议后，建议双方当事人自调解协议生效之日起三十日内共同向人民法院申请司法确认，依法确认调解协议的效力。法院依法确认调解协议有效，一方当事人拒绝履行或者未全部履行的，对方当事人可以向人民法院申请强制执行。人民法院依法确认调解协议无效的，当事人可以通过人民调解方式变更原调解协议或者达成新的调解协议，也可以向人民法院提起诉讼。

二、行政处理

有以下事宜发生纠纷的，可以请求乡镇政府作出行政处理：

（一）村民委员会及其成员作出的可能侵害村民合法权益的决定

《村民委员会组织法》第三十六条规定，村民委员会或者村民委员会成员作出的决定侵害村民合法权益的，受侵害的村民可以申请人民法院予以撤销，责任人依法承担法律责任。村民委员会不依照法律、法规的规定履行法定义务的，由乡、民族乡、镇的人民政府责令改正。

根据上述法律规定，受侵害的村民有两条救济途径，可以维护自己的合法权益：一是向人民法院提起民事诉讼，二是由乡、镇政府责令改正。村民可以请求乡、镇政府依法对村民委员会履行法定义务进行监督，责令其改正违法行为。

（二）农村土地所有权和使用权纠纷处理

《土地管理法》第十四条规定：“土地所有权和使用权争议，由当事人协商解决；协商不成的，由人民政府处理。单位之间的争议，由县级以上人民政府处理；个人之间、个人与单位之间的争议，由乡级人民政府或者县级以上人民政府处理。当事人对有关人民政府的处理决定不服的，可以自接到处理决定通知之日起三十日内，向人民法院起诉。”

根据以上法律规定，涉及土地所有用权或使用权争议纠纷，可以根据以下流程处理：

1. 农户之间发生土地所有权或使用权争议纠纷，当事人双方应尊重历史，相互谦让，协商解决问题。双方协商一致，应当签订调解协议。但双方达成的协议，不得违反有关法律、法规，不得损害国家、集体的利益和其他村民的合法权益。

2. 协商不成的，当事人任何一方或双方可到当地乡（镇）政府或土地管理所等受理机关提出处理申请。

3. 申请处理时，申请人应提交书面申请，申请书范本如下：申请人、对方当事人的名称、地址；申请处理的事项、具体要求和理由，并附争议地块示意图；有关证据及其来源，证人的姓名、工作单位或地址。

4. 受理机关接到处理申请后，可以在 15 日内决定是否受理。决定受理的，在 10 日内将申请书副本发送对方当事人。对方当事人在接到申请书副本之日起 30 日内提交书面答辩和有关证据材料；逾期不提交书面答辩和证据材料的，不影响作出处理决定。受理机关决定不受理的，可以在决定后 10 日内书面通知申请人，并说明理由。

5. 如乡镇不受理，当事人双方可直接向县政府或国土局申请，若符合受理条件，可指定受理或直接受理。

6. 受理机关对受理的宅基地权属争议，可先行调解；调解无效的，应当作出处理决定。并告知双方当事人在宅基地权属争议处理期间，任何一方不得改变宅基地现状和破坏其房屋。

7. 当事人对处理决定不服的，可在收到处理决定之日起 60 日内向上一级处理机关申请复议，也可以在接到处理决定后六个月内，直接向人民法院起诉。

8. 上一级处理机关接到复议申请后，应当自受理申请之日起60 日内作出行政复议决定；但是法律规定的行政复议期限少于60 日的除外。当事人对复议决定不服的，可在接到复议决定书之日起15 日内向人民法院起诉。

注意事项：

1.《土地管理法》第十四条规定，土地所有权和使用权争议，由当事人协商解决；协商不成的，由人民政府处理。根据上述法律规定，如涉及农村宅基地使用权发生的纠纷，如使用权确权纠纷、侵害使用权纠纷、建成房屋所有权纠纷、宅基地上建设工程合同纠纷等均应先进行前置行政处理，如未经行政处理的，法院不予受理或者驳回起诉。

2. 但是，如土地使用权的确认涉及宅基地使用方案，根据《村民委员会组织法》第二十四条的规定，宅基地使用方案由村民大会依照法律、自治章程讨论决定，自治处理。若村民提起宅基地使用权纠纷诉讼，法院将不予受理或驳回起诉。

三、农村土地承包经营纠纷调解仲裁

根据《农村土地承包经营纠纷调解仲裁法》第二条之规定，农村土地承包仲裁委员会受理以下农村土地承包经营纠纷：（1）因订立、履行、变更、解除和终止农村土地承包合同发生的纠纷；（2）因农村土地承包经营权转包、出租、互换、转让、入股等流转发生的纠纷；（3）因收回、调整承包地发生的纠纷；（4）因确认农村土地承包经营权发生的纠纷；（5）因侵害农村土地承包经营权发生的纠纷；（6）法律、法规规定的其他农村土地承包经营纠纷。

农村土地承包经营纠纷调解仲裁工作流程如下：

（一）农村土地承包经营纠纷调解

1. 发生农村土地承包经营纠纷的，当事人可以自行和解，也可以请求村民委员会、乡（镇）人民政府等调解。

2. 经调解达成协议的，村民委员会或者乡（镇）人民政府应当制作调解协议书。调解协议书由双方当事人签名、盖章或者按指印，经调解人员签名并加盖调解组织印章后生效。

3. 当事人和解、调解不成或者不愿和解、调解的，可以向农村土地承包仲裁委员会申请仲裁，也可以直接向人民法院起诉。

4. 仲裁庭对农村土地承包经营纠纷应当进行调解。调解达成协议的，仲裁庭应当制作调解书；调解不成的，应当及时作出裁决。调解书应当写明仲裁请求和当事人协议的结果。调解书由仲裁员签名，加盖农村土地承包仲裁委员会印章，送达双方当事人。调解书经双方当事人签收后，即发生法律效力。在调解书签收前当事人反悔的，仲裁庭应当及时作出裁决。

（二）农村土地承包经营纠纷仲裁

1. 提交仲裁申请书

当事人申请仲裁，应当向纠纷涉及的土地所在地的农村土地承包仲裁委员会递交仲裁申请书。仲裁申请书应当载明申请人和被申请人的基本情况，仲裁请求和所根据的事实、理由，并提供相应的证据和证据来源。

2. 仲裁申请审查

农村土地承包仲裁委员会应当对仲裁申请予以审查，认为符合规定的，应当受理。有下列情形之一的，不予受理；已受理的，终止仲裁程序：（1）不符合申请条件；（2）人民法院已受理该纠纷；（3）法律规定该纠纷应当由其他机构处理；（4）对该纠纷已有生效的判决、裁定、仲裁裁决、行政处理决定等。

3. 送达

（1）农村土地承包仲裁委员会决定受理的，应当自收到仲裁申请之日起五个工作日内，将受理通知书、仲裁规则和仲裁员名册送达申请人；决定不予受理或者终止仲裁程序的，应当自收到仲裁申请或者发现终止仲裁程序情形之日起五个工作日内书面通知申请人，并说明理由。

（2）农村土地承包仲裁委员会应当自受理仲裁申请之日起五个工作日内，将受理通知书、仲裁申请书副本、仲裁规则和仲裁员名册送达被申请人。

（3）被申请人应当自收到仲裁申请书副本之日起十日内向农村土地承包仲裁委员会提交答辩书；书面答辩确有困难的，可以口头答辩，由农村土地承包仲裁委员会记入笔录，经被申请人核实后由其签名、盖章或者按指印。农村土地承包仲裁委员会应当自收到答辩书之日起五个工作日内将答辩书副本送达申请人。被申请人未答辩的，不影响仲裁程序的进行。

4. 仲裁庭组成

仲裁庭由三名仲裁员组成，首席仲裁员由当事人共同选定，其他二名仲裁员由当事人各自选定；当事人不能选定的，由农村土地承包仲裁委员会主任指定。农村土地承包仲裁委员会应当自仲裁庭组成之日起二个工作日内将仲裁庭组成情况通知当事人。

5. 开庭

（1）开庭可以在纠纷涉及的土地所在地的乡（镇）或者村进行，也可以在农村土地承包仲裁委员会所在地进行。当事人双方要求在乡（镇）或者村开庭的，应当在该乡（镇）或者村开庭。

（2）仲裁庭应当在开庭五个工作日前将开庭的时间、地点通知当事人和其他仲裁参与人。

（3）当事人在开庭过程中有权发表意见、陈述事实和理由、提供证据、进行质证和辩论。对不通晓当地通用语言文字的当事人，农村土地承包仲裁委员会应当为其提供翻译。

（4）仲裁庭应当根据认定的事实和法律以及国家政策作出裁决并制作裁决书。

6. 作出裁决

裁决应当按照多数仲裁员的意见作出，少数仲裁员的不同意见可以记入笔录。仲裁庭不能形成多数意见时，裁决应当按照首席仲裁员的意见作出。裁决书应当写明仲裁请求、争议事实、裁决理由、裁决结果、裁决日期以及当事人不服仲裁裁决的起诉权利、期限，由仲裁员签名，加盖农村土地承包仲裁委员会印章。

7. 执行

当事人不服仲裁裁决的，可以自收到裁决书之日起三十日内向人民法院起诉。逾期不起诉的，裁决书即发生法律效力。当事人对发生法律效力的调解书、裁决书，应当依照规定的期限履行。一方当事人逾期不履行的，另一方当事人可以向被申请人住所地或者财产所在地的基层人民法院申请执行。受理申请的人民法院应当依法执行。

注意事项：

1. 仲裁条件：申请农村土地承包经营纠纷仲裁应当符合法定条件，具体如下：（1）申请人与纠纷有直接的利害关系；（2）有明确的被申请人；（3）有具体的仲裁请求和事实、理由；（4）属于农村土地承包仲裁委员会的受理范围。

2. 仲裁后和解：当事人申请仲裁后，可以自行和解。达成和解协议的，可以请求仲裁庭根据和解协议作出裁决书，也可以撤回仲裁申请。

3. 不到庭或退庭法律责任：申请人经书面通知，无正当理由不到庭或者未经仲裁庭许可中途退庭的，可以视为撤回仲裁申请。被申请人经书面通知，无正当理由不到庭或者未经仲裁庭许可中途退庭的，可以缺席裁决。

4. 举证责任：当事人应当对自己的主张提供证据。与纠纷有关的证据由作为当事人一方的发包方等掌握管理的，该当事人应当在仲裁庭指定的期限内提供，逾期不提供的，应当承担不利后果。

5. 作出裁决期限：仲裁农村土地承包经营纠纷，应当自受理仲裁申请之日起六十日内结束；案情复杂需要延长的，经农村土地承包仲裁委员会主任批准可以延长，并书面通知当事人，但延长期限不得超过三十日。

四、诉讼

关于乡镇法律纠纷救济中有关诉讼事宜，相关书籍多有著述，在此不再赘言。就诉讼中可能遇到的法律风险，提出如下建议：

1. 诉讼前应充分研究本次纠纷的性质，是否属于法律调整范畴以及法院管辖范围，可能该纠纷不属于法律调整范畴，应归于村民自治、伦理道德或乡规民约约束，也可能该纠纷依法属于行政处理前置，即便起诉，法院也将不予受理或驳回起诉。

2. 应判断本次纠纷引发的系民事诉讼抑或行政诉讼，该事项主要涉及由哪个法院管辖，尤其是行政诉讼。各地方高级人民法院分别发布规范性文件，深化行政案件跨行政区域管辖改革，对全省基层法院实行一审行政案件集中管辖和指定管辖。如《福建省高级人民法院关于部分行政案件实行跨行政区划管辖的公告》《福建省高级人民法院关于深化行政案件跨行政区域管辖改革的公告》等。如果没有深入研究纠纷法律性质，仓促应诉，可能导致无法立案；即便侥幸立案，也可能在后续庭审中以本院不具有管辖权驳回起诉。

3. 当事人提起诉讼时，应当严格按照《行政诉讼法》第四十九条、《民事诉讼法》第一百一十九条等规定条件及相关司法解释充分审查起诉书及证据材料，原告适格、被告明确、具体诉讼请求和事实根据、法院受案和管辖正确，务必保证符合法定起诉条件。

4. 当事人对自己提出的主张，有责任提供证据。尤其在民事案件中，当事人对自己提出的诉讼请求所依据的事实或者反驳对方诉讼请求所依据的事实，应当提供证据加以证明，但法律另有规定的除外。在作出判决前，当事人未能提供证据或者证据不足以证明其事实主张的，由负有举证证明责任的当事人承担不利的后果。即便在部分行政案件中，原告亦应就自己的主张承担举证责任。如在行政赔偿、补偿案件中，因被告的原因导致原告无法就损害情况举证的，应当由被告就该损害情况承担举证责任。

9 第九章 如何做好乡镇政府法律顾问

律师受聘为乡镇政府法律顾问后，如何发挥专业优势，更好地为乡镇政府服务，这是一个看似简单实质上比较复杂的问题。本所结合多年来乡镇法律服务实务，提出以下一点经验，供参考。

一、充分利用新闻媒体、网站等公开渠道，挖掘乡镇政府法律需求

1. 浏览、查阅、关注乡镇政府所在地政府官方网站发布信息。每周至少一次安排人员查阅乡镇政府网站发布的信息，根据网站刊登政府新发布的相关规章、政府文件、政策咨询、政务大事、统计资料等公开资料，把握当年乡镇政府工作脉络，了解乡镇政府工作重点，从而寻找到政府法律顾问工作的重心，挖掘乡镇政府的法律需求。

2. 关注近三年当地政府发布的《政府工作报告》、上一年预算执行情况和下一年预算草案的报告、上一年国民经济和社会发展计划执行情况与下一年国民经济和社会发展计划草案的报告。上述报告就是当地政府对上一年度工作的总结和对新一年度工作的规划，有助于律师从宏观层面把握乡镇政府过去一年的施政情况以及未来一年的工作计划。

3. 通过大数据检索分析政府工作中的难点和痛点，关注乡镇政府近期发生的新闻报道、热点事件，提供破局思路和解决方案，做到有的放矢。

二、熟悉乡镇政府工作流程，规范乡镇政府行政行为

（一）了解乡镇政府相关工作流程，规范政府行权依据

律师为政府提供法律顾问服务，首要任务是乡镇政府内部各部门的职能、职责范围及行权依据，避免“无权行政”“越权行政”的法律风险。并

且还应充分了解乡镇政府各部门相关工作和办事流程，分析研究其中可能存在的法律风险，尤其是作出行政行为时证据的固定和收集，避免在行政复议或诉讼中因行政行为缺乏事实和依据，导致败诉的法律风险。

（二）厘清乡镇政府与村委会职责范围

根据《地方各级人民代表大会和地方各级人民政府组织法》和《村民委员会组织法》的规定，明确双方的主体资格和职责范围，厘清和界定基层群众自治组织与乡镇基层政府及其职能部门的关系。明确村委会和乡镇基层政府工作范围，属于村自治性管理的，由村委会自主决定；属于政府部门行政职责范围，且确有必要由村委会协助的，应签署授权委托书或协助管理协议书。

三、全程参与乡镇政府招商引资，防范法律风险

1. 参与招商引资磋商谈判，开展尽职调查

招商引资是乡镇政府的重头戏。从招商引资谈判开始就应邀请律师尽早介入，参与磋商谈判，审核合作项目的合法性，有效防范各种法律风险，确保乡镇政府的重大决策合法合规。特别是以乡镇集体土地招商投资或投资入股，更应当委托律师、会计师或其他专业机构进行全方位的尽职调查，掌握投资方的主体资格、经营状况、资信实力、关联关系、履约能力、主要股东和实际控制人情况等信息。防止出现签订合同后无法履行、借招商引资之名非法转让土地、利用项目非法融资等，严重损害乡镇政府合法权益的情形。

2. 严格审核合同，明确违约责任

招商引资磋商完成，双方对投资项目基本达成合作意向，应尽快将招商引资磋商成果以书面形式固定下来。由乡镇政府相关部门重点审核项目合同商业条款、利润分配和支付价款方式等；律师重点审核项目主体是否适格、标的是否明确、支付方式是否合理、是否设置先后履行义务、项目交易流程是否合理、双方权利义务是否适当、关键条款是否设置违约责任、条款是否表述不清产生歧义、合同生效是否附条件等。合同一经双方确认，应加盖公章和骑缝章，避免投资方“移花接木”，擅自更换合同条款。

3. 全面履行合同，发现问题及时止损

项目合同签订生效后，乡镇政府应严格按照合同约定履行合同义务，避

免承担相应的违约责任，在投资方未履行合同义务时，应及时与投资方沟通联系，并发函敦促其按时履约，如需变更合同内容，双方应签订书面补充协议。但是，如发现投资方明确或以自己行为表示拒绝履行合同义务的，应及时保留证据，与顾问律师商讨对策，必要时，可以解除合同，要求投资方承担违约责任。

四、其他日常法律顾问工作

1. 就乡镇政府作出的重大行政、经济决策进行法律论证，提供专业法律审核意见。

2. 根据工作需要，参与涉及乡镇政府的重大项目的谈判、磋商和会谈。

3. 协助处理重大、疑难、群体性信访事项，协助处理尚未形成诉讼的民事、经济、行政纠纷和其他重大纠纷。

4. 代理行政、经济案件的调解、仲裁和诉讼活动。

5. 协助乡镇政府草拟、修改、审查合同、协议等法律文书。

6. 协助乡镇政府进行法制宣传教育活动。

7. 提供最新的法律、法规资料，对乡镇政府依法行政、建章立制等方面提供审核意见。

中　篇

法律实务问答

10 第十章 农　业

一、加快培育农业农村发展新动能政策文件

（一）《中共中央、国务院关于深入推进农业供给侧结构性改革加快培育农业农村发展新动能的若干意见》（2017 年中央一号文件）

1. 优化产品产业结构，着力推进农业提质增效的主要措施有哪些？

答：（1）统筹调整粮经饲种植结构。（2）发展规模高效养殖业。（3）做大、做强优势特色产业。（4）进一步优化农业区域布局。（5）全面提升农产品质量和食品安全水平。（6）积极发展适度规模经营。（7）建设现代农业产业园。（8）创造良好农产品国际贸易环境。

2. 推行绿色生产方式，增强农业可持续发展能力的主要措施有哪些？

答：（1）推进农业清洁生产。（2）大规模实施农业节水工程。（3）集中治理农业环境突出问题。（4）加强重大生态工程建设。

3. 壮大新产业新业态，拓展农业产业链价值链的主要措施有哪些？

答：（1）大力发展乡村休闲旅游产业。（2）推进农村电商发展。（3）加快发展现代食品产业。（4）培育宜居宜业特色村镇。

4. 强化科技创新驱动，引领现代农业加快发展的主要措施有哪些？

答：（1）加强农业科技研发。（2）强化农业科技推广。（3）完善农业科技创新激励机制。（4）提升农业科技园区建设水平。（5）开发农村人力资源。

5. 补齐农业农村短板，夯实农村共享发展基础的主要措施有哪些？

答：（1）持续加强农田基本建设。（2）深入开展农村人居环境治理和美丽宜居乡村建设。（3）提升农村基本公共服务水平。（4）扎实推进脱贫攻坚。

6. 加大农村改革力度，激活农业农村内生发展动力的主要措施有哪些？

答：（1）深化粮食等重要农产品价格形成机制和收储制度改革。（2）完善农业补贴制度。（3）改革财政支农投入机制。（4）加快农村金融创新。（5）深化农村集体产权制度改革。（6）探索建立农业农村发展用地保障机制。（7）健全农业劳动力转移就业和农村创业创新体制。（8）统筹推进农村各项改革。

7. 中共中央、国务院关于提出推进农业供给侧结构性改革存在的问题及解决措施？

答：2016年12月31日，《中共中央、国务院关于深入推进农业供给侧结构性改革加快培育农业农村发展新动能的若干意见》指出：

存在的问题：农业的主要矛盾由总量不足转变为结构性矛盾，突出表现为：阶段性供过于求和供给不足并存，矛盾的主要方面在供给侧。农产品供求结构失衡、要素配置不合理、资源环境压力大、农民收入持续增长乏力等问题仍很突出，增加产量与提升品质、成本攀升与价格低迷、库存高企与销售不畅、小生产与大市场、国内外价格倒挂等矛盾亟待破解。

解决措施：（1）推进农业供给侧结构性改革，要在确保国家粮食安全的基础上，紧紧围绕市场需求变化，以增加农民收入、保障有效供给为主要目标，以提高农业供给质量为主攻方向，以体制改革和机制创新为根本途径，优化农业产业体系、生产体系、经营体系，提高土地产出率、资源利用率、劳动生产率，促进农业农村发展由过度依赖资源消耗、主要满足量的需求，向追求绿色生态可持续、更加注重满足质的需求转变。（2）推进农业供给侧结构性改革是一个长期过程，处理好政府和市场关系、协调好各方面利益，面临许多重大考验。必须直面困难和挑战，坚定不移推进改革，勇于承受改革阵痛，尽力降低改革成本，积极防范改革风险，确保粮食生产能力不降低、农民增收势头不逆转、农村稳定不出问题。

（二）《中共中央、国务院关于实施乡村振兴战略的意见》（2018年中央一号文件）

8. 实施乡村振兴战略的总要求是什么？

答：实施乡村振兴战略的总要求是产业兴旺、生态宜居、乡风文明、治理有效、生活富裕。这五句话是一个有机整体，是不可分割的，应注重协同性、关联性、整体性，不能顾此失彼、只抓其一不顾其他。

9. 实施乡村振兴战略应该坚持哪些基本原则？

答：坚持党管农村工作、坚持农业农村优先发展、坚持农民主体地位、坚持乡村全面振兴、坚持城乡融合发展、坚持人与自然和谐共生、坚持因地制宜、循序渐进。

10. “产业兴旺”的重点措施有哪些？

答：（1）夯实农业生产能力基础；（2）实施质量兴农战略；（3）构建农村一、二、三产业融合发展体系；（4）构建农业对外开放新格局；（5）促进小农户和现代农业发展有机衔接。

11. “生态宜居”的关键措施有哪些？

答：（1）统筹山水林田湖草系统治理；（2）加强农村突出环境问题综合治理；（3）建立市场化多元化生态补偿机制；（4）增加农业生态产品和服务供给。

12. 保障“乡风文明”有哪些措施？

答：（1）加强农村思想道德建设；（2）传承发展提升农村优秀传统文化；（3）加强农村公共文化建设；（4）开展移风易俗行动。

13. “治理有效”的基础性要件有哪些？

答：（1）加强农村思想道德建设；（2）传承发展提升农村优秀传统文化；（3）加强农村公共文化建设；（4）开展移风易俗行动。

14. “生活富裕”的根本性要求需要采取哪些措施？

答：（1）优先发展农村教育事业；（2）促进农村劳动力转移就业和农

民增收；（3）推动农村基础设施提挡升级；（4）加强农村社会保障体系建设；（5）推进健康乡村建设；（6）持续改善农村人居环境。

15. 实施乡村振兴战略，如何把制度建设贯穿其中？

答：（1）巩固和完善农村基本经营制度；（2）深化农村土地制度改革；（3）深入推进农村集体产权制度改革；（4）完善农业支持保护制度。

16. 实施乡村振兴战略，如何破解人才瓶颈制约？

答：（1）大力培育新型职业农民；（2）加强农村专业人才队伍建设；（3）发挥科技人才支撑作用；（4）鼓励社会各界投身乡村建设；（5）创新乡村人才培育引进使用机制。

17. 如何开拓投融资渠道，强化乡村振兴投入保障？

答：（1）确保财政投入持续增长；（2）拓宽资金筹集渠道；（3）提高金融服务水平。

18. 在实施乡村振兴战略的过程中，如何把党管农村工作的要求落到实处？

答：（1）完善党的农村工作领导体制机制；（2）研究制定中国共产党农村工作条例；（3）加强“三农”工作队伍建设；（4）强化乡村振兴规划引领；（5）强化乡村振兴法治保障；（6）营造乡村振兴良好氛围。

19. “提升农业发展质量，培育乡村发展新动能”的具体要求和措施有哪些？

答：乡村振兴，产业兴旺是重点。必须坚持质量兴农、绿色兴农，以农业供给侧结构性改革为主线，加快构建现代农业产业体系、生产体系、经营体系，提高农业创新力、竞争力和全要素生产率，加快实现由农业大国向农业强国转变。

（1）夯实农业生产能力基础。深入实施藏粮于地、藏粮于技战略，严守耕地红线，确保国家粮食安全，把中国人的饭碗牢牢端在自己手中。

（2）实施质量兴农战略。制定和实施国家质量兴农战略规划，建立健全质量兴农评价体系、政策体系、工作体系和考核体系。

（3）构建农村一、二、三产业融合发展体系。大力开发农业多种功能，延长产业链、提升价值链、完善利益链，通过保底分红、股份合作、利润返还等多种形式，让农民合理分享全产业链增值收益。

（4）构建农业对外开放新格局。优化资源配置，着力节本增效，提高我国农产品国际竞争力。

（5）促进小农户和现代农业发展有机衔接。统筹兼顾培育新型农业经营主体和扶持小农户，采取有针对性的措施，把小农生产引入现代农业发展轨道。

20. “推进乡村绿色发展，打造人与自然和谐共生发展新格局”的具体要求有哪些？

答：乡村振兴，生态宜居是关键。良好生态环境是农村最大优势和宝贵财富。必须尊重自然、顺应自然、保护自然，推动乡村自然资本加快增值，实现百姓富、生态美的统一。

（1）统筹山水林田湖草系统治理。把山水林田湖草作为一个生命共同体，进行统一保护、统一修复。

（2）加强农村突出环境问题综合治理。加强农业面源污染防治，开展农业绿色发展行动，实现投入品减量化、生产清洁化、废弃物资源化、产业模式生态化。

（3）建立市场化多元化生态补偿机制。落实农业功能区制度，加大重点生态功能区转移支付力度，完善生态保护成效与资金分配挂钩的激励约束机制。

（4）增加农业生态产品和服务供给。正确处理开发与保护的关系，运用现代科技和管理手段，将乡村生态优势转化为发展生态经济的优势，提供更多更好的绿色生态产品和服务，促进生态和经济良性循环。

21. “繁荣兴盛农村文化，焕发乡风文明新气象”的具体要求有哪些？

答：乡村振兴，乡风文明是保障。必须坚持物质文明和精神文明一起抓，提升农民精神风貌，培育文明乡风、良好家风、淳朴民风，不断提高乡村社会文明程度。

（1）加强农村思想道德建设。以社会主义核心价值观为引领，坚持教育引导、实践养成、制度保障三管齐下，采取符合农村特点的有效方式，深化中国特色社会主义和中国梦宣传教育，大力弘扬民族精神和时代精神。

（2）传承发展提升农村优秀传统文化。立足乡村文明，汲取城市文明及外来文化优秀成果，在保护传承的基础上，创造性转化、创新性发展，不断赋予时代内涵、丰富表现形式。

（3）加强农村公共文化建设。按照有标准、有网络、有内容、有人才的要求，健全乡村公共文化服务体系。发挥县级公共文化机构辐射作用，推进基层综合性文化服务中心建设，实现乡村两级公共文化服务全覆盖，提升服务效能。

（4）开展移风易俗行动。广泛开展文明村镇、星级文明户、文明家庭等群众性精神文明创建活动。遏制大操大办、厚葬薄养、人情攀比等陈规陋习。

22. “加强农村基层基础工作，构建乡村治理新体系”的具体要求有哪些？

答：乡村振兴，治理有效是基础。必须把夯实基层基础作为固本之策，建立健全党委领导、政府负责、社会协同、公众参与、法治保障的现代乡村社会治理体制，坚持自治、法治、德治相结合，确保乡村社会充满活力、和谐有序。

（1）加强农村基层党组织建设。（2）深化村民自治实践。（3）建设法治乡村。（4）提升乡村德治水平。（5）建设平安乡村。

23. “提高农村民生保障水平，塑造美丽乡村新风貌”的具体要求有哪些？

答：乡村振兴，生活富裕是根本。要坚持人人尽责、人人享有，按照抓重点、补短板、强弱项的要求，围绕农民群众最关心最直接最现实的利益问题，一件事情接着一件事情办，一年接着一年干，把乡村建设成为幸福美丽新家园。

（1）优先发展农村教育事业。（2）促进农村劳动力转移就业和农民增收。（3）推动农村基础设施提挡升级。（4）加强农村社会保障体系建设。（5）推进健康乡村建设。（6）持续改善农村人居环境。

24. “推进体制机制创新，强化乡村振兴制度性供给”的具体要求有哪些？

答：实施乡村振兴战略，必须把制度建设贯穿其中。要以完善产权制度和要素市场化配置为重点，激活主体、激活要素、激活市场，着力增强改革的系统性、整体性、协同性。

（1）巩固和完善农村基本经营制度。（2）深化农村土地制度改革。（3）深入推进农村集体产权制度改革。（4）完善农业支持保护制度。

25. “汇聚全社会力量，强化乡村振兴人才支撑”的具体要求有哪些？

答：实施乡村振兴战略，必须破解人才瓶颈制约。要把人力资本开发放在首要位置，畅通智力、技术、管理下乡通道，造就更多乡土人才，聚天下人才而用之。

（1）大力培育新型职业农民。（2）加强农村专业人才队伍建设。（3）发挥科技人才支撑作用。（4）鼓励社会各界投身乡村建设。（5）创新乡村人才培育引进使用机制。

26. “开拓投融资渠道，强化乡村振兴投入保障”的具体要求有哪些？

答：实施乡村振兴战略，必须解决钱从哪里来的问题。要健全投入保障制度，创新投融资机制，加快形成财政优先保障、金融重点倾斜、社会积极参与的多元投入格局，确保投入力度不断增强、总量持续增加。

（1）确保财政投入持续增长。（2）拓宽资金筹集渠道。调整完善土地出让收入使用范围，进一步提高农业农村投入比例。（3）提高金融服务水平。

27. “坚持和完善党对‘三农’工作的领导”的具体要求有哪些？

答：实施乡村振兴战略是党和国家的重大决策部署，各级党委和政府要提高对实施乡村振兴战略重大意义的认识，真正把实施乡村振兴战略摆在优先位置，把党管农村工作的要求落到实处。

（1）完善党的农村工作领导体制机制。（2）研究制定中国共产党农村工作条例。（3）加强“三农”工作队伍建设。（4）强化乡村振兴规划引领。（5）强化乡村振兴法治保障。（6）营造乡村振兴良好氛围。

28. 人民法院服务和保障实施乡村振兴战略应坚持哪些基本原则？

答：2018 年 10 月 23 日，最高人民法院《关于为实施乡村振兴战略提供司法服务和保障的意见》要求，坚持服务和保障农业农村优先发展，加大对乡村地区司法资源投入力度，提高乡村司法服务的覆盖面和便利性；坚持稳中求进的工作总基调，着力维护农村基本制度稳定，依法依规支持农村试点地区改革试点工作；坚持依法保障农民主体地位，依法保护广大农民合法权益，尊重农民意愿，调动亿万农民的积极性、主动性、创造性；坚持服务乡村全面振兴，准确把握乡村振兴的科学内涵，积极服务和保障农村经济建设、政治建设、文化建设、社会建设和生态文明建设；坚持助推城乡融合发展，依法破除城乡交易壁垒，推动形成工农互促、城乡互补、全面融合、共同繁荣的新型工农城乡关系；坚持促进人与自然和谐共生，严守生态保护红线，助推乡村绿色发展；坚持聚焦审判、因地制宜，立足于发挥审判职能开展服务和保障工作，因地施策，对症下药，不搞“一刀切”，不搞形式主义，真抓实干、久久为功。

29. 人民法院为实施乡村振兴战略提出的“助推农村改革发展，夯实农业农村现代化发展的基础”包括哪些具体内容和措施？

答：依据最高人民法院印发法发〔2018〕19 号《关于为实施乡村振兴战略提供司法服务和保障的意见》的通知要求，人民法院做好“助推农村改革发展，夯实农业农村现代化发展的基础”的工作，应依法做好以下类型的案件的审理工作：

（1）依法妥善审理农村土地承包案件。（2）依法依规调处农村宅基地“三权分置”、集体经营性建设用地入市等纠纷，保障农村土地制度改革。（3）依法妥善审理耕地保护纠纷案件，维护国家粮食安全。（4）依法妥善审理农村基础设施建设和基本公共服务案件，推动基础设施建设提档升级和基本公共服务全面发展。（5）依法打击制裁生产、销售伪劣商品等违法犯罪行为，保障实施质量兴农战略。（6）依法保护乡村投资者等各类市场主体合法权益，激发市场主体活力。（7）依法妥善审理农村产权保护以及各类合同纠纷案件，筑牢乡村良好营商环境的市场基础。（8）依法保护农业农村知识产权，助力农业转型升级。（9）依法规范各类金融行为，促进金融服务农村实体经济。(10) 依法妥善审理“三农”领域涉外案件，积极支持农业走出国门。(11) 依法惩治破坏农村经济秩序犯罪，维护安全有序的生产环境。(12) 依法加大涉农案件执行力度，及时实现农民合法权利。

30. 人民法院为实施乡村振兴战略提出的“强化环境资源保护，助推乡村生态文明建设”包括哪些具体内容和措施?

答: 依据最高人民法院法发〔2018〕19 号《关于为实施乡村振兴战略提供司法服务和保障的意见》的通知要求，人民法院做好“强化环境资源保护，助推乡村生态文明建设”的工作，应依法做好以下类型的案件的审理工作:

(1) 准确理解和把握绿色发展与乡村振兴、生态环境保护与乡村经济发展的辩证关系。(2) 依法妥善审理环境资源民事案件，引导树立良好的环境保护理念。(3) 依法妥善审理环境资源行政案件，促进环境行政执法的法治化、规范化。(4) 依法妥善审理环境公益诉讼案件、生态环境损害赔偿案件以及其他新型环境资源案件。(5) 依法妥善审理污染乡村环境、破坏乡村生态刑事案件。(6) 优化协同审判机制，提升乡村绿色发展司法服务保障水平。

31. 人民法院为实施乡村振兴战略提出的“弘扬社会主义核心价值观，促进文明和谐平安乡村建设”包括哪些具体内容和措施?

答: 依据最高人民法院印发法发〔2018〕19 号《关于为实施乡村振兴战略提供司法服务和保障的意见》的通知要求，人民法院做好“弘扬社会主义核心价值观，促进文明和谐平安乡村建设”的工作，包括以下内容:

(1) 大力弘扬社会美德，传承发展提升农村优秀传统文化。(2) 推进家事审判方式和工作机制改革，促进乡村和谐家庭建设。(3) 推动扫黑除恶专项斗争不断向纵深发展，增强农村群众的安全感和幸福感。(4) 依法惩治危害农村社会安全的犯罪，推进“法治乡村”“平安乡村”建设。(5) 加大对失信被执行人联合信用惩戒力度，在涉农案件执行领域树立褒奖诚信、惩戒失信的价值导向。

32. 人民法院为实施乡村振兴战略提出的“树立自治法治德治相结合理念，推动乡村治理体系和治理能力现代化”包括哪些具体内容和措施?

答: 依据最高人民法院印发法发〔2018〕19 号《关于为实施乡村振兴战

略提供司法服务和保障的意见》的通知要求，人民法院做好“树立自治法治德治相结合理念，推动乡村治理体系和治理能力现代化”的工作，包括以下内容：

（1）准确把握村民自治与国家法治的关系，积极搭建法治与德治的桥梁，促进完善乡村自治、法治、德治相结合的治理体系。（2）坚持政教分离政策，严禁宗教干预国家司法职能的实施。（3）建立健全涉农纠纷多元化解决机制，增强矛盾纠纷预防化解的整体合力。（4）加强基层基础建设，做好人民法庭工作。（5）深入贯彻实施人民陪审员法，不断完善人民陪审员制度。（6）加强农村法治宣传教育，提高农村自治组织和农民尊法、学法、守法、用法意识。

33. 人民法院为实施乡村振兴战略提出的“加强权益保护，满足农民日益增长的美好生活需要”包括哪些具体内容和措施？

答：依据最高人民法院印发法发〔2018〕19号《关于为实施乡村振兴战略提供司法服务和保障的意见》的通知要求，人民法院做好“加强权益保护，满足农民日益增长的美好生活需要”的工作，包括以下内容：

（1）依法保护农民合法权益，发挥农民在乡村振兴中的主体作用。（2）依法保护农民人格权，加大乡村地区人权司法保护力度。（3）依法妥善处理农村集体经济组织成员资格问题，保护农民基本财产权利。（4）依法保护农民工合法权益，发挥农民工在乡村振兴中的积极作用。（5）依法妥善审理农村集体土地征收、农民房屋拆迁及安置补偿纠纷案件，切实保护被征地农民的合法权益。（6）依法惩治侵害农民权益犯罪，保护农村群众人身和财产安全。（7）推进智慧法院建设和司法公开，提升农村群众对公正司法的获得感。（8）将党的群众路线与司法专业化相结合，不断满足农民日益增长的对社会公平正义的需求。（9）完善司法为民便民利民措施，不断提高司法服务“三农”的能力。（10）积极助力精准扶贫，保障打赢脱贫攻坚战。（11）加强农村司法救助，保护困难群体的基本权利。

（三）《中共中央、国务院关于坚持农业农村优先发展做好“三农”工作的若干意见》（2019年中央一号文件）

34. “保障重要农产品有效供给”有哪些具体措施？

答：（1）稳定粮食产量；（2）完成高标准农田建设任务；（3）调整优

化农业结构；（4）加快突破农业关键核心技术；（5）实施重要农产品保障战略。

35.“加快补齐农村人居环境和公共服务短板”有哪些具体措施？

答：（1）抓好农村人居环境整治三年行动；（2）实施村庄基础设施建设工程；（3）提升农村公共服务水平；（4）加强农村污染治理和生态环境保护；（5）强化乡村规划引领。

36.“拓宽农民增收渠道”有哪些具体措施？

答：（1）加快发展乡村特色产业；（2）大力发展现代农产品加工业；（3）发展乡村新型服务业；（4）实施数字乡村战略；（5）促进农村劳动力转移就业；（6）支持乡村创新创业。

37.“激发乡村发展活力”有哪些具体措施？

答：（1）巩固和完善农村基本经营制度；（2）深化农村土地制度改革；（3）深入推进农村集体产权制度改革；（4）完善农业支持保护制度。

38.“保持农村社会和谐稳定”可以采取哪些具体措施？

答：（1）增强乡村治理能力；（2）加强农村精神文明建设；（3）持续推进平安乡村建设。

39.“全面加强农村基层组织建设”有哪些具体措施？

答：（1）强化农村基层党组织领导作用；（2）发挥村级各类组织作用；（3）强化村级组织服务功能；（4）完善村级组织运转经费保障机制。

40.“党对‘三农’工作的领导”提出哪些新的具体措施？

答：（1）强化五级书记抓乡村振兴的制度保障；（2）牢固树立农业农村优先发展政策导向；（3）培养懂农业、爱农村、爱农民的“三农”工作队伍；（4）发挥好农民主体作用。

41.发展农业创新模式的时代背景及重大意义？

答：时代背景：习近平总书记指出，发展多种形式适度规模经营，培育新型农业经营主体，是建设现代农业的前进方向和必由之路。加快培育发展新型农业经营主体和服务主体是一项重大战略，对于推进农业现代化、实现乡村全面振兴意义重大。

重大意义：（1）这是破解“未来谁来种地”问题的迫切需要。随着新型工业化、信息化、城镇化进程加快，农村劳动力大量进入城镇就业，农村2亿多承包农户就业和经营状态不断发生变化，“未来谁来种地、怎样种好地”问题日益凸显。家庭农场、农民合作社、农业社会化服务组织等各类新型农业经营主体和服务主体根植于农村，服务于农户和农业，在破解谁来种地难题、提升农业生产经营效率等方面发挥着越来越重要的作用。

（2）这是实现乡村产业兴旺的迫切需要。乡村振兴的基础是产业。实现产业兴旺，迫切需要加快培育新型农业经营主体和服务主体，培养一批高素质农民，吸引人才服务于农业和农村，积极优化农业资源要素配置，推进农村一、二、三产业融合，实现农业高质量发展，夯实乡村全面振兴的产业基础。

（3）这是培育农业农村新动能的迫切需要。深化农业供给侧结构性改革，培育农业农村发展新动能，是推动农业农村发展再上新台阶的重大举措。新型农业经营主体和服务主体对市场反应灵敏，对新品种新技术新装备采用能力强，具有从事绿色化生产、集约化经营的优势，具有从事新产业新业态新模式的创新精神，是促进农业农村发展的重要动能源泉。

（4）这是促进小农户和现代农业发展有机衔接的迫切需要。新型农业经营主体和服务主体与小农户密切关联，是带动小农户的主体力量。加快培育新型农业经营主体和服务主体，要以家庭农场、农民合作社和社会化服务组织为重点，不断提升生产经营水平，增强服务和带动小农户能力，保护好小农户利益，把小农户引入现代农业发展大格局。

42. 培育发展新型农业经营主体和服务主体有哪些最新政策措施？同时有哪些机遇？

答：（1）相关政策：党的十八大以来，一系列扶持新型农业经营主体和服务主体发展的政策措施陆续出台，《关于加快构建政策体系培育新型农业经营主体的意见》《关于实施家庭农场培育计划的指导意见》《关于开展农民合作社规范提升行动的若干意见》《关于加快发展农业生产性服务业的指导意见》等文件相继印发，家庭农场、农民合作社、农业社会化服务组织等新型农业经营主体和服务主体培育发展的政策体系逐步完善。推动高质量发展作用凸显。

（2）机遇：当前，我国经济已由高速增长阶段转向高质量发展阶段，守住“三农”战略后院，发挥好压舱石和稳定器的作用，必须大力推动农业高质量发展。新型农业经营主体和服务主体规模化、集约化、组织化程度高，是未来现代农业经营的重要方式和必然趋势，在推动农业高质量发展中承担重要使命，面临重大机遇。

43. 现阶段农业创新模式有哪些短板？

答：当前我国新型农业经营主体和服务主体培育虽取得显著成效，但依旧存在发展不平衡、不充分、实力不强等问题，面临的诸多短板和制约依然突出，难以满足乡村振兴和农业农村现代化的要求。从自身发展水平看，基础设施落后、经营规模偏小、集约化水平不高、产业链条不完整、经营理念不够先进等问题依然存在。发展区域性不平衡问题比较突出。家庭农场仍处于起步发展阶段，部分农民合作社运行不够规范，社会化服务组织服务能力不足、服务领域拓展不够。从外部环境看，各类新型农业经营主体和服务主体融资难、融资贵、风险高等问题仍然突出，财税、金融、用地等扶持政策不够具体，倾斜力度不够，各地农业农村部门指导服务能力亟待提升。

44. 现阶段发展农业创新模式的目标是什么？

答：到 2022 年，家庭农场、农民合作社、农业社会化服务组织等各类新型农业经营主体和服务主体蓬勃发展，现代农业经营体系初步构建，各类主体质量、效益进一步提升，竞争能力进一步增强。具体实现以下目标。

（1）家庭农场。支持家庭农场发展的政策体系和管理制度进一步完善，家庭农场数量稳步增加，各级示范家庭农场达到 10 万家，生产经营能力和带动能力得到巩固提升。

（2）农民合作社。农民合作社质量提升整县推进基本实现全覆盖，示范社创建取得重要进展，农民合作社规范运行水平大幅提高，服务能力和带动效应显著增强。

（3）农业社会化服务组织。服务市场化、专业化、信息化水平显著提升，服务链条进一步延伸，基本形成服务结构合理、专业水平较高、服务能力较强、服务行为规范、覆盖全产业链的农业生产性服务体系。

（4）新型农业经营主体和服务主体经营者。高素质农民培训普遍开展，线上线下培训融合发展，大力开展新型农业经营主体带头人培训。新型农业经营主体和服务主体经营者培育工作覆盖所有的农业县（市、区），培育体系健全完善，培育机制灵活有效，培育条件大幅改善，新型农业经营主体和服务主体经营者队伍总体文化素质、技能水平和经营能力显著提升。

45. 培育农业新型社会化服务组织有哪些措施？

答：按照主体多元、形式多样、服务专业、竞争充分的原则，加快培育各类服务组织，充分发挥不同服务主体各自的优势和功能。支持农村集体经济组织通过发展农业生产性服务，发挥其统一经营功能；鼓励农民合作社向成员提供各类生产经营服务，发挥其服务成员、引领农民对接市场的纽带作用；引导龙头企业通过基地建设和订单方式为农户提供全程服务，发挥其服务带动作用；支持各类专业服务公司发展，发挥其服务模式成熟、服务机制灵活、服务水平较高的优势。

46. 如何加快推进农业生产托管服务？

答：适应不同地区、不同产业农户和新型农业经营主体的农业作业环节需求，发展单环节托管、多环节托管、关键环节综合托管和全程托管等多种托管模式。支持专业服务公司、供销合作社专业化服务组织、服务型农民合作社、农村集体经济组织等服务主体，重点面向从事粮棉油糖等大宗农产品生产的小农户以及新型农业经营主体开展托管服务，促进服务主体服务能力和条件提升。鼓励各地因地制宜选择本地优先支持的托管作业环节，按照相关作业环节市场价格的一定比例给予服务补助，通过价格手段推动财政资金效用传递到服务对象，不断提升农业生产托管对小农户服务的覆盖率。

47. 开展农业创新模式培训有哪些举措？

答：加大新型农业经营主体和服务主体经营者培训力度，坚持面向产业、融入产业、服务产业，着力建机制、定规范、抓考核，强化农民教育培训体系，实施好新型农业经营主体带头人、返乡入乡创新创业者等分类培育计划，加强统筹指导各地各部门培训计划，大力开展家庭农场经营者轮训，分期分批开展农民合作社骨干培训，加大农业社会化服务组织负责人培训力度。积极探索高素质农民培育衔接学历提升教育。鼓励各地通过补贴学费等方式，支持涉农职业院校等教育培训机构和各类社会组织，依托新型农业经营主体和服务主体建设实习实训基地，做好农村各类高素质人才示范培训与轮训。支持各类教育培训机构加强高水平“双师型”教师队伍建设，充实教学设施设备，改善办学条件，完善信息化教学手段，加强基地建设，支持各地重点建设产教融合实训基地、创业孵化基地和农民田间学校等。

48. 培养新时代的农业创新人才可以采取哪些措施？

答：（1）大力发展农业职业教育

加快改革农科专业体系、课程体系、教材体系，科学设计教学模式、考试评价模式，推动农业职业教育更好地服务产业发展，科学布局中等职业教育、高等职业教育、应用型本科和高端技能型专业学位研究生等人才培养的规格、梯次和结构。以打通和拓宽各级各类技术技能人才的成长空间和发展通道为重点，构建体现终身教育理念、满足农民群众接受教育的需求、满足“三农”发展对技术技能人才需求的现代农业职业教育体系。

（2）着力提升农民科学素质

加强农村科普，健全和完善县乡科学技术推广普及网络，大力推动农村科普出版物发行，增加农民买得起、读得懂、用得上的通俗读物的品种和数量。积极探索利用各类新媒体传播渠道，通过动画、短视频等农民喜闻乐见的形式，广泛宣传农业生产应用技能和成功经验。加强农村科普活动场所和科普阵地建设，在农村建设一批较高水平的科普教育基地和科普实验基地。加强农技推广和公共服务人才队伍建设，支持农技人员在职研修，优化知识结构，增强专业技能，引导鼓励农科毕业生到基层开展农技推广服务。

（3）建立新型农业经营主体和服务主体经营者教育培训工程

依托高素质农民培育、学历提升、信息化建设等工程，开展新型农业经营主体带头人培训、返乡入乡创新创业者、农业经理人培养等分类培训计划，加快培育高素质农民队伍。深入推进农村实用人才带头人素质提升计划，通过专家授课、现场教学、交流研讨等，加强对家庭农场经营者、农民合作社带头人、产业发展带头人、大学生村官等主体的指导，提升增收致富本领和示范带动能力。依托涉农职业院校，采取农学结合、弹性学制、送教下乡等形式，开展农民中高等职业教育等学历教育，有效提升新型农业经营主体和服务主体经营者队伍综合素质和学历水平。

49. 加强农村经营管理干部队伍建设可以采取哪些措施？

答：鼓励各地采取安排专兼职人员、招收大学生村官、建立辅导员制度等多种途径，充实基层经营管理工作力量，保障必要工作条件，确保支持新型农业经营主体和服务主体发展的各项工作抓细抓实。要加强培训和继续教育，努力打造一支学习型、创新型农村经营管理干部队伍。要加强县级对乡镇农村经营管理工作的指导、督促和检查，明确目标任务，提高工作绩效。

50. 如何确保农业新模式发展成效？

答：强化监督管理，确保发展成效，带动小农户数量和与小农户利益联结程度，作为支持新型农业经营主体和服务主体的重要依据，更好促进小农户和现代农业发展有机衔接。培育新型农业经营主体和服务主体政策落实情况纳入农业农村部门工作绩效考核，建立科学的绩效评估监督机制。进一步建立健全新型农业经营主体和服务主体统计调查、监测分析等制度。

51. 加大对农业新模式的宣传可以从哪些方面入手？

答：动员各方力量，加快营造农民主体、政府引导、社会参与的推动发展格局。创新宣传形式，充分发挥新兴媒体和传统媒体作用，广泛宣传各地好经验、好做法，重点宣传一批可学可看可复制的典型案例，充分调动社会各界支持新型农业经营主体和服务主体发展的积极性。

（四）《中共中央、国务院关于抓好“三农”领域重点工作确保如期实现全面小康的意见》（2020年中央一号文件）

52. 对全面建成小康社会加快补上农村基础设施和公共服务短板提出了哪些具体要求？

答：（1）加大农村公共基础设施建设力度；（2）提高农村供水保障水平；（3）扎实搞好农村人居环境整治；（4）提高农村教育质量；（5）加强农村基层医疗卫生服务；（6）加强农村社会保障；（7）改善乡村公共文化

服务；（8）治理农村生态环境突出问题。

53. 保障重要农产品有效供给和促进农民持续增收提出哪些具体要求？

答：（1）稳定粮食生产；（2）加快恢复生猪生产；（3）加强现代农业设施建设；（4）发展富民乡村产业；（5）稳定农民工就业。

54. 加强农村基层治理提出哪些具体要求？

答：（1）充分发挥党组织领导作用；（2）健全乡村治理工作体系；（3）调处化解乡村矛盾纠纷；（4）深入推进平安乡村建设。

55. 强化农村补短板保障措施提出哪些具体要求？

答：（1）优先保障“三农”投入；（2）破解乡村发展用地难题；（3）推动人才下乡；（4）强化科技支撑作用；（5）抓好农村重点改革任务。

56. 如何理解“做好‘三农’工作，关键在党”？

答：各级党委和政府要深入学习贯彻党中央关于“三农”工作的重要论述，全面贯彻党的十九届四中全会精神，把制度建设和治理能力建设摆在“三农”工作更加突出位置，稳定农村基本政策，完善新时代“三农”工作制度框架和政策体系。认真落实《中国共产党农村工作条例》，加强党对“三农”工作的全面领导，坚持农业农村优先发展，强化五级书记抓乡村振兴责任，落实县委书记主要精力抓“三农”工作要求，加强党委农村工作机构建设，大力培养懂农业、爱农村、爱农民的“三农”工作队伍，提高农村干部待遇。坚持从农村实际出发，因地制宜，尊重农民意愿，尽力而为、量力而行，把当务之急的事一件一件解决好，力戒形式主义、官僚主义，防止政策执行简单化和“一刀切”。把党的十九大以来“三农”政策贯彻落实情况作为中央巡视重要内容。

（五）《中共中央、国务院关于全面推进乡村振兴加快农业农村现代化的意见》（2021 年中央一号文件）

57. 2021 年中央一号文件主要内容有哪些？

答：主要内容可以概括为“两个决不能，两个开好局起好步，一个全面加强”。

“两个决不能”就是巩固拓展脱贫攻坚成果决不能出问题、粮食安全决不能出问题。强调设立衔接过渡期，实现巩固拓展脱贫攻坚成果同乡村振兴的有效衔接，确保守住不发生规模性返贫底线。明确要求各地稳定粮食播种面积、提高单产水平，确保粮食产量稳定在1.3万亿斤以上。

“两个开好局起好步”就是农业现代化、农村现代化都要开好局起好步。农业现代化方面，突出部署解决种子和耕地两个要害问题，强化现代农业科技和物质装备支撑，着力构建现代乡村产业体系、现代农业经营体系，推进农业绿色发展。农村现代化方面，以实施乡村建设行动为抓手，部署一批农村人居环境、基础设施和公共服务、农村消费、县域内城乡融合发展等方面的重点工程和行动。

“一个全面加强”就是加强党对“三农”工作的全面领导。对健全党的农村工作领导体制和工作机制、加强党的农村基层组织建设和乡村治理等方面提出明确要求，强调要强化农业农村优先发展投入保障。

58. 如何守住18亿亩耕地红线？

答：统筹布局生态、农业、城镇等功能空间，科学划定各类空间管控边界，严格实行土地用途管制。落实最严格的耕地保护制度。严禁违规占用耕地和违背自然规律绿化造林、挖湖造景，严格控制非农建设占用耕地，深入推进农村乱占耕地建房专项整治行动，坚决遏制耕地“非农化”、防止“非粮化”。明确耕地利用优先序，永久基本农田重点用于粮食特别是口粮生产，一般耕地主要用于粮食和棉、油、糖、蔬菜等农产品及饲草饲料生产。明确耕地和永久基本农田不同的管制目标和管制强度，严格控制耕地转为林地、园地等其他类型农用地，强化土地流转用途监管，确保耕地数量不减少、质量有提高。实施新一轮高标准农田建设规划，提高建设标准和质量，健全管护机制，多渠道筹集建设资金，中央和地方共同加大粮食主产区高标准农田建设投入，2021年建设1亿亩旱涝保收、高产稳产高标准农田。在高标准农田建设中增加的耕地作为占补平衡补充耕地指标在省域内调剂，所得收益用于高标准农田建设。加强和改进建设占用耕地占补平衡管理，严格新增耕地核实认定和监管。健全耕地数量和质量监测监管机制，加强耕地保护督察和执法监督，开展“十三五”时期省级政府耕地保护责任目标考核。

59. 如何加快推进村庄规划工作？

答：2021 年基本完成县级国土空间规划编制，明确村庄布局分类。积极有序推进“多规合一”实用性村庄规划编制，对有条件、有需求的村庄尽快实现村庄规划全覆盖。对暂时没有编制规划的村庄，严格按照县乡两级国土空间规划中确定的用途管制和建设管理要求进行建设。编制村庄规划要立足现有基础，保留乡村特色风貌，不搞大拆大建。按照规划有序开展各项建设，严肃查处违规乱建行为。健全农房建设质量安全法律法规和监管体制，3 年内完成安全隐患排查整治。完善建设标准和规范，提高农房设计水平和建设质量。继续实施农村危房改造和地震高烈度设防地区农房抗震改造。加强村庄风貌引导，保护传统村落、传统民居和历史文化名村名镇。加大农村地区文化遗产遗迹保护力度。乡村建设是为农民而建，要因地制宜、稳扎稳打，不刮风搞运动。严格规范村庄撤并，不得违背农民意愿、强迫农民上楼，把好事办好、把实事办实。

60. 如何深入推进农村改革工作？

答：完善农村产权制度和要素市场化配置机制，充分激发农村发展内生动力。坚持农村土地农民集体所有制不动摇，坚持家庭承包经营基础性地位不动摇，有序开展第二轮土地承包到期后再延长 30 年试点，保持农村土地承包关系稳定并长久不变，健全土地经营权流转服务体系。积极探索实施农村集体经营性建设用地入市制度。完善盘活农村存量建设用地政策，实行负面清单管理，优先保障乡村产业发展、乡村建设用地。根据乡村休闲观光等产业分散布局的实际需要，探索灵活多样的供地新方式。加强宅基地管理，稳慎推进农村宅基地制度改革试点，探索宅基地所有权、资格权、使用权分置有效实现形式。规范开展房地一体宅基地日常登记颁证工作。规范开展城乡建设用地增减挂钩，完善审批实施程序、节余指标调剂及收益分配机制。2021 年基本完成农村集体产权制度改革阶段性任务，发展壮大新型农村集体经济。保障进城落户农民土地承包权、宅基地使用权、集体收益分配权，研究制定依法自愿有偿转让的具体办法。加强农村产权流转交易和管理信息网络平台建设，提供综合性交易服务。加快农业综合行政执法信息化建设。深入推进农业水价综合改革。继续深化农村集体林权制度改革。

61. 如何健全乡村振兴考核落实机制？

答：各省（自治区、直辖市）党委和政府每年向党中央、国务院报告实施乡村振兴战略进展情况。对市县党政领导班子和领导干部开展乡村振兴实绩考核，纳入党政领导班子和领导干部综合考核评价内容，加强考核结果应用，注重提拔使用乡村振兴实绩突出的市县党政领导干部。对考核排名落后、履职不力的市县党委和政府主要负责同志进行约谈，建立常态化约谈机制。将巩固拓展脱贫攻坚成果纳入乡村振兴考核。强化乡村振兴督查，创新完善督查方式，及时发现和解决存在的问题，推动政策举措落实落地。持续纠治形式主义、官僚主义，将减轻村级组织不合理负担纳入中央基层减负督查重点内容。坚持实事求是、依法行政，把握好农村各项工作的时度效。加强乡村振兴宣传工作，在全社会营造共同推进乡村振兴的浓厚氛围。

62. 近年出台的关于推动农业发展的相关政策有哪些？

答：（1）农业农村部关于印发《新型农业经营主体和服务主体高质量发展规划（2020—2022 年）》的通知；（2）农业农村部办公厅关于印发《2020 年农业农村绿色发展工作要点》的通知；（3）中央全面依法治国委员会印发《关于加强法治乡村建设的意见》；（4）《中共中央、国务院关于实施乡村振兴战略的意见》；（5）中共中央、国务院印发《乡村振兴战略规划（2018—2022 年）》；（6）《中共中央、国务院关于稳步推进农村集体产权制度改革的意见》；（7）《财政部、国家税务总局关于支持农村集体产权制度改革有关税收政策的通知》；（8）中共中央办公厅、国务院办公厅印发《关于促进小农户和现代农业发展有机衔接的意见》；（9）《中共中央、国务院关于抓好“三农”领域重点工作确保如期实现全面小康的意见》；（10）《农业农村部办公厅、财政部办公厅关于开展优势特色产业集群建设的通知》。

63. 各地可以出台哪些政策支持新型农业经营主体和服务主体发展？

答：（1）加强财政投入支持力度。各级农业农村部门要积极争取将新型农业经营主体和服务主体纳入财政优先支持范畴，加大投入力度。统筹整合资金，综合采用政府购买服务、以奖代补、先建后补等方式，加大对新型农业经营主体和服务主体的支持力度，推动由新型农业经营主体和服务主体作为各级财政支持的各类小型项目建设管护主体。鼓励有条件的新型农业经营主体和服务主体参与实施高标准农田建设、农技推广、现代农业产业园等涉农项目。农机购置补贴等政策加大对新型农业经营主体和服务主体的支持力度。积极争取新型农业经营主体和服务主体有关税收优惠政策。

（2）推动用地政策落实。积极推动落实设施农业用地政策，保障新型农业经营主体和服务主体合理用地需求。在国土空间规划批准实施前，须在符合土地利用总体规划的前提下，推动各地通过调整优化村庄用地布局、有效利用存量建设用地等支持新型农业经营主体和服务主体发展。

（3）加大人才支撑政策。鼓励返乡下乡人员领办创办新型农业经营主体和服务主体，鼓励支持各类人才到新型农业经营主体和服务主体工作。鼓励各地通过政府购买服务方式，委托专业机构或专业人才为新型农业经营主体和服务主体提供政策咨询、生产控制、财务管理、技术指导、信息统计等服务。推动普通高校和涉农职业院校设立相关专业或专门课程，为新型农业经营主体和服务主体培养专业人才。鼓励各地开展新型农业经营主体和服务主体国际交流合作。

（4）加大数字乡村战略扶持力度。按照实施数字乡村战略和数字农业农村发展规划的总体部署，以数字技术与农业农村经济深度融合为主攻方向，加快农业农村生产经营、管理服务数字化改造，全面提升农业农村生产智能化、经营网络化、管理高效化、服务便捷化水平，用数字化驱动新型农业经营主体和服务主体高质量发展。鼓励各地利用新型农业经营主体信息直报系统，推进相关涉农信息数据整合和共享，运用互联网和大数据信息技术，为新型农业经营主体和服务主体有效对接信贷、保险等提供服务。鼓励返乡入乡人员利用数字技术创新创业。

64. 推动农业发展有哪些相关融资政策？

答：（1）鼓励各金融机构结合职能定位和业务范围，对新型农业经营主体和服务主体提供资金支持。鼓励地方搭建投融资担保平台，引导和动员各类社会力量参与新型农业经营主体和服务主体培育工作。推动农业信贷担保体系创新开发针对新型农业经营主体和服务主体的担保产品，加大担保服务力度，着力解决融资难、融资贵问题。鼓励发展新型农村合作金融，稳步开展农民合作社内部信用合作试点。推动建立健全农业保险体系，探索从覆盖直接物化成本逐步实现覆盖完全成本。推动开展中央财政对地方优势特色农产品保险奖补试点。鼓励地方建立针对新型农业经营主体和服务主体的特色优势农产品保险制度，发展农业互助保险。鼓励各地探索开展产量保险、气象指数保险、农产品价格和收入保险等保险责任广、保障水平高的农业保险品种，满足新型农业经营主体和服务主体多层次、多样化风险保障需求。

（2）提升金融服务小农户水平。规范开展农村金融服务，不断探索具有供销合作社特色的农村金融服务方式，为促进小农户和现代农业发展有机衔接提供金融支撑。坚持稳中求进、以进固稳，开展供销合作社系统合作金融试点工作，加强资金互助组织孵化培育和监督引导，推进规范化、标准化建设，推动资金互助组织在更高层面上开展资金调剂和联合合作，进一步提高供销合作社合作金融的服务规模和覆盖面。加强与中国农业银行、中国人民保险公司、国家农业信贷担保联盟有限责任公司、国家融资担保基金有限责任公司等金融机构务实合作，共同开展“供银担保”支农体系建设，促进金融资源下乡进村，为小农户生产生活提供资金支持。依托基层社和社有骨干企业开展供应链金融，通过产业链将小农户纳入现代农业生产体系，强化与小农户的利益联结机制，提高小农户融资可得性。积极参与农村信用社改制，继续发展村镇银行和小额贷款公司，不断提升系统金融服务小农户的能力和水平。

（3）支持家庭农场采用先进技术和装备，开展产地初加工和主食加工，开展绿色食品、有机食品、地理标志农产品认证和品牌建设，提升绿色化标准化生产能力。引导家庭农场领办或加入农民合作社，积极与龙头企业、社会化服务组织建立利益联结机制，创新与销地农批市场、大型商超合作模式，保障生产与销售渠道高效对接。加强现代化新技术、新理念在家庭农场生产全过程的应用，鼓励家庭农场发展设施农业、休闲农业、智慧农业、电子商务等新产业新业态。鼓励金融机构针对家庭农场开发专门信贷产品，开展家庭农场信用等级评价，对资信良好的发放信用贷款。

二、宅基地

65. 什么是农村村民申请宅基地？

答：《福建省农业农村厅、福建省自然资源厅、福建省住房和城乡建设厅关于规范农村宅基地审批管理的通知》（闽农综〔2020〕45 号）第一条规定，农村村民申请宅基地，是指农村集体经济组织成员以户为单位，在乡镇、村庄规划区内申请用于建造自住住宅的集体建设用地。农村村民一户只能拥有一处宅基地，其宅基地的面积不得超过省级规定标准。经批准异地建造住宅的，应严格按照“建新拆旧”要求，将原宅基地交还村集体。人均土地少、不能保障一户拥有一处宅基地的地区，县级人民政府在充分尊重农民意愿的基础上，可以采取措施，保障农村村民户有所居。

66. 如何保障宅基地农户资格权和农民房屋财产权？

答：要充分保障宅基地农户资格权和农民房屋财产权，不得以各种名义违背农民意愿强制流转宅基地和强迫农民“上楼”，不得违法收回农户合法取得的宅基地，不得以退出宅基地作为农民进城落户的条件。对进城落户的农村村民，在依法自愿的基础上积极探索宅基地有偿退出机制。

67. 福建省如何规定宅基地面积标准？

答：《福建省实施〈中华人民共和国土地管理法〉办法》第四十一条规定，村民每户建住宅用地面积限额为八十平方米至一百二十平方米，但三口以下的每户不得超过八十平方米，六口以上的每户不得超过一百二十平方米。利用荒坡地、村内空闲地建房或者对原旧住宅进行翻建的，可以适当增加面积，但增加的面积每户不得超过三十平方米。

市、县人民政府可以在前款规定的面积幅度范围内，依据本辖区人均土地面积、土地类型等级、人口密度、村庄和集镇规划等情况，制定具体标准。

村民建住宅应当统一规划、合理布局、节约用地。未编制村庄和集镇规划的，不得审批村民住宅用地。

禁止批准个人在城市和县城所在地的城镇规划区内建单家独院住宅的用地申请。但市、县人民政府统一规划、集中建设住宅区的除外。

68. 宅基地申请对象资格条件和认定规则应考虑哪些因素？

答：根据《福建省农业农村厅、福建省自然资源厅、福建省住房和城乡建设厅关于规范农村宅基地审批管理的通知》［闽农综（2020）45 号］第一条规定，要严格宅基地申请对象资格条件，充分应用农村集体产权制度改革农村集体经济组织成员资格认定和农村宅基地及农房利用现状调查成果，加强对宅基地申请对象身份、住房现状、旧宅处置方式等资格条件的审核把关，县级人民政府要完善以户为单位取得宅基地分配资格的具体条件和认定规则。

69. 哪些情形不得批准宅基地？

答：根据《福建省农业农村厅、福建省自然资源厅、福建省住房和城乡建设厅关于规范农村宅基地审批管理的通知》（闽农综〔2020〕45号）规定，对宅基地面积或住房面积已达标、非农村集体经济组织成员（法律、法规另有规定的除外）及省、市、县（区）人民政府规定的其他不符合申请资格条件的，不得批准宅基地；农村村民将原有住宅出卖、出租或赠与他人后再申请宅基地的，不得批准宅基地；农村村民申请异地新建住宅，不同意将旧宅基地退回村集体的，不得批准宅基地。严禁城镇居民到农村购买宅基地，严禁下乡利用宅基地建设别墅大院和私人会馆，严禁借流转之名违法违规圈占、买卖宅基地。

70. 村民申请宅基地应履行哪些民主程序？

答：根据《农业农村部、自然资源部关于规范农村宅基地审批管理的通知》第二条第一项规定，符合宅基地申请条件的农户，以户为单位向所在村民小组提出宅基地和建房（规划许可）书面申请。村民小组收到申请后，应提交村民小组会议讨论，并将申请理由、拟用地位置和面积、拟建房层高和面积等情况在本小组范围内公示。公示无异议或异议不成立的，村民小组将农户申请、村民小组会议记录等材料交村集体经济组织或村民委员会（以下简称村级组织）审查。村级组织重点审查提交的材料是否真实有效、拟用地建房是否符合村庄规划、是否征求了用地建房相邻权利人意见等。审查通过的，由村级组织签署意见，报送乡镇政府。没有分设村民小组或宅基地和建房申请等事项已统一由村级组织办理的，农户直接向村级组织提出申请，经村民代表会议讨论通过并在本集体经济组织范围内公示后，由村级组织签署意见，报送乡镇政府。

71. 村民宅基地审批应经过哪些流程？

答：根据《农业农村部、自然资源部关于规范农村宅基地审批管理的通知》第二条第二项之规定，农村村民住宅用地，由乡镇政府审核批准；其中，涉及占用农用地的，依照《土地管理法》第四十四条的规定办理农用地转用审批手续。乡镇政府要切实履行属地责任，优化审批流程，提高审批效率，加强事中事后监管，组织做好农村宅基地审批和建房规划许可有关工作，为农民提供便捷高效的服务。市、县人民政府有关部门要加强对宅基地审批和建房规划许可有关工作的指导，乡镇政府要探索建立一个窗口对外受理、多部门内部联动运行的农村宅基地用地建房联审联办制度，方便农民群众办事。公布办理流程和要件，明确农业农村、自然资源等有关部门在材料审核、现场勘查等各环节的工作职责和办理期限。审批工作中，农业农村部门负责审查申请人是否符合申请条件、拟用地是否符合宅基地合理布局要求和面积标准、宅基地和建房（规划许可）申请是否经过村组审核公示等，并综合各有关部门意见提出审批建议。自然资源部门负责审查用地建房是否符合国土空间规划、用途管制要求，其中涉及占用农用地的，应在办理农用地转用审批手续后，核发乡村建设规划许可证；在乡、村庄规划区内使用原有宅基地进行农村村民住宅建设的，可按照本省（区、市）有关规定办理规划许可。涉及林业、水利、电力等部门的要及时征求意见。

根据各部门联审结果，由乡镇政府对农民宅基地申请进行审批，出具《农村宅基地批准书》，鼓励地方将乡村建设规划许可证由乡镇一并发放，并以适当方式公开。乡镇要建立宅基地用地建房审批管理台账，有关资料归档留存，并及时将审批情况报县级农业农村、自然资源等部门备案。

72. 乡镇人民政府如何监管宅基地用地建房活动？

答：根据《农业农村部、自然资源部关于规范农村宅基地审批管理的通知》第二条第三项之规定，全面落实“三到场”要求。收到宅基地和建房（规划许可）申请后，乡镇政府要及时组织农业农村、自然资源部门实地审查申请人是否符合条件、拟用地是否符合规划和地类等。经批准用地建房的农户，应当在开工前向乡镇政府或授权的牵头部门申请划定宅基地用地范围，乡镇政府及时组织农业农村、自然资源等部门到现场进行开工查验，实地丈量批放宅基地，确定建房位置。农户建房完工后，乡镇政府组织相关部门进行验收，实地检查农户是否按照批准面积、四至等要求使用宅基地，是否按照批准面积和规划要求建设住房，并出具《农村宅基地和建房（规划许可）验收意见表》。通过验收的农户，可以向不动产登记部门申请办理不动产登记。各地要依法组织开展农村用地建房动态巡查，及时发现和处置涉及宅基地使用和建房规划的各类违法违规行为。指导村级组织完善宅基地民主管理程序，探索设立村级宅基地协管员。

73. 什么是农村集体土地确权登记发证？

答：根据《国土资源部、中央农村工作领导小组办公室、财政部、农业部关于农村集体土地确权登记发证的若干意见》第一条规定，农村集体土地确权登记发证是对农村集体土地所有权和集体土地使用权等土地权利的确权登记发证。农村集体土地使用权包括宅基地使用权、集体建设用地使用权等。农村集体土地所有权确权登记发证要覆盖到全部农村范围内的集体土地，包括属于农民集体所有的建设用地、农用地和未利用地，不得遗漏。

74. 农村集体土地确权登记依据的文件资料有哪些？

答：根据《国土资源部、中央农村工作领导小组办公室、财政部、农业部关于农村集体土地确权登记发证的若干意见》第二条规定，农村集体土地确权登记依据的文件资料包括：人民政府或者有关行政主管部门的批准文件、处理决定；县级以上人民政府国土资源行政主管部门的调解书；人民法院生效的判决、裁定或者调解书；当事人之间依法达成的协议；履行指界程序形成的地籍调查表、土地权属界线协议书等地籍调查成果；法律、法规等规定的其他文件等。

75. 如何开展农村地籍调查工作？

答：根据《国土资源部、中央农村工作领导小组办公室、财政部、农业部关于农村集体土地确权登记发证的若干意见》第三条规定，各地应以“权属合法、界址清楚、面积准确”为原则，依据《土地利用现状分类》（GB/T 21010－2007）、《集体土地所有权调查技术规定》、《城镇地籍调查规程》等相关技术规定和标准，充分利用全国土地调查等已有成果，以大比例尺地籍调查成果为基础，查清农村每一宗土地的权属、界址、面积和用途（地类）等，按照统一的宗地编码模式，形成完善的地籍调查成果，为农村集体土地确权登记发证提供依据。同时，要注意做好变更地籍调查及变更登记，保持地籍成果的现势性。

凡有条件的地区，农村集体土地所有权宗地地籍调查应采用解析法实测界址点坐标并计算宗地面积；条件不具备的地区，可以全国土地调查成果为基础，核实并确定权属界线，对界址走向进行详细描述，采用图上量算或数据库计算的方法计算宗地面积。农村集体土地所有权宗地图和地籍图比例尺不小于1:10000。牧区等特殊地区在报经省级国土资源主管部门同意后，地籍图比例尺可以放宽至1:50000。

宅基地使用权、集体建设用地使用权宗地地籍调查，应采用解析法实测界址点坐标和计算宗地面积，宗地图和地籍图比例尺不小于1:2000。使用勘丈法等其他方法已发证的宅基地、集体建设用地，在变更登记时，应采用解析法重新测量并计算宗地面积。

76. 如何确定农村集体土地所有权主体？

答：根据《国土资源部、中央农村工作领导小组办公室、财政部、农业部关于农村集体土地确权登记发证的若干意见》第四条规定，确定农村集体土地所有权主体遵循“主体平等”和“村民自治”的原则，按照乡（镇）、村和村民小组农民集体三类所有权主体，将农村集体土地所有权确认到每个具有所有权的农民集体。凡是村民小组（原生产队）土地权属界线存在的，土地应确认给村民小组农民集体所有，发证到村民小组农民集体；对于村民小组（原生产队）土地权属界线不存在、并得到绝大多数村民认可的，应本着尊重历史、承认现实的原则，对这部分土地承认现状，明确由村农民集体所有；属于乡（镇）农民集体所有的，土地所有权应依法确认给乡（镇）农民集体。

属于村民小组集体所有的土地应当由其集体经济组织或村民小组依法申请登记并持有土地权利证书。对于村民小组组织机构不健全的，可以由村民委员会代为申请登记、保管土地权利证书。

涉及依法“合村并组”的，“合村并组”后土地所有权主体保持不变的，所有权仍然确权给原农民集体；“合村并组”后土地所有权主体发生变化、并得到绝大多数村民认可的，履行集体土地所有权变更的法定程序后，按照变化后的主体确定集体土地所有权，并在土地登记簿和土地证书上备注各原农民集体的土地面积。

涉及依法开展城乡建设用地增减挂钩试点和农村土地整治的，原则上应维持原有土地权属不变；依法调整土地的，按照调整协议确定集体土地权利归属，并依法及时办理土地变更登记手续。

对于“撤村建居”后，未征收的原集体土地，只调查统计，不登记发证。调查统计时在新建单位名称后载明原农民集体名称。

在土地登记簿的“权利人”和土地证书的“土地所有权人”一栏，集体土地所有权主体按“××组（村、乡）农民集体”填写。

77. 如何确定农村集体土地所有权主体代表？

答：根据《国土资源部、中央农村工作领导小组办公室、财政部、农业部关于农村集体土地确权登记发证的若干意见》第五条的规定，属于村农民集体所有的，由村集体经济组织或者村民委员会受本农民集体成员的委托行使所有权；分别属于村内两个以上农民集体所有的，由村内各该集体经济组织或者村民小组代表集体行使所有权；属于乡镇农民集体所有的，由乡镇集体经济组织代表集体行使所有权；没有乡（镇）农民集体经济组织的，乡（镇）集体土地所有权由乡（镇）政府代管。在办理土地确权登记手续时，由农民集体所有权主体代表申请办理。

集体经济组织的具体要求和形式，可以由各省（区、市）根据本地有关规定和实际情况依法确定。

78. 如何确认宅基地使用权主体？

答：根据《国土资源部、中央农村工作领导小组办公室、财政部、农业部关于农村集体土地确权登记发证的若干意见》第六条的规定，宅基地使用权应该按照当地省级人民政府规定的面积标准，依法确认给本农民集体成员。非本农民集体的农民，因地质灾害防治、新农村建设、移民安置等集中迁建，在符合当地规划的前提下，经本农民集体大多数成员同意并经有权机关批准异地建房的，可按规定确权登记发证。已拥有一处宅基地的本农民集体成员、非本农民集体成员的农村或城镇居民，因继承房屋占用农村宅基地的，可按规定登记发证，在《集体土地使用证》记事栏应注记“该权利人为本农民集体原成员住宅的合法继承人”。非农业户口居民（含华侨）原在农村合法取得的宅基地及房屋，房屋产权没有变化的，经该农民集体出具证明并公告无异议的，可依法办理土地登记，在《集体土地使用证》记事栏应注记“该权利人为非本农民集体成员”。

对于没有权属来源证明的宅基地，应当查明土地历史使用情况和现状，由村委会出具证明并公告30天无异议，经乡（镇）人民政府审核，报县级人民政府审定，属于合法使用的，确定宅基地使用权。

79. 对超面积的宅基地如何确权登记发证？

答：根据《国土资源部、中央农村工作领导小组办公室、财政部、农业部关于农村集体土地确权登记发证的若干意见》第七条的规定，1982年《村镇建房用地管理条例》实施前，农村村民建房占用的宅基地，在《村镇建房用地管理条例》实施后至今未扩大用地面积的，可以按现有实际使用面积进行确权登记；1982年《村镇建房用地管理条例》实施起至1987年《土地管理法》实施时止，农村村民建房占用的宅基地，超过当地规定的面积标准的，超过部分按当时国家和地方有关规定处理后，可以按实际使用面积进行确权登记；1987年《土地管理法》实施后，农村村民建房占用的宅基地，超过当地规定的面积标准的，按照实际批准面积进行确权登记。其面积超过各地规定标准的，可在土地登记簿和土地权利证书记事栏内注明超过标准的面积，待以后分户建房或现有房屋拆迁、改建、翻建、政府依法实施规划重新建设时，按有关规定作出处理，并按照各地规定的面积标准重新进行确权登记。

80. 集体建设用地如何确权登记发证？

答：根据《国土资源部、中央农村工作领导小组办公室、财政部、农业部关于农村集体土地确权登记发证的若干意见》第八条的规定，村委会办公室、医疗教育卫生等公益事业和公共设施用地、乡镇企业用地及其他经依法批准用于非住宅建设的集体土地，应当依法进行确权登记发证，确认集体建设用地使用权。将集体土地使用权依法确认到每个权利主体。凡依法使用集体建设用地的单位或个人应申请确权登记。

对于没有权属来源证明的集体建设用地，应查明土地历史使用情况和现状，认定合法使用的，由村委会出具证明并公告30天无异议的，经乡（镇）人民政府审核，报县级人民政府审批，确权登记发证。

81. 如何处理农村违法宅基地和集体建设用地问题？

答：根据《国土资源部、中央农村工作领导小组办公室、财政部、农业部关于农村集体土地确权登记发证的若干意见》第九条的规定，违法宅基地和集体建设用地必须依法依规处理后方可登记。对于违法宅基地和集体建设用地，应当查明土地历史使用情况和现状，对符合土地利用总体规划与村镇规划以及有关用地政策的，依法补办用地批准手续后，进行登记发证。

82. 子女为城镇户籍，是否可以继承父母的农村宅基地？

答：根据《土地管理法》及相关法律法规的规定，宅基地是农民基于农村集体经济组织成员身份而享有的修建住宅权的集体建设用地，农民无须交纳任何土地费用即可取得，是带有福利性质的，一般来讲不能继承。

83. 父母的农村房屋能否继承？

答：宅基地不能继承，宅基地上建成的房屋属于自然人个人财产，可以继承。只要被继承人的房屋具有合法产权，遗嘱继承人或法定继承人即可按照继承法规定享受继承权，但只能继承农村宅基地上的房屋。若子女在城镇落户生活，继承农村房屋后，可以将房屋卖给本村符合宅基地申请条件的村民。如果没有出售或房屋处于不可居住状态且没有翻建、改建、扩建的，宅基地由集体经济组织收回。

84. 如何办理农村房屋继承？

答：已经领取房地产权证的，若房屋的所有权人死亡后，其合法继承人可以申请办理该房屋继承登记。房产继承手续必须经过五项办理过程，即房屋评估、继承公证、房屋测绘、继承登记和规定需要提交的其他资料。如该房屋权属等系法院判决、裁定或调解取得的，必须提交法院判决书、裁定书或调解书等。如该房屋经实地测绘，发现已经改建或存在违法建设的，必须提交规划部门的报建审核书或处理决定书。

85. 农村房屋拆迁，城镇户口的子女能否获得拆迁补偿款？

答：按照相关法律法规，若继承的农村房屋面临拆迁的，则城镇户口的子女可以获得拆迁补偿款，但只能获得对地上建筑物的补偿，即地上建筑物产权归其父母所有的，作为遗产，子女都有权继承。对于宅基地使用权的补偿，因为不属于遗产，所以不能继承。

86. 存在哪些情形的宅基地及其上房屋，将无法办理确权登记？

答：（1）乱占耕地建造房屋的

根据《土地管理法》第十七条规定的土地利用总体规划的编制原则，严格保护永久基本农田，严格控制非农业建设占用农用地。

耕地是用于种植农作物的，未经批准任何人不得擅自改变其用途。对于乱占耕地建房的，《关于加快宅基地和集体建设用地使用权确权登记工作的通知》明确将其排除在确权登记的范围之外。

（2）违反生态保护红线管控要求建房的

若农民在自然保护区、饮用水水源保护区范围和生态保护“红线”内建造房屋，那房屋将不能确权登记，且会被强制拆除。

（3）城镇居民非法购买的宅基地

农村宅基地具有严格的福利保障属性和身份属性，系农村集体经济组织无偿分配给本集体经济组织成员建房居住生活使用的集体建设用地。

城镇居民购买宅基地行为，没有身份属性，不受法律的保护。

（4）小产权房

“小产权房”主要指建造于集体建设用地上，村委会违规对外出售的房屋。即便该类房屋持有村委会或者乡镇政府发放的“房产证”，但仍不具备依法在自然资源和规划部门确权登记的资格。

87. 在宅基地和集体建设用地使用权确权登记工作中为什么要坚持“不变不换”原则？

答：《不动产登记暂行条例》第三十三条规定，本条例施行前依法颁发的各类不动产权属证书和制作的不动产登记簿继续有效。《不动产登记暂行条例实施细则》第一百零五条规定，本实施细则施行前，依法核发的各类不动产权属证书继续有效。不动产权利未发生变更、转移的，不动产登记机构不得强制要求不动产权利人更换不动产权属证书。坚持“不变不换”是不动产登记法律制度的要求，是对原有登记成果的尊重和延续，也是保持工作稳定性和连续性的需要。因此，已分别颁发宅基地、集体建设用地使用权证书和房屋所有权证书的，遵循“不变不换”原则，原证书仍合法有效。

88. 在宅基地和集体建设用地使用权确权登记工作中如何落实“房地一体”登记要求？

答：《国土资源部、财政部、住房和城乡建设部、农业部、国家林业局关于进一步加快推进宅基地和集体建设用地使用权确权登记发证工作的通知》（国土资发〔2014〕101 号）要求，各地要以登记发证为主线，因地制宜，采用符合实际的调查方法，将农房等集体建设用地上的建（构）筑物纳入工作范围，实现统一调查、统一确权登记。《不动产登记操作规范（试行）》（国土资规〔2016〕6 号）规定，房屋等建（构）筑物所有权应当与其所附着的土地一并登记，保持权利主体一致。具体来说，围绕宅基地和集体建设用地确权登记工作重点，对于未开展地籍调查的，要尽快开展房地一体地籍调查，完成房地一体不动产登记；已完成宅基地、集体建设用地地籍调查但没有完成农房调查的，要尽快补充调查农房信息，完成房地一体的不动产登记。

对于宅基地已登记、农房没有登记，权利人有换发不动产权证意愿的，可向登记机构申请办理房地一体不动产登记。已登记宅基地、集体建设用地（房屋等建筑物、构筑物未登记）发生变更、转移的，要按照房地一体要求办理不动产变更、转移登记，核发统一的不动产权证。

89. 办理宅基地和集体建设用地登记需要缴纳哪些费用？

答：《财政部、国家发展和改革委员会关于不动产登记收费有关政策问题的通知》（财税〔2016〕79 号）规定，单独申请宅基地使用权登记、申请宅基地使用权及地上房屋所有权登记，只收取不动产权属证书工本费，每本 10 元。申请集体建设用地使用权及建（构）筑物所有权登记的，应当按照相关规定缴纳不动产登记费 80 元（包含第一本证书工本费）。

90. 如何充分发挥集体经济组织、村民委员会或者村民小组等集体土地所有权代表行使主体在宅基地和集体建设用地确权登记中的作用？

答：《民法典》第二百六十二条规定，对于集体所有的土地和森林、山岭、草原、荒地、滩涂等，依照下列规定行使所有权：（1）属于村农民集体所有的，由村集体经济组织或者村民委员会依法代表集体行使所有权；（2）分别属于村内两个以上农民集体所有的，由村内各该集体经济组织或者村民小组依法代表集体行使所有权；（3）属于乡镇农民集体所有的，由乡镇集体经济组织代表集体行使所有权。《村民委员会组织法》规定，村民委员会依照法律规定，管理本村属于村农民集体所有的土地和其他财产；宅基地的使用方案应当经村民会议讨论决定。因此，在遵守法律法规、政策的前提下，坚持农民的事情农民办，充分发挥集体经济组织或者村民委员会、村民小组等集体土地所有权代表行使主体和基层群众自治组织的作用，积极引导农民积极参与农村不动产确权登记工作，并通过村民自治、基层调解等方式，参与解决权属指界、登记申请资料收集、权属纠纷，以及农民集体经济组织成员资格、分户条件、宅基地取得时间认定和缺少权属来源材料等疑难问题。

91. 如何把握地方出台相关政策与国家层面政策的关系？

答：根据《自然资源部办公厅关于印发〈宅基地和集体建设用地使用权确权登记工作问答〉的函》规定，为有效推进宅基地、集体建设用地确权登记工作，大部分省（区、市）在国家有关法规政策基础上，结合本地实际制定了具体的宅基地、集体建设用地确权登记政策文件。这些政策文件是对国家法规政策的具体化和必要的补充完善，和国家层面政策一样，都是本地开展宅基地、集体建设用地使用权确权登记工作的重要依据。

92. 如何解决没有权属来源材料的宅基地、没有符合规划或建设相关材料的登记问题？

答：根据《国土资源部关于进一步加快宅基地和集体建设用地确权登记发证有关问题的通知》和《农业农村部、自然资源部关于规范宅基地审批管理的通知》的有关规定，对于没有权属来源材料的宅基地，应当查明土地历史使用情况和现状，由所在农民集体经济组织或村民委员会对宅基地使用权人、面积、四至范围等进行确认后，公告30天无异议或异议不成立的，由所在农民集体经济组织或村委会出具证明，经乡（镇）人民政府审核批准，属于合法使用的，予以确权登记。

93. 如何解决合法宅基地上房屋没有符合规划或建设相关材料的登记问题？

答：《自然资源部关于加快宅基地和集体建设用地使用权确权登记工作的通知》规定，对合法宅基地上房屋没有符合规划或建设相关材料的，地方已出台相关规定，按其规定办理。未出台相关规定，位于原城市、镇规划区内的，出具规划意见后办理登记。位于原城市、镇规划区外且在《城乡规划法》实施前建设的，在办理登记时可不提交符合规划或建设的相关材料；位于原城市、镇规划区外且在《城乡规划法》实施后建设的，由集体经济组织或者村民委员会公告15天无异议或者异议不成立，经乡（镇）人民政府审核后，按照审核结果办理登记。

94. 如何解决"一户多宅"确权登记问题？

答：《国土资源部关于进一步加快宅基地和集体建设用地确权登记发证有关问题的通知》规定，宅基地使用权应按照"一户一宅"要求，原则上确权登记到"户"。符合当地分户建房条件未分户，但未经批准另行建房分开居住的，其新建房屋占用的宅基地符合相关规划，经本农民集体经济组织或村民委员会同意并公告无异议或异议不成立的，可按规定补办有关用地手续后，依法予以确权登记；未分开居住的，其实际使用的宅基地没有超过分户后建房用地合计面积标准的，依法按照实际使用面积予以确权登记。

对于因继承房屋占用宅基地，形成"一户多宅"的，可按规定确权登记，并在不动产登记簿和证书附记栏进行注记。

95. 宅基地确权登记中的"户"如何认定？

答：《自然资源部办公厅关于印发〈宅基地和集体建设用地使用权确权登记工作问答〉的函》规定，地方对"户"的认定有规定的，按地方规定办理。地方未作规定的，可按以下原则认定："户"原则上应以公安部门户籍登记信息为基础，同时应当符合当地申请宅基地建房的条件。根据户籍登记信息无法认定的，可参考当地农村集体土地家庭承包中承包集体土地的农户情况，结合村民自治方式予以认定。

96. 如何解决宅基地超面积确权登记问题？

答：农民集体经济组织成员经批准建房占用宅基地的，按照批准面积予以确权登记。未履行批准手续建房占用宅基地的，地方有规定的，按地方规定办理。地方未作规定的，按照《国土资源部关于进一步加快宅基地和集体建设用地确权登记发证有关问题的通知》规定的分阶段处理原则办理：

1982 年《村镇建房用地管理条例》实施前，农民集体经济组织成员建房占用的宅基地，范围在《村镇建房用地管理条例》实施后至今未扩大的，无论是否超过其后当地规定面积标准，均按实际使用面积予以确权登记。

1982 年《村镇建房用地管理条例》实施起至 1987 年《土地管理法》实施时止，农民集体经济组织成员建房占用的宅基地，超过当地规定面积标准的，超过面积按国家和地方有关规定处理的结果予以确权登记。

1987 年《土地管理法》实施后，农民集体经济组织成员建房占用的宅基地，超过批准面积建设的，不予确权登记。符合规划经依法处理予以保留的，在补办相关用地手续后，只登记批准部分，超出部分在登记簿和证书中注记。

历史上接受转让、赠与房屋占用的宅基地超过当地规定面积标准的，按照转让、赠与行为发生时对宅基地超面积标准的政策规定，予以确权登记。

97. 如何解决非农民集体成员确权登记问题？

答：《国土资源部、中央农村工作领导小组办公室、财政部、农业部关于农村集体土地确权登记发证的若干意见》《国土资源部关于进一步加快宅基地和集体建设用地确权登记发证有关问题的通知》规定，非本农民集体经济组织成员取得宅基地，应区分不同情形予以处理：

（1）非本农民集体经济组织成员，因易地扶贫搬迁、地质灾害防治、新农村建设、移民安置等按照政府统一规划和批准使用宅基地的，在退出原宅基地并注销登记后，依法确定新建房屋占用的宅基地使用权，并办理不动产登记。

（2）非本农民集体经济组织成员（含城镇居民），因继承房屋占用宅基地的，可按规定确权登记，在不动产登记簿及证书附记栏注记“该权利人为本农民集体经济组织原成员住宅的合法继承人”。

（3）1999年《国务院办公厅关于加强土地转让管理严禁炒卖土地的通知》印发前，回原籍村庄、集镇落户的职工、退伍军人、离（退）休干部以及回乡定居的华侨、港澳台同胞等，原在农村合法取得的宅基地，或因合法取得房屋而占用宅基地的，经公告无异议或异议不成立的，由该农民集体经济组织出具证明，可依法确权登记，在不动产登记簿及证书附记栏注记“该权利人为非本农民集体经济组织成员”。“国办发〔1999〕39号”文件印发后，城市居民违法占用宅基地建造房屋、购买农房的，不予登记。

98. 如何依法保护农村妇女和进城落户农民的宅基地权益？

答：（1）农村妇女作为家庭成员，其宅基地权益应记载到不动产登记簿及权属证书上。《国土资源部关于进一步加快宅基地和集体建设用地确权登记发证有关问题的通知》规定，农村妇女因婚嫁离开原农民集体经济组织，取得新家庭宅基地使用权的，应依法予以确权登记，同时注销其原宅基地使用权。

（2）不得以退出承包地和宅基地作为农民进城落户条件。《国土资源部关于进一步加快宅基地和集体建设用地确权登记发证有关问题的通知》（国土资发〔2016〕191号）规定，农民进城落户后，其原合法取得的宅基地使用权应予以确权登记。

99. 农民集体经济组织成员之间互换、转让、赠与宅基地上房屋的，如何确权登记？

答：（1）经宅基地所有权人同意，农民集体经济组织成员之间互换房屋，导致宅基地使用权及房屋所有权发生转移的，可以依法予以确权登记。《不动产登记暂行条例实施细则》第四十二条规定，农民集体经济组织内部互换房屋，申请宅基地使用权及房屋所有权转移登记的，应当提交不动产权属证书或者其他权属来源材料、集体经济组织内部互换房屋的协议等材料办理登记。

（2）经宅基地所有权人同意，在本集体内部向符合宅基地申请条件的农户转让、赠与宅基地上房屋，导致宅基地使用权及房屋所有权发生转移的，可以依法予以确权登记。《国土资源部关于进一步加快宅基地和集体建设用地确权登记发证有关问题的通知》规定，历史上接受转让、赠与房屋占用的宅基地超过当地规定面积标准的，按照转让、赠与行为发生时对宅基地超面积标准的政策规定，予以确权登记。

100. 换发房地一体不动产权证书时，房屋测量面积与原房屋所有权证面积不一致，如何依法予以解决?

答：根据《自然资源部办公厅关于印发〈宅基地和集体建设用地使用权确权登记工作问答〉的函》规定，换发房地一体不动产权证书时，房屋测量面积与原房屋所有权证记载面积不一致的，应当以精度高的测量方法测得的面积为准。运用同种测量方法测量，属于精度误差范围内的，以原房屋所有权证记载面积为准。对于房屋翻建后造成面积不一致的，当事人应当提供翻建房屋的规划许可等材料，申请变更登记。

101. 换发房地一体不动产权证书时，宅基地测量面积与原登记面积不一致的，如何处理?

答：根据《自然资源部办公厅关于印发〈宅基地和集体建设用地使用权确权登记工作问答〉的函》规定，换发房地一体不动产权证书时，宅基地测量面积与原登记面积不一致的，应当区分不同情形进行处理：(1) 对于宅基地界址未发生变化，属于测量方法造成面积不一致的，以精度高的测量方法测得面积登记。(2) 因非法超占宅基地导致测量面积大于原登记面积的，应以原登记面积为准，超占面积按照宅基地超面积处理方式办理。

102. 地籍调查与不动产权籍调查是什么关系?

答：根据《自然资源部办公厅关于印发〈宅基地和集体建设用地使用权确权登记工作问答〉的函》规定，地籍调查是指通过权属调查和地籍测绘，查清不动产及自然资源的权属、位置、界址、面积、用途等权属状况和自然状况。地籍调查包括不动产地籍调查和自然资源地籍调查，不动产地籍调查即不动产权籍调查。

103. 是否需要对所有宅基地和集体建设用地开展地籍调查?

答：根据《自然资源部办公厅关于印发〈宅基地和集体建设用地使用权

确权登记工作问答〉的函》规定，本次宅基地和集体建设用地确权登记工作应以未确权登记的宅基地和集体建设用地为地籍调查工作的重点，全面查清宅基地和集体建设用地底数，对已调查登记、已调查未登记、应登记未登记、不能登记等情况要清晰掌握。已完成宗地登记的，原则上不列入本次地籍调查范围，但应根据原地籍调查成果将宗地界线转绘至地籍图上。对于有房地一体不动产登记需求的，原宗地地籍调查成果经核实完善后应当继续沿用，开展房屋补充调查，形成房地一体的地籍调查成果。

104. 对原已完成宅基地或集体建设用地地籍调查但尚未登记的，应如何开展地籍调查？

答：根据《自然资源部办公厅关于印发〈宅基地和集体建设用地使用权确权登记工作问答〉的函》规定，已完成宅基地和集体建设用地地籍调查但尚未登记，其地上房屋等建（构）筑物尚未开展地籍调查的，已有宗地地籍调查成果应当经核实完善后继续沿用，补充调查地上房屋等建（构）筑物信息，形成房地一体的地籍调查成果。

已完成宅基地和集体建设用地地籍调查工作但尚未登记，其地上房屋等建（构）筑物已经登记的，应对宅基地和集体建设用地地籍调查成果进行核实完善后，将其地上已登记的房屋等建（构）筑物信息落宗，形成房地一体的不动产地籍调查成果。

105. 宅基地和集体建设用地权属调查可采取哪些灵活的方式？

答：根据《自然资源部办公厅关于印发〈宅基地和集体建设用地使用权确权登记工作问答〉的函》规定，在权属调查工作中，可灵活采取集中收集材料、集中指界、利用“国土调查云”软件现场采集录入信息等方式。对权利人因外出等原因无法参与实地指界的，可采取委托代理指界、“先承诺，后补签”、网络视频确认等方式开展指界工作。

106. 是否必须开展实地指界？可采取哪些便利方式？

答：不一定。根据《自然资源部办公厅关于印发〈宅基地和集体建设用地使用权确权登记工作问答〉的函》规定，对界址清楚、已经登记过的宅基地和集体建设用地使用权的宗地，办理房地一体登记的，经核实界址未发生变化的，应沿用原宗地地籍调查成果，无须开展实地指界工作。对宅基地和集体建设用地审批时有精确界址点坐标的，无须开展实地指界工作。办理首次登记时，土地权属来源材料中界址不明确、实地界址有变化或者无法提供土地权属来源材料的，应当开展实地指界。

107. 是否一定要绘制宗地草图?

答: 不一定。根据《自然资源部办公厅关于印发〈宅基地和集体建设用地使用权确权登记工作问答〉的函》规定，宗地草图是描述宗地位置、界址点、界址线和相邻宗地关系的现场记录。原则上应当在现场指界、丈量界址边长并绘制宗地草图。在本次工作中，为提高工作效率，采用全野外实测界址点的，在确保相邻关系准确、界址清晰无争议的前提下，可在现场指定界址点并签字后，不丈量界址边长、不绘制宗地草图，直接对指定的界址点和房角点开展地籍测绘，并据此编制宗地图。

108. 农村简易房、临时性建（构）筑物能不能登记?

答: 根据《自然资源部办公厅关于印发〈宅基地和集体建设用地使用权确权登记工作问答〉的函》规定，农村简易房、圈舍、农具房、厕所等临时性建（构）筑物，没有符合规划或者建设的相关材料，一般不予登记。

109. 宅基地批准使用后一直未办理登记，若原批准使用人死亡的，能不能申请登记?

答: 根据《自然资源部办公厅关于印发〈宅基地和集体建设用地使用权确权登记工作问答〉的函》规定，宅基地是以“户”分配和使用的，只要“户”中还有其他成员，批准使用人的死亡就不影响该“户”的宅基地使用权，可由现在的户主申请登记。如果“户”中已没有其他成员，按照《继承法》规定，宅基地上房屋可由继承人继承，因继承房屋占用宅基地的，可按规定申请登记，并在不动产登记簿及证书附记栏中注记。

110. 同一宗宅基地上多个房屋属于不同权利人，申请办理房地一体不动产登记的，如何处理?

答: 根据《自然资源部办公厅关于印发〈宅基地和集体建设用地使用权确权登记工作问答〉的函》规定，同一宗宅基地上多个房屋属于不同权利人，申请办理房地一体不动产登记的，应当区分不同情形进行处理：（1）属于新型农村社区或多（高）层多户农民公寓的，按照《不动产登记暂行条例实施细则》第四十三条，参照国有建设用地使用权及建筑物区分所有权的规定，办理宅基地等集体土地上的建筑物区分所有权登记。（2）属于因继承、分家析产等原因，造成房地权利主体不一致，若遗嘱或者分家析产协议对宅基地作了明确分割，分割的宅基地经县（市）自然资源主管部门认定符合不动产单元划定标准，可以分别办理登记；若遗嘱或者分家析产协议对宅基地未作明确分割的，按照宅基地使用权共同共有办理登记。（3）属于存在民事纠纷的，待纠纷解决后予以确权登记。

111. 根据国家法规政策，哪些宅基地、集体建设用地不予登记？

答：《不动产登记暂行条例》第二十二条规定，登记申请有下列情形的，不动产登记机构应当不予登记：（1）违反法律、行政法规的；（2）存在尚未解决的权属争议的；（3）申请登记的不动产权利超过规定期限的；（4）法律、行政法规规定不予登记的其他情形。《自然资源部关于加快宅基地和集体建设用地使用权确权登记工作的通知》（自然资发〔2020〕84号）规定，对乱占耕地建房、违反生态保护红线管控要求建房、城镇居民非法购买宅基地、小产权房等，不得办理登记，不得通过登记将违法用地合法化。凡有上述情况的宅基地、集体建设用地，不予登记。

112. 纳入文物保护范围的古村落或农村建（构）筑物，如何确权登记？

答：根据《自然资源部办公厅关于印发〈宅基地和集体建设用地使用权确权登记工作问答〉的函》规定，对纳入文物保护范围的古村落或农村建（构）筑物，应本着管理不改变产权归属原则，依法予以确权登记。同时，应在不动产登记簿和证书附记栏注记，“该不动产属于受国家保护的不可移动文物”。

113. 利害关系人对宅基地和集体建设用地确权登记结果有异议的，如何处理？

答：利害关系人对宅基地和集体建设用地确权登记结果有异议的，可以按照《不动产登记暂行条例实施细则》第七十九条、第八十条、第八十二条的规定，申请更正登记、异议登记。对不动产登记结果有异议的，可以依法申请行政复议或提起诉讼。

114. 没有权属来源材料的集体建设用地如何确权登记？

答：《国土资源部关于进一步加快宅基地和集体建设用地确权登记发证有关问题的通知》规定，对于没有权属来源材料的集体建设用地，应当查明土地历史使用情况和现状，认定属于合法使用，经所在农民集体经济组织或村民委员会同意，并公告30天无异议或者异议不成立的，经乡（镇）人民政府审核，报县级人民政府批准，予以确权登记。

115. 原乡镇企业或村办企业破产、关停、改制等，其原使用的集体建设用地如何确权登记？

答：原乡镇企业或村办企业因破产、关停等不再使用集体土地的，应当按照《土地管理法》第六十六条的规定，由农村集体经济组织报经原批准用地的人民政府批准后收回集体建设用地使用权。若原乡镇企业或村集体企业因破产、兼并、改制等导致集体建设用地使用权发生转移，现用地单位继续占用且未改变批准用途的，可以提交集体建设用地使用权转移的材料办理转移登记。若现用地单位继续占用该地块且经批准改变土地用途的，申请人还应当提交有批准权的人民政府或主管部门的批准文件等材料。

三、农村集体经营性建设用地

116. 农村集体经营性建设用地是否可以出让、出租？

答：《土地管理法》第六十三条规定，土地利用总体规划、城乡规划确定为工业、商业等经营性用途，并经依法登记的集体经营性建设用地，土地所有权人可以通过出让、出租等方式交由单位或者个人使用，并应当签订书面合同，载明土地界址、面积、动工期限、使用期限、土地用途、规划条件和双方其他权利义务。

前款规定的集体经营性建设用地出让、出租等，应当经本集体经济组织成员的村民会议三分之二以上成员或者三分之二以上村民代表的同意。

通过出让等方式取得的集体经营性建设用地使用权可以转让、互换、出资、赠与或者抵押，但法律、行政法规另有规定或者土地所有权人、土地使用权人签订的书面合同另有约定的除外。

集体经营性建设用地的出租，集体建设用地使用权的出让及其最高年限、转让、互换、出资、赠与、抵押等，参照同类用途的国有建设用地执行。具体办法由国务院制定。

117. 农村集体经营性建设用地是否允许抵押贷款?

答：根据《农村集体经营性建设用地使用权抵押贷款管理暂行办法》（有效期至2017年12月31日）第三条之规定，允许开展抵押贷款的农村集体经营性建设用地仅限于国家确定的入市改革试点地区。

118. 什么是农村集体经营性建设用地使用权抵押贷款?

答：根据《农村集体经营性建设用地使用权抵押贷款管理暂行办法》第四条的规定，农村集体经营性建设用地使用权抵押贷款，是指以农村集体经营性建设用地使用权作为抵押财产，由银行业金融机构向符合条件的借款人发放的在约定期限内还本付息的贷款。

农村集体经营性建设用地是指存量农村集体建设用地中，土地利用总体规划和城乡规划确定为工矿仓储、商服等经营性用途的土地。

119. 哪些情形下集体经营性建设用地使用权不得抵押?

答：《农村集体经营性建设用地使用权抵押贷款管理暂行办法》第六条之规定，具有下列情形之一的集体经营性建设用地使用权不得抵押：

（1）权属不清或存在争议的；

（2）司法机关依法查封的；

（3）被依法纳入拆迁征地范围的；

（4）擅自改变用途的；

（5）其他不得办理抵押的情形。

120. 农村集体经营性建设用地使用权办理抵押贷款应同时满足哪些条件?

答：《农村集体经营性建设用地使用权抵押贷款管理暂行办法》第十条之规定，以农村集体经营性建设用地使用权作抵押申请贷款的，应当同时满足以下条件：

（1）依法进行不动产登记并取得县级以上人民政府或政府相关主管部门颁发的农村集体经营性建设用地权属证书并可办理抵押登记；

（2）用于抵押的农村集体经营性建设用地符合土地利用总体规划及城乡规划；

（3）用于抵押的农村集体经营性建设用地使用权及其地上建筑物、其他附着物未设定影响处置变现和银行业金融机构优先受偿的其他权利；

（4）具备入市条件的，应具备所有权主体履行集体土地资产决策程序同意抵押，试点县（市、区）政府同意抵押的证明材料等；

（5）法律、行政法规和中国银监会规定的其他条件。

121. 农村集体经营性建设用地使用权办理抵押贷款“具备入市条件”是指什么？

答：《农村集体经营性建设用地使用权抵押贷款管理暂行办法》第五条规定，在符合规划、用途管制、依法取得的前提下，以出让、租赁、作价出资（入股）方式入市的和具备入市条件的农村集体经营性建设用地使用权可以办理抵押贷款。农村集体经营性建设用地使用权抵押的，地上的建筑物应一并抵押。

前款所称具备入市条件是指，尚未入市但已经依法进行不动产登记并持有权属证书，符合规划、环保等要求，具备开发利用的基本条件，所有权主体履行集体土地资产决策程序同意抵押，试点县（市、区）政府同意抵押权实现时土地可以入市的情形；尚未入市但改革前依法使用的农村集体经营性建设用地，依法进行不动产登记并持有权属证书，按相关规定办理入市手续，签订土地使用合同，办理变更登记手续的情形。

122. 作为抵押权人，银行业金融机构如何保障自己的合法权益？

答：《农村集体经营性建设用地使用权抵押贷款管理暂行办法》第十八条规定，抵押权存续期间，未经银行业金融机构同意，抵押人不得擅自转让或处分已抵押的农村集体经营性建设用地使用权及其上的建筑物、其他附着物，但受让人代为清偿债务消灭抵押权的除外。

第十九条规定，抵押财产价值减少时，银行业金融机构有权要求恢复抵押财产的价值，或者要求借款人提供与减少的价值相应的担保。借款人不恢复财产的价值也不提供其他担保的，银行业金融机构有权要求借款人提前清偿债务。

123. 银行业金融机构可以通过哪些合法途径处置抵押权？

答：《农村集体经营性建设用地使用权抵押贷款管理暂行办法》第二十一条规定，贷款到期后，借款人未清偿债务或出现当事人约定的实现抵押权的情形，银行业金融机构可以通过折价、拍卖、变卖抵押财产等合法途径处置已抵押的农村集体经营性建设用地使用权。所得价款由银行业金融机构优先受偿。

土地所有权人在同等条件下享有使用权优先购买权。

124. 试点地区可以出台哪些政策鼓励农村集体经营性建设用地使用权抵押贷款？

答：《农村集体经营性建设用地使用权抵押贷款管理暂行办法》第二十四条、第二十五条规定，鼓励试点地区通过政府性融资担保公司提供担保的方式，为农村集体经营性建设用地使用权抵押贷款提供增信服务。鼓励有条件的试点县（市、区）政府建立风险补偿机制。

125. 办理抵押登记需要提供哪些资料？

答：《农村集体经营性建设用地使用权抵押贷款管理暂行办法》第二十八条规定，银行业金融机构和抵押人签订抵押合同后，双方共同持以下资料向不动产登记机构申请办理抵押登记，抵押权自登记时设立。

（1）抵押登记申请书；

（2）贷款合同和抵押合同；

（3）集体建设用地权属证书；

（4）登记机构规定的其他资料。

第二十九条规定，对符合抵押登记条件的，试点地区不动产登记机构应当及时将抵押合同约定的有关事项在登记簿加以记载，并向银行业金融机构颁发抵押权登记证明。

126. 什么是城乡建设用地增减挂钩？

答：《国务院关于严格规范城乡建设用地增减挂钩试点切实做好农村土

地整治工作的通知》规定，在农村土地整治过程中，进行了将通过整治节约的少部分农村建设用地以指标调剂的方式按规划调整到城镇使用的政策探索，开展城乡建设用地增减挂钩试点（以下简称增减挂钩试点）。

127. 城乡建设用地增减挂钩，整治农村土地有什么总体要求？

答：根据《国务院关于严格规范城乡建设用地增减挂钩试点切实做好农村土地整治工作的通知》的规定，应做好以下工作。

（1）以促进农业现代化和城乡统筹发展为导向。要坚持最严格的耕地保护制度和最严格的节约用地制度，促进农业农村发展和农业现代化，促进新农村建设和城镇化发展；要增加耕地数量、提高耕地质量，促进农业产业结构调整，提高农业集约化水平；要优化城乡用地结构，加强农村基础设施和公共服务设施建设，提高节约集约用地水平，促进城乡统筹发展。

（2）以增加高产稳产基本农田和改善农村生产生活条件为目标。要按照有利生产、方便生活、改善环境的原则，以农田整治为重点，立足提高高产稳产基本农田比重，加快改善农村生产生活条件，促进农民增收、农业增效、农村发展。有条件的地区，通过农村土地整治示范建设，与散乱、废弃、闲置、低效利用的农村建设用地整治相结合，实施田水路林村综合整治，充分发挥其经济、社会、生态综合效益。

（3）以切实维护农民权益为出发点和落脚点。要始终把维护农民权益放在首位，充分尊重农民意愿，坚持群众自愿、因地制宜、量力而行、依法推动。要依法维护农民和农村集体经济组织的主体地位，依法保障农民的知情权、参与权和受益权。整治腾出的农村建设用地，首先要复垦为耕地，在优先满足农村各种发展建设用地后，经批准将节约的指标少量调剂给城镇使用的，其土地增值收益必须及时全部返还农村，切实做到农民自愿、农民参与、农民满意。

128. 如何规范增减挂钩试点工作？

答：根据《国务院关于严格规范城乡建设用地增减挂钩试点切实做好农村土地整治工作的通知》的规定，应做好以下工作：

（1）坚决扭转片面追求增加城镇建设用地指标的倾向。要依据土地利用总体规划，统筹安排农民新居、城镇发展等土地整治活动，合理设置建新、拆旧项目区，确保项目区内建设用地总量有减少、布局更合理，耕地面积有增加、质量有提高，实现以城带乡、以工补农，城乡统筹发展的目标。要坚决扭转在增减挂钩试点中重建新、轻拆旧、重城镇、轻农村单一解决城镇建设用地供需矛盾的倾向，坚决纠正少数地方突破土地利用年度计划控制、片面追求增加城镇建设用地指标等偏差，坚决制止实施过程中脱离发展实际、侵害群众利益等各类违法违规行为。

（2）坚决制止以各种名义擅自开展土地置换等行为。在推进农村新居建设和危房改造及小康示范村建设等工作中，凡涉及城乡建设用地调整使用的，必须纳入增减挂钩试点。必须坚持局部试点、封闭运行、规范管理、结果可控，未经批准不得擅自开展试点或扩大试点范围。严禁在试点之外，以各种名义开展城乡建设用地调整使用。严禁擅自开展建设用地置换、复垦土地周转等“搭车”行为，防止违规扩大城镇建设用地规模。

（3）严禁突破挂钩周转指标。各地要依据土地利用总体规划和农业生产、城乡建设、农田水利建设、林业保护利用和生态建设等有关要求，科学编制农村土地整治规划，合理安排增减挂钩试点的规模、布局和时序。试点必须符合土地利用总体规划和土地整治规划，纳入土地利用年度计划。所在省（区、市）要严格按照国家下达的挂钩周转指标，组织审批和实施试点项目，严禁突破挂钩周转指标设立挂钩项目区，严禁项目区跨县级行政区域设置，严禁循环使用周转指标。各试点地区要对挂钩周转指标的下达、使用和归还实行全程监管，严格考核，确保增减挂钩试点严格控制在周转指标内。

（4）严禁盲目大拆大建和强迫农民住高楼。要与地方经济社会发展水平和农业产业发展相适应，与城镇化进程和农村人口转移相协调，遵循城镇发展规律，区分城镇规划区内、城乡接合部、空心村和闲置宅基地等不同情况，因地制宜，量力而行，循序渐进。涉及农村拆迁安置的新居建设，要为农民提供多种建房选择，保持农村特色和风貌，保护具有历史文化和景观价值的传统建筑。要尊重农民意愿并考虑农民实际承受能力，防止不顾条件盲目推进、大拆大建。严禁在农村地区盲目建高楼、强迫农民住高楼。

（5）严禁侵害农民权益。开展增减挂钩试点，必须举行听证、论证，充分听取当地农村基层组织和农民的意见。涉及土地调整互换使用的，未征得农村集体组织和农民同意，不得强行开展增减挂钩试点。必须按照明晰产权、维护权益的原则，合理分配土地调整使用中的增值收益。要明确受益主体，规范收益用途，确保所获土地增值收益及时全部返还农村，用于支持农业农村发展和改善农民生产生活条件，防止农村和农民利益受到侵害。

129. 如何规范推进农村土地整治示范建设？

答：根据《国务院关于严格规范城乡建设用地增减挂钩试点切实做好农村土地整治工作的通知》的规定，规范推进农村土地整治示范建设。要按照统筹规划、整合资源、整体推进的原则，以耕地面积增加、建设用地总量减少、农村生产生活条件和生态环境明显改善为目标，规范推进以田水路林村综合整治为内容的农村土地整治示范建设。未批准开展增减挂钩试点的地区，不得将农村土地整治节约的建设用地指标调剂给城镇使用。整治腾出的农村建设用地，首先要复垦为耕地，规划继续作为建设用地的可作为农民旧房改造、新居建设、农村基础设施和公共服务配套设施建设以及农村非农产业发展用地。严禁以整治为名，擅自突破土地利用总体规划和年度计划，扩大城镇建设用地规模。严禁在农村土地整治中，违法调整、收回和强迫流转农民承包地。

130. 如何整合和使用管理农村土地整治示范建设资金？

答：根据《国务院关于严格规范城乡建设用地增减挂钩试点切实做好农村土地整治工作的通知》的规定，强化资金整合和使用管理。各地要以新增建设用地土地有偿使用费、用于农业土地开发的土地出让收入、耕地开垦费和土地复垦费等资金为主体，引导和聚合相关涉农资金，保持渠道和用途不变，实行专账管理，统筹集中使用，切实提高各项资金综合使用效益。严格执行土地出让收益要优先用于农业土地开发和农村基础设施建设的规定，严格执行新增建设用地土地有偿使用费主要用于基本农田建设和保护、耕地开发和土地整理的规定，中央分成部分要重点支持农村土地整治重大工程和示范工程建设。要引导和规范民间资本参与增减挂钩试点和农村土地整治行为。

131. 如何解决开展增减挂钩试点和农村土地整治过程中的土地权属问题？

答：根据《国务院关于严格规范城乡建设用地增减挂钩试点切实做好农村土地整治工作的通知》的规定，做好农村集体土地权属管理。各地区开展增减挂钩试点和农村土地整治，要按照确权在先的要求，对土地利用现状和权属状况进行调查、核实，做到地类和面积准确，界址和权属清楚。增减挂钩试点和农村土地整治涉及的土地，原则上应维持原有土地权属不变；对土地互换的，要引导相关权利人本着互利互惠的原则，平等协商解决，有争议的要依法做好调处工作。对权属有争议又调处不成的，不得开展增减挂钩试点和农村土地整治。增减挂钩试点和农村土地整治实施后，要依法及时办理土地确权、变更登记手续，发放土地权利证书及农村土地承包经营权证等，依法保障农民的土地权益。

四、家庭农场

132. 什么是家庭农场？

答：《关于实施家庭农场培育计划的指导意见》指出，家庭农场以家庭成员为主要劳动力，以家庭为基本经营单元，从事农业规模化、标准化、集约化生产经营，是现代农业的主要经营方式。

133. 家庭农场经营者申报省级示范场应提交哪些材料？

答：《福建省示范家庭农场创建管理办法》第十二条规定，创建省级示范家庭农场，由家庭农场自主向所在地县级农业农村部门提出申请，提交以下申报材料，并对材料的真实性负责：

（1）福建省省级示范家庭农场申请表（附件2）；

（2）营业执照复印件；

（3）评选为县级或设区市级示范家庭农场文件；

（4）家庭农场主及其家庭成员身份证、户口本复印件；

（5）土地承包经营权证、林权证、养殖水域滩涂使用权证等不动产权证书复印件，或土地流转合同等协议复印件；

（6）生产操作规程或标准、农产品质量安全管理和农业投入品安全使用制度，投入品购买使用、农事活动、产品销售等记录复印件；

（7）生产食用农产品的，提供近一年由福建省农产品（水产品）质量安全追溯管理信息系统生成的电子生产档案、赋码出证记录（系统截图）；

（8）家庭农场农业生产经营有关会计核算或财务收支记录复印件。

134. 省级示范场的审批流程有哪些？

答：《福建省示范家庭农场创建管理办法》第十三条规定，县级农业农村、财政部门负责对申报材料进行核实，涉及林业、渔业家庭农场的，会同林业、渔业部门进行核实，择优推荐，提出审查意见，由县级农业农村部门会同财政部门联合行文上报设区市农业农村、财政部门，并附申报材料。

第十四条规定，设区市农业农村部门对家庭农场申报材料进行复核，符合条件的择优推荐，提出复核意见，会同财政部门联合行文上报省农业农村厅、财政厅，并附申报材料。

第十五条规定，省农业农村厅会同林业、渔业等部门组织专家组对家庭农场申报材料进行评审，形成符合条件的省级示范家庭农场候选名单，在福建农业信息网进行公示，公示期5个工作日。经公示无异议的，由省农业农村厅会同省财政厅联合发文确认为省级示范家庭农场。

135. 《福建省家庭农场培育计划》有哪些福建特色？

答：《福建省家庭农场培育计划》立足福建省情，提出要围绕粮食产业和茶叶、水果、蔬菜、水产、林竹、花卉苗木、畜禽、食用菌等特色优势产业，结合一村一品建设，科学确定不同产业、不同类型家庭农场最佳经营规模，培育一大批产业特色鲜明、经营规模适度、经济效益明显的家庭农场，探索特色产业支撑家庭农场发展模式。

136. 《福建省家庭农场培育计划》的发展目标是什么？

答：按照“发展一批、规范一批、提升一批、推介一批”的思路，加快培育规模适度、生产集约、管理先进、效益明显的家庭农场。针对我省家庭农场发展的实际，明确我省到2022年，支持家庭农场发展的政策体系更加完善、管理制度更加健全，指导服务更加有力，促进家庭农场数量较快增长，经营管理规范，经营产业多元，发展模式多样，使家庭农场成为发展特色现代农业的主力军，带动小农户发展能力巩固提升，为加快乡村产业振兴奠定基础。

137.《福建省家庭农场培育计划》的重点任务有哪些？

答：共有六项。一是加快特色家庭农场发展。科学确定不同产业、不同类型家庭农场最佳经营规模，探索特色产业带动家庭农场发展模式，到2022年全省家庭农场总数超过35000家。二是着力提升家庭农场主素质。编制全省家庭农场经营者培训规划，采取“省市县分级培训、分级负责”的办法，对家庭农场主进行培训，到2022年，全省家庭农场经营者实现全覆盖轮训。三是大力培育示范家庭农场。以技术先进、生产绿色、产品安全、管理规范、规模适度为发展要求，创建省、市、县三级示范家庭农场。四是组织开展家庭农场示范县创建。支持优势产业突出、政策体系健全、家庭农场发展成效显著的县（市、区），整县推进家庭农场培育工作，促进形成家庭农场示范片或集聚区。五是增强家庭农场带动能力。鼓励家庭农场与小农户建立紧密型利益联结机制，带动小农户发展生产、持续增收。六是规范家庭农场信息管理。推进家庭农场名录系统建设，建立家庭农场数据信息共享机制。

138.《福建省家庭农场培育计划》提出了哪些政策措施？

答：共有七条。一是大力支持改善基础设施条件。支持家庭农场参与高标准农田建设项目，加快改善生产设施条件。支持符合条件的家庭农场优先申报集中育秧、烘干、保鲜冷藏、冷链物流、农机库棚、温室大棚、畜禽养殖等农业补助项目。对符合规定的优先给予小型先进适用农机具购机补贴。二是不断强化技术服务支撑。建立科技特派员带动家庭农场发展机制。鼓励通过开展农资配送、农产品流通、电子商务等多种形式服务家庭农场。支持各类社会化服务组织为家庭农场提供耕种防收等产前、产中、产后生产性服务。三是支持发展“互联网+”家庭农场。支持家庭农场发展农村电子商务，鼓励发展互联网云农场等模式。鼓励信息综合服务企业等为家庭农场提供专业化、精准化的信息服务。四是依法保障土地经营权。健全土地经营权流转服务体系，鼓励土地经营权有序向家庭农场流转。支持县乡两级土地流转服务平台建设及纠纷调解仲裁体系建设，有效防范家庭农场租地风险。五是优先保障建设用地。全面落实生产设施用地、附属设施用地、生产性配套辅助设施用地政策。依法优先支持家庭农场建设仓储、烘干、分拣包装、保鲜冷藏、农机库棚等用地需求。六是持续加大财政支持力度。优先安排家庭农场承担涉农财政发展项目，加大财政资金扶持力度，采取以奖代补等方式扶持家庭农场发展。七是切实加强金融保险服务。鼓励金融机构面向家庭农场开发专门信贷产品，推动政策性担保机构对家庭农场贷款优先担保、降低费率，鼓励开展家庭农场综合保险试点。

139. 国营农场向家庭农场转让资产的范围有哪些？

答：《国家国有资产管理局关于国营农场向家庭农场转让国有资产的若干暂行规定》第一条规定，国营农场向家庭农场转让的固定资产原则上限于职工宿舍以及适于家庭农场经营的运输设备、中小型农用机具、农副产品加工机械和生产用房等。宜于由场、队实行集中经营管理的各类固定资产，如大型农机具、水利工程机械、农业基础设施、农副产品骨干加工厂的主要设备以及成龙配套的进口农用装备等，原则上不得转让给家庭农场管理和经营。已经转让并证明不利于生产发展的，应采取适当方式由场、队经营管理。

140. 国营农场向家庭农场转让资产必须经过哪些审批程序？

答：《国家国有资产管理局关于国营农场向家庭农场转让国有资产的若干暂行规定》第二条规定，国营农场向家庭农场转让属于本规定第一条中可转让的资产，必须事先编制具体转让方案向上级主管部门报告，经审核批准后实施。主管部门的批件，应抄送同级国有资产管理部门和财政部门备案。国营农场向家庭农场转让本规定第一条中原则上不得转让的资产，农场应专案申报，由上级主管部门与同级国有资产管理部门共同审批，并抄送同级财政部门备案。

141. 国营农场向家庭农场转让资产作价原则是什么？

答：《国家国有资产管理局关于国营农场向家庭农场转让国有资产的若干暂行规定》第三条规定，国营农场向家庭农场转让国有资产，一般均应重新估价。现价与帐面价值相差悬殊的，应参考现价或重置成本，结合新度系数作价；现价与帐面价值差距不大的，仍可实行净值法作价。在条件具备的地方，还可采取拍卖的方式转让。

过去已经以优惠价转让的国有资产，其价格不再变动，但家庭农场不得通过二次转让从中牟利。为了更新改造等原因，确需作二次转让的应事先征得基层生产管理部门同意。

142. 国营农场向家庭农场转让资产价格确定需要经过哪些程序？

答：《国家国有资产管理局关于国营农场向家庭农场转让国有资产的若干暂行规定》第四条之规定，国营农场向家庭农场转让国有资产一律实行有偿办法。其价格须经国有资产管理部门认可的评估机构进行评估，并报国有资产管理部门或其授权的主管部门审定；无评估机构的，可由主管部门会同国有资产管理部门共同组织评估小组负责评估，评估结果由国有资产管理部门签章认可。

143. 转让价款的收取方式有哪些？

答：《国家国有资产管理局关于国营农场向家庭农场转让国有资产的若干暂行规定》第五条之规定，国营农场向家庭农场转让国有资产可采取一次或分次收回价款的办法。对于确有付款能力的，可在资产转让时一次收取价款；对于一次付款确有困难的，可采取分次偿还办法，但偿还期限最长不得超过5年。向家庭农场办理转让手续时，应同时签订还款合同书，明确还款次数和期限。未办理此项手续的，应予以补办。对违背合同逾期不还的，可比照农行有关贷款利率，核收滞还金。对以前已经发生的逾期欠帐，农场及其主管部门应认真进行清核，积极组织回收，尽量减少损失。有能力偿还价款而故意拖欠不还的，农场应采取必要的经济手段扣还。

144. 如何加大对家庭农场等新型农业经营主体信贷支持力度？

答：根据《中国人民银行关于做好家庭农场等新型农业经营主体金融服务的指导意见》第二条之规定，各银行业金融机构对经营管理比较规范、主要从事农业生产、有一定生产经营规模、收益相对稳定的家庭农场等新型农业经营主体，应采取灵活方式确定承贷主体，按照“宜场则场、宜户则户、宜企则企、宜社则社”的原则，简化审贷流程，确保其合理信贷需求得到有效满足。重点支持新型农业经营主体购买农业生产资料、购置农机具、受让土地承包经营权、从事农田整理、农田水利、大棚等基础设施建设维修等农业生产用途，发展多种形式规模经营。

145. 如何合理确定家庭农场贷款利率？

答：根据《中国人民银行关于做好家庭农场等新型农业经营主体金融服务的指导意见》第三条之规定，合理确定贷款利率水平，有效降低新型农业经营主体的融资成本。对于符合条件的家庭农场等新型农业经营主体贷款，各银行业金融机构应从服务现代农业发展的大局出发，根据市场化原则，综合调配信贷资源，合理确定利率水平。对于地方政府出台了财政贴息和风险补偿政策以及通过抵质押或引入保险、担保机制等符合条件的新型农业经营主体贷款，利率原则上应低于本机构同类同档次贷款利率平均水平。各银行业金融机构在贷款利率之外不应附加收费，不得搭售理财产品或附加其他变相提高融资成本的条件，切实降低新型农业经营主体融资成本。

146. 如何确定家庭农场贷款期限？

答：根据《中国人民银行关于做好家庭农场等新型农业经营主体金融服务的指导意见》第四条之规定，适当延长贷款期限，满足农业生产周期实际需求。对日常生产经营和农业机械购买需求，提供 1 年期以内短期流动资金贷款和 1 年期至 3 年期中长期流动资金贷款支持；对于受让土地承包经营权、农田整理、农田水利、农业科技、农业社会化服务体系建设等，可以提供 3 年期以上农业项目贷款支持；对于从事林木、果业、茶叶及林下经济等生长周期较长作物种植的，贷款期限最长可为 10 年，具体期限由金融机构与借款人根据实际情况协商确定。在贷款利率和期限确定的前提下，可适当延长本息的偿付周期，提高信贷资金的使用效率。对于林果种植等生产周期较长的贷款，各银行业金融机构可在风险可控的前提下，允许贷款到期后适当展期。

147. 如何合理确定家庭农场经营贷款额度？

答：根据《中国人民银行关于做好家庭农场等新型农业经营主体金融服

务的指导意见》第五条之规定，合理确定贷款额度，满足农业现代化经营资金需求。各银行业金融机构要根据借款人生产经营状况、偿债能力、还款来源、贷款真实需求、信用状况、担保方式等因素，合理确定新型农业经营主体贷款的最高额度。原则上，从事种植业的专业大户和家庭农场贷款金额最高可以为借款人农业生产经营所需投入资金的70%，其他专业大户和家庭农场贷款金额最高可以为借款人农业生产经营所需投入资金的60%。家庭农场单户贷款原则上最高可达1000万元。鼓励银行业金融机构在信用评定基础上对农民合作社示范社开展联合授信，增加农民合作社发展资金，支持农村合作经济发展。

148. 新型农业经营主体抵质押担保物范围有哪些?

答：根据《中国人民银行关于做好家庭农场等新型农业经营主体金融服务的指导意见》第六条之规定，加快农村金融产品和服务方式创新，积极拓宽新型农业经营主体抵质押担保物范围。各银行业金融机构要加大农村金融产品和服务方式创新力度，针对不同类型、不同经营规模家庭农场等新型农业经营主体的差异化资金需求，提供多样化的融资方案。对于种植粮食类新型农业经营主体，应重点开展农机具抵押、存货抵押、大额订单质押、涉农直补资金担保、土地流转收益保证贷款等业务，探索开展粮食生产规模经营主体营销贷款创新产品；对于种植经济作物类新型农业经营主体，要探索蔬菜大棚抵押、现金流抵押、林权抵押、应收账款质押贷款等金融产品；对于畜禽养殖类新型农业经营主体，要重点创新厂房抵押、畜禽产品抵押、水域滩涂使用权抵押贷款业务；对产业化程度高的新型农业经营主体，要开展“新型农业经营主体＋农户”等供应链金融服务；对资信情况良好、资金周转量大的新型农业经营主体要积极发放信用贷款。人民银行各分支机构要根据中央统一部署，主动参与制定辖区试点实施方案，因地制宜，统筹规划，积极稳妥推动辖内农村土地承包经营权抵押贷款试点工作，鼓励金融机构推出专门的农村土地承包经营权抵押贷款产品，配置足够的信贷资源，创新开展农村土地承包经营权抵押贷款业务。

149. 涉农金融机构在支持新型农业经营主体发展中的作用有哪些?

答：根据《中国人民银行关于做好家庭农场等新型农业经营主体金融服

务的指导意见》第八条之规定，切实发挥涉农金融机构在支持新型农业经营主体发展中的作用。农村信用社（包括农村商业银行、农村合作银行）要增强支农服务功能，加大对新型农业经营主体的信贷投入；农业发展银行要围绕粮棉油等主要农产品的生产、收购、加工、销售，通过“产业化龙头企业＋家庭农场”等模式促进新型农业经营主体做大做强。积极支持农村土地整治开发、高标准农田建设、农田水利等农村基础设施建设，改善农业生产条件；农业银行要充分利用作为国有商业银行“面向三农”的市场定位和“三农金融事业部”改革的特殊优势，创新完善针对新型农业经营主体的贷款产品，探索服务家庭农场的新模式；邮政储蓄银行要加大对“三农”金融业务的资源配置，进一步强化县以下机构网点功能，不断丰富针对家庭农场等新型农业经营主体的信贷产品。农业发展银行、农业银行、邮政储蓄银行和农村信用社等涉农金融机构要积极探索支持新型农业经营主体的有效形式，可选择部分农业生产重点省份的县（市），提供“一对一服务”，重点支持一批家庭农场等新型农业经营主体发展现代农业。其他涉农银行业金融机构及小额贷款公司，也要在风险可控前提下，创新信贷管理体制，优化信贷管理流程，积极支持新型农业经营主体发展。

五、农业发展政策

150. 近年出台的关于推动农业发展的相关政策有哪些？

答：农业农村部关于印发《新型农业经营主体和服务主体高质量发展规划（2020 — 2022 年）》的通知、农业农村部办公厅关于印发《2020 年农业农村绿色发展工作要点》的通知、中央全面依法治国委员会印发《关于加强法治乡村建设的意见》、《中共中央、国务院关于实施乡村振兴战略的意见》、《中共中央、国务院印发乡村振兴战略规划（2018—2022 年）》；《中共中央、国务院关于稳步推进农村集体产权制度改革的意见》《财政部、国家税务总局关于支持农村集体产权制度改革有关税收政策的通知》《中共中央办公厅、国务院办公厅印发关于促进小农户和现代农业发展有机衔接的意见》《中共中央、国务院关于抓好“三农”领域重点工作确保如期实现全面小康的意见》《农业农村部办公厅、财政部办公厅关于开展优势特色产业集群建设的通知》。

151. 新型农业经营主体和服务主体培育发展相关政策有哪些？相关政策下又有哪些机遇？

答：党的十八大以来，一系列扶持新型农业经营主体和服务主体发展的政策措施陆续出台，《关于加快构建政策体系培育新型农业经营主体的意见》《关于实施家庭农场培育计划的指导意见》《关于开展农民合作社规范提升行动的若干意见》《关于加快发展农业生产性服务业的指导意见》等文件相继印发，家庭农场、农民合作社、农业社会化服务组织等新型农业经营主体和服务主体培育发展的政策体系逐步完善。

当前，我国经济已由高速增长阶段转向高质量发展阶段，守住"三农"战略后院，发挥好压舱石和稳定器的作用，必须大力推动农业高质量发展。新型农业经营主体和服务主体规模化、集约化、组织化程度高，是未来现代农业经营的重要方式和必然趋势，在推动农业高质量发展中承担重要使命，面临重大机遇。

152. 如何建立健全农业发展相关政策支持？

答：《新型农业经营主体和服务主体高质量发展规划（2020—2022年）》第七章规定：

（1）加强财政投入。各级农业农村部门要积极争取将新型农业经营主体和服务主体纳入财政优先支持范畴，加大投入力度。统筹整合资金，综合采用政府购买服务、以奖代补、先建后补等方式，加大对新型农业经营主体和服务主体的支持力度，推动由新型农业经营主体和服务主体作为各级财政支持的各类小型项目建设管护主体。鼓励有条件的新型农业经营主体和服务主体参与实施高标准农田建设、农技推广、现代农业产业园等涉农项目。农机购置补贴等政策加大对新型农业经营主体和服务主体的支持力度。积极争取新型农业经营主体和服务主体有关税收优惠政策。

（2）推动用地政策落实。积极推动落实设施农业用地政策，保障新型农业经营主体和服务主体合理用地需求。在国土空间规划批准实施前，须在符合土地利用总体规划的前提下，推动各地通过调整优化村庄用地布局、有效利用存量建设用地等支持新型农业经营主体和服务主体发展。

（3）强化人才支撑。鼓励返乡下乡人员领办创办新型农业经营主体和服务主体，鼓励支持各类人才到新型农业经营主体和服务主体工作。鼓励各地通过政府购买服务方式，委托专业机构或专业人才为新型农业经营主体和服务主体提供政策咨询、生产控制、财务管理、技术指导、信息统计等服务。推动普通高校和涉农职业院校设立相关专业或专门课程，为新型农业经营主体和服务主体培养专业人才。鼓励各地开展新型农业经营主体和服务主体国际交流合作。

（4）提升数字技术应用水平。按照实施数字乡村战略和数字农业农村发展规划的总体部署，以数字技术与农业农村经济深度融合为主攻方向，加快农业农村生产经营、管理服务数字化改造，全面提升农业农村生产智能化、经营网络化、管理高效化、服务便捷化水平，用数字化驱动新型农业经营主体和服务主体高质量发展。鼓励各地利用新型农业经营主体信息直报系统，推进相关涉农信息数据整合和共享，运用互联网和大数据信息技术，为新型农业经营主体和服务主体有效对接信贷、保险等提供服务。鼓励返乡入乡人员利用数字技术创新创业。

153. 制定推动农业发展的融资政策应侧重哪些方面？

答：《新型农业经营主体和服务主体高质量发展规划（2020—2022 年）》指出，（1）鼓励各金融机构结合职能定位和业务范围，对新型农业经营主体和服务主体提供资金支持。鼓励地方搭建投融资担保平台，引导和动员各类社会力量参与新型农业经营主体和服务主体培育工作。推动农业信贷担保体系创新开发针对新型农业经营主体和服务主体的担保产品，加大担保服务力度，着力解决融资难、融资贵问题。鼓励发展新型农村合作金融，稳步开展农民合作社内部信用合作试点。推动建立健全农业保险体系，探索从覆盖直接物化成本逐步实现覆盖完全成本。推动开展中央财政对地方优势特色农产品保险奖补试点。鼓励地方建立针对新型农业经营主体和服务主体的特色优势农产品保险制度，发展农业互助保险。鼓励各地探索开展产量保险、气象指数保险、农产品价格和收入保险等保险责任广、保障水平高的农业保险品种，满足新型农业经营主体和服务主体多层次、多样化风险保障需求。

（2）提升金融服务小农户水平。规范开展农村金融服务，不断探索具有供销合作社特色的农村金融服务方式，为促进小农户和现代农业发展有机衔接提供金融支撑。坚持稳中求进、以进固稳，开展供销合作社系统合作金融试点工作，加强资金互助组织孵化培育和监督引导，推进规范化、标准化建设，推动资金互助组织在更高层面上开展资金调剂和联合合作，进一步提高供销合作社合作金融的服务规模和覆盖面。加强与中国农业银行、中国人民保险公司、国家农业信贷担保联盟有限责任公司、国家融资担保基金有限责任公司等金融机构务实合作，共同开展“供银担保”支农体系建设，促进金融资源下乡进村，为小农户生产生活提供资金支持。依托基层社和社有骨干企业开展供应链金融，通过产业链将小农户纳入现代农业生产体系，强化与小农户的利益联结机制，提高小农户融资可得性。积极参与农村信用社改制，继续发展村镇银行和小额贷款公司，不断提升系统金融服务小农户的能力和水平。

（3）支持家庭农场采用先进技术和装备，开展产地初加工和主食加工，开展绿色食品、有机食品、地理标志农产品认证和品牌建设，提升绿色化标准化生产能力。引导家庭农场领办或加入农民合作社，积极与龙头企业、社会化服务组织建立利益联结机制，创新与销地农批市场、大型商超合作模式，保障生产与销售渠道高效对接。加强现代化新技术、新理念在家庭农场生产全过程的应用，鼓励家庭农场发展设施农业、休闲农业、智慧农业、电子商务等新产业新业态。鼓励金融机构针对家庭农场开发专门信贷产品，开展家庭农场信用等级评价，对资信良好的发放信用贷款。

154. 如何发展壮大集体经济？如何促进农村集体经济的流动性？

答：《新型农业经营主体和服务主体高质量发展规划（2020—2022 年）》指出，（1）抓好重点改革任务落实，增强农业农村发展活力；完善农村土地承包管理制度。落实中央关于保持土地承包关系稳定并长久不变的意见，组织开展第二轮土地承包到期后再延长 30 年试点，研究完善相关配套政策，推动地方制定延包的具体办法。规范农村土地经营权流转，指导地方建立健全工商企业租赁农地的资格审查、项目审核和风险防范制度，推进土地经营权入股发展农业产业化经营试点，加强农村土地承包经营纠纷调解仲裁能力建设。

（2）全面推开农村集体产权制度改革试点。有序开展集体成员身份确认、集体资产折股量化、村集体经济组织登记赋码等工作，建设农村集体资产监管平台。继续扶持 2 万个村开展壮大集体经济试点示范。集成推广农村改革试验试点成果，推动完善农村集体经营性建设用地入市配套制度。

（3）稳慎推进农村宅基地制度改革。研究制定农村宅基地管理办法，指导各地规范宅基地审批管理，强化监督。深化农村宅基地制度改革试点，扩大范围、丰富内容，探索宅基地“三权分置”路径办法。开展农村宅基地和农房利用现状调查，积极稳妥盘活利用农村闲置宅基地和农房资源，推动实施农村闲置宅基地复垦试点。

155. 现阶段农业创新模式有哪些短板？

答：《新型农业经营主体和服务主体高质量发展规划（2020—2022 年）》指出，当前我国新型农业经营主体和服务主体培育虽取得显著成效，但依旧存在发展不平衡、不充分、实力不强等问题，面临的诸多短板和制约依然突出，难以满足乡村振兴和农业农村现代化的要求。从自身发展水平看，基础设施落后、经营规模偏小、集约化水平不高、产业链条不完整、经营理念不够先进等问题依然存在。发展区域性不平衡问题比较突出。家庭农场仍处于起步发展阶段，部分农民合作社运行不够规范，社会化服务组织服务能力不足、服务领域拓展不够。从外部环境看，各类新型农业经营主体和服务主体融资难、融资贵、风险高等问题仍然突出，财税、金融、用地等扶持政策不够具体，倾斜力度不够，各地农业农村部门指导服务能力亟待提升。

156. 如何加快农业创新模式的发展？

答：《新型农业经营主体和服务主体高质量发展规划（2020—2022 年）》指出，展望未来，加快推进新型农业经营主体和服务主体培育工作的有利条件不断积蓄。成为重要战略考虑。党中央、国务院高度重视新型农业经营主体和服务主体发展。要把加快培育新型农业经营主体作为一项重大战略；加快构建以农户家庭经营为基础、合作与联合为纽带、社会化服务为支撑的立体式复合型现代农业经营体系，政策措施重点倾斜。

157. 发展农业创新模式应遵循哪些原则？

答：《新型农业经营主体和服务主体高质量发展规划（2020—2022 年）》指出，坚持市场在资源配置中的决定性作用，加强政府支持引导。发挥市场在资源配置中的决定性作用，在经营规模、运行模式等方面充分尊重市场规律，尊重各类主体和农民群众的意愿，把建设的主舞台留给广大经营主体和农民群众。更好发挥政府作用，着重做好对新型农业经营主体和服务主体的公共服务、教育培训、扶持激励和监管规范，在撬动资本、激活要素等方面发挥四两拨千斤的作用。

坚持把提升发展质量和效益放在首位。不以规模和数量论英雄，以质量和效益论英雄，注重提升经营者素质，在提高质量和确保效益的前提下加快发展，防止新型农业经营主体和服务主体发展一哄而上，防止重数量轻质量。

坚持增强新型农业经营主体和服务主体对小农户的引领、带动和服务能力。立足大国小农和小农户长期存在的基本国情农情，正确处理扶持小农户发展和促进各类新型农业经营主体和服务主体发展的关系，实现新型农业经营主体和服务主体高质量发展与小农户能力持续提升相协调。

坚持因地制宜，不搞“一刀切”。围绕解决全局性、普遍性的短板和问题，统筹设计和推进相关扶持政策，又要因地施策，充分认识各地经济社会发展水平、资源禀赋和生产经营传统方面的差异，务求实效，不搞“一刀切”，不搞强迫命令。

158. 如何培育农业新型社会化服务组织？

答：《新型农业经营主体和服务主体高质量发展规划（2020—2022 年）》指出，按照主体多元、形式多样、服务专业、竞争充分的原则，加快培育各类服务组织，充分发挥不同服务主体各自的优势和功能。支持农村集体经济组织通过发展农业生产性服务，发挥其统一经营功能；鼓励农民合作社向成员提供各类生产经营服务，发挥其服务成员、引领农民对接市场的纽带作用；引导龙头企业通过基地建设和订单方式为农户提供全程服务，发挥其服务带动作用；支持各类专业服务公司发展，发挥其服务模式成熟、服务机制灵活、服务水平较高的优势。

159. 如何加快推进农业生产托管服务？

答：《新型农业经营主体和服务主体高质量发展规划（2020—2022年）》指出，适应不同地区、不同产业农户和新型农业经营主体的农业作业环节需求，发展单环节托管、多环节托管、关键环节综合托管和全程托管等多种托管模式。支持专业服务公司、供销合作社专业化服务组织、服务型农民合作社、农村集体经济组织等服务主体，重点面向从事粮棉油糖等大宗农产品生产的小农户以及新型农业经营主体开展托管服务，促进服务主体服务能力和条件提升。鼓励各地因地制宜选择本地优先支持的托管作业环节，按照相关作业环节市场价格的一定比例给予服务补助，通过价格手段推动财政资金效用传递到服务对象，不断提升农业生产托管对小农户服务的覆盖率。

160. 如何开展农业创新模式培训？

答：《新型农业经营主体和服务主体高质量发展规划（2020—2022年）》指出，加大新型农业经营主体和服务主体经营者培训力度，坚持面向产业、融入产业、服务产业，着力建机制、定规范、抓考核，强化农民教育培训体系，实施好新型农业经营主体带头人、返乡入乡创新创业者等分类培育计划，加强统筹指导各地各部门培训计划，大力开展家庭农场经营者轮训，分期分批开展农民合作社骨干培训，加大农业社会化服务组织负责人培训力度。积极探索高素质农民培育衔接学历提升教育。鼓励各地通过补贴学费等方式，支持涉农职业院校等教育培训机构和各类社会组织，依托新型农业经营主体和服务主体建设实习实训基地，做好农村各类高素质人才示范培训与轮训。支持各类教育培训机构加强高水平“双师型”教师队伍建设，充实教学设施设备，改善办学条件，完善信息化教学手段，加强基地建设，支持各地重点建设产教融合实训基地、创业孵化基地和农民田间学校等。

161. 如何满足农业人才需要？如何增强对农业创新人才的培养？

答：《新型农业经营主体和服务主体高质量发展规划（2020—2022年）》指出应做好以下几项工作。

（1）大力发展农业职业教育。加快改革农科专业体系、课程体系、教材体系，科学设计教学模式、考试评价模式，推动农业职业教育更好地服务产业发展，科学布局中等职业教育、高等职业教育、应用型本科和高端技能型专业学位研究生等人才培养的规格、梯次和结构。以打通和拓宽各级各类技术技能人才的成长空间和发展通道为重点，构建体现终身教育理念、满足农民群众接受教育的需求、满足“三农”发展对技术技能人才需求的现代农业职业教育体系。

（2）着力提升科学素质。加强农村科普，健全和完善县乡科学技术推广普及网络，大力推动农村科普出版物发行，增加农民买得起、读得懂、用得上的通俗读物的品种和数量。积极探索利用各类新媒体传播渠道，通过动画、短视频等农民喜闻乐见的形式，广泛宣传农业生产应用技能和成功经验。加强农村科普活动场所和科普阵地建设，在农村建设一批较高水平的科普教育基地和科普实验基地。加强农技推广和公共服务人才队伍建设，支持农技人员在职研修，优化知识结构，增强专业技能，引导鼓励农科毕业生到基层开展农技推广服务。

（3）建立新型农业经营主体和服务主体经营者教育培训工程。依托高素质农民培育、学历提升、信息化建设等工程，开展新型农业经营主体带头人培训、返乡入乡创新创业者、农业经理人培养等分类培训计划，加快培育高素质农民队伍。深入推进农村实用人才带头人素质提升计划，通过专家授课、现场教学、交流研讨等，加强对家庭农场经营者、农民合作社带头人、产业发展带头人、大学生村官等主体的指导，提升增收致富本领和示范带动能力。依托涉农职业院校，采取农学结合、弹性学制、送教下乡等形式，开展农民中高等职业教育等学历教育，有效提升新型农业经营主体和服务主体经营者队伍综合素质和学历水平。

162. 如何加强对农村经营管理干部队伍的建设？

答：《新型农业经营主体和服务主体高质量发展规划（2020—2022年）》指出，鼓励各地采取安排专兼职人员、招收大学生村官、建立辅导员制度等多种途径，充实基层经营管理工作力量，保障必要工作条件，确保支持新型农业经营主体和服务主体发展的各项工作抓细抓实。要加强培训和继续教育，努力打造一支学习型、创新型农村经营管理干部队伍。要加强县级对乡镇农村经营管理工作的指导、督促和检查，明确目标任务，提高工作绩效。

六、乡村振兴

163. 实施乡村振兴的基本原则?

答:《乡村振兴战略规划(2018—2022年)》指出，实施乡村振兴的基本原则如下:(1)坚持党管农村工作。毫不动摇地坚持和加强党对农村工作的领导，健全党管农村工作方面的领导体制机制和党内法规，确保党在农村工作中始终总揽全局、协调各方，为乡村振兴提供坚强有力的政治保障。

(2)坚持农业农村优先发展。把实现乡村振兴作为全党的共同意志、共同行动，做到认识统一、步调一致，在干部配备上优先考虑，在要素配置上优先满足，在资金投入上优先保障，在公共服务上优先安排，加快补齐农业农村短板。

(3)坚持农民主体地位。充分尊重农民意愿，切实发挥农民在乡村振兴中的主体作用，调动亿万农民的积极性、主动性、创造性，把维护农民群众根本利益、促进农民共同富裕作为出发点和落脚点，促进农民持续增收，不断提升农民的获得感、幸福感、安全感。

(4)坚持乡村全面振兴。准确把握乡村振兴的科学内涵，挖掘乡村多种功能和价值，统筹谋划农村经济建设、政治建设、文化建设、社会建设、生态文明建设和党的建设，注重协同性、关联性，整体部署，协调推进。

(5)坚持城乡融合发展。坚决破除体制机制弊端，使市场在资源配置中起决定性作用，更好发挥政府作用，推动城乡要素自由流动、平等交换，推动新型工业化、信息化、城镇化、农业现代化同步发展，加快形成工农互促、城乡互补、全面融合、共同繁荣的新型工农城乡关系。

(6)坚持人与自然和谐共生。牢固树立和践行绿水青山就是金山银山的理念，落实节约优先、保护优先、自然恢复为主的方针，统筹山水林田湖草系统治理，严守生态保护红线，以绿色发展引领乡村振兴。

(7)坚持改革创新、激发活力。不断深化农村改革，扩大农业对外开放，激活主体、激活要素、激活市场，调动各方力量投身乡村振兴。以科技创新引领和支撑乡村振兴，以人才汇聚推动和保障乡村振兴，增强农业农村自我发展动力。

(8)坚持因地制宜、循序渐进。科学把握乡村的差异性和发展走势分化特征，做好顶层设计，注重规划先行、因势利导，分类施策、突出重点，体现特色、丰富多彩。既尽力而为，又量力而行，不搞层层加码，不搞“一刀切”，不搞形式主义和形象工程，久久为功，扎实推进。

164. 乡村振兴的发展目标是什么？

答：《乡村振兴战略规划（2018—2022年）》提出了乡村振兴的发展目标，即到2020年，乡村振兴的制度框架和政策体系基本形成，各地区各部门乡村振兴的思路举措得以确立，全面建成小康社会的目标如期实现。到2022年，乡村振兴的制度框架和政策体系初步健全。国家粮食安全保障水平进一步提高，现代农业体系初步构建，农业绿色发展全面推进；农村一、二、三产业融合发展格局初步形成，乡村产业加快发展，农民收入水平进一步提高，脱贫攻坚成果得到进一步巩固；农村基础设施条件持续改善，城乡统一的社会保障制度体系基本建立；农村人居环境显著改善，生态宜居的美丽乡村建设扎实推进；城乡融合发展体制机制初步建立，农村基本公共服务水平进一步提升；乡村优秀传统文化得以传承和发展，农民精神文化生活需求基本得到满足；以党组织为核心的农村基层组织建设明显加强，乡村治理能力进一步提升，现代乡村治理体系初步构建。探索形成一批各具特色的乡村振兴模式和经验，乡村振兴取得阶段性成果。

165. 什么是乡村振兴的远景谋划？

答：《乡村振兴战略规划（2018—2022年）》提出了乡村振兴的远景谋划，即到2035年，乡村振兴取得决定性进展，农业农村现代化基本实现。农业结构得到根本性改善，农民就业质量显著提高，相对贫困进一步缓解，共同富裕迈出坚实步伐；城乡基本公共服务均等化基本实现，城乡融合发展体制机制更加完善；乡风文明达到新高度，乡村治理体系更加完善；农村生态环境根本好转，生态宜居的美丽乡村基本实现。到2050年，乡村全面振兴，农业强、农村美、农民富全面实现。

166. 乡村振兴如何统筹城乡发展空间格局？

答：《乡村振兴战略规划（2018—2022年）》提出，按照主体功能定位，对国土空间的开发、保护和整治进行全面安排和总体布局，推进“多规合一”，加快形成城乡融合发展的空间格局。

（1）强化空间用途管制。强化国土空间规划对各专项规划的指导约束作用，统筹自然资源开发利用、保护和修复，按照不同主体功能定位和陆海统筹原则，开展资源环境承载能力和国土空间开发适宜性评价，科学划定生态、农业、城镇等空间和生态保护红线、永久基本农田、城镇开发边界及海洋生物资源保护线、围填海控制线等主要控制线，推动主体功能区战略格局在市县层面精准落地，健全不同主体功能区差异化协同发展长效机制，实现山水林田湖草整体保护、系统修复、综合治理。

（2）完善城乡布局结构。以城市群为主体构建大中小城市和小城镇协调发展的城镇格局，增强城镇地区对乡村的带动能力。加快发展中小城市，完善县城综合服务功能，推动农业转移人口就地就近城镇化。因地制宜发展特色鲜明、产城融合、充满魅力的特色小镇和小城镇，加强以乡镇政府驻地为中心的农民生活圈建设，以镇带村、以村促镇，推动镇村联动发展。建设生态宜居的美丽乡村，发挥多重功能，提供优质产品，传承乡村文化，留住乡愁记忆，满足人民日益增长的美好生活需要。

（3）推进城乡统一规划。通盘考虑城镇和乡村发展，统筹谋划产业发展、基础设施、公共服务、资源能源、生态环境保护等主要布局，形成田园乡村与现代城镇各具特色、交相辉映的城乡发展形态。强化县域空间规划和各类专项规划引导约束作用，科学安排县域乡村布局、资源利用、设施配置和村庄整治，推动村庄规划管理全覆盖。综合考虑村庄演变规律、集聚特点和现状分布，结合农民生产生活半径，合理确定县域村庄布局和规模，避免随意撤并村庄搞大社区、违背农民意愿大拆大建。加强乡村风貌整体管控，注重农房单体个性设计，建设立足乡土社会、富有地域特色、承载田园乡愁、体现现代文明的升级版乡村，避免千村一面，防止乡村景观城市化。

167. 如何优化乡村发展布局？

答：《乡村振兴战略规划（2018—2022 年）》提出，坚持人口资源环境相均衡、经济社会生态效益相统一，打造集约高效生产空间，营造宜居适度生活空间，保护山清水秀生态空间，延续人和自然有机融合的乡村空间关系。

（1）统筹利用生产空间。乡村生产空间是以提供农产品为主体功能的国土空间，兼具生态功能。围绕保障国家粮食安全和重要农产品供给，充分发挥各地比较优势，重点建设以“七区二十三带”为主体的农产品主产区。落实农业功能区制度，科学合理划定粮食生产功能区、重要农产品生产保护区和特色农产品优势区，合理划定养殖业适养、限养、禁养区域，严格保护农业生产空间。适应农村现代产业发展需要，科学划分乡村经济发展片区，统筹推进农业产业园、科技园、创业园等各类园区建设。

（2）合理布局生活空间。乡村生活空间是以农村居民点为主体、为农民提供生产生活服务的国土空间。坚持节约集约用地，遵循乡村传统肌理和格局，划定空间管控边界，明确用地规模和管控要求，确定基础设施用地位置、规模和建设标准，合理配置公共服务设施，引导生活空间尺度适宜、布局协调、功能齐全。充分维护原生态村居风貌，保留乡村景观特色，保护自然和人文环境，注重融入时代感、现代性，强化空间利用的人性化、多样化，着力构建便捷的生活圈、完善的服务圈、繁荣的商业圈，让乡村居民过上更舒适的生活。

（3）严格保护生态空间。乡村生态空间是具有自然属性、以提供生态产品或生态服务为主体功能的国土空间。加快构建以“两屏三带”为骨架的国家生态安全屏障，全面加强国家重点生态功能区保护，建立以国家公园为主体的自然保护地体系。树立山水林田湖草是一个生命共同体的理念，加强对自然生态空间的整体保护，修复和改善乡村生态环境，提升生态功能和服务价值。全面实施产业准入负面清单制度，推动各地因地制宜制定禁止和限制发展产业目录，明确产业发展方向和开发强度，强化准入管理和底线约束。

168. 如何推进集聚提升类村庄乡村振兴？

答：《乡村振兴战略规划（2018—2022年）》提出，现有规模较大的中心村和其他仍将存续的一般村庄，占乡村类型的大多数，是乡村振兴的重点。科学确定村庄发展方向，在原有规模基础上有序推进改造提升，激活产业、优化环境、提振人气、增添活力，保护保留乡村风貌，建设宜居宜业的美丽村庄。鼓励发挥自身比较优势，强化主导产业支撑，支持农业、工贸、休闲服务等专业化村庄发展。加强海岛村庄、国有农场及林场规划建设，改善生产生活条件。

169. 如何推进城郊融合类村庄乡村振兴？

答：《乡村振兴战略规划（2018—2022 年）》提出，城市近郊区以及县城城关镇所在地的村庄，具备成为城市后花园的优势，也具有向城市转型的条件。综合考虑工业化、城镇化和村庄自身发展需要，加快城乡产业融合发展、基础设施互联互通、公共服务共建共享，在形态上保留乡村风貌，在治理上体现城市水平，逐步强化服务城市发展、承接城市功能外溢、满足城市消费需求能力，为城乡融合发展提供实践经验。

170. 如何推进特色保护类村庄乡村振兴？

答：《乡村振兴战略规划（2018—2022 年）》提出，历史文化名村、传统村落、少数民族特色村寨、特色景观旅游名村等自然历史文化特色资源丰富的村庄，是彰显和传承中华优秀传统文化的重要载体。统筹保护、利用与发展的关系，努力保持村庄的完整性、真实性和延续性。切实保护村庄的传统选址、格局、风貌以及自然和田园景观等整体空间形态与环境，全面保护文物古迹、历史建筑、传统民居等传统建筑。尊重原住居民生活形态和传统习惯，加快改善村庄基础设施和公共环境，合理利用村庄特色资源，发展乡村旅游和特色产业，形成特色资源保护与村庄发展的良性互促机制。

171. 如何推进搬迁撤并类村庄乡村振兴？

答：《乡村振兴战略规划（2018—2022 年）》提出，对位于生存条件恶劣、生态环境脆弱、自然灾害频发等地区的村庄，因重大项目建设需要搬迁的村庄，以及人口流失特别严重的村庄，可通过易地扶贫搬迁、生态宜居搬迁、农村集聚发展搬迁等方式，实施村庄搬迁撤并，统筹解决村民生计、生态保护等问题。拟搬迁撤并的村庄，严格限制新建、扩建活动，统筹考虑拟迁入或新建村庄的基础设施和公共服务设施建设。坚持村庄搬迁撤并与新型城镇化、农业现代化相结合，依托适宜区域进行安置，避免新建孤立的村落式移民社区。搬迁撤并后的村庄原址，因地制宜复垦或还绿，增加乡村生产生态空间。农村居民点迁建和村庄撤并，必须尊重农民意愿并经村民会议同意，不得强制农民搬迁和集中上楼。

172. 如何健全粮食安全保障机制？

答：《乡村振兴战略规划（2018—2022年）》提出，坚持以我为主、立足国内、确保产能、适度进口、科技支撑的国家粮食安全战略，建立全方位的粮食安全保障机制。按照“确保谷物基本自给、口粮绝对安全”的要求，持续巩固和提升粮食生产能力。深化中央储备粮管理体制改革，科学确定储备规模，强化中央储备粮监督管理，推进中央、地方两级储备协同运作。鼓励加工流通企业、新型经营主体开展自主储粮和经营。全面落实粮食安全省长责任制，完善监督考核机制。强化粮食质量安全保障。加快完善粮食现代物流体系，构建安全高效、一体化运作的粮食物流网络。

173. 如何提升农业装备和信息化水平？

答：《乡村振兴战略规划（2018—2022年）》提出，推进我国农机装备和农业机械化转型升级，加快高端农机装备和丘陵山区、果菜茶生产、畜禽水产养殖等农机装备的生产研发、推广应用，提升渔业船舶装备水平。促进农机农艺融合，积极推进作物品种、栽培技术和机械装备集成配套，加快主要作物生产全程机械化，提高农机装备智能化水平。加强农业信息化建设，积极推进信息进村入户，鼓励互联网企业建立产销衔接的农业服务平台，加强农业信息监测预警和发布，提高农业综合信息服务水平。大力发展数字农业，实施智慧农业工程和“互联网+”现代农业行动，鼓励对农业生产进行数字化改造，加强农业遥感、物联网应用，提高农业精准化水平。发展智慧气象，提升气象为农服务能力。

174. 如何壮大特色优势产业？

答：《乡村振兴战略规划（2018—2022年）》提出，以各地资源禀赋和独特的历史文化为基础，有序开发优势特色资源，做大做强优势特色产业。创建特色鲜明、优势集聚、市场竞争力强的特色农产品优势区，支持特色农产品优势区建设标准化生产基地、加工基地、仓储物流基地，完善科技支撑体系、品牌与市场营销体系、质量控制体系，建立利益联结紧密的建设运行机制，形成特色农业产业集群。按照与国际标准接轨的目标，支持建立生产精细化管理与产品品质控制体系，采用国际通行的良好农业规范，塑造现代顶级农产品品牌。实施产业兴村强县行动，培育农业产业强镇，打造一乡一业、一村一品的发展格局。

175. 如何保障农产品质量安全？

答：《乡村振兴战略规划（2018—2022年）》提出，实施食品安全战略，加快完善农产品质量和食品安全标准、监管体系，加快建立农产品质量分级及产地准出、市场准入制度。完善农兽药残留限量标准体系，推进农产品生产投入品使用规范化。建立健全农产品质量安全风险评估、监测预警和应急处置机制。实施动植物保护能力提升工程，实现全国动植物检疫防疫联防联控。完善农产品认证体系和农产品质量安全监管追溯系统，着力提高基层监管能力。落实生产经营者主体责任，强化农产品生产经营者的质量安全意识。建立农资和农产品生产企业信用信息系统，对失信市场主体开展联合惩戒。

176. 如何培育提升农业品牌？

答：《乡村振兴战略规划（2018—2022年）》提出，实施农业品牌提升行动，加快形成以区域公用品牌、企业品牌、大宗农产品品牌、特色农产品品牌为核心的农业品牌格局。推进区域农产品公共品牌建设，擦亮老品牌，塑强新品牌，引入现代要素改造提升传统名优品牌，努力打造一批国际知名的农业品牌和国际品牌展会。做好品牌宣传推介，借助农产品博览会、展销会等渠道，充分利用电商、“互联网＋”等新兴手段，加强品牌市场营销。加强农产品商标及地理标志商标的注册和保护，构建我国农产品品牌保护体系，打击各种冒用、滥用公用品牌行为，建立区域公用品牌的授权使用机制以及品牌危机预警、风险规避和紧急事件应对机制。

177. 如何加快农业科技成果转化应用？

答：《乡村振兴战略规划（2018—2022年）》提出，鼓励高校、科研院所建立一批专业化的技术转移机构和面向企业的技术服务网络，通过研发合作、技术转让、技术许可、作价投资等多种形式，实现科技成果市场价值。健全省市县三级科技成果转化工作网络，支持地方大力发展技术交易市场。面向绿色兴农重大需求，加大绿色技术供给，加强集成应用和示范推广。健全基层农业技术推广体系，创新公益性农技推广服务方式，支持各类社会力量参与农技推广，全面实施农技推广服务特聘计划，加强农业重大技术协同推广。健全农业科技领域分配政策，落实科研成果转化及农业科技创新激励相关政策。

178. 如何推动农村一、二、三产业融合发展？

答：《乡村振兴战略规划（2018—2022 年）》提出，把握城乡发展格局发生重要变化的机遇，培育农业农村新产业新业态，打造农村产业融合发展新载体新模式，推动要素跨界配置和产业有机融合，让农村一、二、三产业在融合发展中同步升级、同步增值、同步受益。

（1）发掘新功能新价值。顺应城乡居民消费拓展升级趋势，结合各地资源禀赋，深入发掘农业农村的生态涵养、休闲观光、文化体验、健康养老等多种功能和多重价值。遵循市场规律，推动乡村资源全域化整合、多元化增值，增强地方特色产品时代感和竞争力，形成新的消费热点，增加乡村生态产品和服务供给。实施农产品加工业提升行动，支持开展农产品生产加工、综合利用关键技术研究与示范，推动初加工、精深加工、综合利用加工和主食加工协调发展，实现农产品多层次、多环节转化增值。

（2）培育新产业新业态。深入实施电子商务进农村综合示范，建设具有广泛性的农村电子商务发展基础设施，加快建立健全适应农产品电商发展的标准体系。研发绿色智能农产品供应链核心技术，加快培育农业现代供应链主体。加强农商互联，密切产销衔接，发展农超、农社、农企、农校等产销对接的新型流通业态。实施休闲农业和乡村旅游精品工程，发展乡村共享经济等新业态，推动科技、人文等元素融入农业。强化农业生产性服务业对现代农业产业链的引领支撑作用，构建全程覆盖、区域集成、配套完备的新型农业社会化服务体系。清理规范制约农业农村新产业新业态发展的行政审批事项。着力优化农村消费环境，不断优化农村消费结构，提升农村消费层次。

（3）打造新载体新模式。依托现代农业产业园、农业科技园区、农产品加工园、农村产业融合发展示范园等，打造农村产业融合发展的平台载体，促进农业内部融合、延伸农业产业链、拓展农业多种功能、发展农业新型业态等多模式融合发展。加快培育农商产业联盟、农业产业化联合体等新型产业链主体，打造一批产加销一体的全产业链企业集群。推进农业循环经济试点示范和田园综合体试点建设。加快培育一批“农字号”特色小镇，在有条件的地区建设培育特色商贸小镇，推动农村产业发展与新型城镇化相结合。

179. 农民参与产业融合的路径有哪些？

答：《乡村振兴战略规划（2018—2022 年）》提出，鼓励农民以土地、林权、资金、劳动、技术、产品为纽带，开展多种形式的合作与联合，依法组建农民专业合作社联合社，强化农民作为市场主体的平等地位。引导农村集体经济组织挖掘集体土地、房屋、设施等资源和资产潜力，依法通过股份制、合作制、股份合作制、租赁等形式，积极参与产业融合发展。积极培育社会化服务组织，加强农技指导、信用评价、保险推广、市场预测、产品营销等服务，为农民参与产业融合创造良好条件。

180. 创新性收益分享模式有哪些？

答：《乡村振兴战略规划（2018—2022 年）》提出，加快推广“订单收购＋分红”“土地流转＋优先雇用＋社会保障”“农民入股＋保底收益＋按股分红”等多种利益联结方式，让农户分享加工、销售环节收益。鼓励行业协会或龙头企业与合作社、家庭农场、普通农户等组织共同营销，开展农产品销售推介和品牌运作，让农户更多分享产业链增值收益。鼓励农业产业化龙头企业通过设立风险资金、为农户提供信贷担保、领办或参办农民合作组织等多种形式，与农民建立稳定的订单和契约关系。完善涉农股份合作制企业利润分配机制，明确资本参与利润分配比例上限。

181. 当前政府出台政策扶持农业发展的新导向和新突破有哪些？

答：《乡村振兴战略规划（2018—2022 年）》提出，更好发挥政府扶持资金作用，强化龙头企业、合作组织联农带农激励机制，探索将新型农业经营主体带动农户数量和成效作为安排财政支持资金的重要参考依据。以土地、林权为基础的各种形式合作，凡是享受财政投入或政策支持的承包经营者均应成为股东方。鼓励将符合条件的财政资金特别是扶贫资金量化到农村集体经济组织和农户后，以自愿入股方式投入新型农业经营主体，对农户土地经营权入股部分采取特殊保护，探索实行农民负盈不负亏的分配机制。

182. 如何建立健全返乡下乡人员创新创业机制和政策？

答：《乡村振兴战略规划（2018—2022年）》提出，（1）培育壮大创新创业群体。推进产学研合作，加强科研机构、高校、企业、返乡下乡人员等主体协同，推动农村创新创业群体更加多元。培育以企业为主导的农业产业技术创新战略联盟，加速资金、技术和服务扩散，带动和支持返乡创业人员依托相关产业链创业发展。整合政府、企业、社会等多方资源，推动政策、技术、资本等各类要素向农村创新创业集聚。鼓励农民就地创业、返乡创业，加大各方资源支持本地农民兴业创业力度。深入推行科技特派员制度，引导科技、信息、资金、管理等现代生产要素向乡村集聚。

（2）完善创新创业服务体系。发展多种形式的创新创业支撑服务平台，健全服务功能，开展政策、资金、法律、知识产权、财务、商标等专业化服务。建立农村创新创业园区（基地），鼓励农业企业建立创新创业实训基地。鼓励有条件的县级政府设立"绿色通道"，为返乡下乡人员创新创业提供便利服务。建设一批众创空间、"星创天地"，降低创业门槛。依托基层就业和社会保障服务平台，做好返乡人员创业服务、社保关系转移接续等工作。

（3）建立创新创业激励机制。加快将现有支持"双创"相关财政政策措施向返乡下乡人员创新创业拓展，把返乡下乡人员开展农业适度规模经营所需贷款按规定纳入全国农业信贷担保体系支持范围。适当放宽返乡创业园用电用水用地标准，吸引更多返乡人员入园创业。各地年度新增建设用地计划指标，要确定一定比例用于支持农村新产业新业态发展。落实好减税降费政策，支持农村创新创业。

183. 强化资源保护与节约利用有哪些具体措施？

答：《乡村振兴战略规划（2018—2022年）》提出，实施国家农业节水行动，建设节水型乡村。深入推进农业灌溉用水总量控制和定额管理，建立健全农业节水长效机制和政策体系。逐步明晰农业水权，推进农业水价综合改革，建立精准补贴和节水奖励机制。严格控制未利用地开垦，落实和完善耕地占补平衡制度。实施农用地分类管理，切实加大优先保护类耕地保护力度。降低耕地开发利用强度，扩大轮作休耕制度试点，制定轮作休耕规划。全面普查动植物种质资源，推进种质资源收集保存、鉴定和利用。强化渔业资源管控与养护，实施海洋渔业资源总量管理、海洋渔船“双控”和休禁渔制度，科学划定江河湖海限捕、禁捕区域，建设水生生物保护区、海洋牧场。

184. 集中治理农业环境突出问题有哪些具体措施？

答：《乡村振兴战略规划（2018—2022年）》提出，深入实施土壤污染防治行动计划，开展土壤污染状况详查，积极推进重金属污染耕地等受污染耕地分类管理和安全利用，有序推进治理与修复。加强重有色金属矿区污染综合整治。加强农业面源污染综合防治。加大地下水超采治理，控制地下水漏斗区、地表水过度利用区用水总量。严格工业和城镇污染处理、达标排放，建立监测体系，强化经常性执法监管制度建设，推动环境监测、执法向农村延伸，严禁未经达标处理的城镇污水和其他污染物进入农业农村。

185. 持续改善农村人居环境有哪些具体措施？

答：《乡村振兴战略规划（2018—2022年）》提出，以建设美丽宜居村庄为导向，以农村垃圾、污水治理和村容村貌提升为主攻方向，开展农村人居环境整治行动，全面提升农村人居环境质量。

（1）加快补齐突出短板。推进农村生活垃圾治理，建立健全符合农村实际、方式多样的生活垃圾收运处置体系，有条件的地区推行垃圾就地分类和资源化利用。开展非正规垃圾堆放点排查整治。实施“厕所革命”，结合各地实际普及不同类型的卫生厕所，推进厕所粪污无害化处理和资源化利用。梯次推进农村生活污水治理，有条件的地区推动城镇污水管网向周边村庄延伸覆盖。逐步消除农村黑臭水体，加强农村饮用水水源地保护。

（2）着力提升村容村貌。科学规划村庄建筑布局，大力提升农房设计水平，突出乡土特色和地域民族特点。加快推进通村组道路、入户道路建设，基本解决村内道路泥泞、村民出行不便等问题。全面推进乡村绿化，建设具有乡村特色的绿化景观。完善村庄公共照明设施。整治公共空间和庭院环境，消除私搭乱建、乱堆乱放。继续推进城乡环境卫生整洁行动，加大卫生乡镇创建工作力度。鼓励具备条件的地区集中连片建设生态宜居的美丽乡村，综合提升田水路林村风貌，促进村庄形态与自然环境相得益彰。

（3）建立健全整治长效机制。全面完成县域乡村建设规划编制或修编，推进实用性村庄规划编制实施，加强乡村建设规划许可管理。建立农村人居环境建设和管护长效机制，发挥村民主体作用，鼓励专业化、市场化建设和运行管护。推行环境治理依效付费制度，健全服务绩效评价考核机制。探索建立垃圾污水处理农户付费制度，完善财政补贴和农户付费合理分担机制。依法简化农村人居环境整治建设项目审批程序和招投标程序。完善农村人居环境标准体系。

186. 健全生态保护补偿机制有哪些具体措施？

答：《乡村振兴战略规划（2018—2022 年）》提出，加大重点生态功能区转移支付力度，建立省以下生态保护补偿资金投入机制。完善重点领域生态保护补偿机制，鼓励地方因地制宜探索通过赎买、租赁、置换、协议、混合所有制等方式加强重点区位森林保护，落实草原生态保护补助奖励政策，建立长江流域重点水域禁捕补偿制度，鼓励各地建立流域上下游等横向补偿机制。推动市场化多元化生态补偿，建立健全用水权、排污权、碳排放权交易制度，形成森林、草原、湿地等生态修复工程参与碳汇交易的有效途径，探索实物补偿、服务补偿、设施补偿、对口支援、干部支持、共建园区、飞地经济等方式，提高补偿的针对性。

187. 发挥自然资源多重效益有哪些具体措施？

答：《乡村振兴战略规划（2018—2022 年）》提出，大力发展生态旅游、生态种养等产业，打造乡村生态产业链。进一步盘活森林、草原、湿地等自然资源，允许集体经济组织灵活利用现有生产服务设施用地开展相关经营活动。鼓励各类社会主体参与生态保护修复，对集中连片开展生态修复达到一定规模的经营主体，允许在符合土地管理法律法规和土地利用总体规划、依法办理建设用地审批手续、坚持节约集约用地的前提下，利用 1% ~3% 治理面积从事旅游、康养、体育、设施农业等产业开发。深化集体林权制度改革，全面开展森林经营方案编制工作，扩大商品林经营自主权，鼓励多种形式的适度规模经营，支持开展林权收储担保服务。完善生态资源管护机制，设立生态管护员工作岗位，鼓励当地群众参与生态管护和管理服务。进一步健全自然资源有偿使用制度，研究探索生态资源价值评估方法并开展试点。

188. 乡村振兴中如何弘扬中华优秀传统文化？

答：《乡村振兴战略规划（2018—2022年）》提出，立足乡村文明，吸取城市文明及外来文化优秀成果，在保护传承的基础上，创造性转化、创新性发展，不断赋予时代内涵、丰富表现形式，为增强文化自信提供优质载体。

（1）保护利用乡村传统文化。实施农耕文化传承保护工程，深入挖掘农耕文化中蕴含的优秀思想观念、人文精神、道德规范，充分发挥其在凝聚人心、教化群众、淳化民风中的重要作用。划定乡村建设的历史文化保护线，保护好文物古迹、传统村落、民族村寨、传统建筑、农业遗迹、灌溉工程遗产。传承传统建筑文化，使历史记忆、地域特色、民族特点融入乡村建设与维护。支持农村地区优秀戏曲曲艺、少数民族文化、民间文化等传承发展。完善非物质文化遗产保护制度，实施非物质文化遗产传承发展工程。实施乡村经济社会变迁物证征藏工程，鼓励乡村史志修编。

（2）重塑乡村文化生态。紧密结合特色小镇、美丽乡村建设，深入挖掘乡村特色文化符号，盘活地方和民族特色文化资源，走特色化、差异化发展之路。以形神兼备为导向，保护乡村原有建筑风貌和村落格局，把民族民间文化元素融入乡村建设，深挖历史古韵，弘扬人文之美，重塑诗意闲适的人文环境和田绿草青的居住环境，重现原生田园风光和原本乡情乡愁。引导企业家、文化工作者、退休人员、文化志愿者等投身乡村文化建设，丰富农村文化业态。

（3）发展乡村特色文化产业。加强规划引导、典型示范，挖掘培养乡土文化本土人才，建设一批特色鲜明、优势突出的农耕文化产业展示区，打造一批特色文化产业乡镇、文化产业特色村和文化产业群。大力推动农村地区实施传统工艺振兴计划，培育形成具有民族和地域特色的传统工艺产品，促进传统工艺提高品质、形成品牌、带动就业。积极开发传统节日文化用品和武术、戏曲、舞龙、舞狮、锣鼓等民间艺术、民俗表演项目，促进文化资源与现代消费需求有效对接。推动文化、旅游与其他产业深度融合、创新发展。

189. 增加公共文化产品和服务供给有哪些具体措施？

答：《乡村振兴战略规划（2018—2022年）》提出，深入推进文化惠民，为农村地区提供更多更好的公共文化产品和服务。建立农民群众文化需求反馈机制，推动政府向社会购买公共文化服务，开展"菜单式""订单式"服务。加强公共文化服务品牌建设，推动形成具有鲜明特色和社会影响力的农村公共文化服务项目。开展文化结对帮扶。支持"三农"题材文艺创作生产，鼓励文艺工作者推出反映农民生产生活尤其是乡村振兴实践的优秀文艺作品。鼓励各级文艺组织深入农村地区开展惠民演出活动。加强农村科普工作，推动全民阅读进家庭、进农村，提高农民科学文化素养。

190. 构建农村现代能源体系有哪些具体措施？

答：《乡村振兴战略规划（2018—2022 年）》提出，优化农村能源供给结构，大力发展太阳能、浅层地热能、生物质能等，因地制宜开发利用水能和风能。完善农村能源基础设施网络，加快新一轮农村电网升级改造，推动供气设施向农村延伸。加快推进生物质热电联产、生物质供热、规模化生物质天然气和规模化大型沼气等燃料清洁化工程。推进农村能源消费升级，大幅提高电能在农村能源消费中的比重，加快实施北方农村地区冬季清洁取暖，积极稳妥推进散煤替代。推广农村绿色节能建筑和农用节能技术、产品。大力发展"互联网+"智慧能源，探索建设农村能源革命示范区。

191. 优先发展农村教育事业有哪些具体措施？

答：《乡村振兴战略规划（2018—2022 年）》提出，统筹规划布局农村基础教育学校，保障学生就近享有有质量的教育。科学推进义务教育公办学校标准化建设，全面改善贫困地区义务教育薄弱学校基本办学条件，加强寄宿制学校建设，提升乡村教育质量，实现县域校际资源均衡配置。发展农村学前教育，每个乡镇至少办好 1 所公办中心幼儿园，完善县乡村学前教育公共服务网络。继续实施特殊教育提升计划。科学稳妥推行民族地区乡村中小学双语教育，坚定不移推行国家通用语言文字教育。实施高中阶段教育普及攻坚计划，提高高中阶段教育普及水平。大力发展面向农村的职业教育，加快推进职业院校布局结构调整，加强县级职业教育中心建设，有针对性地设置专业和课程，满足乡村产业发展和振兴需要。推动优质学校辐射农村薄弱学校常态化，加强城乡教师交流轮岗。积极发展"互联网+教育"，推进乡村学校信息化基础设施建设，优化数字教育资源公共服务体系。落实好乡村教师支持计划，继续实施农村义务教育学校教师特设岗位计划，加强乡村学校紧缺学科教师和民族地区双语教师培训，落实乡村教师生活补助政策，建好建强乡村教师队伍。

192. 推进健康乡村建设有哪些具体措施？

答：《乡村振兴战略规划（2018—2022年）》提出，深入实施国家基本公共卫生服务项目，完善基本公共卫生服务项目补助政策，提供基础性全方位全周期的健康管理服务。加强慢性病、地方病综合防控，大力推进农村地区精神卫生、职业病和重大传染病防治。深化农村计划生育管理服务改革，落实全面两孩政策。增强妇幼健康服务能力，倡导优生优育。加强基层医疗卫生服务体系建设，基本实现每个乡镇都有1所政府举办的乡镇卫生院，每个行政村都有1所卫生室，每个乡镇卫生院都有全科医生，支持中西部地区基层医疗卫生机构标准化建设和设备提挡升级。切实加强乡村医生队伍建设，支持并推动乡村医生申请执业（助理）医师资格。全面建立分级诊疗制度，实行差别化的医保支付和价格政策。深入推进基层卫生综合改革，完善基层医疗卫生机构绩效工资制度。开展和规范家庭医生签约服务。树立大卫生大健康理念，广泛开展健康教育活动，倡导科学文明健康的生活方式，养成良好卫生习惯，提升居民文明卫生素质。

193. 加强农村社会保障体系建设有哪些具体措施？

答：《乡村振兴战略规划（2018—2022年）》提出，按照兜底线、织密网、建机制的要求，全面建成覆盖全民、城乡统筹、权责清晰、保障适度、可持续的多层次社会保障体系。进一步完善城乡居民基本养老保险制度，加快建立城乡居民基本养老保险待遇确定和基础养老金标准正常调整机制。完善统一的城乡居民基本医疗保险制度和大病保险制度，做好农民重特大疾病救助工作，健全医疗救助与基本医疗保险、城乡居民大病保险及相关保障制度的衔接机制，巩固城乡居民医保全国异地就医联网直接结算。推进低保制度城乡统筹发展，健全低保标准动态调整机制。全面实施特困人员救助供养制度，提升托底保障能力和服务质量。推动各地通过政府购买服务、设置基层公共管理和社会服务岗位、引入社会工作专业人才和志愿者等方式，为农村留守儿童和妇女、老年人以及困境儿童提供关爱服务。加强和改善农村残疾人服务，将残疾人普遍纳入社会保障体系予以保障和扶持。

194. 提升农村养老服务能力有哪些具体措施？

答：《乡村振兴战略规划（2018—2022年）》提出，适应农村人口老龄化加剧形势，加快建立以居家为基础、社区为依托、机构为补充的多层次农村养老服务体系。以乡镇为中心，建立具有综合服务功能、医养相结合的养老机构，与农村基本公共服务、农村特困供养服务、农村互助养老服务相互配合，形成农村基本养老服务网络。提高乡村卫生服务机构为老年人提供医疗保健服务的能力。支持主要面向失能、半失能老年人的农村养老服务设施建设，推进农村幸福院等互助型养老服务发展，建立健全农村留守老年人关爱服务体系。开发农村康养产业项目。鼓励村集体建设用地优先用于发展养老服务。

195. 培育新型职业农民有哪些具体措施？

答：《乡村振兴战略规划（2018—2022年）》提出，全面建立职业农民制度，培养新一代爱农业、懂技术、善经营的新型职业农民，优化农业从业者结构。实施新型职业农民培育工程，支持新型职业农民通过弹性学制参加中高等农业职业教育。创新培训组织形式，探索田间课堂、网络教室等培训方式，支持农民专业合作社、专业技术协会、龙头企业等主体承担培训。鼓励各地开展职业农民职称评定试点。引导符合条件的新型职业农民参加城镇职工养老、医疗等社会保障制度。

196. 鼓励社会人才投身乡村建设有哪些具体措施？

答：《乡村振兴战略规划（2018—2022年）》提出，建立健全激励机制，研究制定完善相关政策措施和管理办法，鼓励社会人才投身乡村建设。以乡情乡愁为纽带，引导和支持企业家、党政干部、专家学者、医生教师、规划师、建筑师、律师、技能人才等，通过下乡担任志愿者、投资兴业、行医办学、捐资捐物、法律服务等方式服务乡村振兴事业，允许符合要求的公职人员回乡任职。落实和完善融资贷款、配套设施建设补助、税费减免等扶持政策，引导工商资本积极投入乡村振兴事业。继续实施“三区”（边远贫困地区、边疆民族地区和革命老区）人才支持计划，深入推进大学生村官工作，因地制宜实施“三支一扶”、高校毕业生基层成长等计划，开展乡村振兴“巾帼行动”、青春建功行动。建立城乡、区域、校地之间人才培养合作与交流机制。全面建立城市医生教师、科技文化人员等定期服务乡村机制。

197. 完善农村新增用地保障机制有哪些具体措施？

答：《乡村振兴战略规划（2018—2022 年）》提出，统筹农业农村各项土地利用活动，乡镇土地利用总体规划可以预留一定比例的规划建设用地指标，用于农业农村发展。根据规划确定的用地结构和布局，年度土地利用计划分配中可安排一定比例新增建设用地指标专项支持农业农村发展。对于农业生产过程中所需各类生产设施和附属设施用地，以及由于农业规模经营必须兴建的配套设施，在不占用永久基本农田的前提下，纳入设施农用地管理，实行县级备案。鼓励农业生产与村庄建设用地复合利用，发展农村新产业新业态，拓展土地使用功能。

198. 盘活农村存量建设用地有哪些具体措施？

答：《乡村振兴战略规划（2018—2022 年）》提出，完善农民闲置宅基地和闲置农房政策，探索宅基地所有权、资格权、使用权“三权分置”，落实宅基地集体所有权，保障宅基地农户资格权和农民房屋财产权，适度放活宅基地和农民房屋使用权，不得违规违法买卖宅基地，严格实行土地用途管制，严格禁止下乡利用农村宅基地建设别墅大院和私人会馆。在符合土地利用总体规划前提下，允许县级政府通过村土地利用规划调整优化村庄用地布局，有效利用农村零星分散的存量建设用地。对利用收储农村闲置建设用地发展农村新产业新业态的，给予新增建设用地指标奖励。

199. 健全金融支农组织体系有哪些具体措施？

答：《乡村振兴战略规划（2018—2022 年）》提出，发展乡村普惠金融。深入推进银行业金融机构专业化体制机制建设，形成多样化农村金融服务主体。指导大型商业银行立足普惠金融事业部等专营机制建设，完善专业化的“三农”金融服务供给机制。完善中国农业银行、中国邮政储蓄银行“三农”金融事业部运营体系，明确国家开发银行、中国农业发展银行在乡村振兴中的职责定位，加大对乡村振兴信贷支持。支持中小型银行优化网点渠道建设，下沉服务重心。推动农村信用社省联社改革，保持农村信用社县域法人地位和数量总体稳定，完善村镇银行准入条件。引导农民合作金融健康有序发展。鼓励证券、保险、担保、基金、期货、租赁、信托等金融资源聚焦服务乡村振兴。

200. 创新金融支农产品和服务有哪些具体措施？

答：《乡村振兴战略规划（2018—2022 年）》提出，加快农村金融产品和服务方式创新，持续深入推进农村支付环境建设，全面激活农村金融服务链条。稳妥有序推进农村承包土地经营权、农民住房财产权、集体经营性建设用地使用权抵押贷款试点。探索县级土地储备公司参与农村承包土地经营权和农民住房财产权“两权”抵押试点工作。充分发挥全国信用信息共享平台和金融信用信息基础数据库的作用，探索开发新型信用类金融支农产品和服务。结合农村集体产权制度改革，探索利用量化的农村集体资产股权的融资方式。提高直接融资比重，支持农业企业依托多层次资本市场发展壮大。创新服务模式，引导持牌金融机构通过互联网和移动终端提供普惠金融服务，促进金融科技与农村金融规范发展。

201. 完善金融支农激励政策有哪些具体措施？

答：《乡村振兴战略规划（2018—2022 年）》提出，继续通过奖励、补贴、税收优惠等政策工具支持“三农”金融服务。抓紧出台金融服务乡村振兴的指导意见。发挥再贷款、再贴现等货币政策工具的引导作用，将乡村振兴作为信贷政策结构性调整的重要方向。落实县域金融机构涉农贷款增量奖励政策，完善涉农贴息贷款政策，降低农户和新型农业经营主体的融资成本。健全农村金融风险缓释机制，加快完善“三农”融资担保体系。充分发挥好国家融资担保基金的作用，强化担保融资增信功能，引导更多金融资源支持乡村振兴。制定金融机构服务乡村振兴考核评估办法。改进农村金融差异化监管体系，合理确定金融机构发起设立和业务拓展的准入门槛。守住不发生系统性金融风险底线，强化地方政府金融风险防范处置责任。

七、乡村治理

202. 现阶段中央对乡村治理的总体目标是什么？

答：中共中央办公厅、国务院办公厅印发《关于加强和改进乡村治理的指导意见》提出，到 2020 年，现代乡村治理的制度框架和政策体系基本形成，农村基层党组织更好发挥战斗堡垒作用，以党组织为领导的农村基层组织建设明显加强，村民自治实践进一步深化，村级议事协商制度进一步健全，乡村治理体系进一步完善。到 2035 年，乡村公共服务、公共管理、公共安全保障水平显著提高，党组织领导的自治、法治、德治相结合的乡村治理体系更加完善，乡村社会治理有效、充满活力、和谐有序，乡村治理体系和治理能力基本实现现代化。

203. 完善村党组织领导乡村治理的体制机制有哪些具体措施?

答：中共中央办公厅、国务院办公厅印发《关于加强和改进乡村治理的指导意见》提出，建立以基层党组织为领导、村民自治组织和村务监督组织为基础、集体经济组织和农民合作组织为纽带、其他经济社会组织为补充的村级组织体系。村党组织全面领导村民委员会及村务监督委员会、村集体经济组织、农民合作组织和其他经济社会组织。村民委员会要履行基层群众性自治组织功能，增强村民自我管理、自我教育、自我服务能力。村务监督委员会要发挥在村务决策和公开、财产管理、工程项目建设、惠农政策措施落实等事项上的监督作用。集体经济组织要发挥在管理集体资产、合理开发集体资源、服务集体成员等方面的作用。农民合作组织和其他经济社会组织要依照国家法律和各自章程充分行使职权。

204. 确保村党组织在乡村治理中的领导地位有哪些具体措施?

答：中共中央办公厅、国务院办公厅印发《关于加强和改进乡村治理的指导意见》提出，村党组织书记应当通过法定程序担任村民委员会主任和村级集体经济组织、合作经济组织负责人，村“两委”班子成员应当交叉任职。村务监督委员会主任一般由党员担任，可以由非村民委员会成员的村党组织班子成员兼任。村民委员会成员、村民代表中党员应当占一定比例。健全村级重要事项、重大问题由村党组织研究讨论机制，全面落实“四议两公开”。加强基本队伍、基本活动、基本阵地、基本制度、基本保障建设，实施村党组织带头人整体优化提升行动，持续整顿软弱涣散村党组织，整乡推进、整县提升，发展壮大村级集体经济。全面落实村“两委”换届候选人县级联审机制，坚决防止和查处以贿选等不正当手段影响、控制村“两委”换届选举的行为，严厉打击干扰破坏村“两委”换届选举的黑恶势力、宗族势力。坚决把受过刑事处罚、存在“村霸”和涉黑涉恶、涉邪教等问题的人清理出村干部队伍。坚持抓乡促村，落实县乡党委抓农村基层党组织建设和乡村治理的主体责任。落实乡镇党委直接责任，乡镇党委书记和党委领导班子成员等要包村联户，村“两委”成员要入户走访，及时发现并研究解决农村基层党组织建设、乡村治理和群众生产生活等问题。健全以财政投入为主的稳定的村级组织运转经费保障制度。

205. 政府机关是否可以建立村级分支机构？

答：中共中央办公厅、国务院办公厅印发《关于加强和改进乡村治理的指导意见》提出，清理整顿村级组织承担的行政事务多、各种检查评比事项多问题，切实减轻村级组织负担。各种政府机构原则上不在村级建立分支机构，不得以行政命令方式要求村级承担有关行政性事务。交由村级组织承接或协助政府完成的工作事项，要充分考虑村级组织承接能力，实行严格管理和总量控制。从源头上清理规范上级对村级组织的考核评比项目，鼓励各地实行目录清单、审核备案等管理方式。规范村级各种工作台账和各类盖章证明事项。推广村级基础台账电子化，建立统一的“智慧村庄”综合管理服务平台。

206. 村民议事协商有哪些形式？

答：中共中央办公厅、国务院办公厅印发《关于加强和改进乡村治理的指导意见》提出，健全村级议事协商制度，形成民事民议、民事民办、民事民管的多层次基层协商格局。创新协商议事形式和活动载体，依托村民会议、村民代表会议、村民议事会、村民理事会、村民监事会等，鼓励农村开展村民说事、民情恳谈、百姓议事、妇女议事等各类协商活动。

207. 全面实施村级事务阳光工程有哪些具体措施？

答：中共中央办公厅、国务院办公厅印发《关于加强和改进乡村治理的指导意见》提出，完善党务、村务、财务“三公开”制度，实现公开经常化、制度化和规范化。梳理村级事务公开清单，及时公开组织建设、公共服务、脱贫攻坚、工程项目等重大事项。健全村务档案管理制度。推广村级事务“阳光公开”监管平台，支持建立“村民微信群”“乡村公众号”等，推进村级事务即时公开，加强群众对村级权力有效监督。规范村级会计委托代理制，加强农村集体经济组织审计监督，开展村干部任期和离任经济责任审计。

208. 实施乡风文明培育行动有哪些具体措施?

答：中共中央办公厅、国务院办公厅印发《关于加强和改进乡村治理的指导意见》提出，弘扬崇德向善、扶危济困、扶弱助残等传统美德，培育淳朴民风。开展好家风建设，传承传播优良家训。全面推行移风易俗，整治农村婚丧大操大办、高额彩礼、铺张浪费、厚葬薄养等不良习俗。破除丧葬陋习，树立殡葬新风，推广与保护耕地相适应、与现代文明相协调的殡葬习俗。加强村规民约建设，强化党组织领导和把关，实现村规民约行政村全覆盖。依靠群众因地制宜制定村规民约，提倡把喜事新办、丧事简办、弘扬孝道、尊老爱幼、扶残助残、和谐敦睦等内容纳入村规民约。以法律法规为依据，规范完善村规民约，确保制定过程、条文内容合法合规，防止一部分人侵害另一部分人的权益。建立健全村规民约监督和奖惩机制，注重运用舆论和道德力量促进村规民约有效实施，对违背村规民约的，在符合法律法规前提下运用自治组织的方式进行合情合理的规劝、约束。发挥红白理事会等组织作用。鼓励地方对农村党员干部等行使公权力的人员，建立婚丧事宜报备制度，加强纪律约束。

209. 加强平安乡村建设有哪些具体措施?

答：中共中央办公厅、国务院办公厅印发《关于加强和改进乡村治理的指导意见》提出，推进农村社会治安防控体系建设，落实平安建设领导责任制，加强基础性制度、设施、平台建设。加强农村警务工作，大力推行“一村一辅警”机制，扎实开展智慧农村警务室建设。加强对社区矫正对象、刑满释放人员等特殊人群的服务管理。深入推进扫黑除恶专项斗争，健全防范打击长效机制。加强农民群众拒毒防毒宣传教育，依法打击整治毒品违法犯罪活动。依法加大对农村非法宗教活动、邪教活动打击力度，制止利用宗教、邪教干预农村公共事务，大力整治农村乱建宗教活动场所、滥塑宗教造像。推进农村地区技防系统建设，加强公共安全视频监控建设联网应用工作。健全农村公共安全体系，强化农村安全生产、防灾减灾救灾、食品、药品、交通、消防等安全管理责任。

210. 什么是村级重大事项决策“四议两公开”制度？

答：《关于加强法治乡村建设的意见》第二条规定，全面推行村级重大事项决策“四议两公开”制度，即村党组织提议、村“两委”会议商议、党员大会审议、村民会议或者村民代表会议决议，决议公开、实施结果公开。

211. 完善乡村公共法律服务有哪些具体措施？

答：《关于加强法治乡村建设的意见》提出，健全乡村公共法律服务体系，加快建设12348公共法律服务热线、中国法律服务网、公共法律服务工作站（室）三大平台，打造综合性、一站式的服务型窗口，为乡村提供普惠优质高效的公共法律服务。进一步加强乡村法律顾问工作，落实一村一法律顾问制度，规范服务内容，创新服务方式，强化工作保障，为农村基层组织和人民群众处理涉法事务提供专业优质便捷的法律服务。充分发挥基层法律服务工作者在提供公共法律服务、促进乡村治理中的作用。加强涉农法律援助工作，逐步将与农民生产生活紧密相关的事项纳入法律援助补充事项范围。鼓励公证、司法鉴定、仲裁等法律服务主动向农村延伸。完善农村留守儿童和妇女、老年人关爱服务体系，健全残疾人帮扶制度。

212. 中央关于法治乡村建设的主要目标是什么？

答：《关于加强法治乡村建设的意见》提出，到2022年，努力实现涉农法律制度更加完善，乡村公共法律服务体系更加完善，基层执法质量明显提高，干部群众尊法学法守法用法的自觉性明显提高，乡村治理法治化水平明显提高。到2035年，乡村法治可信赖、权利有保障、义务必履行、道德得遵守，乡风文明达到新高度，乡村社会和谐稳定开创新局面，乡村治理体系和治理能力基本实现现代化，法治乡村基本建成。

213. 强化乡村司法保障有哪些具体措施？

答：《关于加强法治乡村建设的意见》提出，完善司法为民便民利民措施，畅通司法便民“最后一公里”。加强人民法庭建设，完善人民法庭巡回审理制度，合理设置巡回办案点和诉讼服务点，做好巡回审判工作，最大限度减少群众特别是边远农牧区群众诉累。

推动审判机关、检察机关、公安机关依法妥善办理涉农纠纷案件，深入贯彻落实农村土地制度改革政策，依法打击和处理破坏农村生态环境、侵占农村集体资产、侵犯农民土地承包经营权等违法犯罪行为，惩治破坏农村经济秩序犯罪，严厉打击农村黑恶势力及其“保护伞”、邪教组织，坚决把受过刑事处罚、存在村霸和涉黑涉恶涉邪教等问题的人清理出村干部队伍，打击收买外籍妇女为妻、非法收养儿童、“黄赌毒”违法犯罪活动。

加大涉农案件执行和对执行活动法律监督力度，推进困难群众执行救助体系建设，及时实现农民合法权利。完善对经济困难的当事人缓、减、免交诉讼费的具体条件与标准。加大刑事司法救助力度，对生活困难的被害人及其近亲属依法及时给予司法救助。

加强涉农民事、行政、刑事案件的法律监督工作，确保法律正确统一实施。加大涉农公益诉讼案件办理力度，督促相关行政机关依法履行职责。结合民族地区实际需求，进一步加强双语法官、检察官、律师及法律服务工作者等队伍建设，保障各族群众的诉讼权利。

11 第十一章 农　村

一、乡镇

214. 乡镇党委的基本职责包括哪些内容？

答：乡镇党委的基本职责包括：宣传和贯彻党的路线方针政策和党中央、上级党组织及本级乡镇党员代表大会（党员大会）的决议；讨论决定本乡镇建设以及乡村振兴中的重大问题；领导本级行政机关；加强乡镇党建；对干部进行教育、培训、选拔、考核以及监督；领导乡镇基层治理。

215. 成立农村党组织有哪些规定？

答：根据《中国共产党章程》第三十条的规定，企业、农村、机关、学校、科研院所、街道社区、社会组织、人民解放军连队和其他基层单位，凡是有正式党员三人以上的，都应当成立党的基层组织。若在一个行政村中存在三个或者三个以上党员时，应成立党支部，不足三人的，应与邻近村联合成立党支部。党员人数超过 50 人或虽不足 50 人但因工作需要的可以成立党总支。

根据《中国共产党农村基层组织工作条例》第二条的规定，党在农村的基层组织分为两类：一为乡镇党的委员会，二为村党组织。他们是党在农村全部工作和战斗力的基础，全面领导乡镇、村的各类组织和各项工作。

根据《中国共产党章程》第三十三条的规定，街道、乡、镇党的基层委员会和村、社区党组织，领导本地区的工作和基层社会治理，支持和保证行政组织、经济组织和群众自治组织充分行使职权……各级党和国家机关中党的基层组织，协助行政负责人完成任务，改进工作，对包括行政负责人在内的每个党员进行教育、管理、监督，不领导本单位的业务工作。

村党组织对本地区的工作和社会治理起领导作用，还应协助辖区内行政组织与村委会充分行使职权，但不参与具体业务工作。

216. 村党委的基本职能包括哪些内容？

答：根据《中国共产党农村基层组织工作条例》第十条的规定，村党组织的职责具体为以下方面：（1）宣传和贯彻执行党的路线方针政策和党中央、上级党组织及本村党员大会（党员代表大会）的决议。（2）讨论和决定本村经济建设、政治建设、文化建设、社会建设、生态文明建设和党的建设以及乡村振兴中的重要问题并及时向乡镇党委报告。需由村民委员会提请村民会议、村民代表会议决定的事情或者集体经济组织决定的重要事项，经村党组织研究讨论后，由村民会议、村民代表会议或者集体经济组织依照法律和有关规定作出决定。（3）领导和推进村级民主选举、民主决策、民主管理、民主监督，推进农村基层协商，支持和保障村民依法开展自治活动。领导村民委员会以及村务监督委员会、村集体经济组织、群团组织和其他经济组织、社会组织，加强指导和规范，支持和保证这些组织依照国家法律法规以及各自章程履行职责。（4）加强村党组织自身建设，严格组织生活，对党员进行教育、管理、监督和服务。负责对要求入党的积极分子进行教育和培养，做好发展党员工作。维护和执行党的纪律。加强对村、组干部和经济组织、社会组织负责人的教育、管理和监督，培养村级后备力量。做好本村招才引智等工作。（5）组织群众、宣传群众、凝聚群众、服务群众，经常了解群众的批评和意见，维护群众正当权利和利益，加强对群众的教育引导，做好群众思想政治工作。（6）领导本村的社会治理，做好本村的社会主义精神文明建设、法治宣传教育、社会治安综合治理、生态环保、美丽村庄建设、民生保障、脱贫致富、民族宗教等工作。

217. 乡（镇）党委人员是否属于国家机关工作人员？

答：我国的国家机关分为五类：国家权力机关（全国人民代表大会及各级地方委员会）、行政机关［中央人民政府（国务院）及地方各级政府］、司法机关（各级人民法院、人民检察院）、军事机关（中央军委及其下辖部门）、监察机关（各级监察委员会）。党政机关并非我国国家机关，因此各级党委应当区别于国家机关工作人员。

218. 乡（镇）党委人员能否构成贪污罪？

在我国现行情况下，党委往往兼任政府行政职务，如某区（县）党委书记往往兼任该区（县）副区（县）长或者其他职务，若出现上述这一情形，其自然具有国家机关工作人员的身份，可以构成贪污罪。但若出现只有党委职务而无行政职务的情况下，其是否为国家机关工作人员？能否构成贪污罪？

【相关案例】

被告人何某担任我国某村党支部书记期间，为多获取拆迁补偿款，利用自己协助政府从事拆迁资料审核的职务之便，擅自将其家庭人口由5人变更为4人，掩盖其妹有房户身份，在获得国土局按房屋《集体土地建设用地使用权登记卡》的土地使用面积给予其拆迁补偿款后，编造其妹为无房户的相关资料，骗取拆迁补偿款人民币186876元。

【裁判要点】

（1）根据《最高人民检察院关于渎职侵权犯罪案件立案标准的规定》的有关规定，在乡（镇）以上中国共产党机关、人民政协机关中从事公务的人员，视为国家机关工作人员。因此，被告人何某属于国家机关工作人员。

（2）被告人何某利用职务之便骗取国家拆迁补偿款，数额较大，构成贪污罪。

【结论】

乡（镇）及其以上级别的党委，其本身并不属于国家机关工作人员，但在《刑法》规定的渎职类犯罪中，其可以视为国家机关工作人员，仍可以构成渎职类相关犯罪。

219. 被诉行政机关负责人应当出庭应诉有什么具体含义？

答：根据《最高人民法院关于行政机关负责人出庭应诉若干问题的规定》第一条的规定，被诉行政机关负责人应当出庭应诉，是指被诉行政机关负责人依法应当在第一审、第二审、再审等诉讼程序中出庭参加诉讼，行使诉讼权利，履行诉讼义务。

220. 被诉行政机关负责人包括哪些人员？

答：根据《最高人民法院关于行政机关负责人出庭应诉若干问题的规

定》第二条的规定，被诉行政机关负责人，包括行政机关的正职、副职负责人、参与分管被诉行政行为实施工作的副职级别的负责人以及其他参与分管的负责人。

被诉行政机关委托的组织或者下级行政机关的负责人，不能作为被诉行政机关负责人出庭。

221. 哪些情形下，需要行政机关负责人出庭应诉？

答：根据《最高人民法院关于行政机关负责人出庭应诉若干问题的规定》第四条的规定，对于涉及食品药品安全、生态环境和资源保护、公共卫生安全等重大公共利益，社会高度关注或者可能引发群体性事件等的案件，人民法院应当通知行政机关负责人出庭应诉。

有下列情形之一，需要行政机关负责人出庭的，人民法院可以通知行政机关负责人出庭应诉：

（1）被诉行政行为涉及公民、法人或者其他组织重大人身、财产权益的；

（2）行政公益诉讼；

（3）被诉行政机关的上级机关规范性文件要求行政机关负责人出庭应诉的；

（4）人民法院认为需要通知行政机关负责人出庭应诉的其他情形。

222. 行政机关负责人不能出庭的法定情形有哪些？

答：根据《最高人民法院关于行政机关负责人出庭应诉若干问题的规定》第八条的规定，有下列情形之一的，属于《行政诉讼法》第三条第三款规定的行政机关负责人不能出庭的情形：

（1）不可抗力；

（2）意外事件；

（3）需要履行他人不能代替的公务；

（4）无法出庭的其他正当事由。

223. 行政机关负责人出庭有哪些行为的，人民法院可以提出司法建议？

答：《最高人民法院关于行政机关负责人出庭应诉若干问题的规定》第

十二条规定，有下列情形之一的，人民法院应当向监察机关、被诉行政机关的上一级行政机关提出司法建议：

（1）行政机关负责人未出庭应诉，且未说明理由或者理由不成立的；

（2）行政机关有正当理由申请延期开庭审理，人民法院准许后再次开庭审理时行政机关负责人仍未能出庭应诉，且无正当理由的；

（3）行政机关负责人和行政机关相应的工作人员均不出庭应诉的；

（4）行政机关负责人未经法庭许可中途退庭的；

（5）人民法院在庭审中要求行政机关负责人就有关问题进行解释或者说明，行政机关负责人拒绝解释或者说明，导致庭审无法进行的。

有前款情形之一的，人民法院应当记录在案并在裁判文书中载明。

224. 2020 年，北京市下放部分行政执法职权范围有哪些？

答：在日常行政执法活动中，乡镇、街道遇到最尴尬的问题就是没有行政执法职权，需要联合具有行政执法权限的机关联合执法，但基于乡镇、街道属地管辖的原则，乡镇、街道又不得不执法，由于没有法定权限，导致执法活动在复议、诉讼中必然败诉。北京市人民政府向街道办事处和乡镇人民政府下放部分行政执法职权并实行综合执法，对于解决上述执法权限问题是一项具有重大意义的突破。

《北京市人民政府关于向街道办事处和乡镇人民政府下放部分行政执法职权并实行综合执法的决定》规定，自 2020 年 7 月 1 日起，以下行政执法职权下放至街道办事处和乡镇人民政府并以其名义相对集中行使。

（1）原由城管执法部门行使的市政管理、园林绿化管理、环境保护管理、施工现场管理、停车场管理、交通运输管理、食品摊贩管理等方面和对流动无照经营、违法建设、无导游证从事导游活动等行为的全部行政处罚权、行政强制权。

（2）原由城管执法部门行使的市容环境卫生管理、公用事业管理、能源运行管理等方面的部分行政处罚权、行政强制权。石油天然气管道保护的行政检查权由城管执法部门和街道办事处、乡镇人民政府共同行使，行政处罚权仍由城管执法部门行使。

（3）原由生态环境部门行使的大气、噪声污染防治方面的部分行政处罚权。

（4）原由水务部门行使的河湖保护、水土保持等方面的部分行政处罚权、行政强制权。

（5）原由农业农村部门行使的禁止垂钓方面的行政处罚权。

（6）原由卫生健康部门行使的控制吸烟、除四害等方面的全部行政处罚权。

街道办事处、乡镇人民政府与区有关部门要在各自权限内行使行政执法职权。下放至街道办事处、乡镇人民政府的行政执法职权，需要在特定区域调整管辖的，按有关规定执行。街道办事处、乡镇人民政府认为案件重大复杂、或需要回避、或不宜本级管辖的，可以报请区人民政府指定原下放职权的区执法部门管辖；区人民政府认为案件重大复杂或街道办事处、乡镇人民政府承办可能影响公正处理的，可以指定原下放职权的区执法部门管辖。

225. 北京市试点改革中如何加强基层综合执法队伍建设？

答：根据《北京市人民政府关于向街道办事处和乡镇人民政府下放部分行政执法职权并实行综合执法的决定》之规定，街道、乡镇综合行政执法队是街道办事处、乡镇人民政府管理的行政执法机构，以街道办事处、乡镇人民政府名义开展执法工作。各区人民政府要根据工作需要，及时补充基层综合执法队伍人员力量，并优先保障有空编的街道办事处、乡镇人民政府；要保持基层综合执法队伍稳定性，严禁随意抽调、借调基层执法人员。除必要岗位外，应尽量安排执法人员到一线从事执法工作。统筹规范基层执法队伍中的协管员和编外聘用人员，严禁执法辅助人员独立开展执法活动。

226. 北京市试点改革中如何完善基层综合执法相关管理制度？

答：根据《北京市人民政府关于向街道办事处和乡镇人民政府下放部分行政执法职权并实行综合执法的决定》之规定，市城管执法部门负责统筹指导和综合协调基层综合行政执法工作，指导各区制定基层执法工作流程和标准，统一规范基层执法文书和服装、标志、装备等，协调有关部门开展基层执法培训，推进综合执法平台建设和执法信息共享等工作。

各区人民政府要组织街道办事处、乡镇人民政府落实行政执法公示制度、执法全过程记录制度、重大执法决定法制审核制度，规范实施行政处罚裁量基准制度；监督街道办事处、乡镇人民政府严格依法依规履行行政执法职责并承担相应的行政复议工作；指导街道办事处、乡镇人民政府做好涉及刑事犯罪案件移送及行政应诉等工作。

各街道、乡镇司法所负责街道办事处、乡镇人民政府的依法行政、执法规范和执法监督等工作，承担行政应诉、行政复议等相关法制工作。

227. 北京市试点改革中如何建立基层综合执法协调配合机制？

答：根据《北京市人民政府关于向街道办事处和乡镇人民政府下放部分行政执法职权并实行综合执法的决定》之规定，各区人民政府要建立街道办事处、乡镇人民政府之间以及街道办事处、乡镇人民政府与区有关部门之间的行政执法信息共享和协调配合机制。在符合保密规定要求的前提下，共享执法对象的名称、地址等基本信息，以及相关行政许可、行政确认等管理信息和标准、规划、规范等行业信息。区有关部门要加强对街道办事处、乡镇人民政府的业务指导，积极协助其开展执法工作，并提供相应的技术支持。区有关部门或街道办事处、乡镇人民政府在发现不属于本单位管辖的违法行为时，要及时通报有管辖权的单位，由其依法查处并通报结果。

228. 农村财务公开有哪些规定？

答：我国农村财务公开情况较为复杂，分为两种情形：一是村民委员会财务公开；二是农村集体经济组织财务公开。我国农村现有两种形式，前者即为正常情况，由村民选举村民委员会进行自我管理；后者则是经过股权改制之后形成集体经济组织，其不再设立村民委员会，而由改制后的股份经济合作社代行村民委员会职能。

财务公开属于村务公开的重要组成部分，根据《村民委员会组织法》第三十条的规定，村民委员会应当及时公布本村重要事项，财务一般一季度公布一次，若近来财务收支极为频繁，此时应当每月公布一次，若涉及村民利益的重大事项的财务收支，应当随时公布。

229. 财务公开的适用对象有哪些？

答：根据《村民委员会组织法》第三十条、《农村集体经济组织财务公开规定》第二条规定，农村财务公开的适用对象为各行政村或按村或村民小组设置的集体经济组织（下称村集体经济组织）。代行村集体经济组织职能的村民委员会（村民小组）、撤村后代行集体经济组织职能的农村社区（居委会）、村集体经济组织产权制度改革后成立的股份合作经济组织。即村（居）民委员会与村集体经济组织都应进行财务公开，若两者并存于一个行政村内，两者都应公开，若只存在村委会或只存在村集体经济组织，则应公开相应的财务信息。

230. 财务公开包括哪些内容？

答：根据《农村集体经济组织财务公开规定》第五条的规定，财务公开的内容应包含八个部分：(1) 财务计划，包括财务收支计划；固定资产购建计划；农业基本建设计划；公益事业建设及“一事一议”筹资筹劳计划；集体资产经营与处置、资源开发利用、对外投资等计划；收益分配计划；经村集体经济组织成员会议或成员代表会议讨论确定的其他财务计划。(2) 各项收入，包括产品销售收入、租赁收入、服务收入等集体经营收入；发包及上交收入；投资收入；“一事一议”筹资及以资代劳款项；村级组织运转经费财政补助款项；上级专项补助款项；征占土地补偿款项；救济扶贫款项；社会捐赠款项；资产处置收入；其他收入。(3) 各项支出，包括集体经营支出；村组（社）干部报酬；报刊费支出；办公费、差旅费、会议费、卫生费、治安费等管理费支出；集体公益福利支出；固定资产购建支出；征占土地补偿支出；救济扶贫专项支出；社会捐赠支出；其他支出。(4) 各项资产，包括现金及银行存款；产品物资；固定资产；农业资产；对外投资；其他资产。(5) 各项资源，包括集体所有的耕地、林地、草地、园地、滩涂、水面、“四荒地”以及集体建设用地等。(6) 债权债务，包括应收单位和个人欠款；银行（信用社）贷款；欠单位和个人款；其他债权债务。(7) 收益分配，包括收益总额；提取公积公益金数额；提取福利费数额；外来投资分利数额；成员分配数额；其他分配数额。(8) 其他需要公开的事项。

231. 财务公开的方式有哪些？

答：根据《农村集体经济组织财务公开规定》，行政村或村集体经济组织应当设置固定的公开栏进行财务公开，在公告栏公告的同时，也可以通过广播、网络、“明白纸”、会议、电子触摸屏等现代信息技术进行辅助公开、配套解释，帮助全体村民了解村财务情况，更好地实施自我管理。

村集体经济组织应当按规定的公开内容进行逐项逐笔公开。下列事项，应当专项公开：集体土地征占补偿及分配情况；集体资产资源发包、租赁、出让、投资及收益（亏损）情况；集体工程招投标及预决算情况；“一事一议”筹资筹劳及使用情况；其他需要专项公开的事项。

232. 村民以及集体经济组织成员对财务公开有哪些监督权？

答：根据《村民委员会组织法》第三十一条、第三十二条和《农村集体经济组织财务公开规定》第十条、第十二条的规定，村民或集体经济组织成员对村财务公开或集体经济组织财务公开享有监督权。

若村民委员会不及时公布应当公布的财务信息的或公布的财务信息不真实的，村民有权向乡（镇）人民政府或有关主管部门反映，人民政府或主管部门在接到反映后，应当负责调查核实，若情况属实，责令该村民委员会依法公布财务信息；若经查证，确有违法行为的，有关人员应当依法承担责任。

对于村集体经济组织而言，必须保证其财务公开信息的真实性，民主理财小组对公开内容的真实性、完整性进行审核，并出具审查意见，经村集体经济组织负责人与财务负责人签字后，报乡（镇）农村经营管理部门备案。对于公布后的财务信息，主要负责人应当安排专门时间，解答群众提出的质疑和问题，听取群众的意见和建议。群众反映的问题要及时答复解决；若无法立即回复解决的，也应当向反映人做出解释，严禁对提出和反映问题的群众进行压制或打击报复。

233. 如何建立健全财务公开的监督机制？

答：（1）根据《中共中央办公厅、国务院办公厅关于健全和完善村务公开和民主管理制度的意见》第二条第三项和《村民委员会组织法》第三十二条的规定，行政村应当设立村务监督委员会或村务公开监督小组，小组成员经村民会议或村民代表会议在村民代表中推选产生，负责监督村务公开制度的落实。村干部及其配偶、直系亲属不得担任村务公开监督小组的成员。村务监督小组成员中应当包含具备一定财会知识的成员，其对村民会议和村民代表会议负责，可以列席村民委员会会议。

村务公开监督小组负责村民民主理财，监督村财务公开等制度的落实。应建立相应的财务档案制度，建立档案备份制度，档案应包含：相关会议记录、土地发包、承包合同、经济合同、集体财产账目，集体资产登记文件、公益设施基本资料、基本建设资料、征收征用补偿费以及分配方案等。

（2）对于存在或代行村民委员会职责的村集体经济组织。根据《农村集体经济组织财务公开规定》第四条的规定，其应当建立以群众代表为主组成的民主理财小组，对财务公开活动进行监督。理财小组成员由村集体经济组织成员会议或成员代表会议从村务监督机构中产生，人数一般在三人至五人，村干部、财会人员及其近亲属不得担任理财小组成员。

村集体经济组织民主理财小组应当参与制定本村集体的财务计划和各项财务管理制度；审核原始凭证查阅有关财务账目及相关的经济活动事项，审核开支是否合规，否决不合规开支，若对否决有异议，应提交成员会议或成员代表会议讨论决定；对财务公开情况进行检查和监督，对公开中有关问题提出处理建议；向上级部门反映有关财务和公开中的问题。

村集体经济组织成员也享有相应的监督权，其有权对公开的内容提出质疑；委托民主理财小组查阅审核有关财务账目；要求有关当事人对财务问题进行解释或解答；逐级反映财务公开中存在的问题，提出意见和建议。

234. 农村集体经济组织的财务公开是否属于政府信息公开范围？

【相关案例】

金某诉某区街道办、社区居民委员会政府信息公开纠纷，原告金某要求社区公开其辖区内房屋对外出租的租金明细，社区收到上述申请后未予答复。金某遂以邮寄方式向街道提交了《责令社区信息公开申请书》，请求依法责令社区公开上述房屋租金的信息。同年，街道向社区作出了《责令社区答复的函》，随后，社区向金某作出《信息公开答复书》，金某不服，诉至法院。

【裁判要点】

（1）社区作为撤村后代行原村集体经济组织职能的居委会，它是基层群众自治性组织，它向金某作出的《信息公开答复书》只是该社区出具的一份书面回复，并不是《政府信息公开条例》中规定的政府信息公开答复，不属于政府信息公开行政行为。

（2）金某如认为社区的书面回复不当，可以按照《农村集体经济组织财务公开规定》的有关规定，向县级以上农村经营管理部门和乡（镇）党委或政府反映，由县级以上农村经营管理部门和乡（镇）党委或政府依照《农村集体经济组织财务公开规定》处理，而不应诉至一审法院要求撤销社区作出的《信息公开答复书》，并按申请事项重新作出书面答复。

【结论】

（1）村民委员会或村集体经济组织未进行财务公开或村民对财务公开内容有疑问的，应当向做出公开的村民委员或村集体经济组织申请公开，而非向乡（镇）、街道政府申请信息公开。

（2）村民委员会或村集体经济组织只是基层群众自治性组织，其不是政府机关，不是《政府信息公开条例》规定的主体。

（3）村民对财务公开事项有疑问，应向县级以上农村经营管理部门和乡（镇）党委或政府反映，由县级以上农村经营管理部门和乡（镇）党委或政府依照《农村集体经济组织财务公开规定》处理。

235. 村集体经济组织财务公开主要有哪些监督方式？

答：《农村集体经济组织财务公开规定》第十二条规定，村集体经济组织成员对村集体经济组织享有监督权，其有权对村集体经济组织财务公开或其他公开内容提出质疑；有权委托本村民主理财小组查阅审核有关财务账目；有权要求有关当事人对财务问题进行解释或解答；有权逐级反映财务公开中存在的问题，并提出相应的意见和建议。

第十三条规定，村集体经济组织民主理财小组享有监督权，有权参与制定本村集体经济组织的财务计划和各项财务管理制度；有权审核村集体经济组织财务原始凭证，查阅有关财务账目及相关经济活动事项，否决不合规开支。若对否决有异议的，可提交村集体经济组织成员会议或成员代表会议讨论决定；有权对财务公开情况进行检查和监督，对公开中有关问题提出处理建议；有权向上一级部门反映有关财务和公开中的问题。

第十四条规定，村务监督机构负责对民主理财小组的工作指导，定期向成员会议或成员代表会议汇报民主理财和财务公开监督工作情况。

第十五条规定，县级以上农村经营管理部门和乡（镇）党委、政府对村集体经济组织的财务公开有监督权。

二、村委会

236. 村干部是否属于《监察法》监察范围？

答：根据《监察法》第十五条之规定，监察机关的监察对象分为六类：

（1）中国共产党机关、人民代表大会及其常务委员会机关、人民政府、监察委员会、人民法院、人民检察院、中国人民政治协商会议各级委员会机关、民主党派机关和工商业联合会机关的公务员，以及参照《公务员法》管理的人员；

（2）法律、法规授权或者受国家机关依法委托管理公共事务的组织中从事公务的人员；

（3）国有企业管理人员；

（4）公办的教育、科研、文化、医疗卫生、体育等单位中从事管理的人员；

（5）基层群众性自治组织中从事管理的人员；

（6）其他依法履行公职的人员。

村干部职务区别于国家公务员，它并不属于国家行政干部体制，没有编制，也不脱离生产。其本质上属于基层群众性自治组织的成员，村干部即村民通过选举产生的村民委员会成员，主要包含村党支部（党总支）委员、书记、副书记、村民委员会委员、主任、副主任以及村民委员内设的工作委员会主任。

因此村干部属于《监察法》第十五条第五项规定的在基层群众性自治组织中从事管理的人员。

237. 村民委员会的组成人员有哪些？

答：根据《村民委员会组织法》第六条的规定，村民委员会由主任、副主任和委员共三人至七人组成。具体的人数可由村民代表大会或者村民大会根据本村实际情况酌定。村民委员会成员中，至少应当有一名妇女成员，同时，有多民族村民居住的村应当有人数较少的民族的成员。

238. 村民委员会可以设置哪些机构?

答：根据《村民委员会组织法》第七条的规定，村民委员会根据实际需要设立人民调解、治安保卫、公共卫生与计划生育等委员会。村民委员会成员可以兼任下属委员会的成员。人口少的村的村民委员会可以不设下属委员会，由村民委员会成员分工负责人民调解、治安保卫、公共卫生与计划生育等工作。

同时村民委员会可以根据实际工作的需要设置不同的工作小组或临时性工作机构。比如针对新冠疫情期间，可以设置防范疫情工作小组。

239. 村民委员会的职责主要有哪些?

答：根据《村民委员会组织法》第九条、第十条的规定，村民委员会主要履行下列职责：

（1）支持和组织村民依法发展各种形式的合作经济和其他经济；

（2）引导村民合理利用自然资源，保护和改善生态环境

（3）保障集体经济组织和村民、承包经营户、联户或者合伙的合法财产权和其他合法权益；

（4）宣传宪法、法律、法规和国家的政策；

（5）发展文化教育，普及科技知识；

（7）做好公共卫生及计划生育工作；

（8）调解民间纠纷；

（9）法律法规规定的其他职责。

240. 产生村民选举委员会应符合哪些规定?

答：根据《村民委员会组织法》第十二条、《村民委员会选举规程》第一章第一条的规定，村民选举委员会是组织村民委员会换届的工作机构，主持村民委员会的选举。

村民选举委员会由主任和委员组成，由村民会议、村民代表会议或者村民小组会议推选产生，实行少数服从多数的议事原则。

村民选举委员会以奇数为宜。村民之间有近亲属关系的，不宜同时担任村民选举委员会成员。

241. 村民选举委员会的职责有哪些？

答：根据《村民委员会选举规程》第一章第四条的规定，村民选举委员会主要履行以下职责：

（1）制定村民委员会选举工作方案；

（2）宣传有关村民委员会选举的法律、法规和政策；

（3）解答有关选举咨询；

（4）召开选举工作会议，部署选举工作；

（5）提名和培训本村选举工作人员；

（6）公布选举日、投票地点和时间，确定投票方式；

（7）登记参加选举的村民，公布参加选举村民的名单，颁发参选证；

（8）组织村民提名确定村民委员会成员候选人，审查候选人参选资格，公布候选人名单；

（9）介绍候选人，组织选举竞争活动；

（10）办理委托投票手续；

（11）制作或者领取选票、制作票箱，布置选举大会会场、分会场或者投票站；

（12）组织投票，主持选举大会，确认选举是否有效，公布并上报选举结果和当选名单；

（13）建立选举工作档案，主持新老村民委员会的工作移交；

（14）受理申诉，处理选举纠纷；

（15）办理选举工作中的其他事项。

村民委员会选举工作方案应当由村民会议或者村民代表会议讨论通过，并报乡级人民政府或者乡级村民委员会选举工作指导机构备案。

242. 村民选举委员会成员是否可以变动？如变动，如何处理？

答：根据《村民委员会选举规程》第一章第三条的规定，村民选举委员会成员被提名为村民委员会成员候选人，应当退出村民选举委员会。村民选举委员会成员退出村民选举委员会或者因其他原因出缺的，按照原推选结果依次递补，也可以另行推选。村民选举委员会成员不履行职责，致使选举工作无法正常进行的，经村民会议、村民代表会议或者村民小组会议讨论同意，其职务终止。村民选举委员会成员的变动，应当及时公布，并报乡级人民政府或者乡级村民委员会选举工作指导机构备案。

243. 参加选举的选民登记程序是什么？

答：根据《村民委员会选举规程》第三章的规定，按照以下程序登记参加选举的选民：

（1）公布选民登记日。选民登记日前，村民选举委员会应当发布公告，告知本届村民委员会选举的选民登记日。

（2）确定登记对象。村民选举委员会应当针对本村人员情况，逐一登记选民。

（3）对选民进行登记。登记时，既可以村民小组为单位设立登记站，村民到站登记，也可由登记员入户登记。村民选举委员会应当对登记参加选举的村民名单进行造册。

（4）登记参加选举的村民名单应当在选举日的二十日前由村民选举委员会公布。

244. 对参加选举的选民名单有异议的，应如何处理？

答：《村民委员会组织法》第十四条规定，若村民对登记参加选举的村民名单有异议的，应当自名单公布之日起五日内向村民选举委员会申诉。

村民委员会应当按照法律规定核实异议是否成立，若异议成立，则应当调整参选村民名单，若异议不成立应当说明理由。

村民选举委员会应当自收到申诉之日起三日内作出处理决定，并公布处理结果。

245. 村民参加村民委员会选举，应符合哪些条件？

答：根据《村民委员会组织法》第十三条和《村民委员会选举规程》第三章第二条的规定，村民委员会选举前，对于符合以下条件的选民，都应当列入参加选举的村民名单：

（1）户籍在本村并且在本村居住的村民；

（2）户籍在本村，不在本村居住，本人表示参加选举的村民；

（3）户籍不在本村，在本村居住一年以上，本人申请参加选举，并且经村民会议或者村民代表会议同意参加选举的公民。

已在户籍所在村或者居住村登记参加选举的村民，不得再参加其他地方村民委员会的选举。经村民选举委员会告知，本人书面表示不参加选举的，不列入参加选举的村民名单。

依照法律被剥夺政治权利的人，不得参加村民委员会的选举。

246. 提名确定选举候选人的流程？

答：《村民委员会选举规程》第四章规定，提名确定选举候选人的流程如下：

（1）确定职位和职数

村民会议或者村民代表会议拟定村民委员会的职位和职数，由村民选举委员会公示，并报上级备案。

（2）确定候选人人数

村民选举委员会应当根据村民委员会主任、副主任、委员的职数，分别拟定候选人名额。应当注意的是，候选人名额应当多于应选名额。

（3）提名确定候选人

村民委员会成员候选人，应当由登记参加选举的村民直接提名，根据拟定的候选人名额，按照得票多少确定。如果候选人中应当有适当的妇女名额或者人数较少的民族的成员名额，没有产生妇女候选人或少数民族成员的，以得票最多的妇女或少数民族成员为候选人。

（4）公布候选人名单

村民选举委员会应当以得票多少为序，公布候选人名单，并报乡级村民委员会选举工作指导机构备案。

247. 如何办理委托投票？

答：根据《村民委员会选举规程》第六章第三条、《村民委员会组织法》第十五条的规定，登记参加选举的村民，选举期间外出不能参加投票的，可以委托本村有选举权的近亲属代为投票。每一登记参加选举的村民接受委托投票不得超过三人。提名为村民委员会候选人的，不得接受委托。

委托投票应当办理书面委托手续。村民选举委员会应当及时公布委托人和受委托人的名单。

受委托人在选举日凭书面委托凭证和委托人的参选证，领取选票并参加投票。受委托人不得再委托他人。

248. 选举大会的一般流程？

答：根据《村民委员会选举规程》第六章第七条的规定，采取选举大会进行选举的，由村民选举委员会召集，村民选举委员会主任主持。流程如下：

（1）宣布大会开始；

（2）奏国歌；

（3）报告本次选举工作进展情况；

（4）宣布投票办法和选举工作人员；

（5）候选人发表竞职陈述；

（6）检查票箱；

（7）启封、清点选票；

（8）讲解选票；

（9）根据需要派出流动票箱；

（10）验证发票；

（11）秘密写票、投票；

（12）销毁剩余选票；

（13）集中流动票箱，清点选票数；

（14）检验选票；

（15）公开唱票、计票；

（16）当场公布投票结果；

（17）封存选票，填写选举结果报告单；

（18）宣布当选名单。

投票结束后，应当将所有票箱集中，将选票混在一起，由选举工作人员逐张检验、清点选票总数后，统一唱票、计票。难以确认的选票应当由监票人在公开唱计票前提交村民选举委员会讨论决定。

249. 采取投票站方式选举的一般流程是什么？

答：《村民委员会选举规程》第六章第七条规定，采取投票站方式选举的，由村民选举委员会主持。流程如下：

（1）同时开放全部投票站；

（2）各投票站工作人员当众检查票箱，并启封、清点选票；

（3）验证发票；

（4）村民秘密写票、投票；

（5）关闭投票站，销毁剩余选票并密封票箱；

（6）集中票箱，清点选票数；

（7）公开验票、唱票、计票；

（8）当场公布选举结果；

（9）封存选票，填写选举结果报告单；

（10）宣布当选名单。

250. 村民委员会印章的规格式样是如何规定的？

答：《国务院办公厅转发民政部、公安部关于规范村民委员会印章制发使用和管理工作意见的通知》规定，村民委员会的印章为圆形，直径不得大于4.2厘米，中央刊五角星，五角星外刊县（自治县、旗、市、区）乡（民族乡、镇）村民委员会名称，自左而右环行，或者名称前段自左而右环行、后段在五角星下自左而右横排。民族自治地方的村民委员会，应当并刊汉字和相应的民族文字。印章所刊汉字，应当使用国务院公布的简化字，字体为宋体。

251. 村民委员会制发印章有哪些程序？

答：《国务院办公厅转发民政部、公安部关于规范村民委员会印章制发使用和管理工作意见的通知》规定，村民委员会的印章一律由乡级人民政府负责制发。刻制村民委员会印章，由村党支部、村民委员会提出意见，交村民代表会议讨论，报乡级人民政府审核，由乡级人民政府到所在地县级人民政府公安机关办理准刻手续，并到指定的厂家刻制。对不按程序刻制村民委员会印章的行为，要进行批评教育，责令改正；造成严重后果的，要依法追究当事人的法律责任。

252. 村民委员会撤销或合并，原印章是否可以继续使用？

答：《国务院办公厅转发民政部、公安部关于规范村民委员会印章制发使用和管理工作意见的通知》规定，村民委员会撤销或合并，被撤销或合并前的村民委员会的印章不得继续使用，制发机关应予及时收缴。

253. 村民委员会更换或丢失印章，应如何处理？

答：《国务院办公厅转发民政部、公安部关于规范村民委员会印章制发使用和管理工作意见的通知》规定，村民委员会因故需要更换印章，制发机关应在颁发新印章的同时收缴其旧印章。村民委员会印章丢失，应及时向制发机关报告并申请补发，应予补发的由制发机关登记并办理补发。制发机关应以适当方式公布新印章启用和旧印章作废。使用已作废村民委员会印章的，按私刻公章行为处理。

254. 如何建立健全村民委员会印章的使用管理制度？

答：《国务院办公厅转发民政部、公安部关于规范村民委员会印章制发使用和管理工作意见的通知》规定，乡级人民政府和县级人民政府民政部门要加强对村民委员会印章使用管理的指导。要指导村民委员会建立印章使用的审批、登记、备案制度，并纳入村民自治章程或村规民约之中。

村民委员会印章要有专人保管，保管人由村党支部、村民委员会提名，并经村民代表会议讨论后决定。为防止乱用印章，一般情况下，印章使用的审批人与印章保管人不得为同一人。村党支部书记、村民委员会主任一般不宜直接保管印章。

凡涉及贷款、承包、对外签订合同等重大问题需使用印章时，村民委员会应及时召开村民会议或村民代表会，经会议讨论同意并经村民委员会主任签字后方可使用。

对违反印章使用管理规定的，要视情节轻重给予批评教育，造成严重后果的，要追究当事人的法律责任。不得以欠交税费等为借口，在村民办理参军、婚姻状况证明、外出务工证明等手续时，拒绝使用印章，也不得借机吃、拿、卡、要，增加农民负担。

255. 村民委员会换届后，印章如何移交？

答：《国务院办公厅转发民政部、公安部关于规范村民委员会印章制发使用和管理工作意见的通知》规定，乡级人民政府、县级人民政府民政部门要监督做好村民委员会换届后的印章移交工作。换届选举工作结束后，上一届村民委员会应在10天内向本届村民委员会移交印章。拒不移交村民委员会印章的，由制发机关负责追缴，并追究责任。

村民委员会成员在届内被集体罢免的，印章由乡级人民政府暂时代管。乡级人民政府应在重新选举工作结束后及时将印章发给新的村民委员会。

256. 村民小组会议的议事规则是什么？

答：《村民委员会组织法》第二十八条规定，召开村民小组会议，应当有本村民小组18周岁以上的村民三分之二以上，或者本村民小组三分之二以上的户的代表参加，所作决定应当经到会人员的过半数同意。

属于村民小组的集体所有的土地、企业和其他财产的经营管理以及公益事项的办理，由村民小组会议依照有关法律的规定讨论决定，所作决定及实施情况应当及时向本村民小组的村民公布。

257. 村务监督委员会组成人员？

答：根据《关于建立健全村务监督委员会的指导意见》第二条的规定，村务监督委员会一般由3人至5人组成，设主任1名，提倡由非村民委员会成员的村党组织班子成员或党员担任主任，原则上不由村党组织书记兼任主任。村务监督委员会成员由村民会议或村民代表会议在村民中推选产生，任期与村民委员会的任期相同。

村民委员会成员及其近亲属、村会计（村报账员）、村文书、村集体经济组织负责人不得担任村务监督委员会成员，任何组织和个人不得指定、委派村务监督委员会成员。

258. 村务监督委员会有哪些职责？

答：根据《关于建立健全村务监督委员会的指导意见》第三条的规定，村务监督委员会的职责是：

（1）知情权。列席村民委员会、村民小组、村民代表会议和村“两委”

联席会议等，了解掌握情况。

（2）质询权。对村民反映强烈的村务、财务问题进行质询，并请有关方面向村民作出说明。

（3）审核权。对民主理财和村务公开等制度落实情况进行审核。

（4）建议权。向村“两委”提出村务管理建议，必要时可向乡镇党委和政府提出建议。村务监督委员会及其成员要依纪依法、实事求是、客观公正地进行监督，不直接参与具体村务决策和管理，不干预村“两委”日常工作。

（5）主持民主评议权。村民会议或村民代表会议对村民委员会成员以及由村民或村集体承担误工补贴的聘用人员履行职责情况进行民主评议，由村务监督委员会主持。

259. 村务监督委员会监督的内容有哪些？

答：根据《关于建立健全村务监督委员会的指导意见》第四条的规定，村务监督委员会监督的内容有：

（1）村务决策和公开情况。主要是村务决策是否按照规定程序进行，村务公开是否全面、真实、及时、规范。

（2）村级财产管理情况。主要是村民委员会、村民小组代行管理的村集体资金资产资源管理情况，村级其他财务管理情况。

（3）村工程项目建设情况。主要是基础设施和公共服务建设等工程项目立项、招投标、预决算、建设施工、质量验收情况。

（4）惠农政策措施落实情况。主要是支农和扶贫资金使用、各项农业补贴资金发放、农村社会救助资金申请和发放等情况。

（5）农村精神文明建设情况。主要是建设文明乡风、创建文明村镇、推动移风易俗，开展农村环境卫生整治，执行村民自治章程和村规民约等情况。

（6）其他应当监督的事项。

260. 村务监督委员会成员履职不力，应如何处理？

答：根据《关于建立健全村务监督委员会的指导意见》第六条的规定，村务监督委员会成员履职不力、发生违纪违法行为被查处等，经村民会议或村民代表会议讨论决定，免去其职务；严重违纪受到党纪处分、两年内受到两次以上行政拘留处罚、被判处刑罚、连续两次民主评议不称职或丧失行为能力的，其职务自行终止。

261. 村委会应当及时公开的事项有哪些？

答：根据《村民委员会组织法》第三十条的规定，村委会应当及时公开以下事项：

（1）由村民会议、村民代表会议讨论决定的事项及其实施情况；

（2）国家计划生育政策的落实方案；

（3）政府拨付和接受社会捐赠的救灾救助、补贴补助等资金、物资的管理使用情况；

（4）村民委员会协助人民政府开展工作的情况；

（5）涉及本村村民利益，村民普遍关心的其他事项。

前款规定事项中，一般事项至少每季度公布一次；集体财务往来较多的，财务收支情况应当每月公布一次；涉及村民利益的重大事项应当随时公布。

262. 村委会的村务档案应当包括哪些内容？

答：根据《村民委员会组织法》第三十四条的规定，村务档案包括：选举文件和选票，会议记录，土地发包方案和承包合同，经济合同，集体财务账目，集体资产登记文件，公益设施基本资料，基本建设资料，宅基地使用方案，征地补偿费使用及分配方案等。

263. 村民是否有权罢免村民委员会委员？

答：根据《村民委员会组织法》第十六条的规定，本村五分之一以上有选举权的村民或者三分之一以上的村民代表联名，可以提出罢免村民委员会成员的要求，并说明要求罢免的理由。被提出罢免的村民委员会成员有权提出申辩意见。

罢免村民委员会成员，须有登记参加选举的村民过半数投票，并须经投票的村民过半数通过。

三、村规民约

264. 什么是村规民约?

答：根据《关于做好村规民约和居民公约工作的指导意见》的规定，村规民约、居民公约是村（居）民进行自我管理、自我服务、自我教育、自我监督的行为规范，是引导基层群众践行社会主义核心价值观的有效途径，是健全和创新党组织领导下自治、法治、德治相结合的现代基层社会治理机制的重要形式。

265. 制定村规民约有什么要求?

答：根据民政部、中央组织部、中央政法委等《关于做好村规民约和居民公约工作的指导意见》的规定，村民自治章程、村规民约不得违背宪法和法律精神，不得侵犯国家、集体利益和群众合法权益。

266. 村规民约一般应包括哪些内容?

答：根据《关于做好村规民约和居民公约工作的指导意见》第二条的规定，村规民约一般应包括：

（1）规范日常行为。爱党爱国，践行社会主义核心价值观，正确行使权利，认真履行义务，积极参与公共事务，共同建设和谐美好村、社区等。

（2）维护公共秩序。维护生产秩序，诚实劳动合法经营，节约资源保护环境；维护生活秩序，注意公共卫生，搞好绿化美化；维护社会治安，遵纪守法，勇于同违法犯罪行为、歪风邪气作斗争等。

（3）保障群众权益。坚持男女平等基本国策，依法保障妇女儿童等群体正当合法权益等。

（4）调解群众纠纷。坚持自愿平等，遇事多商量、有事好商量，互谅互让，通过人民调解等方式友好解决争端等。

（5）引导民风民俗。弘扬向上向善、孝老爱亲、勤俭持家等优良传统，推进移风易俗，抵制封建迷信、陈规陋习，倡导健康文明绿色生活方式等。

267. 制定村规民约应履行哪些程序?

答：根据《民政部、中央组织部、中央政法委、中央文明办、司法部、农业农村部、全国妇联关于做好村规民约和居民公约工作的指导意见》的规定，村规民约的制定程序包括：

（1）征集民意。村（社区）党组织、村（居）民委员会广泛征求群众意见，提出需要规范的内容和解决的问题。

（2）拟定草案。村（社区）党组织、村（居）民委员会就提出的问题和事项，组织群众广泛协商，根据群众意见拟定村规民约或居民公约草案，同时听取驻村或社区党代表、人大代表、政协委员、机关干部、法律顾问、妇联执委等意见和建议。

（3）提请审核。村（社区）党组织、村（居）民委员会根据有关意见修改完善后，报乡镇党委、政府（街道党工委、办事处）审核把关。

（4）审议表决。村（社区）党组织、村（居）民委员会根据乡镇党委、政府（街道党工委、办事处）的审核意见，进一步修改形成审议稿，提交村（居）民会议审议讨论，根据讨论意见修订完善后提交会议表决通过。表决应遵循《村民委员会组织法》《城市居民委员会组织法》的相关规定，并应有一定比例妇女参会。未根据审核意见改正的村规民约、居民公约不应提交村（居）民会议审议表决。

（5）备案公布。村（社区）党组织、村（居）民委员会应于村（居）民会议表决通过后十日内，将村规民约、居民公约报乡镇党委、政府（街道党工委、办事处）备案，经乡镇党委、政府（街道党工委、办事处）严格把关后予以公布，让群众广泛知晓。

268. 为什么说村规民约是农村民主管理的重要形式？

答：《福建省民政厅、福建省社区建设联席会议办公室关于加强和规范村规民约工作的通知》指出，村规民约是全体村民共同约定、共同遵守、相互约束的行为规范，是村民共同利益的表达机制，体现了本村村民的意志和利益。党的十九大报告明确指出要打造共建共治共享的社会治理格局。村规民约是农村民主管理的重要形式之一，加强村规民约工作有利于形成完整制度程序，保证农村群众在日常生活中有广泛深入的知情权、参与权、表达权、监督权。村规民约是深化村民自治实践的有效载体，加强村规民约工作有利于发挥村民委员会、村务监督委员会、村民小组长、村民（户）代表的作用，增强村民参与乡村治理的观念和意识，推动社会治理重心下移，实现政府治理和社会调节、村民自治的良性互动。

269. 制订村规民约应坚持哪些原则？

答：根据《福建省民政厅、福建省社区建设联席会议办公室关于加强和规范村规民约工作的通知》第二条第一项的规定，村规民约必须坚持合法性，与国家法律、法规相一致，不得妨碍和侵犯个人、集体合法权益和国家利益；村规民约必须坚持群众性，以群众需求为导向，广泛开展议事协商，最大限度体现全体村民的合法利益和意愿，使村民充分认同和自愿执行；村规民约必须坚持针对性，从实际出发，充分考虑农村的自然状况、历史沿革、风俗习惯、民族特色、文化传承等，通俗易懂、简便易行；村规民约必须坚持时效性，及时根据经济社会发展和村情民意进行修订完善，及时解决农村的新情况、新问题，使村规民约富有生命力和感召力。

270. 村规民约应包括哪些内容和形式？

答：根据《福建省民政厅、福建省社区建设联席会议办公室关于加强和规范村规民约工作的通知》第二条第三项的规定，村规民约一般由名称、正文、署名与日期三个部分组成。名称为《××村村规民约》。正文可采取结构式、条款式、三字语、顺口溜、民歌等形式，内容可包括：公共秩序、社会治安、社会公德、乡风民俗、邻里关系、环境卫生、财务管理等，可综合约定，也可单项约定。署名用于表明共同遵守公约的意向，愿意为违背约定承担的责任。日期用于明确实施的具体时间。

271. 村规民约如何监督执行？

答：根据《福建省民政厅、福建省社区建设联席会议办公室关于加强和规范村规民约工作的通知》第三条的规定，村规民约一般在村党组织、村民委员会换届选举之后进行制订或修订。由村“两委”成员、村务监督委员会成员、人民调解员、村妇联执委和村里德高望重、办事公道的群众代表共同监督村规民约的执行。村务监督委员会要将村规民约的执行情况纳入监督工作内容，向村民代表会议、村民会议报告，及时研究处理执行过程中出现的问题。要依靠群众舆论和道德的力量促进村规民约的执行，通过开展文明家庭、模范村民、好媳妇等活动，树立典型，引导带动；也要通过负面曝光、案例通报、点名批评、赔偿损失等形式，惩戒教育，改正错误。对可能构成犯罪的事件，及时提请司法机关认定处理。

272. 村规民约是否可以规定相应惩罚条款？

答：《村民委员会组织法》第二十七条规定，村民会议可以制定和修改村民自治章程、村规民约，并报乡、民族乡、镇的人民政府备案。村民自治章程、村规民约以及村民会议或者村民代表会议的决定不得与宪法、法律、法规和国家的政策相抵触，不得有侵犯村民的人身权利、民主权利和合法财产权利的内容。村民自治章程、村规民约以及村民会议或者村民代表会议的决定违反前款规定的，由乡、民族乡、镇的人民政府责令改正。第三十八条规定，驻在农村的机关、团体、部队、国有及国有控股企业、事业单位及其人员不参加村民委员会组织，但应当通过多种形式参与农村社区建设，并遵守有关村规民约。

根据上述规定，村民小组可以制定村民自治章程、村规民约，不得违反法律法规和国家政策规定，例如，违反村规民约的，类似“关黑屋”、棍棒执行家法、开除成员身份、剥夺承包经营权、剥夺教育、工作、入伍等权利、剥夺选举权和被选举权等都是违法的，但是村规民约是全体村民共同约定、共同遵守、相互约束的行为规范，是全体村民均承诺遵守的共同行为，任一方违约，应向其他村民承担违约责任，例如，可以根据违约情节轻重，张贴检讨书、道歉信、缴纳一定数额的违约金、承担一定的公益活动、取消“文明家庭”的评选，等等。

273. 集体经济组织产权制度改革的目标要求有哪些？

答：根据《农业部关于稳步推进农村集体经济组织产权制度改革试点的指导意见》第二条的规定，集体经济组织产权制度改革的目标是：推进以股份合作为主要形式，以清产核资、资产量化、股权设置、股权界定、股权管理为主要内容的农村集体经济组织产权制度改革，建立“归属清晰、权责明确、利益共享、保护严格、流转规范、监管有力”的农村集体经济组织产权制度，明确农村集体经济组织的管理决策机制、收益分配机制，健全保护农村集体经济组织和成员利益的长效机制，构建完善的农村集体经济组织现代产权运行体制。

274. 集体经济组织产权制度改革的基本原则是什么？

答：根据《农业部关于稳步推进农村集体经济组织产权制度改革试点的指导意见》第二条的规定，集体经济组织产权制度改革的基本原则有：

一是坚持民主决策，农民自愿。要充分保障农民群众的知情权、决策权、参与权和监督权，尊重农民群众的选择。

二是坚持公开、公正、公平。要在民主参与、民主决策的前提下，把公开、公正、公平精神贯穿于改革的全过程。

三是坚持规范操作，加强指导。改革方案要进行充分的民主讨论并进行可行性论证，整个改革工作的各个环节必须经过合法的民主程序。

四是坚持因地制宜，分类指导。要根据各地经济发展水平和实际情况，选择广大农民群众普遍接受的改革方式，正确处理好国家、集体、农民的利益关系。

五是坚持广泛协商，稳步推进。推动农村集体经济组织进行产权制度改革，必须获得广大农民群众的支持；必须调动基层干部的主动性和积极性；必须依靠党委政府的有力领导和主管部门的业务指导，成熟一个，进行一个，不得强迫命令。

275. 农村集体经济组织产权制度改革的程序是哪些？

答：根据《农业部关于稳步推进农村集体经济组织产权制度改革试点的指导意见》第三条的规定，农村集体经济组织产权制度改革的程序有：

（1）制定方案。实行改革的村集体经济组织要建立在村党组及村委会领导下的，由村集体经济组织负责人、民主理财小组成员和村集体经济组织成员代表共同组成的村集体经济组织产权制度改革领导小组和工作班子，组织实施改革工作。领导小组拟定的改革具体政策和实施方案，必须张榜公布，经村集体经济组织成员大会三分之二以上成员同意后通过，报县（市、区）级人民政府备案。

（2）清产核资。由县乡农村经营管理部门和产权制度改革领导小组联合组成清产核资小组，对村集体经济组织所有的各类资产进行全面清理核实。要区分经营性资产、非经营性资产和资源性资产，分别登记造册；要召开村集体经济组织成员大会，对清产核资结果进行审核确认。对得到确认的清产核资结果，要及时在村务公开栏张榜公布，并上报乡（镇）农村经营管理部门备案。

（3）资产量化。在清产核资的基础上，合理确定折股量化的资产。对经营性资产、非经营性资产以及资源性资产的折股量化范围、折股量化方式等事项，提交村集体经济组织成员大会讨论决定。

（4）股权设置。各地根据实际情况由村集体经济组织成员大会讨论决定股权设置。原则上可设置集体股、个人股。集体股是按照集体资产净额的一定比例折股量化，由全体成员共同所有的资产，集体股所占总股本的比例由村集体经济组织成员大会讨论决定，也可以根据实际情况不设立集体股；个人股按集体资产净额的总值或一定比例折股量化，无偿或部分有偿地由符合条件的集体经济组织成员按份享有。

（5）股权界定。股份量化中股权分配对象的确认、股权配置比例的确定，除法律、法规和现行政策有明确规定外，要张榜公布，反复协商，并提交村集体经济组织成员大会民主讨论，经三分之二村集体经济组织成员通过后方可实施。

（6）股权管理。集体资产折股量化到户的股权确定后，要及时向股东出具股权证书，作为参与管理决策、享有收益分配的凭证，量化的股权可以继承，满足一定条件的情况下可以在本集体经济组织内部转让，但不得退股。同时，村集体经济组织要召开股东大会，选举产生董事会、监事会，建立符合现代企业管理要求的集体经济组织治理结构。

（7）资产运营。产权制度改革后，村集体经济组织可以选择合适的市场主体形式，成立实体参与市场竞争，也可以选择承包、租赁、招标、拍卖集体资产等多种方式进入市场。要以市场的思维、市场的方式参与市场竞争，管理集体资产，提高运营效率，增加农民收入，发展集体经济。

（8）收益分配。改制后的集体经济组织，按其成员拥有股权的比例进行收益分配。要将集体经济组织收益分配到人，确保农民利益。改制后集体经济组织的年终财务决算和收益分配方案，提取公积金、公益金、公共开支费用和股东收益分配的具体比例由董事会提出，提交股东大会或村集体经济组织成员大会讨论决定。

（9）监督管理。完成产权制度改革的村集体经济组织，要及时制定相应的股份合作组织章程，实行严格的财务公开制度；要发挥监事会的监督管理作用，保障村集体经济组织成员进行民主管理、民主决策、民主监督，保障村集体经济组织成员行使知情权、监督权、管理权和决策权；各级农村经营管理部门要加强对农村集体经济组织的业务指导，开展审计监督管理。

276. 农村集体经济组织的组织架构有哪些？

答：农村集体经济组织的主要权力机构为成员大会及成员代表大会（也可称为股东大会、股东代表大会，为便于表述本书统一表述为成员大会及成员代表大会），成员大会由股权户代表组成。股权户代表由每一股权户自行推选，代表户内股东行使权力、履行义务，由年满18周岁并具有完全民事行为能力和政治权利的股东担任。成员代表会议由理事会、监事会及成员代表组成。成员代表由成员或村民小组推选。农村集体经济组织，下设理事会、监事会。

农村集体经济组织的理事会成员、监事会成员不得互相兼任，财会人员及其近亲属、理事会成员近亲属不得担任监事会成员。

277. 成员大会的主要职权是什么？

答：农村集体经济组织的最高权力机构是成员大会。具有以下职责：

（1）制定和修改章程；

（2）选举、补选、罢免理事会成员和监事会成员；

（3）听取并审议理事会、监事会的工作报告、财务收支计划和执行情况报告；

（4）审议决定农村集体经济组织发展规划、资产经营计划和经营管理方案；

（5）讨论决定理事会、监事会成员报酬方式和标准；

（6）讨论决定财务管理制度、财务预算方案、收益分配方案、成员福利待遇方案；

（7）撤销或者改变成员代表会议不适当的决定；

（8）撤销或者改变理事会不适当的决定；

（9）讨论决定理事会、监事会工作人员职数；

（10）讨论决定其他重大事项。

成员大会可以授权成员代表大会讨论决定前款规定的事项。但涉及成员切身利益的重大事项，必须提交成员大会讨论决定。

278. 理事会的主要职权是什么？

答：理事会是农村集体经济组织的主要执行机构，职权有：

（1）召集成员大会、成员代表会议，并报告工作；

（2）执行成员大会、成员代表会议的决定、决议；

（3）拟订并实施本社发展规划、经营计划和经营管理方案；

（4）对重大投资项目进行可行性论证，提出投资计划方案；

（5）拟订财务管理制度、财务预算方案、收益分配方案、成员福利方案；

（6）拟订公开招聘理事会及内设经营管理机构工作人员方案；

（7）提出理事会、监事会及内设经营管理机构成员的报酬方案；

（8）负责日常社务工作，制定内部管理制度；

（9）履行成员大会、成员代表会议赋予的其他职责。

279. 监事会的主要职权是什么？

答：监事会是农村集体经济组织的主要监督机构，主要的职权有：

（1）监督章程的执行情况；

（2）监督成员大会和成员代表会议决定、决议的执行情况；

（3）检查、监督社务公开及财务收支情况；

（4）协助开展本社财务审计；

（5）监督理事会对成员提出的意见和建议的落实情况。

280. 农村集体经济组织成员享有哪些权利？

答：农村集体经济组织成员的权利主要有：

一是财产权利，如成员持有的股份具有分红权、转让权、继承权等；

二是民主权利，如对集体经济活动的民主管理权利，比如知情权、参与权、表决权、监督权等；

三是法律、法规、规章和组织章程规定的其他权利。

281. 新型集体经济组织如何进行财务核算？

答：根据《福建省农业农村厅关于规范新型集体经济组织财务管理的通知》规定，村（居）股份经济合作社（联合社）财务按《村集体经济组织会计制度》要求进行核算处理。村（居）委会财务可参照《村集体经济组织会计制度》要求进行核算处理。

282. 村民委员会事务和集体经济事务如何进行分账管理？

答：根据《福建省农业农村厅关于规范新型集体经济组织财务管理的通知》之规定，自2020年1月1日开始，全面推行村（居）委会与村（居）股份经济合作社（联合社）财务分账管理。村（居）股份经济合作社（联合社）财务会计主要核算与集体经济生产经营相关的财务活动。村（居）委会财务会计主要核算与日常公共事务管理职能相关的财务活动。村社分账后，村（居）股份经济合作社（联合社）财务会计按现有村（居）集体经济组织会计委托代理关系由乡镇会计代理服务中心建账核算。村（居）委会财务会计维持现有乡镇委托代理关系。

283. 农村引入工商资本可以重点发展哪些产业？

答：《农业部、中央农办、国土资源部、国家工商总局关于加强对工商资本租赁农地监管和风险防范的意见》第二条规定，对工商资本进入农业，主要是鼓励其根据当地资源禀赋、产业特征，重点发展资本、技术密集型产业，从事农产品加工流通和农业社会化服务，把产业链、价值链、供应链等现代经营理念和产业组织方式引入农业，推动传统农业加速向现代农业转型升级，优化要素资源配置，促进一、二、三产业融合发展。

鼓励工商资本发展良种种苗繁育、高标准设施农业、规模化养殖等适合企业化经营的现代种养业，开发农村“四荒”资源发展多种经营，投资开展土地整治和高标准农田建设。引导工商资本增强社会责任，鼓励开展农业环境治理和生态修复，在生产发展中切实保护耕地等农业资源，严禁占用基本农田挖塘栽树及其他毁坏种植条件的行为。

鼓励“公司+农户”共同发展，支持农业企业通过签订订单合同、领办创办农民合作社、提供土地托管服务等方式，带动种养大户、家庭农场等新型农业经营主体发展农业产业化经营，实现合理分工、互利共赢，让农民更多地分享产业增值收益。

284. 如何对工商资本租赁农地进行规范管理?

答:《农业部、中央农办、国土资源部、国家工商总局关于加强对工商资本租赁农地监管和风险防范的意见》第三条规定，为避免工商资本长时间、大面积租赁农地，加剧耕地“非粮化”“非农化”倾向。中央强调对工商资本租赁农地要有严格的门槛，租赁的耕地只能搞农业，不能改变用途；要求坚持土地公有制性质不改变、耕地红线不突破、农民利益不受损三条底线，并建立工商资本租赁农地监管和风险防范机制，严守耕地保护红线，确保农地农用，防止农村集体产权和农民合法利益受到侵害。

各地要按照中央关于对工商资本长时间、大面积租赁农户承包地要有明确上限控制的要求，制定相应控制标准。对租赁期限，应视项目实施情况合理确定，可以采取分期租赁的办法，但一律不得超过二轮承包剩余时间；对租赁面积，由各地综合考虑人均耕地状况、城镇化进程和农村劳动力转移规模、农业科技进步和生产手段改进程度、农业社会化服务水平等因素确定。既可以确定本行政区域内工商资本租赁农地面积占承包耕地总面积比例上限，也可以确定单个企业（组织或个人）租赁农地面积上限。首次租赁面积一律不得超过本级规定的规模上限；确有良好经营业绩的，经批准可进一步扩大租赁规模。

要按照工商资本租地面积的多少，以乡镇、县（市）为主建立农村土地经营权流转分级备案制度。备案事项应包括农地租赁合同、农地使用情况等内容。对租赁农地超过当地上限控制标准或者涉及整村整组流转的，要作为备案重点，提出明确要求。对租地超过县级备案标准的，应在市（地）一级备案，超大规模的应在省一级备案。要通过备案审查准确掌握工商资本租地情况，以利更好实施监督。鼓励各地依法探索建立工商资本租赁农地资格审查、项目审核制度。

285. 健全工商资本租赁农地的风险防范机制有哪些?

答:《农业部、中央农办、国土资源部、国家工商总局关于加强对工商资本租赁农地监管和风险防范的意见》第四条规定，坚持以保障承包农户合法权益为核心，加强风险防范。工商资本租赁农地应通过公开市场规范进行。鼓励加快发展多种形式的土地经营权流转市场，建立健全市场运行规范，明确交易原则、交易内容、交易方式、交易程序、监督管理及相关责任等事项。严禁工商资本借政府或基层组织通过下指标、定任务等方式强迫农户流转农地，凡是整村整组流转的，必须经全体农户书面委托，不能以少数服从多数的名义，将农户承包地集中对外招商经营，防止强迫命令，搞“一刀切”，防止少数基层干部私相授受，谋取私利。对工商资本租赁农地，要指导其与农户签订规范的流转合同。流转合同中应明确土地流转用途、风险保障、土地复垦、能否抵押担保和再流转，以及违约责任等事项。加强流转合同的履约监督，建立健全纠纷调解仲裁体系，引导流转双方依法依规解决流转矛盾。

工商资本租赁农地应先付租金、后用地。各地可按照流入方缴纳为主、政府适当补助的原则，建立健全租赁农地风险保障金制度，用于防范承包农户权益受损。租地企业（组织或个人）可以按一定时限或按一定比例缴纳风险保障金。租赁合同期满租赁者无违约行为的，应当及时予以退还。抓紧研究制定租赁农地风险保障金使用管理办法，有条件的地方可以探索与开展农业保险、担保相结合，提高风险保障能力。

286. 什么情况下村民委员会成员的职务自行终止？

答：根据《福建省实施〈中华人民共和国村民委员会组织法〉办法》第十二条规定，村民委员会成员应当遵守法律、法规和国家政策，依法履行职责。在任职期间，存在以下情形之一的，其职务自行终止：（1）丧失行为能力的；（2）被判处刑罚的；（3）违反计划生育法律、法规规定多生育或者婚外生育的；（4）连续两次被村民会议或者村民代表会议评议不称职的；（5）连续六个月以上不履行或者不能履行职务的。

村民委员会成员职务终止的，村民委员会应当向全体村民公告。村民委员会不公告的，由乡、民族乡、镇的人民政府督促村民委员会公告。

287. 村干部是不是国家公职人员？

答：我国农村实行村民自治制度，村干部不是上级指派的，不是公务员，也没有在国家行政或事业编制之内，而是由村民选举出来的带头人和管理者。但是2020年7月1日《公职人员政务处分法》生效后，其中列举的6

类公职人员中，包含了基层群众性自治组织中从事管理的人员，即村干部已经被正式列入了公职人员的行列。《公职人员政务处分法》第二十二条规定，基层群众性自治组织中从事管理的人员有违法行为的，监察机关可以予以警告、记过、记大过。基层群众性自治组织中从事管理的人员受到政务处分的，应当由县级或者乡镇人民政府根据具体情况减发或者扣发补贴、奖金。因此，根据上述规定，若村干部在集体资产管理、土地问题、各地补助资金发放、涉黑涉恶问题、乡村发展致富等方面工作不力，也将受到政务处分。

288. 什么是农村“三变”改革？

答：根据相关文件政策规定，“三变”改革是指通过市场化运作方式，深入开展农村资源变资产、资金变股金、农民变股东三项改革。

289. 落实“三变”改革可采取哪些措施？

答：落实“三变”改革，可采取的措施有：（1）坚持市场导向。立足本地条件，因地制宜选择适合本地发展的特色优势产业，作为“三变”改革的对接项目。（2）培育承接主体。采取内引外联、扶持培育等方式，引入一批规模大、实力强、信誉好的龙头企业、合作社等，作为承接“三变”改革的经营主体，鼓励和支持本地工商企业以及经济合作社或股份经济合作社、返乡下乡人员创办农业企业等，参与农村“三变”改革。（3）开展股份合作。参与“三变”改革各方，在协商一致的基础上，搭建合作平台，建立股份化的合作经营机制和利益联结机制，规范出资者、经营者以及各类股东之间的利益关系。（4）推进项目建设。制订项目实施方案，确定建设内容、建设规模和建设周期，明确分工协作和权利责任，持续做好项目实施各个环节的跟踪服务，督促各方按时间节点稳步推进项目实施。

290. 如何防范“三变”改革面临的风险？

答：“三变”改革面临多重风险，应及时科学研判，分类指导，循序渐进、稳步实施、审慎推进，建立有效的防范机制，加强农民权益的保护，强化民主管理、民主决策及对经营主体的监督，公开“三变”改革的全过程，扩大农民的知情权和参与权，强化承接主体、农村集体和农户的契约责任，合理设置股权分配比例，提倡采取保底收益加分红的方式，使集体和农民稳定获取收益，完善风险规避措施，发挥保险的功能作用，提高“三变”承接主体的抗风险能力，切实防止因经营亏损导致集体和农民利益受损。

291. 如何防控农村集体“三资”管理的风险？

答：应加强农村集体“三资”委托代理体系建设，完善监督管理、民主决策和收益分配制度，健全财务收入预算、开支审批、现金管理、民主理财、财务公开等制度，完善集体资产、资源管理台账，严格控制非经营性支出，杜绝不良债务。

涉及“三资”管理的重大事项，包括集体资产购置或者处分，重大投资项目、资产资源经营方式确定和变更等，都要履行规定程序，实行民主决策，公开接受群众监督。

把农村集体资产管理、集体收益分配、集体财务收支等纳入农村审计重要内容。

292. 农村集体资金、资产、资源管理的原则是什么？

答：农村集体资金、资产、资源管理要充分体现农民群众的主体地位，切实维护农民的权益。必须坚持民主的原则，保障集体经济组织成员对资金、资产、资源占有、使用、收益和分配的知情权、决策权、管理权、监督权。必须坚持公开的原则，资金的使用和收益应当向全体成员公开，资产和资源的承包、租赁、出让应当实行招标投标或公开竞价。必须坚持成员受益的原则，遵循资金、资产、资源管理的规律和特点，采取不同的经营模式和管理方式，提高经营管理水平，节本增效，确保资金、资产、资源的安全和保值增值，让农民群众随着集体经济壮大，得到更多的实惠。

293. 农村集体资金管理需要规范哪些制度？

答：（1）财务收入管理制度。集体经济组织的经营、发包、租赁、投资、资产处置等集体收入，上级转移支付资金以及补助、补偿资金，社会捐赠资金，“一事一议”资金，集体建设用地收益等，应当及时入账核算，做到应收尽收。严禁公款私存、私设小金库。要加强票据管理，杜绝“白条”抵库。要定期与开户银行核对账目，定期盘点库存现金，做到日清月结，账款相符，账实相符。

（2）财务开支审批制度。日常开支按规定程序审批，重大事项开支应当履行民主程序。财务开支事项发生时，经手人必须取得合法的原始凭证，注明用途并签字（盖章），交民主理财小组集体审核。审核同意后，由民主理财小组组长签字（盖章），报经主管财务的负责人审批同意并签字（盖章），由会计人员审核记账。财务流程完成后，要按照财务公开程序进行公开，接受全体成员监督。

（3）财务预决算制度。年初应当编制全年资金预算方案，按民主程序形成决议并张榜公布；预算调整时，要严格履行相关程序。年终应当及时进行决算，并将预算执行情况和决算结果向全体成员公布。

（4）资金管理岗位责任制度。明确各财务管理岗位的职责、权限，实行账、款分管，支票、财务印鉴分别保管。实行会计委托代理的地方，要按照会计核算主体分设账户（簿）。应当尊重各集体经济组织的资产所有权和财产管理自主权，不得改变集体资金的性质。

（5）财务公开制度。集体经济组织应当将财务活动情况及有关账目，定期逐笔逐项向全体成员公布，接受群众监督。年初公布财务收支计划，每月或每季度公布各项收入、支出情况，年末公布各项财产、债权债务、收益分配等情况。

294. 健全农村集体资产管理需要完善哪些制度？

答：（1）资产清查制度。定期进行资产清查，重点清查核实集体经济组织所有的各种资产、负债和所有者权益，做到账实、账款相符。

（2）资产台账制度。集体所有的房屋、建筑物、机器、设备、工具、器具和农业基本建设设施等固定资产，要按资产的类别建立固定资产台账，及时记录资产增减变动情况。资产台账的内容主要包括：资产的名称、类别、数量、单位、购建时间、预计使用年限、原始价值、折旧额、净值等。实行承包、租赁经营的，还应当登记承包、租赁单位（人员）名称，承包费或租赁金以及承包、租赁期限等。已出让或报废的，应当及时核销。

（3）资产评估制度。集体经济组织以招标投标方式承包、租赁、出让集体资产，以参股、联营、合作方式经营集体资产，集体经济组织实行产权制度改革、合并或者分设等，应当进行资产评估。评估由农村经营管理部门或具有资质的单位实施。评估结果要按权属关系经集体经济组织成员的全体村民会议或村民代表会议确认。

（4）资产承包、租赁、出让制度。集体资产实行承包、租赁、出让应当制订相关方案，明确资产的名称、数量、用途，承包、租赁、出让的条件及其价格，是否招标投标等事项；同时履行民主程序。集体资产承包、租赁、出让经营时，应当签订经济合同，明确双方的权利、义务、违约责任等，并向全体成员公开。经济合同及有关资料应当及时归档并报乡（镇）农村经营管理站备案。

（5）资产经营制度。集体资产实行承包、租赁、出让经营的，要加强合同履行的监督检查，公开合同履行情况；收取的承包费和租赁金归集体经济组织所有，纳入账内核算。集体经济组织统一经营的资产，要明确经营管理责任人的责任和经营目标，确定决策机制、管理机制和收益分配机制，并向全体成员公开。集体经济组织实行股份制或者股份合作制经营的，其股份收益归集体经济组织所有，纳入账内核算。要定期对集体资产的使用、维护和收益进行检查，确保集体资产的安全和保值增值。

295. 农村集体资源管理需要建立哪些制度？

答：（1）资源登记簿制度。法律规定属于集体所有的土地、林地、草地、荒地、滩涂等集体资源，应当建立集体资源登记簿，逐项记录。资源登记簿的主要内容包括：资源的名称、类别、坐落、面积等。实行承包、租赁经营的集体资源，还应当登记资源承包、租赁单位（个人）的名称、地址，承包、租赁资源的用途，承包费或租赁金，期限和起止日期等。农村集体建设用地以及发生农村集体建设用地使用权出让事项等要重点记录。

（2）公开协商和招标投标制度。集体所有且没有采取家庭承包方式的荒山、荒沟、荒丘、荒滩，以及果园、养殖水面等集体资源的承包、租赁，应当采取公开协商或者招标投标的方式进行。以公开协商方式承包、租赁集体资源的，承包费、租赁金由双方议定。以招标投标方式承包、租赁集体资源的，承包费、租赁金应当通过公开竞标、竞价确定。招标应当确定方案，载明招标人的名称和地址，明确项目的名称、数量、用途、期限、标底等内容；招标方案必须履行民主程序。在招标中，同等条件下，本集体经济组织成员享有优先中标权。招标投标方案、招标公告、招标合同和相关资料应当报乡（镇）农村经营管理站备案。

（3）资源承包、租赁合同管理制度。集体资源的承包、租赁应当签订书面协议，统一编号，实行合同管理。合同应当使用统一文本，明确双方的权利、义务、违约责任等。上交的收入归集体经济组织所有，纳入账内核算并定期公开。经济合同及有关资料应及时归档并报乡（镇）农村经营管理站备案。

（4）集体建设用地收益专项管理制度。农村集体建设用地是集体资产和资源的重要组成部分，其收益归集体经济组织所有，主要用于发展生产、增加集体积累、集体福利和公益事业等方面，改善农民的生产生活条件，不得用于发放干部报酬、支付招待费用等非生产性开支。农村集体建设用地收益要纳入账内核算，严格实行专户存储、专账管理、专款专用、专项审计监督。

296. 强化民主管理和民主监督在农村集体“三资”管理中具体表现在哪些方面？

答：民主管理和民主监督是加强集体资金、资产和资源管理的基础，是完善集体经济组织管理体制和机制的重要方面。集体经济组织的年度财务预算和决算，年度收益分配方案，集体资金、资产、资源经营方式的确定及变更，购置或者处分重要固定资产，重大投资项目或举债，集体经济组织产权制度改革，以及其他有关集体资金、资产、资源管理的重大事项，都要依法召开本集体经济组织成员的全体村民会议或村民代表会议，履行民主程序。集体经济组织应当定期向本集体经济组织成员公布资金、资产、资源运营情况，听取本集体经济组织成员对集体资金、资产、资源管理工作的意见和建议，接受全体成员的监督。村务公开监督小组或者民主理财小组应当对集体资金、资产、资源管理的事项进行监督，对集体资金、资产、资源的使用、维护和收益分配不当的提出整改意见。

297. 什么是农村股份经济合作社？

答：农村集体经济组织是集体资产管理的主体，是特殊的经济组织，可以称为经济合作社，也可以称为股份经济合作社。现阶段可由县级以上地方政府主管部门负责向农村集体经济组织发放组织登记证书，农村集体经济组织可据此向有关部门办理银行开户等相关手续，以便开展经营管理活动。发挥好农村集体经济组织在管理集体资产、开发集体资源、发展集体经济、服务集体成员等方面的功能作用。在基层党组织领导下，探索明晰农村集体经济组织与村民委员会的职能关系，有效承担集体经济经营管理事务和村民自治事务。

298. 如何设置农村集体经济组织的股权？

答：根据实际情况由村集体经济组织成员大会讨论决定股权设置。原则上可设置集体股、个人股。集体股是按照集体资产净额的一定比例折股量化，由全体成员共同所有的资产，集体股所占总股本的比例由村集体经济组织成员大会讨论决定，也可以根据实际情况不设立集体股；个人股按集体资产净额的总值或一定比例折股量化，无偿或部分有偿地由符合条件的集体经济组织成员按份享有。

股份量化中股权分配对象的确认、股权配置比例的确定，除法律、法规和现行政策有明确规定外，要张榜公布，反复协商，并提交村集体经济组织成员大会民主讨论，经三分之二村集体经济组织成员通过后方可实施。

在清产核资和成员确认的基础上，将农村集体经营性资产以股份或者份额的形式量化到本集体成员，作为其参加集体收益分配的基本依据。股权设置应以成员股为主，是否设置集体股由本集体经济组织成员民主讨论决定。集体股可用于处置遗留问题、补缴税费、社会保障支出和必要的公益性支出。

299. 如何管理农村集体经济组织股权？

答：集体资产折股量化到户的股权确定后，应及时向股东出具股权证书，作为参与管理决策、享有收益分配的凭证，量化的股权可以继承，满足一定条件的情况下可以在本集体经济组织内部转让，但不得退股。同时，村集体经济组织要召开股东大会，选举产生董事会、监事会，建立符合现代企业管理要求的集体经济组织治理结构。

股权管理提倡实行不随人口增减变动而调整的方式，新增人口主要通过分享家庭内拥有的集体资产权益的办法，按章程获得集体资产份额和集体成员身份。探索农民对集体资产股份有偿退出的条件和程序，现阶段农民持有的集体资产股份有偿退出不得突破本集体经济组织的范围，可以在本集体内部转让或者由本集体赎回。

300. 壮大农村集体经济的具体措施主要有哪些?

答：党的十九大报告指出“要深化农村集体产权制度改革，保障农民的财产权益，壮大集体经济”。根据紧紧围绕农村集体“经济组织实体化、资产占有股份化、资产经营市场化”的要求，提高农村集体经济组织“造血”功能，可以采取的具体措施有：

（1）大力发展物业经济增收。鼓励经济合作社或股份经济合作社在符合土地利用规划、用地政策和城乡建设规划的前提下，围绕本地产业需要，建设标准化厂房、商铺、仓储库房、农机大院、钢结构大棚等生产经营服务设施，也可在城镇街道、人口集聚区或工业集中区异地购置商品房、门面房等经营性固定资产，异地置业，通过发包租赁取得收入。

（2）积极盘活集体资产增收。对产权明晰、长期闲置的旧校舍、旧村部，实施改造修缮，对产权不明晰的空闲农村校舍，优先支持经济合作社或股份经济合作社通过适当的方式取得所有权或长期使用权，通过产权流转交易平台公开发包租赁，盘活经营性资产。

（3）合理开发集体资源增收。围绕当地主导产业和特色产业，引入现代农业项目，与农业经营主体合作建设农产品种养基地，发展现代高效生态农业、特色林业和林下经济，兴办高效农业、设施农业、生态农业、观光农业示范项目，带动农民发展优势突出和特色鲜明的产业，形成“一村一品”，推进一、二、三产业融合发展。

（4）开展经营服务增收。鼓励经济合作社或股份经济合作社结合产业发展的需要，举办各类农民专业合作社和兴办运输队、装卸队、农机服务公司、劳动服务公司、物业服务公司等配套服务业，为经营主体开展产品加工运销、农机作业、物资供应、病虫害防治等生产经营服务；创办综合服务社、便民服务店等，开展环卫、商贸、道路养护、绿化管护等服务创收。

（5）发展休闲农业和乡村旅游增收。结合农业观光园、采摘园以及美丽乡村中心村建设，打造精品旅游线路、特色旅游产品。利用当地自然、文化和生态资源，引导农民盘活闲置房屋资产，发展民俗景点、文化客栈、农家乐等乡村旅游服务，积极推进旅游配套设施建设，通过发展餐饮、住宿、停车场、文化体育、休闲观光等服务项目，增加经济合作社或股份经济合作社及成员收入。

四、农民专业合作社

301. 什么是农民专业合作社或农民专业合作社联合社？

答：《农民专业合作社法》第二条规定，农民专业合作社，是指在农村家庭承包经营基础上，农产品的生产经营者或者农业生产经营服务的提供者、利用者，自愿联合、民主管理的互助性经济组织。第五十六条规定，三个以上的农民专业合作社在自愿的基础上，可以出资设立农民专业合作社联合社。

302. 农民专业合作社可以开展哪些业务？

答：《农民专业合作社法》第三条规定，农民专业合作社以其成员为主要服务对象，开展以下一种或者多种业务：

（1）农业生产资料的购买、使用；

（2）农产品的生产、销售、加工、运输、贮藏及其他相关服务；

（3）农村民间工艺及制品、休闲农业和乡村旅游资源的开发经营等；

（4）与农业生产经营有关的技术、信息、设施建设运营等服务。

303. 农民专业合作社的无限责任及成员的有限责任是什么？

答：《农民专业合作社法》第五条第一款规定，农民专业合作社依照本法登记，取得法人资格。

第五条第二款规定，农民专业合作社对由成员出资、公积金、国家财政直接补助、他人捐赠以及合法取得的其他资产所形成的财产，享有占有、使用和处分的权利，并以上述财产对债务承担责任。

第六条规定，农民专业合作社成员以其账户内记载的出资额和公积金份额为限对农民专业合作社承担责任。

304. 设立农民专业合作社应具备哪些条件?

答:《农民专业合作社法》第十二条规定，设立农民专业合作社，应当具备下列条件:

（1）有五名以上符合本法第十九条、第二十条规定的成员;

（2）有符合本法规定的章程;

（3）有符合本法规定的组织机构;

（4）有符合法律、行政法规规定的名称和章程确定的住所;

（5）有符合章程规定的成员出资。

305. 农民专业合作社成员出资有什么要求?

答:《农民专业合作社法》第十三条第一款规定，农民专业合作社成员可以用货币出资，也可以用实物、知识产权、土地经营权、林权等可以用货币估价并可以依法转让的非货币财产，以及章程规定的其他方式作价出资;但是，法律、行政法规规定不得作为出资的财产除外。

第十三条第二款规定，农民专业合作社成员不得以对该社或者其他成员的债权，充抵出资;不得以缴纳的出资，抵销对该社或者其他成员的债务。

306. 农民专业合作社如何办理申请设立登记?

答:《农民专业合作社法》第十六条第一款规定，设立农民专业合作社，应当向工商行政管理部门提交下列文件，申请设立登记:

（1）登记申请书;

（2）全体设立人签名、盖章的设立大会纪要;

（3）全体设立人签名、盖章的章程;

（4）法定代表人、理事的任职文件及身份证明;

（5）出资成员签名、盖章的出资清单;

（6）住所使用证明;

（7）法律、行政法规规定的其他文件。

第十六条第二款规定，登记机关应当自受理登记申请之日起二十日内办理完毕，向符合登记条件的申请者颁发营业执照，登记类型为农民专业合作社。

307. 成为农民专业合作社成员有哪些特定要求？

答：《农民专业合作社法》第十九条第一款规定，具有民事行为能力的公民，以及从事与农民专业合作社业务直接有关的生产经营活动的企业、事业单位或者社会组织，能够利用农民专业合作社提供的服务，承认并遵守农民专业合作社章程，履行章程规定的入社手续的，可以成为农民专业合作社的成员。但是，具有管理公共事务职能的单位不得加入农民专业合作社。

第十九条第二款规定，农民专业合作社应当置备成员名册，并报登记机关。

第二十条第一款规定，农民专业合作社的成员中，农民至少应当占成员总数的百分之八十。

第二十条第二款规定，成员总数二十人以下的，可以有一个企业、事业单位或者社会组织成员；成员总数超过二十人的，企业、事业单位和社会组织成员不得超过成员总数的百分之五。

308. 农民专业合作社成员应提供哪些身份证明材料？

答：《农民专业合作社登记管理条例》第十五条规定，农民专业合作社的成员为农民的，成员身份证明为农业人口户口簿；无农业人口户口簿的，成员身份证明为居民身份证和土地承包经营权证或者村民委员会（居民委员会）出具的身份证明。

农民专业合作社的成员不属于农民的，成员身份证明为居民身份证。

农民专业合作社的成员为企业、事业单位或者社会团体的，成员身份证明为企业法人营业执照或者其他登记证书。

309. 农民专业合作社成员选举权和表决权有哪些特别规定？

答：《农民专业合作社法》第二十二条第一款规定，农民专业合作社成员大会选举和表决，实行一人一票制，成员各享有一票的基本表决权。

第二十二条第二款规定，出资额或者与本社交易量（额）较大的成员按照章程规定，可以享有附加表决权。本社的附加表决权总票数，不得超过本社成员基本表决权总票数的百分之二十。享有附加表决权的成员及其享有的附加表决权数，应当在每次成员大会召开时告知出席会议的全体成员。

310. 农民专业合作社入社、退社有哪些规定？

答：《农民专业合作社法》第二十四条规定，符合本法第十九条、第二十条规定的公民、企业、事业单位或者社会组织，要求加入已成立的农民专业合作社，应当向理事长或者理事会提出书面申请，经成员大会或者成员代表大会表决通过后，成为本社成员。

第二十五条规定，农民专业合作社成员要求退社的，应当在会计年度终了的三个月前向理事长或者理事会提出书面申请；其中，企业、事业单位或者社会组织成员退社，应当在会计年度终了的六个月前提出；章程另有规定的，从其规定。退社成员的成员资格自会计年度终了时终止。

311. 农民专业合作社成员予以除名应履行哪些程序？

答：《农民专业合作社法》第二十六条规定，农民专业合作社成员不遵守农民专业合作社的章程、成员大会或者成员代表大会的决议，或者严重危害其他成员及农民专业合作社利益的，可以予以除名。

成员的除名，应当经成员大会或者成员代表大会表决通过。

在实施前款规定时，应当为该成员提供陈述意见的机会。

被除名成员的成员资格自会计年度终了时终止。

312. 成员资格终止后，应如何结算？

答：《农民专业合作社法》第二十七条规定，成员在其资格终止前与农民专业合作社已订立的合同，应当继续履行；章程另有规定或者与本社另有约定的除外。

第二十八条规定，成员资格终止的，农民专业合作社应当按照章程规定的方式和期限，退还记载在该成员账户内的出资额和公积金份额；对成员资格终止前的可分配盈余，依照本法第四十四条的规定向其返还。

资格终止的成员应当按照章程规定分摊资格终止前本社的亏损及债务。

313. 农民专业合作社成员大会决议应遵守哪些程序？

答：《农民专业合作社法》第三十条规定，农民专业合作社召开成员大会，出席人数应当达到成员总数三分之二以上。

成员大会选举或者作出决议，应当由本社成员表决权总数过半数通过；

作出修改章程或者合并、分立、解散，以及设立、加入联合社的决议应当由本社成员表决权总数的三分之二以上通过。章程对表决权数有较高规定的，从其规定。

314. 农民专业合作社管理人员有哪些禁止行为？

答：《农民专业合作社法》第三十六条规定，农民专业合作社的理事长、理事和管理人员不得有下列行为：

（1）侵占、挪用或者私分本社资产；

（2）违反章程规定或者未经成员大会同意，将本社资金借贷给他人或者以本社资产为他人提供担保；

（3）接受他人与本社交易的佣金归为己有；

（4）从事损害本社经济利益的其他活动。

理事长、理事和管理人员违反前款规定所得的收入，应当归本社所有；给本社造成损失的，应当承担赔偿责任。

第三十七条规定，农民专业合作社的理事长、理事、经理不得兼任业务性质相同的其他农民专业合作社的理事长、理事、监事、经理。

第三十八条规定，执行与农民专业合作社业务有关公务的人员，不得担任农民专业合作社的理事长、理事、监事、经理或者财务会计人员。

315. 成员账户应记载哪些内容？

答：《农民专业合作社法》第四十三条规定，农民专业合作社应当为每个成员设立成员账户，主要记载下列内容：

（1）该成员的出资额；

（2）量化为该成员的公积金份额；

（3）该成员与本社的交易量（额）。

316. 农民专业合作社确定具体分配方案应遵守哪些规定？

答：《农民专业合作社法》第四十四条第一款规定，在弥补亏损、提取公积金后的当年盈余，为农民专业合作社的可分配盈余。可分配盈余主要按照成员与本社的交易量（额）比例返还。

第四十四条第二款规定，可分配盈余按成员与本社的交易量（额）比例返还的返还总额不得低于可分配盈余的百分之六十；返还后的剩余部分，以成员账户中记载的出资额和公积金份额，以及本社接受国家财政直接补助和他人捐赠形成的财产平均量化到成员的份额，按比例分配给本社成员。

第四十四条第三款规定，经成员大会或者成员代表大会表决同意，可以将全部或者部分可分配盈余转为对农民专业合作社的出资，并记载在成员账户中。

第四十四条第四款规定，具体分配办法按照章程规定或者经成员大会决议确定。

317. 哪些情形下，农民专业合作社应予解散？

答：《农民专业合作社法》第四十八规定，农民专业合作社因下列原因解散：

（1）章程规定的解散事由出现；

（2）成员大会决议解散；

（3）因合并或者分立需要解散；

（4）依法被吊销营业执照或者被撤销。

因前款第一项、第二项、第四项原因解散的，应当在解散事由出现之日起十五日内由成员大会推举成员组成清算组，开始解散清算。逾期不能组成清算组的，成员、债权人可以向人民法院申请指定成员组成清算组进行清算，人民法院应当受理该申请，并及时指定成员组成清算组进行清算。

318. 农民专业合作社成立后未经营的，应承担哪些法律责任？

答：《农民专业合作社法》第七十一条规定，农民专业合作社连续两年未从事经营活动的，吊销其营业执照。

319. 农民专业合作社可以享受哪些税收政策？

答：《财政部、国家税务总局关于农民专业合作社有关税收政策的通知》指出，（1）对农民专业合作社销售本社成员生产的农业产品，视同农业生产者销售自产农业产品免征增值税。（2）增值税一般纳税人从农民专业合作社购进的免税农业产品，可按13%的扣除率计算抵扣增值税进项税额。（3）对农民专业合作社向本社成员销售的农膜、种子、种苗、化肥、农药、农机，免征增值税。(4) 对农民专业合作社与本社成员签订的农业产品和农业生产资料购销合同，免征印花税。

320. 发生哪些行为的，农民专业合作社可能被吊销营业执照?

答:《农民专业合作社登记管理条例》第二十七条规定，农民专业合作社有下列行为之一的，由登记机关责令改正；情节严重的，吊销营业执照：

(1) 登记事项发生变更，未申请变更登记的；

(2) 因成员发生变更，使农民成员低于法定比例满6个月的；

(3) 从事业务范围以外的经营活动的；

(4) 变造、出租、出借、转让营业执照的。

321. 哪些变更行为未备案的，农民专业合作社应承担法律责任?

答:《农民专业合作社登记管理条例》第二十八条规定，农民专业合作社有下列行为之一的，由登记机关责令改正：

(1) 未依法将修改后的成员名册报送登记机关备案的；

(2) 未依法将修改后的章程或者章程修正案报送登记机关备案的。

322. 什么是农民专业合作社辅导员?

答:《农业部关于印发〈农民专业合作社辅导员工作规程〉的通知》第二条规定，农民专业合作社辅导员是经农业行政主管（农村经营管理）部门指定或聘任，专职或兼职对农民专业合作社建设与发展给予业务指导、政策咨询、财务会计辅导和服务的人员。农民专业合作社辅导员主要由下列人员组成：

(1) 农业行政主管（农村经营管理）部门中从事农民专业合作社业务和技术指导工作的专职工作人员；

(2) 从事农民专业合作社领域研究的专家和学者；

(3) 有关部门及有关组织中从事与农民专业合作社业务相关工作的人员；

(4) 到农村任职的高校毕业生；

(9) 其他为农民专业合作社提供服务的相关人员。

323. 农民专业合作社申报国家示范社应符合哪些标准?

答:《国家农民专业合作社示范社评定及监测暂行办法》第五条规定，

申报国家示范社的农民专业合作社原则上应是省级示范社，并符合以下标准：

（一）依法登记设立

（1）依照《农民专业合作社法》登记设立，运行2年以上。登记事项发生变更的，农民专业合作社依法办理变更登记。

（2）组织机构代码证、税务登记证齐全。有固定的办公场所和独立的银行账号。

（3）根据本社实际情况并参照农业部《农民专业合作社示范章程》、国家林业局《林业专业合作社示范章程（示范文本）》，制订章程。

（二）实行民主管理

（1）成员（代表）大会、理事会、监事会等组织机构健全，运转有效，各自职责和作用得到充分发挥。

（2）建立完善的财务管理、社务公开、议事决策记录等制度，并认真执行。

（3）每年至少召开一次成员（代表）大会并有完整会议记录，所有出席成员在会议记录或会议签到簿上签名。涉及重大财产处置和重要生产经营活动等事项由成员（代表）大会决议通过。

（4）成员（代表）大会选举和表决实行一人一票制，或采取一人一票制加附加表决权的办法，附加表决权总票数不超过本社成员基本表决权总票数的20%。

（三）财务管理规范

（1）配备必要的会计人员，设置会计账簿，编制会计报表，或委托有关代理记账机构代理记账、核算。财会人员持有会计从业资格证书，会计和出纳互不兼任。财会人员不得兼任监事。

（2）成员账户健全，成员的出资额、公积金量化份额、与本社的交易量（额）和返还盈余等记录准确清楚。

（3）可分配盈余按成员与本社的交易量（额）比例返还，返还总额不低于可分配盈余的60%。与成员没有产品或服务交易的股份合作社，可分配盈余应按成员股份比例进行分配。

（4）每年编制年度业务报告、盈余分配方案或亏损处理方案、财务会计报告，经过监事会审核，在成员（代表）大会召开的十五日前置于办公地点供成员查阅，理事会接受成员质询。

（5）监事会负责对本社财务进行内部审计，审计结果报成员（代表）大会。成员（代表）大会也可以委托审计机构对本社财务进行审计。

（6）国家财政直接补助形成的财产平均量化到成员账户，并建立具体的项目资产管护制度。

（7）按照《农民专业合作社财务会计制度（试行）》规定，年终定期向工商登记机关和农村经营管理部门报送会计报表。

（四）经济实力较强

（1）成员出资总额100万元以上。

（2）固定资产：东部地区200万元以上，中部地区100万元以上，西部地区50万元以上。

（3）年经营收入：东部地区500万元以上，中部地区300万元以上，西部地区150万元以上。

（4）生产鲜活农产品（含林产品，下同）的农民专业合作社参与“农社对接”“农超对接”“农企对接”“农校对接”等，进入林产品交易市场和林产品交易服务平台流通，销售渠道稳定畅通。

（5）生产经营、财务管理、社务管理普遍采用现代技术手段。

（五）服务成效明显

（1）坚持服务成员的宗旨，以本社成员为主要服务对象。

（2）入社成员数量高于本省（区、市）同行业农民专业合作社平均水平，其中，种养业合作社成员数量达到100人以上（特色农林种养业合作社成员数量可适当放宽）。农民成员占合作社成员总数的80%以上，企业、事业单位和社会团体成员不超过成员总数的5%。

（3）成员主要生产资料统一购买率、主要产品（服务）统一销售（提供）率超过80%，新品种、新技术普及推广。

（4）带动农民增收作用突出，成员收入高于本县（市、区）同行业非成员农户收入30%以上。

（六）产品（服务）质量安全

（1）广泛推行标准化，有严格的生产技术操作规范，建立完善的生产、包装、储藏、加工、运输、销售、服务等记录制度，实现产品质量可追溯。

（2）在同行业农民专业合作社中产品质量、科技含量处于领先水平，有注册商标，获得质量标准认证，并在有效期内（不以农产品生产加工为主的合作社除外）。

（七）社会声誉良好

（1）遵纪守法，社风清明，诚实守信，在当地影响大、示范带动作用强。

（2）没有发生生产（质量）安全事故、环境污染、损害成员利益等严重事件，没有行业通报批评等造成不良社会影响，无不良信用记录。

324. 农民专业合作社申报国家示范社有哪些具体程序？

答：《国家农民专业合作社示范社评定及监测暂行办法》第七条规定，申报国家示范社的农民专业合作社应提交本社基本情况等有关材料。具体申报程序：

（1）农民专业合作社向所在地的县级农业行政主管部门及其他业务主管部门提出书面申请；

（2）县级农业行政主管部门会同农业（农机、渔业、畜牧、农垦）、水利、林业、供销社等部门和单位，对申报材料进行真实性审查，征求发改、财政、税务、工商、银行业监督管理机构等单位意见，经地（市）级农业行政主管部门会同其他业务主管部门复核，向省级农业行政主管部门推荐，并报省级有关业务主管部门备案；

（3）省级农业行政主管部门分别征求农业（农机、渔业、畜牧、农垦）、发改、财政、税务、工商、银行业监督管理机构、水利、林业、供销社等部门和单位意见，经专家评审后在媒体上进行公示。经公示无异议的，根据示范社分配名额，以省级农业行政主管部门文件向全国联席会议办公室等额推荐，并附审核意见和相关材料。

325. 国家示范社评定有哪些程序？

答：《国家农民专业合作社示范社评定及监测暂行办法》第十条规定，国家示范社评定要坚持标准，严格程序。

评定程序：

（1）工作组根据各省（区、市）农业行政主管部门会同其他业务主管部门联合审定的推荐意见，对示范社申报材料进行审查，提出国家示范社候选名单和复核意见。

（2）全国联席会议办公室根据工作组的意见和建议，形成评定工作报告报全国联席会议审定。

（3）全国联席会议审定后，在有关媒体上进行公示，公示期为7个工作日。对公示的农民专业合作社有异议的，由地方农业行政主管部门会同有关部门进行核实，提出处理意见。

（4）经公示无异议的农民专业合作社，获得国家农民专业合作社示范社称号，由农业部、国家发改委、财政部、国家税务总局、国家工商总局、中国银监会、水利部、国家林业局、中华全国供销合作总社等部门和单位联合发文并公布名单。

（5）全国联席会议办公室将国家示范社名单汇总，建立国家示范社名录。

五、司法所

326. 司法所规范化建设工作目标是什么？

答：《关于加强司法所规范化建设的意见》第二条规定，建立一支政治坚定、业务精通、作风优良、执法公正的司法所干部队伍，构建一套制度健全、管理规范、运转协调、作用明显的基层司法行政工作体制机制，建立一个设施齐备、功能健全、保障有力的基层司法行政工作平台，达到机构单设、编制单列、人员充实、队伍素质明显提高、内部管理科学规范、作风能力明显改善的目标，使司法所业务工作更加活跃，工作效能明显增强，服务科学发展、服务人民群众的能力和水平显著提高。

327. 司法所设置和管理有哪些要求？

答：《关于加强司法所规范化建设的意见》第三条规定，司法所是县（市、区）司法局的派出机构，一般按行政区划单独设置，原则上每个乡镇（街道）设置一个司法所。根据需要，也可在经济技术开发区、农林牧区等设置司法所。司法所实行县（市、区）司法局和乡镇人民政府（街道办事处）双重管理，以司法局为主的管理体制。

《司法部关于进一步加强司法行政基层建设的意见》规定，按照“机构独立、编制单列、职能强化、管理规范”的要求，巩固“一乡（镇）一所”的司法所设置格局。积极推动街道司法所建设，积极推动在经济技术开发区、农林牧区等区域建立司法所，不断扩大司法所组织网络覆盖面。积极探索在本区域内将司法所工作与组织网络延伸到基层社区（村居）的有益做法，更好地服务基层、方便群众。

328. 司法所人员配置有什么要求？

答：《关于加强司法所规范化建设的意见》第三条规定，司法所工作人员党（团）关系实行属地管理。司法所有 3 名正式党（团）员的，应建立党（团）支部或党小组，健全党（团）组织生活，发挥党（团）员先锋模范作用。司法所实行所长负责制，设所长一人，根据需要可设副所长。司法所应当配备 3 名以上工作人员，有条件的地方，应当配备 5 名以上工作人员。

329. 司法所工作人员应当具备哪些条件？

答：《关于加强司法所规范化建设的意见》第三条规定，司法所政法专项编制工作人员应具有相关的法律专业知识和一定的工作经验，录用必须坚持“凡进必考”的原则。未经县（市、区）司法局同意，不得调离或转任其他工作岗位。司法所所长应当具有大专以上法律专业学历，具有较高的政治素养，熟练掌握基层司法行政工作业务知识和工作技能，具备较强的组织、协调能力，能够贯彻落实上级工作部署和管理要求。

330. 司法所主要承担哪些职能？

答：《关于加强司法所规范化建设的意见》第三条规定，司法所主要承担九项职能：（1）指导管理人民调解工作，参与调解疑难、复杂民间纠纷；（2）承担社区矫正日常工作，组织开展对非监禁服刑人员的管理、教育和帮助；（3）开展法律援助工作，指导管理基层法律服务工作；（4）协调有关部门和单位开展对刑释解教人员的安置帮教工作；（5）组织开展法制宣传教育工作；（6）组织开展基层依法治理工作，为乡镇人民政府（街道办事处）依法行政、依法管理提供法律意见和建议；（7）协助基层政府处理社会矛盾纠纷；（8）参与社会治安综合治理工作；（9）完成上级司法行政机关和乡镇人民政府（街道办事处）交办的维护社会稳定的有关工作。

331. 司法所如何做好人民调解工作？

答：《关于加强司法所规范化建设的意见》第三条规定，加强人民调解组织建设，着力抓好乡镇（街道）、村（居）调委会建设，选配好调解员，开展业务培训，提高调解员的政治、业务素质；加强业务指导，建立健全矛盾纠纷预警、排查、调处机制，开展经常性的矛盾纠纷排查调处工作，积极拓展调解领域，广泛参与涉及民生问题纠纷的调解，积极参与重大疑难和易激化民间纠纷的调解，接受有关部门和群众的监督，及时发现纠正不当和错误的调解；依法规范人民调解协议书制作，提高人民调解质量；推进人民调解与行政调解、司法调解的衔接配合，充分发挥人民调解在大调解工作体系中的基础作用；主动向党委政府和有关部门反映情况意见，争取重视和支持，解决工作难题，维护调解员正当权利，保障调委会组织、制度、工作、场所、经费、报酬的落实。

332. 司法所如何做好社区矫正相关工作？

答：《关于加强司法所规范化建设的意见》第三条规定，加强与有关部门的衔接，做好社区服刑人员接收和登记工作，保证矫正手续完备、资料齐全，矫正对象档案资料齐全，记录及时规范；加强对社区服刑人员的教育矫正、监督管理和帮困扶助，主动协调有关部门认真做好社区服刑人员的就业培训、生活保障和困难帮扶工作，防止社区服刑人员脱管失控；加强规范化建设，提高矫正工作质量，把重新违法犯罪率控制在较低水平。司法所根据社区矫正机构的委托，承担社区矫正相关工作。

【律师分析/建议】根据2020年7月1日施行的《社区矫正法》第八条之规定，县级以上地方人民政府司法行政部门主管本行政区域内的社区矫正工作。地方人民政府根据需要设立社区矫正委员会，负责统筹协调和指导本行政区域内的社区矫正工作。第九条规定，县级以上地方人民政府根据需要设置社区矫正机构，负责社区矫正工作的具体实施。社区矫正机构的设置和撤销，由县级以上地方人民政府司法行政部门提出意见，按照规定的权限和程序审批。司法所根据社区矫正机构的委托，承担社区矫正相关工作。第二十五条规定，社区矫正机构应当根据社区矫正对象的情况，为其确定矫正小组，负责落实相应的矫正方案。根据需要，矫正小组可以由司法所、居民委员会、村民委员会的人员，社区矫正对象的监护人、家庭成员，所在单位或者就读学校的人员以及社会工作者、志愿者等组成。这几处规定中出现多个主体，从文字表述上看是各自分工、职责不同，但实践中未予明确各主体职权界限和职责范围，建议进一步明确司法行政部门、社区矫正委员会、社区矫正机构和矫正小组四者之间的关系，使法律规定更具有可操作性。

333. 司法所如何开展法律援助工作？

答：《关于加强司法所规范化建设的意见》第三条规定，根据上级司法行政机关有关政策规定，负责法律援助工作站业务工作开展，保持法律援助站运转。做好规划、指导与监督本乡镇（街道）的基层法律服务工作。指导基层法律服务所认真履行职能，积极开拓业务，提高服务质量，为广大群众提供方便快捷、收费低廉的法律服务。加强队伍思想建设、业务建设和执业监督检查工作，保障基层法律服务工作者依法执业，恪守职业道德和执业纪律。

334. 司法所如何开展刑释解教人员的安置帮教工作？

答：《关于加强司法所规范化建设的意见》第三条规定，协调有关部门和单位，开展好对刑释解教人员的安置帮教工作。承担安置帮教工作的规划、组织、实施和有关协调工作，建立健全工作队伍、组织网络、工作制度和运行机制；认真贯彻“首要标准”的要求，全面掌握本行政区域刑释解教人员和在押在教人员情况，加强衔接管理，落实帮教措施；动员组织社会力量共同解决安置帮教工作中的困难和问题，不断提高安置率和帮教质量。

335. 司法所如何组织开展基层依法治理工作？

答：《关于加强司法所规范化建设的意见》第三条规定，组织开展基层依法治理工作，为乡镇人民政府（街道办事处）依法行政、依法管理提供法律意见和建议。协助制定依法治理工作规划，积极推进依法治乡（街）、村（居）等各层次依法治理活动；协助建立行政执法责任制和检查监督机制，加强对基层干部法律培训，不断提高其依法行政意识和依法行政的水平；发挥参谋助手作用，主动为乡镇政府（街道办事处）的政务决策、建章立制和行政执法提供法律咨询和建议，协助乡镇人民政府（街道办事处）依法处理好本地区的重大经济、社会事务。

336. 司法所如何协助基层政府处理社会矛盾纠纷？

答：《关于加强司法所规范化建设的意见》第三条规定，根据基层政府委托，协助基层政府及时受理调处群众要求政府解决的纠纷或调解委员会解决不了的疑难纠纷；贯彻调解优先、依法处置原则，主动争取有关部门协助，及时妥善化解矛盾纠纷，对重大疑难纠纷特别是群体性纠纷、随时可能激化的纠纷，在采取必要措施进行疏导的同时，及时向当地党委、政府和有关部门汇报，并协助做好相关工作。

337. 司法所如何参与社会治安综合治理工作？

答：《关于加强司法所规范化建设的意见》第三条规定，在当地党委政府领导下，按照综治部门的部署，发挥职能优势，积极参与对本地区治安隐患和不安定因素的排查、治理和防范工作，协助参与对外来流动人口的管理工作，协助组织开展安全创建等群众性活动。

338. 司法所如何建立健全工作制度？

答：《关于加强司法所规范化建设的意见》第三条规定，健全完善请示汇报制度、政治业务学习制度、岗位目标责任制度、公开公示制度、廉政勤政制度、执法监督与执法过错责任追究制度、考评奖惩制度、档案管理制度、报表统计上报制度、办公交通工具管理制度等各项管理制度；建立健全人民调解、社区矫正、安置帮教等工作制度，落实责任，加强考核，严明奖惩，保障司法所业务和日常工作有序高效。

339. 司法所办公用房有哪些要求？

答：《关于加强司法所规范化建设的意见》第三条规定，乡镇街道司法所 120 平方米以上。乡镇街道司法所办公用房要有齐全的土地证或产权确权证明。加强司法所办公用房管理，严禁出租、出让和转借办公用房。

《司法部关于进一步加强乡镇司法所建设的意见》第三条规定，根据职能和业务要求，合理设置、及时调整业务用房使用功能，更好地适应办公值班、人民调解、社区矫正、法律援助、安置帮教、法律服务、档案管理等工作需要。为司法所配置适合工作需要的办公、通信、交通工具。要建立健全业务用房档案资料和业务装备资产账目，加强对司法所国有资产的监督和管理。乡镇司法所业务用房不得出租、出让等。

340. 乡镇司法所职责是什么?

答:《司法部关于进一步加强乡镇司法所建设的意见》第四条规定，司法所要履行好指导和管理人民调解、社区矫正、法律援助、基层法律服务、安置帮教、法制宣传、依法治理等各项职责。要坚持围绕中心、服务大局，坚持以人为本、服务为民，紧紧围绕党委、政府的中心工作，围绕人民群众的需求，充分发挥职能作用，做好各项业务工作。要根据形势任务的变化，适应经济社会发展的需要，坚持改革创新，不断丰富工作内容，拓展工作领域，创新工作方式方法，更好地履行司法所职责。

341. 司法所装备包括哪些范围?

答:《福建省司法所装备管理暂行办法》第二条规定，司法所装备是指使用中央政法补助专款和各级财政配套资金购置的司法所装备物资，主要包括：汽车、摩托车、计算机、打印机、复印机、传真机、照相机、摄像机、一体机等。

342. 司法所装备使用管理的主要职责是什么?

答:《福建省司法所装备管理暂行办法》第七条规定，司法所是装备的日常使用管理部门。主要职责是：(1) 建立本所装备台账和领用手续，确定专人保管，人员调整时，应做好资产交接手续。(2) 定期进行资产的检查核实，确保司法所装备物资的完整，安全防范措施到位。(3) 做好装备的保养维护，确保装备性能完好。(4) 使用交通工具必须做到保险、证照齐全。夜间及节假日期间，交通工具应定点停放，保证安全。严禁擅自改变交通工具用途，不得公车私用，不得转借他人使用；严禁酒后驾驶和无证驾驶。(5) 装备的毁损、报废等，应报告县（市、区）司法局，并按照相关规定办理报批手续。

六、人民调解

343. 什么是人民调解？什么是人民调解委员会？

答：《人民调解法》第二条规定，本法所称人民调解，是指人民调解委员会通过说服、疏导等方法，促使当事人在平等协商基础上自愿达成调解协议，解决民间纠纷的活动，具有群众性、自治性、民间性的基本属性和特征。

第七条规定，人民调解委员会是依法设立的调解民间纠纷的群众性组织。

344. 人民调解委员会调解民间纠纷，应当遵循哪些原则？

答：《人民调解法》第三条规定，人民调解委员会调解民间纠纷，应当遵循下列原则：（1）在当事人自愿、平等的基础上进行调解；（2）不违背法律、法规和国家政策；（3）尊重当事人的权利，不得因调解而阻止当事人依法通过仲裁、行政、司法等途径维护自己的权利。

第四条规定，人民调解委员会调解民间纠纷，不收取任何费用。

345. 人民调解委员会产生应符合哪些规定？

答：《人民调解法》第八条规定，村民委员会、居民委员会设立人民调解委员会。企业事业单位根据需要设立人民调解委员会。人民调解委员会由委员三人至九人组成，设主任一人，必要时，可以设副主任若干人。人民调解委员会应当有妇女成员，多民族居住的地区应当有人数较少民族的成员。

第九条规定，村民委员会、居民委员会的人民调解委员会委员由村民会议或者村民代表会议、居民会议推选产生；企业事业单位设立的人民调解委员会委员由职工大会、职工代表大会或者工会组织推选产生。人民调解委员会委员每届任期三年，可以连选连任。

346. 担任人民调解员需要具备哪些条件？

答：《人民调解工作若干规定》第二条规定，人民调解员是由人民调解委员会委员、调解员组成，经群众选举或者接受聘任，在人民调解委员会领导下，从事人民调解工作的人员。《人民调解法》第十四条的规定，人民调解员应当由公道正派、热心人民调解工作，并具有一定文化水平、政策水平和法律知识的成年公民担任。由人民调解委员会委员和人民调解委员会聘任的人员担任。

347. 人民调解员从事调解工作可以享受哪些福利待遇？

答：《人民调解法》第十六条规定，人民调解员从事调解工作，应当给予适当的误工补贴；因从事调解工作致伤致残，生活发生困难的，当地人民政府应当提供必要的医疗、生活救助；在人民调解工作岗位上牺牲的人民调解员，其配偶、子女按照国家规定享受抚恤和优待。

348. 调解有哪些程序？

答：《人民调解法》第十七条规定，当事人可以向人民调解委员会申请调解；人民调解委员会也可以主动调解。当事人一方明确拒绝调解的，不得调解。人民调解委员会根据调解纠纷的需要，可以指定一名或者数名人民调解员进行调解，也可以由当事人选择一名或者数名人民调解员进行调解。人民调解员根据纠纷的不同情况，可以采取多种方式调解民间纠纷，充分听取当事人的陈述，讲解有关法律、法规和国家政策，耐心疏导，在当事人平等协商、互谅互让的基础上提出纠纷解决方案，帮助当事人自愿达成调解协议。人民调解员调解纠纷，调解不成的，应当终止调解，并依据有关法律、法规的规定，告知当事人可以依法通过仲裁、行政、司法等途径维护自己的权利。人民调解员应当记录调解情况。人民调解委员会应当建立调解工作档案，将调解登记、调解工作记录、调解协议书等材料立卷归档。

349. 当事人在人民调解活动中享有哪些权利？

答：根据《人民调解法》第二十三条以及《人民调解工作若干规定》第六条的规定，当事人在人民调解活动中享有下列权利：（1）选择或者接受人民调解员；（2）接受调解、拒绝调解或者要求终止调解；（3）要求调解公开进行或者不公开进行；（4）自主表达意愿、自愿达成调解协议；（5）要求有关调解人员回避；（6）不受压制强迫，表达真实意愿，提出合理要求。

350. 当事人在人民调解活动中应履行哪些义务？

答：根据《人民调解法》第二十四条以及《人民调解工作若干规定》

第七条的规定，当事人在人民调解活动中履行下列义务：（1）如实陈述纠纷事实，不得提供虚假证明材料；（2）遵守调解现场秩序，尊重人民调解员；（3）遵守调解规则，尊重对方当事人行使权利；（4）自觉履行人民调解协议，不得加剧纠纷、激化矛盾。

351. 调解协议书应载明哪些事项？

答：《人民调解法》第二十九条规定，调解协议书可以载明下列事项：（1）当事人的基本情况；（2）纠纷的主要事实、争议事项以及各方当事人的责任；（3）当事人达成调解协议的内容，履行的方式、期限。调解协议书自各方当事人签名、盖章或者按指印，人民调解员签名并加盖人民调解委员会印章之日起生效。调解协议书由当事人各执一份，人民调解委员会留存一份。

352. 经人民调解委员会调解达成调解协议，效力如何？

答：《人民调解法》第三十一条、第三十三条规定，经人民调解委员会调解达成的调解协议，具有法律约束力，当事人应当按照约定履行。人民调解委员会应当对调解协议的履行情况进行监督，督促当事人履行约定的义务。经人民调解委员会调解达成调解协议后，双方当事人认为有必要的，可以自调解协议生效之日起三十日内共同向人民法院申请司法确认，人民法院应当及时对调解协议进行审查，依法确认调解协议的效力。人民法院依法确认调解协议有效，一方当事人拒绝履行或者未全部履行的，对方当事人可以向人民法院申请强制执行。

353. 当事人对调解协议发生争议时，可以如何解决？

答：《人民调解法》第三十二条、第三十三条规定，经人民调解委员会调解达成调解协议后，当事人之间就调解协议的履行或者调解协议的内容发生争议的，一方当事人可以向人民法院提起诉讼。人民法院依法确认调解协议无效的，当事人可以通过人民调解方式变更原调解协议或者达成新的调解协议，也可以向人民法院提起诉讼。

354. 人民调解委员会的任务是什么？

答：《人民调解工作若干规定》第三条规定，人民调解委员会的任务是：（1）调解民间纠纷，防止民间纠纷激化；（2）通过调解工作宣传法律、法规、规章和政策，教育公民遵纪守法，尊重社会公德，预防民间纠纷发生；(3) 向村民委员会、居民委员会、所在单位和基层人民政府反映民间纠纷和调解工作的情况。

355. 哪些组织和社会团体可以设立人民调解委员会？

答：《人民调解工作若干规定》第十条规定，人民调解委员会可以采用下列形式设立：(1) 农村村民委员会、城市（社区）居民委员会设立的人民调解委员会；(2) 乡镇、街道设立的人民调解委员会；(3) 企业事业单位根据需要设立的人民调解委员会；(4) 根据需要设立的区域性、行业性的人民调解委员会。人民调解委员会的设立及其组成人员，应当向所在地乡镇、街道司法所（科）备案；乡镇、街道人民调解委员会的设立及其组成人员，应当向县级司法行政机关备案。

356. 乡镇、街道人民调解委员会委员应由哪些人员担任？

答：《人民调解工作若干规定》第十三条、第十四条规定，乡镇、街道人民调解委员会委员由下列人员担任：(1) 本乡镇、街道辖区内设立的村民委员会、居民委员会、企业事业单位的人民调解委员会主任；(2) 本乡镇、街道的司法助理员；(3) 在本乡镇、街道辖区内居住的懂法律、有专长、热心人民调解工作的社会志愿人员；(4) 乡镇、街道人民调解委员会委员应当具有一定政策水平和高中以上文化程度。

357. 人民调解员是如何产生的？任期是多长？

答：《人民调解工作若干规定》第十五条规定，人民调解员除由村民委员会成员、居民委员会成员或者企业事业单位有关负责人兼任的以外，一般由本村民区、居民区或者企业事业单位的群众选举产生，也可以由村民委员会、居民委员会或者企业事业单位聘任。乡镇、街道人民调解委员会委员由乡镇、街道司法所（科）聘任。区域性、行业性的人民调解委员会委员，由设立该人民调解委员会的组织聘任。

第十六条规定，人民调解员任期三年，每三年改选或者聘任一次，可以连选连任或者续聘。人民调解员不能履行职务时，由原选举单位或者聘任单位补选、补聘。人民调解员严重失职或者违法乱纪的，由原选举单位或者聘任单位撤换。

358. 人民调解员调解纠纷必须遵守哪些纪律？

答：《人民调解工作若干规定》第十七条和《人民调解委员会组织条例》第十二条规定，人民调解员调解纠纷，必须遵守下列纪律：（1）不得徇私舞弊；（2）不得对当事人压制、打击报复；（3）不得侮辱、处罚纠纷当事人；（4）不得泄露当事人隐私；（5）不得吃请受礼。

359. 哪些纠纷不属于人民调解委员会调解范围？

答：《人民调解工作若干规定》第二十条规定，人民调解委员会调解的民间纠纷，包括发生在公民与公民之间、公民与法人和其他社会组织之间涉及民事权利义务争议的各种纠纷。

第二十二条规定，人民调解委员会不得受理调解下列纠纷：（1）法律、法规规定只能由专门机关管辖处理的，或者法律、法规禁止采用民间调解方式解决的；（2）人民法院、公安机关或者其他行政机关已经受理或者解决的。

360. 民间调解纠纷如何规定管辖范围？

答：《人民调解工作若干规定》第二十一条规定，民间纠纷由纠纷当事人所在地（所在单位）或者纠纷发生地的人民调解委员会受理调解。村民委员会、居民委员会或者企业事业单位的人民调解委员会调解不了的疑难、复杂民间纠纷和跨地区、跨单位的民间纠纷，由乡镇、街道人民调解委员会受理调解，或者由相关的人民调解委员会共同调解。

361. 调解纠纷可以采取哪些方式？调解期限是多长？

答：《人民调解工作若干规定》第二十九条规定，人民调解委员会调解纠纷，根据需要可以公开进行，允许当事人的亲属、邻里和当地（本单位）群众旁听。但是涉及当事人的隐私、商业秘密或者当事人表示反对的除外。可以根据纠纷的不同情况和当事人的意愿，灵活多样，如直接调解、间接调解，单独调解、联合调解，公开调解、不公开调解等。

第三十三条规定，人民调解委员会调解纠纷，一般在一个月内调结。

362. 当事人不履行调解协议或者达成协议后又反悔的，人民调解委员会应如何处理？

答：《人民调解工作若干规定》第三十七条、第三十八条规定，当事人不履行调解协议或者达成协议后又反悔的，人民调解委员会应当按下列情形分别处理：（1）当事人无正当理由不履行协议的，应当做好当事人的工作，督促其履行。（2）如当事人提出协议内容不当，或者人民调解委员会发现协议内容不当的，应当在征得双方当事人同意后，经再次调解变更原协议内容；或者撤销原协议，达成新的调解协议。（3）对经督促仍不履行人民调解协议的，应当告知当事人可以请求基层人民政府处理，也可以就调解协议的履行、变更、撤销向人民法院起诉。（4）因对方不履行调解协议或者达成协议后又后悔，起诉到人民法院的民事案件，原承办该纠纷调解的人民调解委员会应当配合人民法院对该案件的审判工作。

363. 人民调解工作经费包括哪些范围？

答：司法部、财政部修订的《司法业务费开支范围的规定》和《财政部、司法部关于进一步加强人民调解工作经费保障的意见》规定，人民调解工作经费的开支范围包括司法行政机关指导人民调解工作经费、人民调解委员会补助经费、人民调解员补贴经费。（1）司法行政机关指导人民调解工作经费包括：人民调解工作宣传经费、培训经费、表彰奖励费等；（2）人民调解委员会补助经费是指对人民调解委员会购置办公文具、文书档案和纸张等的补助费；（3）人民调解员补贴经费是指发放给被司法行政部门正式聘请的人民调解员调解纠纷的生活补贴费。

364. 人民调解工作经费应如何管理？

答：《财政部、司法部关于进一步加强人民调解工作经费保障的意见》规定，人民调解工作经费由各级财政部门会同司法行政部门共同管理。司法行政部门要每年编报经费预算，报同级财政部门审批；使用过程中要严格把关，杜绝弄虚作假、瞒报、虚报现象。财政部门要加强对司法行政部门人民调解工作经费管理的监督检查。

365. 当事人申请确认调解协议应由哪个法院管辖？

答：《关于人民调解协议司法确认程序的若干规定》第二条规定，当事人申请确认调解协议的，由主持调解的人民调解委员会所在地基层人民法院或者它派出的法庭管辖。人民法院在立案前委派人民调解委员会调解并达成调解协议，当事人申请司法确认的，由委派的人民法院管辖。

366. 当事人申请确认调解协议，应提供哪些材料？

答：《关于人民调解协议司法确认程序的若干规定》第三条规定，当事人申请确认调解协议，应当向人民法院提交司法确认申请书、调解协议和身份证明、资格证明，以及与调解协议相关的财产权利证明等证明材料，并提供双方当事人的送达地址、电话号码等联系方式。委托他人代为申请的，必须向人民法院提交由委托人签名或者盖章的授权委托书。

367. 人民法院对调解协议如何处理以及期限规定？

答：《关于人民调解协议司法确认程序的若干规定》第四条和第五条规定，人民法院收到当事人司法确认申请，应当在三日内决定是否受理。人民法院决定受理的，应当编立“调确字”案号，并及时向当事人送达受理通知书。双方当事人同时到法院申请司法确认的，人民法院可以当即受理并作出是否确认的决定。人民法院应当自受理司法确认申请之日起十五日内作出是否确认的决定。因特殊情况需要延长的，经本院院长批准，可以延长十日。在人民法院作出是否确认的决定前，一方或者双方当事人撤回司法确认申请的，人民法院应当准许。

368. 哪些调解协议属于人民法院不予受理的范围？

答：《关于人民调解协议司法确认程序的若干规定》第四条规定，有下列情形之一的，人民法院不予受理：（1）不属于人民法院受理民事案件的范围或者不属于接受申请的人民法院管辖的；（2）确认身份关系的；（3）确认收养关系的；（4）确认婚姻关系的。

369. 哪些调解协议效力，人民法院不予确认？

答：《关于人民调解协议司法确认程序的若干规定》第七条规定，具有下列情形之一的，人民法院不予确认调解协议效力：（1）违反法律、行政法规强制性规定的；（2）侵害国家利益、社会公共利益的；（3）侵害案外人合法权益的；（4）损害社会公序良俗的；（5）内容不明确，无法确认的；（6）其他不能进行司法确认的情形。

370. 经人民法院确认的调解协议，案外人合法权益受到侵害后，可以在多长时间内申请撤销？

答：《关于人民调解协议司法确认程序的若干规定》第十条规定，案外人认为经人民法院确认的调解协议侵害其合法权益的，可以自知道或者应当知道权益被侵害之日起一年内，向作出确认决定的人民法院申请撤销确认决定。

371. 国家支持和保障人民调解工作五项制度是什么？

答：《〈中华人民共和国人民调解法〉宣传提纲》规定，（1）经费支持和保障。支持和保障责任的主体是县级以上地方人民政府，包括省（区、市）、市（地、州）和县（市、区）三级人民政府的财政预算。（2）表彰和奖励。县级以上地方政府对有突出贡献的人民调解委员会和人民调解员按照国家规定给予表彰奖励。（3）误工补贴。人民调解员从事调解工作，应当给予适当的误工补贴。误工补贴标准一般为人民调解员因从事调解影响本职工作导致的薪酬或劳动收入损失。（4）困难救助。人民调解员因从事调解工作致伤致残，生活发生困难的，当地人民政府应当提供必要的医疗、生活救助。（5）抚恤和优待。在人民调解工作岗位上牺牲的人民调解员，其配偶、子女按照国家规定享受抚恤和优待。如符合烈士标准的，应追授烈士称号，其配偶、子女享受烈属待遇；符合见义勇为情形的，应授予见义勇为先进荣誉称号，并给予相应的抚恤金等。

372. 我国现行的纠纷解决方式有哪些？

答：我国现行的纠纷解决方式除了人民调解以外，还有司法调解、行政调解、仲裁、诉讼等多种方式。在各种纠纷解决机制中，人民调解是基础，是维护社会稳定的“第一道防线”。

373. 人民法院对调解协议的司法确认应注意哪些事项？

答：《人民调解法》第三十三条第一款规定：“经人民调解委员会调解达成调解协议后，双方当事人认为有必要的，可以自调解协议生效之日起三十日内共同向人民法院申请司法确认，人民法院应当及时对调解协议进行审查，依法确认调解协议的效力。”人民法院应当及时对调解协议进行审查，依法确认调解协议的效力。应注意三点：一是双方共同申请确认。调解协议生效后，如果当事人认为有必要通过人民法院确认调解协议的效力，应当共同申请。二是申请的期限。申请司法确认的期限是调解协议生效之日起三十日内。三是司法确认的效力。人民法院依法确认调解协议有效，该调解协议即具有强制执行效力，一方当事人拒绝履行或者未全部履行调解协议所约定的义务，对方当事人可以向人民法院申请强制执行。人民法院依法确认调解协议无效的，当事人可以通过人民调解方式达成新的调解协议，也可以向人民法院提起诉讼。

374. 如何调处化解乡村矛盾纠纷？

答：《中共中央、国务院关于抓好“三农”领域重点工作确保如期实现全面小康的意见》第二十一条规定，调处化解乡村矛盾纠纷。坚持和发展新时代“枫桥经验”，进一步加强人民调解工作，做到小事不出村、大事不出乡、矛盾不上交。畅通农民群众诉求表达渠道，及时妥善处理农民群众合理诉求。持续整治侵害农民利益行为，妥善化解土地承包、征地拆迁、农民工工资、环境污染等方面矛盾。推行领导干部特别是市县领导干部定期下基层接访制度，积极化解信访积案。组织开展“一村一法律顾问”等形式多样的法律服务。对直接关系农民切身利益、容易引发社会稳定风险的重大决策事项，要先进行风险评估。

375. 如何深入推进平安乡村建设？

答：《中共中央、国务院关于抓好“三农”领域重点工作确保如期实现全面小康的意见》第二十二条规定，深入推进平安乡村建设。推动扫黑除恶专项斗争向纵深推进，严厉打击非法侵占农村集体资产、扶贫惠农资金和侵犯农村妇女儿童人身权利等违法犯罪行为，推进反腐败斗争和基层“拍蝇”，建立防范和整治“村霸”长效机制。依法管理农村宗教事务，制止非法宗教活动，防范邪教向农村渗透，防止封建迷信蔓延。加强农村社会治安工作，推行网格化管理和服务。开展农村假冒伪劣食品治理行动。打击制售假劣农资违法违规行为。加强农村防灾减灾能力建设。全面排查整治农村各类安全隐患。

376. 什么是“枫桥经验”?

答: 1963 年，浙江诸暨的干部群众在实践中，创造了“发动和依靠群众，坚持矛盾不上交，就地解决，实现捕人少、治安好”的“枫桥经验。”同年 11 月，毛泽东同志作出重要批示:“要各地仿效，经过试点，推广去做。”

377. 新时期如何解读“枫桥经验”的内涵?

答:（1）坚持党的领导，发挥基层党组织引领群众、凝聚群众、组织群众的中坚作用，是“枫桥经验”的核心。治理多元主体，包括党组织、政府、企业组织、社会组织、居民自治组织、基层各类群众组织以及人民群众个人等不同主体，在法制的框架内，实现上述多元主体间的民主协商和良性互动，促进民事民议、民事民办、民事民管。

（2）依靠人民群众解决基层问题是“枫桥经验”的灵魂，也是中国共产党的一贯作风，是党的群众观点和群众路线在现实工作中的生动体现。

（3）坚持“小事不出村，大事不出镇，矛盾不上交，就地解决”是“枫桥经验”的精髓，也是维护社会和谐稳定的基础目标。通过基层民情沟通会、民意恳谈会、民心交流会、纠纷调解会等人民群众愿意和能够接受的形式，把决策过程变成尊重民意、化解民忧、维护民利的过程，疏导人民群众的不满情绪，消解人民群众的误会，解答人民群众的疑问，解决人民群众的切实困难，把矛盾化解在基层，是保证社会和谐稳定的基础，也是解决上访、告状、网络舆情等“末端”问题最实际、最有效的方法。

（4）实现“捕人少，治安好”，人民安居乐业，是“枫桥经验”的价值追求。强调法治引领与保障作用，突出用法治思维与法治方法处理社会矛盾和问题等。

378. 如何创新发展“枫桥经验”?

答: 抓基层、打基础、建机制、架网络、明责任、强保障，把矛盾和纠纷化解在基层，把问题和困难解决在基层。

379. 什么是个人调解工作室?

答:《司法部关于推进个人调解工作室建设的指导意见》规定，个人调解工作室是以人民调解员姓名或特有名称命名设立的调解组织。《福建省多元化解纠纷条例》第四十七条规定，鼓励和支持优秀人民调解员、法律专家和法律服务工作者等依托相应调解组织设立个人调解工作室。

380. 人民调解员申请设立个人调解工作室，应具备哪些条件？

答：《司法部关于推进个人调解工作室建设的指导意见》规定，人民调解员具备以下条件的，可以申请设立个人调解工作室：具有较高的政治素质，为人公道正派，在群众中有较高威信；热心人民调解工作，有较为丰富的调解工作经验，调解成功率较高；具有一定的文化水平、政策水平和法律知识，形成有特点、有成效的调解方式方法；获得过县级以上党委政府、有关部门或司法行政机关表彰奖励。

381. 被命名的人民调解员具有哪些情形，应撤销其个人调解工作室命名？

答：《司法部关于推进个人调解工作室建设的指导意见》规定，被命名的人民调解员具有下列情形之一的，由命名的司法行政机关撤销其个人调解工作室命名，并定期向社会公告：弄虚作假，虚报申请资料获得个人调解工作室命名的；因身体、工作变动等个人原因申请不再担任人民调解员的；因严重违法违纪不适合继续从事调解工作的；因调解工作不力导致矛盾纠纷激化，造成恶劣社会影响的；其他应予撤销命名的情形。

七、多元化解纠纷

382. 什么是多元化解纠纷？

答：《福建省多元化解纠纷条例》第三条规定，多元化解纠纷是指通过和解、调解、仲裁、行政裁决、行政复议和诉讼等途径，形成合理衔接、相互协调的纠纷化解体系，运用人民调解、行政调解和司法调解等纠纷化解方式，为当事人提供多样、便捷、适宜的纠纷化解服务。

第四条规定，多元化解纠纷应当遵循下列原则：（1）尊重当事人意愿；（2）遵守法律法规，尊重公序良俗，坚持公平公正；（3）高效快捷，便民利民；（4）和解、调解优先；（5）预防与化解相结合。

383. 当事人可以依法自主选择哪些纠纷化解途径？

答：《福建省多元化解纠纷条例》第二十条规定，当事人可以依法自主选择下列纠纷化解途径：（1）和解；（2）调解；（3）仲裁；（4）行政裁决；（5）行政复议；（6）诉讼；（7）法律法规规定的其他途径。当事人之间涉及合同、债务、婚姻家庭、财产权益、邻里关系等民商事纠纷，可以向人民调解委员会等调解组织提交调解申请；涉及房屋征收、社会保障、治安管理、交通事故损害赔偿、医疗卫生、消费者权益保护等依法可以由行政机关调解的行政争议或者民事纠纷，可以向有关行政机关提交行政调解申请；纠纷涉及的治安、刑事案件应当及时报案，对违法行为附带的民事纠纷可以依法申请公安机关、人民检察院、人民法院进行调解。调解不成的，当事人可以依法提起仲裁、行政裁决、行政复议、诉讼等方式解决纠纷。

384. 哪些纠纷经当事人申请，行政机关可以进行调解？

答：《福建省多元化解纠纷条例》第二十六条规定，下列纠纷经当事人申请，行政机关可以进行调解：（1）法律法规规定的由行政机关调解的公民、法人或者其他组织之间发生的与行政管理有关的民商事纠纷；（2）公民、法人或者其他组织对行政机关行使法律法规规定的自由裁量权不服而产生的争议；（3）公民、法人或者其他组织与行政机关之间关于行政赔偿、行政补偿发生的争议；（4）其他依法可以调解的纠纷或者争议。行政机关对资源开发、环境污染、公共工程建设和公共安全事故等方面的民事纠纷，以及涉及人数众多、影响较大、可能影响社会稳定的纠纷，应当依职权主动进行调解。

385. 行政调解如何确定管辖？

答：《福建省多元化解纠纷条例》第二十七条规定，行政调解实行属地管理。涉及民商事纠纷的行政调解，由纠纷所在地具有管理权限的行政机关受理；涉及行政争议的行政调解，由作出行政行为的行政机关受理，但是原承办人员不得担任调解人员。当事人提出的行政调解申请不属于本机关管辖的，应当告知当事人向有管辖权的行政机关申请行政调解。当事人分别向两个以上有管辖权的行政机关提出行政调解申请的，由与其管理职责最密切的行政机关受理。管辖权不明确或者有争议的，报请共同的上级行政机关指定管辖。

386. 当事人在人民调解、行政调解等调解过程中达成的协议，效力如何？

答：《福建省多元化解纠纷条例》规定，当事人在人民调解、行政调解等调解过程中就全部或者部分争议事项达成协议的，调解组织应当制作调解协议。当事人一致认为无须制作调解协议的，调解组织应当记录在案，并由当事人签字。经当事人一致同意，调解组织可以对无争议事项作书面记载并由双方当事人签字；可以对达成共识的主要争议事项提出调解方案，书面送达当事人，同时告知提出异议的方式、期限和法律后果。当事人在规定时限内未提出异议的，视为自愿达成调解协议；提出异议的，视为调解不成立。依法达成的有民事权利义务内容的和解或者调解协议具有民事合同效力，当事人应当履行。当事人就协议内容、效力、履行产生争议的，可以依法向仲裁机构申请仲裁或者向人民法院提起诉讼。以给付为内容的和解或者调解协议，当事人可以共同向公证机构申请办理具有强制执行效力的债权文书。一方当事人不履行或者不适当履行债权文书的，对方当事人可以向有管辖权的人民法院申请执行。

387. 有哪些情形的，调解员应当主动回避？

答：《福建省多元化解纠纷条例》第六十一条规定，有下列情形之一的，调解员应当主动回避，但是经当事人一致同意继续调解的除外：（1）与调解当事人或者其代理人有利害关系的；（2）与调解事项有利害关系的；（3）其他可能影响公正调解的情形。调解员有前款规定情形的，当事人可以要求其回避，调解组织应当及时更换调解员。

八、农村土地承包

388. 哪些农村土地可以依法承包？

答：根据《农村土地承包法》第二条的规定，农村土地是指农民集体所有和国家所有依法由农民集体使用的耕地、林地、草地，以及其他依法用于农业的土地。据此，承包的农村土地主要包括以下类型：（1）农民集体所有的耕地、林地、草地；（2）国家所有依法由农民集体使用的耕地、林地、草地；（3）其他依法用于农业的土地，如养殖水面、荒山、荒丘、荒沟、荒滩等“四荒地”。

389. 集体经济组织以外的单位或者个人是否可以承包农村土地？

答：根据《农村土地承包法》第五条、第十六条的规定，农村集体经济组织成员有权依法承包由本集体经济组织发包的农村土地。家庭承包的承包方是本集体经济组织的农户。农户内家庭成员依法平等享有承包土地的各项权益。

《农村土地承包法》第五十一条、第五十二条规定，对于以其他方式承包的农村土地，事先经本集体经济组织成员的村民会议三分之二以上成员或者三分之二以上村民代表的同意，并报乡（镇）人民政府批准的，发包方可以将农村土地发包给本集体经济组织以外的单位或者个人承包。但在同等条件下，本集体经济组织成员有权优先承包。

390. 农村土地承包的方式有哪些？

答：根据《农村土地承包法》第三条、第四十八条的规定，农村土地可以通过家庭承包的方式，也可以以其他方式承包农村土地。以其他方式承包农村土地是指对于荒山、荒沟、荒丘、荒滩等农村土地不宜采取家庭承包方式的，可以采取招标、拍卖、公开协商等方式承包。也可以将土地经营权折股分给本集体经济组织成员后，再实行承包经营或者股份合作经营。

391. 以家庭承包方式承包农村土地的承包方享有哪些权利？

答：根据《农村土地承包法》第九条、第三十六条的规定，承包方享有土地承包经营权，可以自己经营，也可以保留土地承包权，流转其承包地的土地经营权，由他人经营。承包方可以自主决定依法采取出租（转包）、入股或者其他方式向他人流转土地经营权，并向发包方备案。第三十二条规定，承包人应得的承包收益，依照继承法的规定，承包人的继承人可以依法继承。林地承包的承包人死亡的，其继承人可以在承包期内继续承包。

392. 以其他方式承包农村土地的承包方享有哪些权利？

答：《农村土地承包法》第五十三条、第五十四条规定，通过招标、拍卖、公开协商等方式承包农村土地，经依法登记取得权属证书的，可以依法采取出租、入股、抵押或者其他方式流转土地经营权。依照规定通过招标、拍卖、公开协商等方式取得土地经营权的，该承包人死亡，其应得的承包收益，依照继承法的规定继承；在承包期内，其继承人可以继续承包。

393. “四荒”地等以其他方式承包农村土地的注意事项有哪些？

答：根据《农村土地承包法》第四十九条、第五十一条、第五十二条的规定，以其他方式承包农村土地应注意的事项有：

（1）应当签订承包合同，承包方取得土地经营权；

（2）在同等条件下，本集体经济组织成员有权优先承包；

（3）发包方将农村土地发包给本集体经济组织以外的单位或者个人承包，应当事先经本集体经济组织成员的村民会议三分之二以上成员或者三分之二以上村民代表的同意，并报乡（镇）人民政府批准；

（4）由本集体经济组织以外的单位或者个人承包的，应当对承包方的资信情况和经营能力进行审查后，再签订承包合同；

（5）当事人的权利和义务、承包期限等，由双方协商确定。以招标、拍卖方式承包的，承包费通过公开竞标、竞价确定；以公开协商等方式承包的，承包费由双方议定。

394. 农村妇女在农村土地承包中享有哪些权益？

答：根据《妇女权益保障法》第三十二条、第三十三条的规定，任何组织和个人不得以妇女未婚、结婚、离婚、丧偶等为由，侵害妇女在农村集体经济组织中的各项权益。妇女在农村土地承包经营、集体经济组织收益分配、土地征收或者征用补偿费使用以及宅基地使用等方面，享有与男子平等的权利。

根据《农村土地承包法》第六条、第三十一条，《福建省实施〈中华人民共和国农村土地承包法〉若干问题的规定》第三条的规定，农村土地承包，妇女与男子享有平等的权利。承包中应当保护妇女的合法权益，任何组织和个人不得剥夺、侵害妇女应当享有的土地承包经营权。农村妇女享有的土地承包经营权具体表现在：（1）承包期内，妇女结婚，在新居住地未取得承包地的，发包方不得收回其原承包地；（2）妇女离婚或者丧偶，仍在原居住地生活或者不在原居住地生活但在新居住地未取得承包地的，发包方不得收回其原承包地；（3）不得以村规民约为由侵犯妇女的农村土地承包权益。

395. 农村土地承包中，发包方维护承包方土地承包经营权具体表现在哪些方面？

答：根据《农村土地承包法》第十五条、第二十五条、第二十七条、第二十八条、第三十一条，《福建省实施〈中华人民共和国农村土地承包法〉若干问题的规定》第三条的规定，发包方维护承包方的土地承包经营权，具体表现在：

（1）承包合同生效后，不得因承办人或者负责人的变动而变更或者解除，也不得因集体经济组织的分立或者合并而变更或者解除；

（2）承包期内，发包方不得收回承包地；

（3）不得以退出土地承包经营权作为农户进城落户的条件；

（4）承包方交回承包地或者发包方依法收回承包地时，承包方对其在承包地上投入而提高土地生产能力的，有权获得相应的补偿；

（5）承包期内，发包方不得调整承包地；

（6）承包期内，妇女结婚，在新居住地未取得承包地的，发包方不得收回其原承包地；

（7）妇女离婚或者丧偶，仍在原居住地生活或者不在原居住地生活但在新居住地未取得承包地的，发包方不得收回其原承包地；

（8）不得以村规民约为由侵犯妇女的农村土地承包权益。

396. 农村土地承包中，发包方应承担的义务有哪些？

答：根据《农村土地承包法》第十五条之规定，发包方应承担维护承包方的土地承包经营权，不得非法变更、解除承包合同；尊重承包方的生产经营自主权，不得干涉承包方依法进行正常的生产经营活动；依照承包合同约定为承包方提供生产、技术、信息等服务；执行县、乡（镇）土地利用总体规划，组织本集体经济组织内的农业基础设施建设；法律、行政法规规定的其他义务。

397. 发包方有哪些行为，应当承担民事责任？

答：根据《农村土地承包法》第五十七条的规定，发包方有干涉承包方依法享有的生产经营自主权；违反本法规定收回、调整承包地；强迫或者阻碍承包方进行土地承包经营权的互换、转让或者土地经营权流转；假借少数服从多数强迫承包方放弃或者变更土地承包经营权；以划分“口粮田”和“责任田”等为由收回承包地搞招标承包；将承包地收回抵顶欠款；剥夺、侵害妇女依法享有的土地承包经营权；其他侵害土地承包经营权的行为的，应当承担相应民事责任。发包方承担民事责任的方式主要有：（1）停止侵害；（2）排除妨碍；（3）消除危险；（4）返还财产；（5）恢复原状；（6）赔偿损失；（7）其他形式等。

398. 本集体经济组织以外的第三人能否取得农村土地经营权？

答：根据《农村土地承包法》第三十四条的规定，经发包方同意，承包方可以将全部或者部分的土地承包经营权转让给本集体经济组织的其他农户，由该农户同发包方确立新的承包关系，原承包方与发包方在该土地上的承包关系即行终止。因此，不允许承包方将土地承包经营权转让给本集体组织以外的人。

但根据该法第三十六条、第三十八条、第四十五条的规定，承包方可以自主决定依法采取出租（转包）、入股或者其他方式向他人流转土地经营权。具有农业经营能力或资质的受让方或通过资格审查，项目审核的工商企业可以通过流转取得农村土地经营权。

399. 土地承包应符合哪些程序性规定？

答：根据《农村土地承包法》第十九条、第二十条的规定，土地承包应符合下列程序性规定：

（1）本集体经济组织成员的村民会议选举产生承包工作小组；

（2）承包工作小组依照法律、法规的规定拟订并公布承包方案，承包方案应当依法经本集体经济组织成员的村民会议三分之二以上成员或者三分之二以上村民代表的同意；

（3）依法召开本集体经济组织成员的村民会议，讨论通过承包方案；

（4）公开组织实施承包方案；

（5）签订承包合同；

（6）承包程序违反法律规定的，承包无效。

400. 土地经营权流转的原则有哪些?

答:根据《农村土地承包法》第三十八条的规定，农村土地经营权流转应当遵循以下原则:

(1) 依法、自愿、有偿，任何组织和个人不得强迫或者阻碍土地经营权流转;

(2) 不得改变土地所有权的性质和土地的农业用途，不得破坏农业综合生产能力和农业生态环境;

(3) 流转期限不得超过承包期的剩余期限;

(4) 受让方须有农业经营能力或者资质;

(5) 在同等条件下，本集体经济组织成员享有优先权。

401. 土地经营权受让方享有哪些权利?

答:根据《农村土地承包法》第三十七条、第四十条、第四十三条、第四十六条、第四十七条的规定，土地经营权受让方的权利具体包括以下方面:

(1) 在合同约定的期限内占有农村土地;

(2) 自主开展农业生产经营;

(3) 取得收益权;

(4) 土地被依法征收、征用、占用时获得相应的补偿;

(5) 依法投资改良土壤，建设农业生产附属、配套设施，并按照合同约定对其投资部分获得合理补偿;

(6) 经承包方书面同意，并向本集体经济组织备案，受让方可以再流转土地经营权;

(7) 经承包方书面同意并向发包方备案，可以向金融机构融资担保。

402. 土地经营权流转合同的主要条款有哪些?

答:根据《农村土地承包法》第四十条的规定，土地经营权流转合同主要条款包括以下8个方面:(1) 双方当事人的姓名、住所;(2) 流转土地的名称、坐落、面积、质量等级;(3) 流转期限和起止日期;(4) 流转土地的用途; (5) 双方当事人的权利和义务; (6) 流转价款及支付方式;(7) 土地被依法征收、征用、占用时有关补偿费的归属;(8) 违约责任。

403. 签订土地流转合同应注意哪些问题？

答：根据《土地管理法》第四条、第三十八条和《农村土地承包法》第三十八条、第四十一条、第四十二条的规定，签订土地流转合同应注意以下问题：

（1）不得改变土地所有权的性质和土地的农业用途；

（2）不得破坏农业综合生产能力和农业生态环境；

（3）流转期限不得超过承包期的剩余期限；

（4）受让方须有农业经营能力或者资质；

（5）在同等条件下，本集体经济组织成员享有优先权；

（6）土地经营权流转期限为五年以上的，当事人可以向登记机构申请土地经营权登记，未经登记，不得对抗善意第三人；

（7）禁止闲置、荒芜耕地；

（8）除法定情形外，承包方不得单方解除土地经营权流转合同。

404. 承包期内是否可以调整承包地？

答：一般情况下，承包期内发包方不得调整承包地。但是根据《农村土地承包法》第二十八条的规定，承包期内，因自然灾害严重毁损承包地等特殊情形，经本集体经济组织成员的村民会议三分之二以上成员或者三分之二以上村民代表的同意，并报乡（镇）人民政府和县级人民政府农业农村、林业和草原等主管部门批准，方可对个别农户之间承包的耕地和草地适当调整。

405. 承包地未经登记造册，承包方是否取得土地承包经营权？

答：根据《农村土地承包法》第二十三条的规定，承包合同自成立之日起生效，承包方自承包合同生效时取得土地承包经营权。因此，承包合同的生效无须经过特别的批准、登记程序。第二十四条规定，国家对耕地、林地和草地等实行统一登记，登记机构应当向承包方颁发土地承包经营权证或者林权证等证书，并登记造册，确认土地承包经营权。对此，登记造册只是作为对承包经营权予以确认的程序。土地承包经营权的设立，没有采用登记生效主义，不以登记为生效要件。

406. 土地承包经营权互换与土地承包经营权转让有什么区别？

答：《农村土地承包法》第三十三条规定，承包方之间为方便耕种或者各自需要，可以对属于同一集体经济组织的土地的土地承包经营权进行互换，并向发包方备案。第三十四条规定，经发包方同意，承包方可以将全部或者部分的土地承包经营权转让给本集体经济组织的其他农户，由该农户同发包方确立新的承包关系，原承包方与发包方在该土地上的承包关系即行终止。因此，第一，土地承包经营权互换和土地承包经营权转让只能是发生在本集体经济组织成员内部之间，而不能发生在承包方与其他集体经济组织农户之间。第二，土地承包经营权互换是双方对土地经营权进行置换，并未丧失土地承包经营权，向发包方备案即可。土地承包经营权转让可以是全部转让，也可以是部分转让。对于已经转让的，不论是全部转让还是部分转让，受让方都应当与发包方确立新的承包关系。

407. 未登记的土地互换协议是否有效？

答：《农村土地承包法》第三十三条规定，承包方之间为方便耕种或者各自需要，可以对属于同一集体经济组织的土地的土地承包经营权进行互换，并向发包方备案。对于双方互换土地经营权后，没有办理变更登记和报土地发包方备案是否有效呢？根据《最高人民法院关于审理涉及农村土地承包纠纷案件适用法律问题的解释》第十四条的规定，承包方依法采取出租、入股或者其他方式流转土地承包经营权，发包方仅以该土地承包经营权流转合同未报其备案为由，请求确认合同无效的，人民法院不予支持。因此，《农村土地承包法》第三十三条规定的备案是管理性规定，承包方之间互换土地的备案不是合同的生效条件，不影响互换行为的生效。

408. 土地经营权人应承担的义务有哪些？

答：根据《农村土地承包法》第三十八条、第四十二条、第六十三条、第六十四条的规定，土地经营权人不得改变土地所有权的性质和土地的农业用途，不得破坏农业综合生产能力和农业生态环境；土地经营权人擅自改变土地的农业用途、弃耕抛荒连续两年以上、给土地造成严重损害或者严重破坏土地生态环境，承包方在合理期限内不解除土地经营权流转合同的，发包方有权要求终止土地经营权流转合同。土地经营权人对土地和土地生态环境造成的损害应当予以赔偿。

409. 土地经营权受让方对投资改良土壤，建设农业生产附属配套设施的，是否可以获得补偿？

答：《农村土地承包法》第四十三条规定，经承包方同意，受让方可以依法投资改良土壤，建设农业生产附属、配套设施，并按照合同约定对其投资部分获得合理补偿。对此，土地经营权受让方要获得补偿应注意：（1）受让方投资改良土壤，建设农业生产附属、配套设施，必须经承包方同意；（2）受让方投资改良土壤，建设农业生产附属、配套设施，必须依法进行；（3）受让方投资改良土壤，建设农业生产附属、配套设施，可与承包方约定合理补偿。

410. 发生土地承包经营权纠纷应该如何救济？

答：《农村土地承包》第五十五条规定，因土地承包经营发生纠纷的，双方当事人可以通过协商解决，也可以请求村民委员会、乡（镇）人民政府等调解解决。当事人不愿协商、调解或者协商、调解不成的，可以向农村土地承包仲裁机构申请仲裁，也可以直接向人民法院起诉。对此，因土地承包经营发生纠纷的，解决的途径主要有：协商、调解、仲裁和诉讼。

411. 土地承包经营发生纠纷，没有达成仲裁协议的，双方当事人是否可以申请仲裁？

答：根据《农村土地承包法》第五十五条、《农村土地承包经营纠纷调解仲裁法》第四条的规定，当事人不愿协商、调解或者协商、调解不成的，可以向农村土地承包仲裁机构申请仲裁，也可以直接向人民法院起诉。对此，当事人向仲裁委员会申请仲裁，不要求双方当事人达成仲裁协议，一方当事人向仲裁委员会提出仲裁申请即可启动仲裁程序。

根据《最高人民法院关于审理涉及农村土地承包纠纷案件适用法律问题的解释》第二条的规定，当事人未达成书面仲裁协议，一方当事人向农村土地承包仲裁机构申请仲裁，另一方当事人提起诉讼的，人民法院应予受理，并书面通知仲裁机构。但另一方当事人接受仲裁管辖后又起诉的，人民法院不予受理。当事人对仲裁裁决不服并在收到裁决书之日起 30 日内提起诉讼的，人民法院应予受理。对此，农村土地承包经营纠纷调解仲裁采取的是可裁可审、裁后可审的基本制度，发生纠纷时，当事人既可以向仲裁机构申请仲裁，也可以直接向人民法院提起诉讼，当事人不服仲裁裁决的，可以自收到裁决书之日起30日内向人民法院起诉。

412. 承包合同中关于收回、调整承包地的约定是否有效？

答：根据《最高人民法院关于审理涉及农村土地承包纠纷案件适用法律问题的解释》第五条的规定，《农村土地承包法》第二十七条、第二十八条、第三十一条的规定属于效力性强制性规定，承包合同中有关收回、调整承包地的约定违反上述规定，应认定承包合同中的相关约定无效。

413. 集体经济组织成员未实际取得土地承包经营权，因分配土地补偿费数额发生纠纷的，应当如何救济？

答：根据《最高人民法院关于审理涉及农村土地承包纠纷案件适用法律问题的解释》第一条的规定，承包合同纠纷，承包经营权侵权纠纷，土地经营权侵权纠纷，承包经营权互换、转让纠纷，承包经营权流转纠纷，承包地征收补偿费用分配纠纷，承包经营权继承纠纷，土地经营权继承纠纷属于人民法院应当受理的范围。

农村集体经济组织成员提起民事诉讼的，人民法院应当告知其向有关行政主管部门申请解决，因分配的土地补偿费数额引起的民事诉讼，人民法院不予受理。

414. 发包方违法收回、调整土地的，或因发包方收回承包方弃耕、撂荒的，承包地产生的纠纷应如何处理？

答：根据《最高人民法院关于审理涉及农村土地承包纠纷案件适用法律问题的解释》第六条的规定，发包方未将承包地另行发包，承包方请求返还承包地的，人民法院应予支持；发包方已将承包地另行发包给第三人，承包方以发包方和第三人为共同被告，请求确认其所签订的承包合同无效、返还承包地并赔偿损失的，人民法院应予支持。上述第三人，请求受益方补偿其在承包地上的合理投入的，人民法院应予支持。但属于承包方弃耕、撂荒情形，对其要求赔偿损失的请求，人民法院不予支持。

415. 流转期尚未届满，发包方依法收回承包地的，流转价款如何支付？

答： 根据《最高人民法院关于审理涉及农村土地承包纠纷案件适用法律问题的解释》第九条的规定，承包方已经一次性收取了流转价款，发包方请求承包方返还剩余流转期限的流转价款的，人民法院应予支持；流转价款为分期支付，发包方请求第三人按照流转合同的约定支付流转价款的，人民法院应予支持。

416. 发包方就同一土地签订两个以上承包合同，哪一方承包者取得土地承包经营权？

答： 根据《最高人民法院关于审理涉及农村土地承包纠纷案件适用法律问题的解释》第十九条的规定，发包方就同一土地签订两个以上承包合同，已经依法登记的承包方，取得土地承包经营权；均未依法登记的，生效在先合同的承包方取得土地承包经营权；依前两项规定无法确定的，已经根据承包合同合法占有使用承包地的人取得土地承包经营权，但争议发生后一方强行先占承包地的行为和事实，不得作为确定土地承包经营权的依据。

417. 承包地被依法征收的，地上附着物和青苗的补偿费应当归谁所有？

答： 根据《最高人民法院关于审理涉及农村土地承包纠纷案件适用法律问题的解释》第二十条的规定，承包地被依法征收，承包方请求发包方给付已经收到的地上附着物和青苗的补偿费的，人民法院应予支持。承包方已将土地承包经营权以出租、入股或其他方式流转给第三人的，除当事人另有约定外，青苗补偿费归实际投入人所有，地上附着物补偿费归附着物所有人所有。

418. 农村土地征收中，相关补偿费用应如何分配？

答： 根据《土地管理法》第四十八条、《土地管理法实施条例》第二十六条的规定，农村集体土地征用补偿费用包括土地补偿费、安置补助费以及地上附着物和青苗补偿费。上述费用的归属和分配的权利基础不同，土地补偿费归农村集体经济组织所有，如何分配由村民会议决定；地上附着物及青苗补偿费归地上附着物及青苗的所有者所有；征收土地的安置补助费应专款专用，需要安置的人员由农村集体经济组织安置的，安置补助费支付给农村集体经济组织，由农村集体经济组织管理和使用。

419. 村民委员会或者乡镇人民政府如何做好农村土地承包经营纠纷的调解工作？

答：根据《农村土地承包经营纠纷调解仲裁法》第七条、第八条、第九条、第十条的规定，村民委员会、乡（镇）人民政府应当加强农村土地承包经营纠纷的调解工作，并做好申请人基本情况、申请调解的纠纷事项、理由和时间的记录工作，要充分听取当事人对事实和理由的陈述，讲解有关法律以及国家政策，耐心疏导，帮助当事人达成协议。经调解达成协议的，村民委员会或者乡（镇）人民政府应当制作调解协议书。

420. 农村土地承包仲裁委员会作出生效的调解书和裁定书是否具有强制执行效力？

答：根据《农村土地承包经营纠纷调解仲裁法》第四十二条、第四十八条、第四十九条的规定，对权利义务关系明确的纠纷，经当事人申请，仲裁庭可以先行裁定维持现状、恢复农业生产以及停止取土、占地等行为。当事人不履行先行裁定的，另一方当事人可以向人民法院申请执行，但应当提供相应的担保。对农村土地承包仲裁委员会作出的已经发生法律效力的调解书、裁决书，一方当事人逾期不履行的，另一方当事人可以向被申请人住所地或者财产所在地的基层人民法院申请执行。

421. 申请农村土地承包仲裁委员会仲裁应符合哪些条件？

答：根据《农村土地承包经营纠纷调解仲裁法》第十八条、第二十条、第二十一条的规定，当事人知道或者应当知道其权利被侵害之日起二年内申请仲裁，申请仲裁的应符合以下条件：（1）申请人与纠纷有直接的利害关系；（2）有明确的被申请人；（3）有具体的仲裁请求和事实、理由；（4）属于农村土地承包仲裁委员会的受理范围。

422. 哪些纠纷属于农村土地承包仲裁委员会的受理范围？

答：根据《农村土地承包经营纠纷仲裁规则》第三条的规定，因订立、履行、变更、解除和终止农村土地承包合同发生的纠纷；因农村土地承包经营权转包、出租、互换、转让、入股等流转发生的纠纷；因收回、调整承包地发生的纠纷；因确认农村土地承包经营权发生的纠纷；因侵害农村土地承包经营权发生的纠纷；法律、法规规定的其他农村土地承包经营纠纷。属于农村土地承包经营纠纷，当事人可以向农村土地承包经营纠纷仲裁委员会申请仲裁；但对于因征收集体所有的土地及其补偿发生的纠纷，则不属于仲裁委员会的受理范围，当事人可以通过行政复议或者诉讼等方式解决。

423. 农村土地承包仲裁委员会受理仲裁后是否开庭审理？多长时间应当作出裁决？

答：根据《农村土地承包经营纠纷仲裁规则》第三十四条的规定，农村土地承包经营纠纷仲裁应当开庭进行。开庭应当公开，但涉及国家秘密、商业秘密和个人隐私以及当事人约定不公开的除外。开庭可以在纠纷涉及的土地所在地的乡（镇）或者村进行，也可以在仲裁委员会所在地进行。当事人双方要求在乡（镇）或者村开庭的，应当在该乡（镇）或者村开庭。

根据《农村土地承包经营纠纷调解仲裁法》第四十七条、《农村土地承包经营纠纷仲裁规则》第五十四条的规定，仲裁农村土地承包经营纠纷，应当自受理仲裁申请之日起六十日内结束；案情复杂需要延长的，经农村土地承包仲裁委员会主任批准可以延长，并书面通知当事人，但延长期限不得超过三十日。

424. 农村土地承包仲裁委员会的设立条件是什么？有哪些职责？

答：《农村土地承包经营纠纷调解仲裁法》第十二条规定，农村土地承包仲裁委员会，根据解决农村土地承包经营纠纷的实际需要设立。农村土地承包仲裁委员会可以在县和不设区的市设立，也可以在设区的市或者其市辖区设立。农村土地承包仲裁委员会在当地人民政府指导下设立。设立农村土地承包仲裁委员会的，其日常工作由当地农村土地承包管理部门承担。

《农村土地承包经营纠纷调解仲裁法》第十四条规定，农村土地承包仲裁委员会应当依法履行聘任、解聘仲裁员；受理仲裁申请；监督仲裁活动；依照本法制定章程，对其组成人员的产生方式及任期、议事规则等作出规定的职责。

425. 农村土地承包仲裁委员会仲裁员应具备哪些条件？

答：根据《农村土地承包经营纠纷调解仲裁法》第十五条、第十六条的规定，农村土地承包仲裁委员会应当从公道正派的人员中聘任仲裁员。仲裁员应当符合下列条件：（1）从事农村土地承包管理工作满五年；（2）从事法律工作或者人民调解工作满五年；（3）在当地威信较高，并熟悉农村土地承包法律以及国家政策的居民。

426. 土地承包经营权流转中，本集体经济组织成员是否享有优先权？

答：根据《农村土地承包法》第三十八条、《农村土地承包经营权流转管理办法》第九条的规定，农村土地承包经营权流转的受让方可以是承包农户，也可以是其他按有关法律及有关规定允许从事农业生产经营的组织和个人。在同等条件下，在土地承包经营权流转中，本集体经济组织成员享有优先权。

根据《最高人民法院关于审理涉及农村土地承包纠纷案件适用法律问题的解释》第十一条的规定，土地承包经营权流转中，本集体经济组织成员在流转价款、流转期限等主要内容相同的条件下主张优先权的，应予支持。但在书面公示的合理期限内未提出优先权主张的或者未经书面公示，在本集体经济组织以外的人开始使用承包地两个月内未提出优先权主张的除外。

427. 承包方将承包地用于非农建设的，如何处理？

答：根据《农村土地承包法》第十一条、第十八条的规定，农村土地承包经营应当遵守法律、法规，保护土地资源的合理开发和可持续利用。未经依法批准不得将承包地用于非农建设。

根据《农村土地承包法》第六十三条、《最高人民法院关于审理涉及农村土地承包纠纷案件适用法律问题的解释》第八条的规定，承包方违反农村土地承包法第十八条规定，未经依法批准将承包地用于非农建设或者对承包地造成永久性损害，发包方请求承包方停止侵害、恢复原状或者赔偿损失的，应予支持。

九、扫黑除恶

428. 什么是“恶势力”？

答：《最高人民法院、最高人民检察院、公安部、司法部关于办理恶势力刑事案件若干问题的意见》规定，恶势力，是指经常纠集在一起，以暴力、威胁或者其他手段，在一定区域或者行业内多次实施违法犯罪活动，为非作恶，欺压百姓，扰乱经济、社会生活秩序，造成较为恶劣的社会影响，但尚未形成黑社会性质组织的违法犯罪组织。恶势力一般为 3 人以上，纠集者相对固定。纠集者，是指在恶势力实施的违法犯罪活动中起组织、策划、指挥作用的违法犯罪分子。成员较为固定且符合恶势力其他认定条件，但多次实施违法犯罪活动是由不同的成员组织、策划、指挥，也可以认定为恶势力，有前述行为的成员均可以认定为纠集者。

429. 如何认定涉黑涉恶势力违法犯罪意图？

答：在司法实践中，涉黑涉恶势力违法犯罪意图往往较为抽象和复杂，不易判断和把握，这就需要根据犯罪嫌疑人、被告人的客观行为，特别是违法犯罪活动的动机、起因、手段等情节来认定。就恶势力“形成非法影响、谋求强势地位”的意图而言，其表征于外的便是实施违法犯罪活动必然带有“为非作恶，欺压百姓”的特征。在指控的犯罪中，无论是目的还是行为动机，均不是针对“普通村民或者是不特定对象”，是“事出有因”“邻里纠纷”，属于两高、两部《关于办理恶势力刑事案件若干问题的意见》第五条指出的，不具有为非作恶、欺压百姓特征的，或者邻里纠纷而引发以及其他确属事出有因的违法犯罪活动，不应作为恶势力案件处理。恶势力犯罪集团是符合犯罪集团法定条件的恶势力犯罪组织，其特征表现为：有三名以上的组织成员，有明显的首要分子，重要成员较为固定，组织成员经常纠集在一起，共同故意实施三次以上恶势力惯常的犯罪活动或者其他犯罪活动。

430. 抢夺客车司机方向盘，可能构成哪些犯罪？

【案情简介】

某公交车在行驶过程中，乘客刘某要求下车，但因未到公交站台，公交驾驶员无法停车，便拒绝刘某要求。随后刘某拉拽驾驶员，抢夺方向盘后被群众制止。最后刘某因涉嫌以其他危险方法危害公共安全罪被当地警方依法刑事拘留。

【法律解析】

《刑法》第一百一十四条规定了“放火、决水、爆炸以及投放毒害性、放射性、传染病病原体等物质或者以其他危险方法危害公共安全，尚未造成严重后果的，处三年以上十年以下有期徒刑”。

根据上述规定，如果在公共交通工具行驶过程中抢夺方向盘，妨害安全驾驶，危害公共安全，尚未造成严重后果，其行为构成以危险方法危害公共安全罪，依法应当承担三年以上十年以下有期徒刑的刑事责任。根据最高人民法院、最高人民检察院、公安部《关于依法惩治妨害公共交通工具安全驾驶违法犯罪行为的指导意见》，依法应当从重处罚。

431. 如何认定掩饰隐瞒犯罪所得罪的“明知”？

答：司法实践中，在犯罪嫌疑人拒不作“明知”供述，而又没有其他证据可以证明其“明知”的情况下，办案人员通常使用推定的方法，比如：(1）是看赃物交易的时间、地点，如夜间收购、路边收购，对“明知”认识的程度就大于白天收购、市场收购；(2）是看赃物的品种、质量，如果赃物属于刚在市场发行的新产品，则不法来源的可能性就大，因为合法的所有者不会轻易卖掉，除非抢劫或盗窃所得赃物；(3）是看交易的价格，是否显著低于市场价值，根据经验，一般卖赃者所得赃款仅仅是赃物鉴定价值的三分之一左右；(4）是看有无正当的交易手续，卖赃者是否急于脱手；(5）是看赃物与卖方身份、体貌的匹配性以及卖主对赃物的了解程度；等等。然后分别列出可证明“明知”的基础事实和可反驳“明知”的基础事实进行分析比较，再结合人们一般的经验法则、逻辑规则判断哪一方的事实和理由更为充分可信，最后推出犯罪嫌疑人是否“明知”的结论。

432. 随意拨打“110”，可能构成哪些犯罪？

答：《最高人民法院、最高人民检察院关于办理寻衅滋事刑事案件适用法律若干问题的解释》第五条规定，在车站、码头、机场、医院、商场、公园、影剧院、展览会、运动场或者其他公共场所起哄闹事，应当根据公共场所的性质、公共活动的重要程度、公共场所的人数、起哄闹事的时间、公共场所受影响的范围与程度等因素，综合判断是否“造成公共场所秩序严重混乱”。长时间多次拨打110报警电话是在以电子设备为终端的向公众开放的局域网络上，占用有限的通信信息资源，其行为浪费出警单位的警力，严重扰乱社会公共秩序。《刑法》第二百九十三条第一款第四项规定：“有下列寻衅滋事行为之一，破坏社会秩序的，处五年以下有期徒刑、拘役或者管制：在公共场所起哄闹事，造成公共场所秩序严重混乱的。”

433. 哪些行为可能会被认定为“非法经营罪”？

答：（1）非法经营罪的定义

根据《刑法》第二百二十五条之规定，违反国家规定，有下列非法经营行为之一，扰乱市场秩序，情节严重的，处五年以下有期徒刑或者拘役，并处或者单处违法所得一倍以上五倍以下罚金；情节特别严重的，处五年以上有期徒刑，并处违法所得一倍以上五倍以下罚金或者没收财产：①未经许可经营法律、行政法规规定的专营、专卖物品或者其他限制买卖的物品的；②买卖进出口许可证、进出口原产地证明以及其他法律、行政法规规定的经营许可证或者批准文件的；③未经国家有关主管部门批准非法经营证券、期货、保险业务的，或者非法从事资金支付结算业务的；④其他严重扰乱市场秩序的非法经营行为。

（2）2011 年之前非法经营罪的“口袋化”

《刑法》第二百二十五条第四项属于一个兜底条款，该条款规定其他严重扰乱市场秩序的非法经营行为也可以构成非法经营罪。但对什么样的非法经营活动，情节严重的标准以及认定主体都未作出规定。这就导致非法经营罪的“口袋化”。

（3）2011 年之后，非法经营罪的认定越来越严格

2011 年 4 月 8 日，最高人民法院颁布的《关于准确理解和适用刑法中“国家规定”的有关问题的通知》（法〔2011〕155 号，以下简称 155 号文件）第三条规定，各级人民法院审理非法经营犯罪案件，要依法严格把握《刑法》第二百二十五条第四项的适用范围。对被告人的行为是否属于刑法第二百二十五条第四项规定的“其它严重扰乱市场秩序的非法经营行为”，有关司法解释未作明确规定的，应当作为法律适用问题，逐级向最高人民法院请示。通过 155 号文件可以知道，其他严重扰乱市场秩序的非法经营行为应当有司法解释明确规定，否则个案必须请示由最高人民法院认定。这就防止出现各地司法机关随意认定非法经营罪，导致同案不同判的结果产生。

434. 投资理财陷阱可能构成哪些犯罪？

答：可能构成非法吸收公众存款罪。《刑法》第一百七十六条规定，非法吸收公众存款罪是指违反国家金融法规非法吸收公众存款或变相吸收公众存款，扰乱金融秩序的行为，符合该罪的四个条件，即（1）未经有关部门批准吸收资金，即具有非法性；（2）通过公开途径向社会宣传；（3）承诺给予出资一定的回报；（4）向社会不特定的对象吸收资金。公司或个人未取得银监局融资行政许可，或者具备主体资格而采取非法方式吸收公众存款。通过广告的方式向社会公开宣传，承诺对投资者给予高额回报，非法吸收存款进行盈利活动，其对象是社会不特定群体，其行为构成非法吸收公众存款罪。

十、生态保护

435. 污染土壤应承担哪些法律后果？

答：2018 年 8 月 31 日，十三届全国人大常委会第五次会议通过了《土壤污染防治法》，于 2019 年 1 月 1 日正式实施。

《土壤污染防治法》第八十六条至第九十五条规定了污染土地违法主体的法律责任，对违法企业给予处罚，对企业有关责任人员予以罚款。第九十六条至第九十八条规定了相关的民事、行政、刑事责任。

《土壤污染防治法》第九十六条规定，污染土壤造成他人人身或者财产损害的，应当依法承担侵权责任。土壤污染责任人无法认定，土地使用权人未依照本法规定履行土壤污染风险管控和修复义务，造成他人人身或者财产损害的，应当依法承担侵权责任。土壤污染引起的民事纠纷，当事人可以向地方人民政府生态环境等主管部门申请调解处理，也可以向人民法院提起诉讼。

《土壤污染防治法》第九十七条规定，污染土壤损害国家利益、社会公共利益的，有关机关和组织可以依照《环境保护法》《民事诉讼法》《行政诉讼法》等法律的规定向人民法院提起诉讼。

《土壤污染防治法》第九十八条规定，违反本法规定，构成违反治安管理行为的，由公安机关依法给予治安管理处罚；构成犯罪的，依法追究刑事责任。

436. 污染大气应承担哪些法律责任？

答： 2018年10月26日，全国人大常委会对《大气污染防治法》进行修订。

《大气污染防治法》对大气污染防治标准和限期达标规划、大气污染防治监督管理、大气污染防治措施、燃煤和其他能源污染防治、工业污染防治、机动车船等污染防治、扬尘污染防治、农业和其他污染防治、重点区域大气污染联合防治、重污染天气应对作出了具体规定。

对违反上述规定的企业以及相关责任人员处以罚款，《大气污染防治法》保护举报人，企业及责任人员对举报人打击报复的，应依照有关法律的规定承担责任。各级政府及生态环境主管部门若玩忽职守、徇私舞弊、弄虚作假的应依法予以处分。违反本法规定，构成犯罪的，依法追究刑事责任。

437. 造成水污染应承担哪些法律责任？

答： 超标排放污染物，通过暗管、渗井、渗坑、灌注等不经法定排放口排放污染物造成水污染的有可能被有关部门处以行政处罚。

根据《水污染防治法》第八十三条和《大气污染防治法》第九十九条的规定，由县级以上人民政府环境保护主管部门责令限制生产，停产整治，并处十万元以上一百万元以下的罚款。

若企业违法排放污染物，受到罚款处罚，被责令改正，拒不改正的，根据《环境保护法》第五十九条的规定，自责令改正之日的次日起，按照原处罚数额按日连续处罚。《环境保护主管部门实施按日连续处罚办法》第五条规定，违法排放污染物的情形包括：超标或超总量排放污染物，通过逃避监管的方式排放污染物，排放法律、法规禁止排放的污染物，违法倾倒危险废物等。

违法设置排污口的根据《水污染防治法》第八十四条的规定，在饮用水源保护区设置排污口的，责令限期拆除，处十万元以上五十万元以下罚款；逾期不拆除的，强制拆除，处五十万元以上一百万元以下罚款。违反其他相关规定设置排污口的，责令限期拆除，处二万元以上十万元以下罚款；逾期不拆除的，强制拆除，处十万元以上五十万元以下罚款。

若情节严重的可能构成犯罪，根据《刑法》第三百三十八条的规定，违反国家规定，排放、倾倒或者处置有放射性的废物、含传染病病原体的废物、有毒物质或者其他有害物质，严重污染环境的，处三年以下有期徒刑或者拘役，并处或者单处罚金；后果特别严重的，处三年以上七年以下有期徒刑，并处罚金。

由此可见，犯污染环境罪，后果特别严重的，处三年以上七年以下有期徒刑，并处罚金。

438. 在相关自然保护区域、禁猎（渔）区、禁猎（渔）期猎捕野生动物可能承担哪些法律责任？

答：《野生动物保护法》第四十五条规定，违反本法第二十条、第二十一条、第二十三条第一款、第二十四条第一款规定，在相关自然保护区域、禁猎（渔）区、禁猎（渔）期猎捕国家重点保护野生动物，未取得特许猎捕证、未按照特许猎捕证规定猎捕、杀害国家重点保护野生动物，或者使用禁用的工具、方法猎捕国家重点保护野生动物的，由县级以上人民政府野生动物保护主管部门、海洋执法部门或者有关保护区域管理机构按照职责分工没收猎获物、猎捕工具和违法所得，吊销特许猎捕证，并处猎获物价值二倍以上十倍以下的罚款；没有猎获物的，并处一万元以上五万元以下的罚款；构成犯罪的，依法追究刑事责任。

第四十六条规定，违反本法第二十条、第二十二条、第二十三条第一款、第二十四条第一款规定，在相关自然保护区域、禁猎（渔）区、禁猎（渔）期猎捕非国家重点保护野生动物，未取得狩猎证、未按照狩猎证规定猎捕非国家重点保护野生动物，或者使用禁用的工具、方法猎捕非国家重点保护野生动物的，由县级以上地方人民政府野生动物保护主管部门或者有关保护区域管理机构按照职责分工没收猎获物、猎捕工具和违法所得，吊销狩猎证，并处猎获物价值一倍以上五倍以下的罚款；没有猎获物的，并处二千元以上一万元以下的罚款；构成犯罪的，依法追究刑事责任。

违反本法第二十三条第二款规定，未取得持枪证持枪猎捕野生动物，构成违反治安管理行为的，由公安机关依法给予治安管理处罚；构成犯罪的，依法追究刑事责任。

439. 未经批准繁育野生动物的，可能承担哪些法律责任？

答：《野生动物保护法》第四十七条规定，违反本法第二十五条第二款规定，未取得人工繁育许可证繁育国家重点保护野生动物或者本法第二十八条第二款规定的野生动物的，由县级以上人民政府野生动物保护主管部门没收野生动物及其制品，并处野生动物及其制品价值一倍以上五倍以下的罚款。

440. 未经批准出售、购买、运输、携带、寄递野生动物及其制品的，可能承担哪些法律责任？

答：《野生动物保护法》第四十八条规定，违反本法第二十七条第一款和第二款、第二十八条第一款、第三十三条第一款规定，未经批准、未取得或者未按照规定使用专用标识，或者未持有、未附有人工繁育许可证、批准文件的副本或者专用标识出售、购买、利用、运输、携带、寄递国家重点保护野生动物及其制品或者本法第二十八条第二款规定的野生动物及其制品的，由县级以上人民政府野生动物保护主管部门或者市场监督管理部门按照职责分工没收野生动物及其制品和违法所得，并处野生动物及其制品价值二倍以上十倍以下的罚款；情节严重的，吊销人工繁育许可证、撤销批准文件、收回专用标识；构成犯罪的，依法追究刑事责任。

违反本法第二十七条第四款、第三十三条第二款规定，未持有合法来源证明出售、利用、运输非国家重点保护野生动物的，由县级以上地方人民政府野生动物保护主管部门或者市场监督管理部门按照职责分工没收野生动物，并处野生动物价值一倍以上五倍以下的罚款。

违反本法第二十七条第五款、第三十三条规定，出售、运输、携带、寄递有关野生动物及其制品未持有或者未附有检疫证明的，依照《动物防疫法》的规定处罚。

441. 食用国家重点保护的野生动物及其制品，可能承担哪些法律责任？

答：《野生动物保护法》第四十九条规定，违反本法第三十条规定，生产、经营使用国家重点保护野生动物及其制品或者没有合法来源证明的非国家重点保护野生动物及其制品制作食品，或者为食用非法购买国家重点保护的野生动物及其制品的，由县级以上人民政府野生动物保护主管部门或者市场监督管理部门按照职责分工责令停止违法行为，没收野生动物及其制品和违法所得，并处野生动物及其制品价值二倍以上十倍以下的罚款；构成犯罪的，依法追究刑事责任。

442. 违法从境外引进野生动物物种的，可能承担哪些法律责任？

答：《野生动物保护法》第五十三条规定，违反本法第三十七条第一款规定，从境外引进野生动物物种的，由县级以上人民政府野生动物保护主管部门没收所引进的野生动物，并处五万元以上二十五万元以下的罚款；未依法实施进境检疫的，依照《进出境动植物检疫法》的规定处罚；构成犯罪的，依法追究刑事责任。

443. 擅自将从境外引进的野生动物放归野外环境的，可能承担哪些法律责任？

答：《野生动物保护法》第五十四条规定，违反本法第三十七条第二款规定，将从境外引进的野生动物放归野外环境的，由县级以上人民政府野生动物保护主管部门责令限期捕回，处一万元以上五万元以下的罚款；逾期不捕回的，由有关野生动物保护主管部门代为捕回或者采取降低影响的措施，所需费用由被责令限期捕回者承担。

444. 中华鳖、乌龟等列入水生动物相关名录的动物是否可以食用？

答：《农业农村部关于贯彻落实全国人大常委会革除滥食野生动物决定的通知》指出，为贯彻落实好《全国人民代表大会常务委员会关于全面禁止非法野生动物交易、革除滥食野生动物陋习、切实保障人民群众生命健康安全的决定》（以下简称《决定》），进一步加强水生野生动物保护管理，现就有关事项通知如下：要做好《决定》与《野生动物保护法》《渔业法》及地方性法律法规的衔接，形成保护水生野生动物的制度合力。要协调好有关名录的关系，明确水生野生动物的范围，对于列入国家重点保护水生野生动物名录、《〈濒危野生动植物种国际贸易公约〉附录水生动物物种核准为国家重点保护野生动物名录》以及《人工繁育国家重点保护水生野生动物名录》的物种，要严格按照《决定》要求进行管理，对凡是《野生动物保护法》要求禁止猎捕、交易、运输、食用的，必须一律严格禁止。对于列入《国家重点保护经济水生动植物资源名录》的物种和我部公告的水产新品种，要按照《渔业法》等法律法规严格管理。中华鳖、乌龟等列入上述水生动物相关名录的两栖爬行类动物，按照水生动物管理。

445. 环保局未依法履职，应承担哪些法律责任？

案例1：某水库是当地重要的备用饮水水源地，经省政府批复为地表水饮用水源保护区。张三等4人在保护区里建了一个养鸭场，对水库造成严重污染。当地检察院发现水库的水质长期维持在Ⅳ类或Ⅴ类，不符合国家Ⅱ类要求。

检察院向环保局发出检察建议，建议环保局依法履行职责，依照有关规定处理。收到检察建议后，环保局虽采取了相关整改措施，但履职不到位，整改和处罚不彻底。截至公益诉讼之日，水库保护区内仍有养殖场未拆除，水质状况仍然维持在Ⅴ类甚至劣Ⅴ类。

随后，检察院以环保局怠于履行监管职责为由，向开发区法院提起行政公益诉讼。收到起诉书后，环保局联合镇政府、水务局，对相关鸭舍及附属设施进行强制拆除，但拆除鸭舍后留下了建筑垃圾和生活垃圾等问题，水库保护区内仍存在污染隐患。

法院经审理后认为，被告环保局存在履职不全面、不正确、不及时的问题。但能及时认识到其未履行职责的违法性，在法院立案后积极采取措施，对张三在水库保护区内养殖的鸭舍及其他附属设施进行拆除，其行为应予肯定。遂判决确认被告环保局对张三在水库一级保护区内养殖家禽怠于履行监管职责的行为违法；责令被告环保局继续履行法定职责，限被告环保局在本判决生效之日起60日内根据张三在水库一级保护区内养殖家禽违法行为依法作出相应处理。

【法律链接】

《行政诉讼法》第二十五条第四款规定，人民检察院在履行职责中发现生态环境和资源保护、食品药品安全、国有财产保护、国有土地使用权出让等领域负有监督管理职责的行政机关违法行使职权或者不作为，致使国家利益或者社会公共利益受到侵害的，应当向行政机关提出检察建议，督促其依法履行职责。行政机关不依法履行职责的，人民检察院依法向人民法院提起诉讼。

行政公益诉讼案件受案范围包含了侵害国家利益和社会公共利益的破坏生态环境和资源保护等行为，负有监督管理职责的行政机关违法行使职权或者怠于行使职责，会使国家和社会公共利益受到侵害。该案既向社会公众宣传了环境保护和公益诉讼，也警示和督促提醒相关行政机关要积极履职、依法行政。

案例2：李某在未取得采矿许可证的情况下，雇请工人在属于禁采区范围内非法开采花岗岩石。李某开采的区域属于开采石矿禁采区。

法院经审理认为，被告人李某违反矿产资源法的规定，在未取得采矿许可证的情况下在禁采区内擅自采矿，开采的矿产品价值较大，情节严重，其行为已构成非法采矿罪。被告人李某的犯罪行为破坏了案发地的生态环境，损害了社会公共利益，造成国家资源流失，依法亦应承担相应的民事责任。为惩治破坏矿产资源犯罪，保护自然生态环境，维护社会公共利益，遂依法判决被告人李某犯非法采矿罪，判处有期徒刑一年，并处罚金人民币三万元；同时判决被告人李某赔偿相应数额国家损失。

【法律链接】

《刑法》第三百四十三条规定，违反矿产资源法的规定，未取得采矿许可证擅自采矿，擅自进入国家规划矿区、对国民经济具有重要价值的矿区和他人矿区范围采矿，或者擅自开采国家规定实行保护性开采的特定矿种，情节严重的，处三年以下有期徒刑、拘役或者管制，并处或者单处罚金；情节特别严重的，处三年以上七年以下有期徒刑，并处罚金。

案例3：罗某将蛇笼散放在水库，通过以青蛙作为诱饵的方式，安装设置诱捕铁笼进行捕蛇。罗某把入笼的蛇装入网袋后放入汽车后备厢，再将蛇笼放回原处继续捕蛇。途经公安检查站时被公安民警查获，并被当场扣押50多条蛇。经鉴定，被扣押的蛇中有舟山眼镜蛇55条、灰鼠蛇1条，均为国家三有动物。

法院经审理认为，被告人罗某无视国家法律，在禁猎区、禁猎期内非法狩猎野生动物，破坏野生动物资源，情节严重，其行为已构成非法狩猎罪，依法应予惩处。遂依法判决被告人罗某犯非法狩猎罪，判处拘役五个月。

【法律链接】

《刑法》第三百四十一条第二款规定，违反狩猎法规，在禁猎区、禁猎期或者使用禁用的工具、方法进行狩猎，破坏野生动物资源，情节严重的，处三年以下有期徒刑、拘役、管制或者罚金。

案例 4：刘某先后通过转包方式承租林地，并在未取得有关部门批准和村集体同意的情况下，雇用钩机、运泥车等工具在山上非法挖泥取土，造成林地林业种植条件被严重毁坏，毁坏数量较大。

法院经审理认为，被告人刘某未征得村集体同意，擅自雇请机械强行取土，造成林地种植条件严重毁坏，其行为违反土地管理法规，非法占用林地，造成林地严重毁坏，数量较大，构成非法占用农用地罪。遂依法判决刘某犯非法占用农用地罪，判处有期徒刑一年，并处罚金一万元。

【法律链接】

《刑法》第三百四十二条规定，违反土地管理法规，非法占用耕地、林地等农用地，改变被占用土地用途，数量较大，造成耕地、林地等农用地大量毁坏的，处五年以下有期徒刑或者拘役，并处或者单处罚金。

十一、乡镇政府采购、工程招标

446. 什么是政府采购？

答：《政府采购法》第二条和《政府采购法实施条例》第二条规定，政府采购是指各级国家机关、事业单位和团体组织，使用财政性资金采购依法制定的集中采购目录以内的或者采购限额标准以上的货物、工程和服务的行为。政府采购法第二条所称财政性资金是指纳入预算管理的资金。以财政性资金作为还款来源的借贷资金，视同财政性资金。国家机关、事业单位和团体组织的采购项目既使用财政性资金又使用非财政性资金的，使用财政性资金采购的部分，适用政府采购法及本条例；财政性资金与非财政性资金无法分割采购的，统一适用政府采购法及政府采购法实施条例。

447. 供应商参加政府采购活动应当具备哪些条件？

答：《政府采购法》第二十二条规定，供应商参加政府采购活动应当具备下列条件：（1）具有独立承担民事责任的能力；（2）具有良好的商业信誉和健全的财务会计制度；（3）具有履行合同所必需的设备和专业技术能力；（4）有依法缴纳税收和社会保障资金的良好记录；（5）参加政府采购活动前三年内，在经营活动中没有重大违法记录；（6）法律、行政法规规定的其他条件。采购人可以根据采购项目的特殊要求，规定供应商的特定条件，但不得以不合理的条件对供应商实行差别待遇或者歧视待遇。

448. 政府采购的方式有哪些？如何选择采购方式？

答：根据《政府采购法》第二十六条、《财政部关于印发〈政府采购竞争性磋商采购方式管理暂行办法〉的通知》（财库〔2014〕214 号）的规定，目前政府采购的方式主要有：（1）公开招标；（2）邀请招标；（3）竞争性谈判；（4）单一来源采购；（5）询价；（6）竞争性磋商。公开招标应作为政府采购的主要采购方式。

《政府采购法》第二十九条规定，采购的货物或者服务具有特殊性，只能从有限范围的供应商处采购或者采用公开招标方式的费用占政府采购项目总价值的比例过大的。可以依照政府采购法的规定采用邀请招标方式采购。

第三十条规定，招标后没有供应商投标或者没有合格标的或者重新招标未能成立的；技术复杂或者性质特殊，不能确定详细规格或者具体要求的；采用招标所需时间不能满足用户紧急需要的；不能事先计算出价格总额的，可以依照政府采购法的规定采用竞争性谈判方式采购。

第三十一条规定，只能从唯一供应商处采购的；发生了不可预见的紧急情况不能从其他供应商处采购的；须保证原有采购项目一致性或者服务配套的要求，需要继续从原供应商处添购，且添购资金总额不超过原合同采购金额百分之十的，可以依政府采购法的规定采用单一来源方式采购。

第三十二条规定，采购的货物规格、标准统一、现货货源充足且价格变化幅度小的政府采购项目，可以依照本法采用询价方式采购。

财政部《政府采购竞争性磋商采购方式管理暂行办法》第三条规定，对政府购买服务项目；技术复杂或者性质特殊，不能确定详细规格或者具体要求的；因艺术品采购、专利、专有技术或者服务的时间、数量事先不能确定等原因不能事先计算出价格总额的；市场竞争不充分的科研项目，以及需要扶持的科技成果转化项目；按照招标投标法及其实施条例必须进行招标的工程建设项目以外的工程建设项目，可以采用竞争性磋商方式进行采购。

449. 在招标采购中，出现哪些情形应予废标？

答：《政府采购法》第三十六条规定，在招标采购中，出现下列情形之一的，应予废标：（1）符合专业条件的供应商或者对招标文件作实质响应的供应商不足三家的；（2）出现影响采购公正的违法、违规行为的；（3）投标人的报价均超过了采购预算，采购人不能支付的；（4）因重大变故，采购任务取消的。废标后，采购人应当将废标理由通知所有投标人。

450. 采购人、采购代理机构对政府采购项目采购文件保存的规定有哪些？

答：《政府采购法》第四十二条规定，采购人、采购代理机构对政府采购项目每项采购活动的采购文件应当妥善保存，不得伪造、变造、隐匿或者销毁。采购文件的保存期限为从采购结束之日起至少保存十五年。采购文件包括采购活动记录、采购预算、招标文件、投标文件、评标标准、评估报告、定标文件、合同文本、验收证明、质疑答复、投诉处理决定及其他有关文件、资料。《政府采购法实施条例》第四十六条规定，《政府采购法》第四十二条规定的采购文件，可以用电子档案方式保存。

451. 签订政府采购合同有哪些注意事项？

答：《政府采购法》第四十三条、第四十四条规定，政府采购合同应当采用书面形式，适用合同法。采购人和供应商之间的权利和义务，应当按照平等、自愿的原则以合同方式约定。采购人可以委托采购代理机构代表其与供应商签订政府采购合同。由采购代理机构以采购人名义签订合同的，应当提交采购人的授权委托书，作为合同附件。

第四十六条规定，采购人与中标、成交供应商应当在中标、成交通知书发出之日起三十日内，按照采购文件确定的事项签订政府采购合同。中标、成交通知书对采购人和中标、成交供应商均具有法律效力。中标、成交通知书发出后，采购人改变中标、成交结果的，或者中标、成交供应商放弃中标、成交项目的，应当依法承担法律责任。

452. 政府采购合同履行中，采购人如需追加与合同标的相同的货物、工程或者服务应如何处理？

答：《政府采购法》第四十九条规定，政府采购合同履行中，采购人需追加与合同标的相同的货物、工程或者服务的，在不改变合同其他条款的前提下，可以与供应商协商签订补充合同，但所有补充合同的采购金额不得超过原合同采购金额的百分之十。

453. 采购人违法采购时应承担哪些法律责任？

答：《政府采购法》第七十四条和第七十五条规定，采购人对应当实行集中采购的政府采购项目，不委托集中采购机构实行集中采购的，由政府采购监督管理部门责令改正；拒不改正的，停止按预算向其支付资金，由其上级行政主管部门或者有关机关依法给予其直接负责的主管人员和其他直接责任人员处分。采购人未依法公布政府采购项目的采购标准和采购结果的，责令改正，对直接负责的主管人员依法给予处分。

《政府采购法实施条例》第六十七条、第七十条和第七十六条规定，采购人有下列情形之一的，由财政部门责令限期改正，给予警告，对直接负责的主管人员和其他直接责任人员依法给予处分，并予以通报：（1）未按照规定编制政府采购实施计划或者未按照规定将政府采购实施计划报本级人民政府财政部门备案；（2）将应当进行公开招标的项目化整为零或者以其他任何方式规避公开招标；（3）未按照规定在评标委员会、竞争性谈判小组或者询价小组推荐的中标或者成交候选人中确定中标或者成交供应商；（4）未按照采购文件确定的事项签订政府采购合同；（5）政府采购合同履行中追加与合同标的相同的货物、工程或者服务的采购金额超过原合同采购金额10%；（6）擅自变更、中止或者终止政府采购合同；（7）未按照规定公告政府采购合同；（8）未按照规定时间将政府采购合同副本报本级人民政府财政部门和有关部门备案。采购人员与供应商有利害关系而不依法回避的，由财政部门给予警告，并处2000元以上2万元以下的罚款。政府采购当事人违反政府采购法和本条例规定，给他人造成损失的，依法承担民事责任。

454. 采购人、采购代理机构有哪些行为应受到处罚？

答：《政府采购法》第七十一条规定，采购人、采购代理机构有下列情形之一的，责令限期改正，给予警告，可以并处罚款，对直接负责的主管人员和其他直接责任人员，由其行政主管部门或者有关机关给予处分，并予通报：(1) 应当采用公开招标方式而擅自采用其他方式采购的；(2) 擅自提高采购标准的；(3) 以不合理的条件对供应商实行差别待遇或者歧视待遇的；(4) 在招标采购过程中与投标人进行协商谈判的；(5) 中标、成交通知书发出后不与中标、成交供应商签订采购合同的；(6) 拒绝有关部门依法实施监督检查的。

455. 采购人、采购代理机构及其工作人员有哪些情形需要承担相应法律责任?

答:《政府采购法》第七十二条规定，采购人、采购代理机构及其工作人员有下列情形之一，构成犯罪的，依法追究刑事责任；尚不构成犯罪的，处以罚款，有违法所得的，并处没收违法所得，属于国家机关工作人员的，依法给予行政处分：(1) 与供应商或者采购代理机构恶意串通的；(2) 在采购过程中接受贿赂或者获取其他不正当利益的；(3) 在有关部门依法实施的监督检查中提供虚假情况的；(4) 开标前泄露标底的。

456. 采购人、采购代理机构及其工作人员有影响中标、成交结果或者可能影响中标、成交结果的违法行为的，分别应如何处理?

答:《政府采购法》第七十三条规定，有本法第七十一条、第七十二条违法行为之一影响中标、成交结果或者可能影响中标、成交结果的，按下列情况分别处理：(1) 未确定中标、成交供应商的，终止采购活动；(2) 中标、成交供应商已经确定但采购合同尚未履行的，撤销合同，从合格的中标、成交候选人中另行确定中标、成交供应商；(3) 采购合同已经履行的，给采购人、供应商造成损失的，由责任人承担赔偿责任。

457. 供应商有哪些行为的，中标、成交无效?

答:《政府采购法》第七十七条规定，供应商有下列情形之一的，处以采购金额千分之五以上千分之十以下的罚款，列入不良行为记录名单，在一年至三年内禁止参加政府采购活动，有违法所得的，并处没收违法所得，情节严重的，由工商行政管理机关吊销营业执照；构成犯罪的，依法追究刑事责任：（1）提供虚假材料谋取中标、成交的；（2）采取不正当手段诋毁、排挤其他供应商的；（3）与采购人、其他供应商或者采购代理机构恶意串通的；（4）向采购人、采购代理机构行贿或者提供其他不正当利益的；（5）在招标采购过程中与采购人进行协商谈判的；（6）拒绝有关部门监督检查或者提供虚假情况的。供应商有前款第 1 项至第 5 项情形之一的，中标、成交无效。

458. 采购人或者采购代理机构有哪些情形，属于以不合理的条件对供应商实行差别待遇或者歧视待遇？

答：《政府采购法实施条例》第二十条规定，采购人或者采购代理机构有下列情形之一的，属于以不合理的条件对供应商实行差别待遇或者歧视待遇：（1）就同一采购项目向供应商提供有差别的项目信息；（2）设定的资格、技术、商务条件与采购项目的具体特点和实际需要不相适应或者与合同履行无关；（3）采购需求中的技术、服务等要求指向特定供应商、特定产品；（4）以特定行政区域或者特定行业的业绩、奖项作为加分条件或者中标、成交条件；（5）对供应商采取不同的资格审查或者评审标准；（6）限定或者指定特定的专利、商标、品牌或者供应商；（7）非法限定供应商的所有制形式、组织形式或者所在地；（8）以其他不合理条件限制或者排斥潜在供应商。

459. 政府采购活动中对投标保证金有哪些规定？

答：《政府采购法实施条例》第三十三条规定，招标文件要求投标人提交投标保证金的，投标保证金不得超过采购项目预算金额的 2%。投标保证金应当以支票、汇票、本票或者金融机构、担保机构出具的保函等非现金形式提交。投标人未按照招标文件要求提交投标保证金的，投标无效。采购人或者采购代理机构应当自中标通知书发出之日起 5 个工作日内退还未中标供应商的投标保证金，自政府采购合同签订之日起 5 个工作日内退还中标供应商的投标保证金。竞争性谈判或者询价采购中要求参加谈判或者询价的供应商提交保证金的，参照前两款的规定执行。

460. 哪些情形属于恶意串通？

答：《政府采购法实施条例》第七十四条规定，有下列情形之一的，属于恶意串通，对供应商依照《政府采购法》第七十七条第一款的规定追究法律责任，对采购人、采购代理机构及其工作人员依照《政府采购法》第七十二条的规定追究法律责任：(1) 供应商直接或者间接从采购人或者采购代理机构处获得其他供应商的相关情况并修改其投标文件或者响应文件；(2) 供应商按照采购人或者采购代理机构的授意撤换、修改投标文件或者响应文件；(3) 供应商之间协商报价、技术方案等投标文件或者响应文件的实质性内容；(4) 属于同一集团、协会、商会等组织成员的供应商按照该组织要求协同参加政府采购活动；(5) 供应商之间事先约定由某一特定供应商中标、成交；(6) 供应商之间商定部分供应商放弃参加政府采购活动或者放弃中标、成交；(7) 供应商与采购人或者采购代理机构之间、供应商相互之间，为谋求特定供应商中标、成交或者排斥其他供应商的其他串通行为。

461. 什么是政府采购信息？

答：《政府采购信息发布管理办法》第三条规定，本办法所称政府采购信息，是指依照政府采购有关法律制度规定应予公开的公开招标公告、资格预审公告、单一来源采购公示、中标（成交）结果公告、政府采购合同公告等政府采购项目信息，以及投诉处理结果、监督检查处理结果、集中采购机构考核结果等政府采购监管信息。

462. 什么是政府购买服务？

答：《政府购买服务管理办法》第二条规定，政府购买服务是指各级国家机关将属于自身职责范围且适合通过市场化方式提供的服务事项，按照政府采购方式和程序，交由符合条件的服务供应商承担，并根据服务数量和质量等因素向其支付费用的行为。

463. 政府购买服务的购买主体和承接主体有哪些？

答：《政府购买服务管理办法》规定，政府购买服务的购买主体是指各级国家机关。政府购买服务的承接主体是指符合政府采购法律、行政法规规定的条件，依法成立的企业、社会组织，公益二类和从事生产经营活动的事业单位，农村集体经济组织，基层群众性自治组织，以及具备条件的个人。购买主体可以结合购买服务项目的特点规定承接主体的具体条件，但不得违反政府采购法律、行政法规，以不合理的条件对承接主体实行差别待遇或者歧视待遇。公益一类事业单位、使用事业编制且由财政拨款保障的群团组织，不作为政府购买服务的购买主体和承接主体。

464. 哪些事项不得纳入政府购买服务范围？

答：《政府购买服务管理办法》第九条规定，政府购买服务的内容包括政府向社会公众提供的公共服务，以及政府履职所需辅助性服务。

第十条规定，以下各项不得纳入政府购买服务范围：（1）不属于政府职责范围的服务事项；（2）应当由政府直接履职的事项；（3）政府采购法律、行政法规规定的货物和工程，以及将工程和服务打包的项目；（4）融资行为；（5）购买主体的人员招、聘用，以劳务派遣方式用工，以及设置公益性岗位等事项；（6）法律、行政法规以及国务院规定的其他不得作为政府购买服务内容的事项。

465. 政府购买服务合同履行期限有多长？

答：《政府购买服务管理办法》规定，政府购买服务合同的签订、履行、变更，应当遵循合同有关法律规定，明确服务的内容、期限、数量、质量、价格，资金结算方式，各方权利义务事项和违约责任等内容。

《政府购买服务管理办法》第二十四条规定，政府购买服务合同履行期限一般不超过 1 年；在预算保障的前提下，对于购买内容相对固定、连续性强、经费来源稳定、价格变化幅度小的政府购买服务项目，可以签订履行期限不超过 3 年的政府购买服务合同。

466. 哪些工程建设项目的采购必须进行招标？

答：《招标投标法》第三条规定，在中华人民共和国境内进行下列工程建设项目包括项目的勘察、设计、施工、监理以及与工程建设有关的重要设备、材料等的采购，必须进行招标：（1）大型基础设施、公用事业等关系社会公共利益、公众安全的项目；（2）全部或者部分使用国有资金投资或者国家融资的项目；（3）使用国际组织或者外国政府贷款、援助资金的项目。前款所列项目的具体范围和规模标准，由国务院发展计划部门会同国务院有关部门制订，报国务院批准。法律或者国务院对必须进行招标的其他项目的范围有规定的，依照其规定。

467. 《招标投标法》所称工程建设项目是指哪些？

答：《招标投标法实施条例》第二条规定，《招标投标法》第三条所称工程建设项目，是指工程以及与工程建设有关的货物、服务。前款所称工程，是指建设工程，包括建筑物和构筑物的新建、改建、扩建及其相关的装修、拆除、修缮等；所称与工程建设有关的货物，是指构成工程不可分割的组成部分，且为实现工程基本功能所必需的设备、材料等；所称与工程建设有关的服务，是指为完成工程所需的勘察、设计、监理等服务。

468. 建设工程的肢解发包、违法分包、转包分别是指什么？

答：《建设工程质量管理条例》第七十八条规定，本条例所称肢解发包，是指建设单位将应当由一个承包单位完成的建设工程分解成若干部分发包给不同的承包单位的行为。本条例所称违法分包，是指下列行为：（1）总承包单位将建设工程分包给不具备相应资质条件的单位的；（2）建设工程总承包合同中未有约定，又未经建设单位认可，承包单位将其承包的部分建设工程交由其他单位完成的；（3）施工总承包单位将建设工程主体结构的施工分包给其他单位的；（4）分包单位将其承包的建设工程再分包的。本条例所称转包，是指承包单位承包建设工程后，不履行合同约定的责任和义务，将其承包的全部建设工程转给他人或者将其承包的全部建设工程肢解以后以分包的名义分别转给其他单位承包的行为。

469. 招标人和中标人另行签订的建设工程施工合同与中标合同效力如何认定？

答：《最高人民法院关于审理建设工程施工合同纠纷案件适用法律问题的解释（一）》第二条规定，招标人和中标人另行签订的建设工程施工合同约定的工程范围、建设工期、工程质量、工程价款等实质性内容，与中标合同不一致，一方当事人请求按照中标合同确定权利义务的，人民法院应予支持。招标人和中标人在中标合同之外就明显高于市场价格购买承建房产、无偿建设住房配套设施、让利、向建设单位捐赠财物等另行签订合同，变相降低工程价款，一方当事人以该合同背离中标合同实质性内容为由请求确认无效的，人民法院应予支持。

第二十二条规定，当事人签订的建设工程施工合同与招标文件、投标文件、中标通知书载明的工程范围、建设工期、工程质量、工程价款不一致，一方当事人请求将招标文件、投标文件、中标通知书作为结算工程价款的依据的，人民法院应予支持。

470. 哪些工程项目必须招标？

答：根据《招标投标法》第三条的规定，在中华人民共和国境内进行下列工程建设项目包括项目的勘察、设计、施工、监理以及与工程建设有关的重要设备、材料等的采购，必须进行招标：（1）大型基础设施、公用事业等关系社会公共利益、公众安全的项目；（2）全部或者部分使用国有资金投资或者国家融资的项目；（3）使用国际组织或者外国政府贷款、援助资金的项目。

《必须招标的工程项目规定》第二条规定，全部或者部分使用国有资金投资或者国家融资的项目包括：（1）使用预算资金200万元人民币以上，并且该资金占投资额10%以上的项目；（2）使用国有企业事业单位资金，并且该资金占控股或者主导地位的项目。第三条规定，使用国际组织或者外国政府贷款、援助资金的项目包括：（1）使用世界银行、亚洲开发银行等国际组织贷款、援助资金的项目；（2）使用外国政府及其机构贷款、援助资金的项目。

根据《必须招标的工程项目规定》第五条的规定，以下勘察、设计、施工、监理以及与工程建设有关的重要设备、材料等的采购必须招标：（1）施工单项合同估算价在400万元人民币以上；（2）重要设备、材料等货物的采购，单项合同估算价在200万元人民币以上；（3）勘察、设计、监理等服务的采购，单项合同估算价在100万元人民币以上。同一项目中可以合并进行的勘察、设计、施工、监理以及与工程建设有关的重要设备、材料等的采购，合同估算价合计达到前款规定标准的，必须招标。

471. 福建省内政府投资的小规模工程，建设单位可以采取哪些采购方式？

答：政府投资的小规模工程，包括工程勘察、设计、施工、监理以及与工程建设有关的重要设备、材料等采购，建设单位可以按照《招标投标法实施条例》等规定，采取公开招标或者邀请招标方式采购。其中，工程施工公开招标的，可以按照《福建省政府投资小规模工程施工简易招标办法》规定执行，工程勘察、设计、监理以及与工程建设有关的重要设备、材料等采购的公开招标，可以参照该办法执行。

除抢险救灾工程外，建设单位不采取招标方式采购的，应当采取竞争性谈判、竞争性磋商、单一来源采购等非招标方式采购。其中，国家机关、事业单位和团体组织使用财政性资金采购的，在省政府批准的省级政府集中采购目录内金额起点以上的小规模工程，应当按照《政府采购法实施条例》《政府采购非招标采购方式管理办法》《政府采购竞争性磋商采购方式管理暂行办法》等规定执行；在省政府批准的省级政府集中采购目录内金额起点以下的，可以由采购人按照财经法律法规和本部门、本单位财务管理规范自行采购。

472. 什么是政府投资小规模工程？是否可以采用简易招标？

答：《福建省政府投资小规模工程施工简易招标办法》第三条规定，本办法所称的政府投资小规模工程，是指各级政府预算管理的资金直接投资或资本金注入方式投资的，施工单项合同估算价未达到国家规定的依法必须招标规模标准的工程。

本办法所称简易招标，是指政府投资小规模工程施工，由招标人依据工程预算造价在合理造价区间内确定发包价，并在符合规定资质条件且信用评价良好的投标人中公开随机抽取确定中标人。

473. 简易招标中，确定中标候选人的程序有哪些？

答：《福建省政府投资小规模工程施工简易招标办法》第十一条规定，中标候选人的确定按照下列程序进行：

（1）招标人在“福建招标与采购网”发布招标公告，并发出招标文件，招标文件发出之日起至投标人提交投标文件截止之日止不少于10日；

（2）投标人对招标文件有疑问的，应当在投标截止时间5日前书面要求招标人答疑，未提出疑问的，视为认可招标文件所有内容；

（3）招标人对已发出的招标文件进行必要的澄清、修改或补充的，应当在“福建招标与采购网”发布，并向投标人发放书面文件，澄清、修改或补充发出的时间距投标截止时间不足5日的，应相应延长投标截止时间；

（4）投标人编制并按招标文件规定的截标时间和地点递交资格文件和投标承诺文件，缴纳投标保证金，参加开标，投标人无需编制投标报价和技术文件，投标人对开标有异议的，应当在开标现场提出，招标人应当场作出答复，并制作记录；

（5）招标人依法组织评标委员会，由评标委员会对投标人资格及承诺文件的有效性进行评审，评定进入公开随机抽取中标人的投标人名单，并由招标人当场公布；

（6）按提交投标文件的顺序，由每个有效投标人的法定代表人或其委托代理人，公开抽取、登记代表该投标人号码，并当场公布每个号码所对应的投标人；

（7）招标人公开随机抽取其中三个号码，第一个号码对应的投标人为第三中标候选人，第二个号码对应的投标人为第二中标候选人，第三个号码对应的投标人为第一中标候选人；

（8）评标委员会编写评标报告。

474. 其他国有投资的小规模工程施工是否可以适用简易招标？

答：其他国有投资的小规模工程施工，可以参照适用《福建省政府投资小规模工程施工简易招标办法》进行简易招标。

十二、其他

475. 什么是流动人口？

答：《福建省流动人口服务管理条例》第三条规定，本条例所称流动人口，是指离开常住户口所在地进入本省或者在本省行政区域内跨县级行政区域居住的人员，在本省设区的市所辖各区跨区居住的除外。

476. 如何负责流动人口信息采集？

答：《福建省流动人口服务管理条例》第八条和第九条规定，下列流动人口信息应当采集，信息采集和报送工作由有关单位或者个人负责：(1) 居住在出租房屋的，由房屋出租人或者其委托代理人负责；(2) 在当地就业的，由用人单位或者个人负责；(3) 在宗教活动场所住宿的，由宗教活动场所负责。流动人口在宾馆、酒店、招待所、民宿或者以小时、日为单位提供住宿的其他经营性服务场所居住的，按照旅馆业的有关规定办理住宿登记。

477. 流动人口信息采集项目包括哪些内容？

答：《福建省流动人口服务管理条例》第十条和第十一条规定，流动人口信息采集项目包括：姓名、性别、公民身份号码、联系方式、居住地住址、到达时间等。流动人口在信息采集时，应当提供真实、准确、完整的信息。负责流动人口信息采集和报送的单位或者个人不得故意报送虚假的流动人口信息；对于身份不明的流动人口，应当及时报告公安派出所。任何单位和个人应当对所知悉的流动人口信息依法予以保密。

478. 流动人口拟在居住地居住多长时间可以到居住地公安派出所或者受理机构申报居住登记？

答：《福建省流动人口服务管理条例》第十四条规定，流动人口拟在居住地居住七日以上的，可以到居住地公安派出所或者受理机构申报居住登记。

未满16周岁的未成年人应当由其监护人、近亲属代为申报居住登记。行动不便的老年人、残疾人和已满16周岁未满18周岁的未成年人可以由其监护人、近亲属代为申报居住登记。

479. 乡村采取哪些措施可以有效拓展农村养老服务？

答：《民政部关于进一步扩大养老服务供给，促进养老服务消费的实施意见》规定，实施特困人员供养服务设施（敬老院）改造提升工程，确保全国养老院服务质量建设专项行动排查出的特困人员供养服务设施（敬老院）的重大安全隐患2020年年底前全部整改到位，2022年年底前每个县至少建有一所以农村特困失能、残疾老年人专业照护为主的县级层面特困人员供养服务设施（敬老院）。推进有条件的特困人员供养服务设施（敬老院）增加日托、上门服务等功能，助推农村养老服务消费梯次升级。广泛发展互助式养老服务，采取社会捐赠、老人自筹、村民互助等方式举办农村幸福院和养老大院，实现可持续发展。将农村养老服务设施建设作为乡村振兴战略重要内容，纳入预算内投资优先方向，适应农村老年人巨大养老服务需求，加大农村养老机构和互助养老服务设施建设力度。

480. 乡村采取哪些措施可以提升养老服务能力和水平？

答：《国务院办公厅关于全面放开养老服务市场提升养老服务质量的若干意见》规定，依托农村社区综合服务设施，拓展养老服务功能。鼓励各地建设农村幸福院等自助式、互助式养老服务设施，加强与农村危房改造等涉农基本住房保障政策的衔接。农村集体经济、农村土地流转等收益分配应充分考虑解决本村老年人的养老问题。加强农村敬老院建设和改造，推动服务设施达标，满足农村特困人员集中供养需求，为农村低收入老年人和失能、半失能老年人提供便捷可及的养老服务。鼓励专业社会工作者、社区工作者、志愿服务者加强对农村留守、困难、鳏寡、独居老年人的关爱保护和心理疏导、咨询等服务。充分依托农村基层党组织、自治组织和社会组织等，开展基层联络人登记，建立应急处置和评估帮扶机制，关注老年人的心理、安全等问题。

附件：

1. 农民专业合作社示范社创建标准（试行）

（一）民主管理好

（1）依照《农民专业合作社法》登记设立，在工商行政管理部门登记满 2 年。有固定的办公场所和独立的银行账号。组织机构代码证、税务登记证齐全。

（2）根据本社实际情况并参照农业部《农民专业合作社示范章程》制定章程，建立完善的财务管理制度、财务公开制度、社务公开制度、议事决策记录制度等内部规章制度，并认真执行。

（3）每年至少召开一次成员（代表）大会并有完整会议记录，所有出席成员在会议记录上签名。涉及重大财产处置和重要生产经营活动等事项由成员（代表）大会决议通过，切实做到民主决策。

（4）成员（代表）大会选举和表决实行一人一票制，或一人一票制加附加表决权的办法，其中附加表决权总票数不超过本社成员基本表决权总票数的20%，切实做到民主管理。

（5）按照章程规定或合作社成员（代表）大会决议，建立健全社务监督机构，从本社成员中选举产生监事会成员或执行监事，或由合作社成员直接行使监督权，切实做到民主监督。

（6）根据会计业务需要配备必要的会计人员，设置会计账簿，编制会计报表，或委托有关代理记账机构代理记账、核算。财会人员持有会计从业资格证书，会计和出纳互不兼任。理事会、监事会成员及其直系亲属不得担任合作社的财会人员。

（7）为每个成员设立成员账户，主要记载该成员的出资额、量化为该成员的公积金份额、该成员与本社的交易情况和盈余返还状况等。提取公积金的合作社，每年按照章程规定将公积金量化为每个成员的份额并记入成员账户。

（8）可分配盈余按成员与本社的交易量（额）比例返还，返还总额不低于可分配盈余的60%。

（9）每年组织编制合作社年度业务报告、盈余分配方案或亏损处理方案、财务状况说明书，并经过监事会（执行监事）或成员直接审核，在成员（代表）大会召开的十五日前置于办公地点供成员查阅，并接受成员质询。监事会（或执行监事）负责对本社财务进行内部审计，审计结果报成员（代表）大会，或由成员（代表）大会委托审计机构对本社财务进行审计。自觉接受农村经营管理部门对合作社财务会计工作的指导和监督。

（二）经营规模大

（10）所涉及的主要产业是县级或县级以上行政区域优势主导产业或特色产业。经营规模高于本省同行业农民专业合作社平均水平。

（11）农机专业合作社拥有农机具装备20台套以上，年提供作业服务面积达到1.5万亩以上。

（三）服务能力强

（12）入社成员数量高于本省同行业农民专业合作社成员平均水平，其中，种养业专业合作社成员数量达到150人以上。农民占成员总数的80%以上，企业、事业单位和社会团体成员不超过成员总数的5%。

（13）成员主要生产资料（初入社自带固定资产除外）统一购买率、主要产品（服务）统一销售（提供）率超过80%，标准化生产率达到100%。

（14）主要为成员服务，与非成员交易的比例低于合作社交易总量的50%。

（15）生产鲜活农产品的农民专业合作社参与“农超对接”“农校对接”，或在城镇建立连锁店、直销点、专柜、代销点，实现销售渠道稳定畅通。

（四）产品质量优

（16）生产食用农产品的农民专业合作社所有成员能够按照《农产品质量安全法》和《食品安全法》的规定，建立生产记录制度，完整记录生产全过程，实现产品质量可追溯。

（17）生产食用农产品的农民专业合作社产品获得无公害产品、绿色食品、有机农产品或有机食品认证。生产食用农产品的农民专业合作社主要产品拥有注册商标。

（五）社会反响好

（18）享有良好社会声誉，无生产（质量）安全事故、行业通报批评、媒体曝光等不良记录。

（19）成员收入高于本县域内同行业非成员农户收入30%以上，成为农民增收的重要渠道。

2. ××村村规民约（参考样本）

（　年　月　日　届村民会议通过）

为进一步推动我村实现产业兴旺、生态宜居、乡风文明、治理有效、生活富裕的总要求，根据《中华人民共和国村民委员会组织法》和福建省实施办法的有关规定，结合本村实际，经全体村民讨论通过，现制定如下村规民约。

（1）拥护中国共产党的领导，认真贯彻执行党在农村的路线、方针、政策和法律法规，自觉维护、服从村党组织的领导和村民委员会的管理。

（2）爱护集体财产，爱护公共设施，敢于同破坏集体利益的坏人坏事作斗争。

（3）热爱劳动，发展生产，学习科学文化知识，勤劳致富。

（4）保护生态环境，珍惜自然资源。积极参与村里植树造林、森林防火、水库除险加固、生态修复工程、生活污水治理等，保护好村里古树名木和文物古迹。

（5）自觉参与家园清洁行动，按时缴纳垃圾处理费，做好垃圾分类，定点投倒垃圾，严禁将垃圾倒入河沟或道路两侧。不乱堆杂物，不放养家禽，死禽死畜要做无害化处理，保持道路、河沟和房前屋后整洁美观。

（6）遵守计划生育基本国策，鼓励按政策生育，落实计划生育家庭奖励扶助和优先优惠政策。

（7）自觉保护耕地，严禁抛荒撂荒，遵守村庄规划，严禁违法占地和违章建房。严格执行建房申请报批制度，按审批核准的占地面积和建筑层数建房。

（8）增强法律意识，维护法律权威，做到尊法、学法、知法、守法，依法理性反映诉求，依法调处村民纠纷。

（9）参加“平安村”创建活动，严禁参与“黄赌毒”、诈骗、偷盗、邪教组织、传销等违法行为和不健康的活动，积极举报涉黑涉恶涉枪涉爆和“村霸”等突出问题，参与邻里守望、文明交通、安全用火等活动，维护良好社会公共秩序。

（10）自觉维护国家安全，参加国防建设和爱国主义教育活动，凡符合条件的村民，依法进行兵役登记。

（11）弘扬社会主义核心价值观，崇尚向上向善、尊老扶弱、重义守信、赈灾救难。遵守社会公德和家庭美德，倡导邻里团结，男女平等，婚姻自由，家庭和睦。禁止歧视、遗弃、虐待老人、残疾人和未成年人，反对家庭暴力、侵害妇女儿童合法权益。

（12）树立乡风文明，提倡婚事新办、丧事简办、丧葬火化、乔迁不办，反对婚丧喜庆大操大办，铺张浪费；抵制封建迷信。

（13）村党组织和村民委会成员带头遵守执行上述条款，以身作则，率先垂范。全体村民互相监督，共同遵守。

（14）违反上述条款，触犯法律法规，移送司法机关依法追究法律责任。

（15）每发现一人/次，自愿向村民委员会支付违约金人民币1000元。逾期不交的，违规者同意村民委员会或股份经济合作社从给予本人的福利或股权收益中直接扣除。违约金专款专用，用于本村公益事业和公共设施建设。

（16）本《村规民约》自公布之日起实施，外来常住或暂住人员住村期间遵守本公约，涉及条款由村民委员会负责解释。

12 第十二章 农　民

一、土地征收

481. 我国法律对土地征收的审批是如何规定的?

答:《土地管理法》第四十六条规定:“征收下列土地的,由国务院批准:(一)永久基本农田;(二)永久基本农田以外的耕地超过三十五公顷的;(三)其他土地超过70公顷的。征收前款规定以外的土地的,由省、自治区、直辖市人民政府批准。征收农用地的,应当依照本法第四十四条的规定先行办理农用地转用审批。其中,经国务院批准农用地转用的,同时办理征地审批手续,不再另行办理征地审批;经省、自治区、直辖市人民政府在征地批准权限内批准农用地转用的,同时办理征地审批手续,不再另行办理征地审批,超过征地批准权限的,应当依照本条第一款的规定另行办理征地审批。”

《基本农田保护条例》第二条规定:“国家实行基本农田保护制度。本条例所称基本农田,是指按照一定时期人口和社会经济发展对农产品的需求,依据土地利用总体规划确定的不得占用的耕地。本条例所称基本农田保护区,是指为对基本农田实行特殊保护而依据土地利用总体规划和依照法定程序确定的特定保护区域。”

因此,土地征收审批权集中于国务院和省级人民政府。征收基本农田、基本农田以外的耕地超过35公顷、其他土地超过70公顷的,由国务院批准;其他土地征收由省级人民政府批准。

482. 土地征收补偿的原则和基本要求是什么?

答:《土地管理法》第四十八条规定:“征收土地应当给予公平、合理的补偿,保障被征地农民原有生活水平不降低、长远生计有保障。”《国务院关于深化改革严格土地管理的决定》第三条第十二项规定：“完善征地补偿办法。县级以上地方人民政府要采取切实措施，使被征地农民生活水平不因征地而降低。要保证依法足额和及时支付土地补偿费、安置补助费以及地上附着物和青苗补偿费。依照现行法律规定支付土地补偿费和安置补助费，尚不能使被征地农民保持原有生活水平的，不足以支付因征地而导致无地农民社会保障费用的，省、自治区、直辖市人民政府应当批准增加安置补助费。土地补偿费和安置补助费的总和达到法定上限，尚不足以使被征地农民保持原有生活水平的，当地人民政府可以用国有土地有偿使用收入予以补贴……”

因此，土地征收补偿的原则是公平、合理并确保被征地农民原有生活水平不降低。若土地补偿费和安置补助费总和达到法定上限，不足以使被征地农民保持原有生活水平的，当地人民政府可以用国有土地有偿使用收入予以补贴，以保障被征地农民的原有生活水平。

483. 土地征收补偿的费用包括哪些?

答:《土地管理法》第四十八条第二款规定：“征收土地应当依法及时足额支付土地补偿费、安置补助费以及农村村民住宅、其他地上附着物和青苗等的补偿费用，并安排被征地农民的社会保障费用。”《国有土地上房屋征收与补偿条例》第十七条规定：“作出房屋征收决定的市、县级人民政府对被征收人给予的补偿包括：（一）被征收房屋价值的补偿；（二）因征收房屋造成的搬迁、临时安置的补偿；（三）因征收房屋造成的停产停业损失的补偿。市、县级人民政府应当制定补助和奖励办法，对被征收人给予补助和奖励。”根据前述法律规定，土地征收的补偿费用包括土地补偿费、搬迁费、安置补助费、社会保障费用以及农村村民住宅、其他地上附着物和青苗等的补偿费用，并且市、县级人民政府应当制定补助和奖励办法，对被征收人给予补助、奖励。

484. 农村土地征收的补偿标准如何确定?

答:《土地管理法》第四十八条第三款规定：“征收农用地的土地补偿费、安置补助费标准由省、自治区、直辖市通过制定公布区片综合地价确定。制定区片综合地价应当综合考虑土地原用途、土地资源条件、土地产值、土地区位、土地供求关系、人口以及经济社会发展水平等因素，并至少每三年调整或者重新公布一次。”第四款规定：“征收农用地以外的其他土地、地上附着物和青苗等的补偿标准，由省、自治区、直辖市制定。对其中的农村村民住宅，应当按照先补偿后搬迁、居住条件有改善的原则，尊重农村村民意愿，采取重新安排宅基地建房、提供安置房或者货币补偿等方式给予公平、合理的补偿，并对因征收造成的搬迁、临时安置等费用予以补偿，保障农村村民居住的权利和合法的住房财产权益。”

因此，从上述法规可以明确：（1）省、自治区、直辖市人民政府有权制定农用地土地征收补偿费、安置补助费标准及其他土地、地上附着物和青苗等的补偿标准；（2）补偿标准通过制定公布区片综合地价确定，综合考虑土地原用途、土地资源条件、土地产值、土地区位、土地供求关系、人口以及经济社会发展水平等因素；（3）每三年调整或重新公布一次；（4）农村村民住宅，应当按照先补偿后搬迁、居住条件有改善的原则，采取重新安排宅基地建房、提供安置房或者货币补偿等方式补偿；（5）保障农村村民居住权和合法的住房财产权益。

485. 我国法律对被征地农民的安置是如何规定的？

答：《国务院关于深化改革严格土地管理的决定》规定：县级以上地方人民政府应当制定具体办法，使被征地农民的长远生计有保障。对有稳定收益的项目，农民可以经依法批准的建设用地土地使用权入股。在城市规划区内，当地人民政府应当将因征地而导致无地的农民，纳入城镇就业体系，并建立社会保障制度；在城市规划区外，征收农民集体所有土地时，当地人民政府要在本行政区域内为被征地农民留有必要的耕作土地或安排相应的工作岗位；对不具备基本生产生活条件的无地农民，应当异地移民安置。劳动和社会保障部门要会同有关部门尽快提出建立被征地农民的就业培训和社会保障制度的指导性意见。

486. 哪些主体可以实施房屋拆迁？

答：《国有土地上房屋征收与补偿条例》第四条规定：“市、县级人民政府负责本行政区域的房屋征收与补偿工作。市、县级人民政府确定的房屋征收部门（以下称房屋征收部门）组织实施本行政区域的房屋征收与补偿工作。市、县级人民政府有关部门应当依照本条例的规定和本级人民政府规定的职责分工，互相配合，保障房屋征收与补偿工作的顺利进行。”第五条规定：“房屋征收部门可以委托房屋征收实施单位，承担房屋征收与补偿的具体工作。房屋征收实施单位不得以营利为目的。房屋征收部门对房屋征收实施单位在委托范围内实施的房屋征收与补偿行为负责监督，并对其行为后果承担法律责任。”

因此，具有拆迁主体资格的是市、县及人民政府，拆迁公司可以接受房屋征收部门委托成为房屋征收实施的被委托单位，但拆迁公司不能作为拆迁房屋的责任主体，其行为的后果及法律责任由委托方房屋征收部门承担。

487. 被拆迁者不同意拆迁安置补偿方案，如何救济？

答：《国有土地上房屋征收与补偿条例》规定，被征收人对征收补偿标准有异议的，可以依法申请行政复议，也可以依法提起行政诉讼。根据《行政复议法》和《行政诉讼法》的相关规定，在政府发布征收补偿决定，并进行公告后，被拆迁人可在60日内向复议机关申请行政复议，对于行政复议不服的，可以在收到复议决定书之日起15日内提起行政诉讼，复议机关逾期不作决定的，申请人可以在复议期满之日起15日内提起行政诉讼，要求对相关情况进行重新认定。

因此，被征收人对补偿决定不服的，可以依法申请行政复议，也可以依法提起行政诉讼。被征收人对征地补偿安置方案有异议的，应该自公告之日起60日内提起行政复议，也可以在六个月内直接向法院提起行政诉讼。若被征收人既不搬迁，也不在法定期限内申请复议或行政诉讼，则由作出房屋征收决定的市、县级人民政府依法申请土地所在地的人民法院强制执行。

488. 被征收人不搬迁，能否以中断供水、供电和道路通行等非法方式迫使被征收人搬迁？

答：不可以。《行政强制法》第四十三条第二款规定，行政机关不得对居民生活采取停止供水、供电、供热、供燃气等方式迫使当事人履行相关行政决定。

489. 土地征收过程中，所谓的“一书四方案”是指什么？

答：《土地管理法实施条例》第二十三条规定：“具体建设项目需要使用土地的，必须依法申请使用土地利用总体规划确定的城市建设用地范围内的国有建设用地。能源、交通、水利、矿山、军事设施等建设项目确需使用土地利用总体规划确定的城市建设用地范围外的土地，涉及农用地的，按照下列规定办理：……（二）建设单位持建设项目的有关批准文件，向市、县人民政府土地行政主管部门提出建设用地申请，由市、县人民政府土地行政主管部门审查，拟订农用地转用方案、补充耕地方案、征收土地方案和供地方案（涉及国有农用地的，不拟订征收土地方案），经市、县人民政府审核同意后，逐级上报有批准权的人民政府批准；其中，补充耕地方案由批准农用地转用方案的人民政府在批准农用地转用方案时一并批准；供地方案由批准征收土地的人民政府在批准征收土地方案时一并批准（涉及国有农用地的，供地方案由批准农用地转用的人民政府在批准农用地转用方案时一并批准）……”

《建设用地审查报批管理办法》第七条规定：“市、县国土资源主管部门对材料齐全、符合条件的建设用地申请，应当受理，并在收到申请之日起30日内拟订农用地转用方案、补充耕地方案、征收土地方案和供地方案，编制建设项目用地呈报说明书，经同级人民政府审核同意后，报上一级国土资源主管部门审查。”因此，根据《土地管理法实施条例》《建设用地审查报批管理办法》的相关规定，“一书四方案”是土地征收审批过程中，市、县人民政府国土资源主管部门根据征询、听证、调查、登记等情况制作的审批材料，具体指：建设项目用地呈报说明书、农用地转用方案、补充耕地方案、征用土地方案、供地方案。

490. 征收土地方案经批准后，还需经过哪些环节才能确定实施？

答：《土地管理法》第四十七条规定：国家征收土地的，依照法定程序批准后，由县级以上地方人民政府予以公告并组织实施。

县级以上地方人民政府拟申请征收土地的，应当开展拟征收土地现状调查和社会稳定风险评估，并将征收范围、土地现状、征收目的、补偿标准、安置方式和社会保障等在拟征收土地所在的乡（镇）和村、村民小组范围内公告至少三十日，听取被征地的农村集体经济组织及其成员、村民委员会和其他利害关系人的意见。

多数被征地的农村集体经济组织成员认为征地补偿安置方案不符合法律、法规规定的，县级以上地方人民政府应当组织召开听证会，并根据法律、法规的规定和听证会情况修改方案。

拟征收土地的所有权人、使用权人应当在公告规定期限内，持不动产权属证明材料办理补偿登记。县级以上地方人民政府应当组织有关部门测算并落实有关费用，保证足额到位，与拟征收土地的所有权人、使用权人就补偿、安置等签订协议；个别确实难以达成协议的，应当在申请征收土地时如实说明。

相关前期工作完成后，县级以上地方人民政府方可申请征收土地。

491. 征收土地的费用的支付期限是多长？

答：《土地管理法实施条例》第二十五条第四款规定：“征收土地的各项费用应当自征地补偿、安置方案批准之日起3个月内全额支付。”

二、土地承包经营

492. 哪些主体享有农村集体土地的发包权？

答：《农村土地承包法》第十三条规定：“农民集体所有的土地依法属于村农民集体所有的，由村集体经济组织或者村民委员会发包；已经分别属于村内两个以上农村集体经济组织的农民集体所有的，由村内各该农村集体经济组织或者村民小组发包。村集体经济组织或者村民委员会发包的，不得改变村内各集体经济组织农民集体所有的土地的所有权。国家所有依法由农民集体使用的农村土地，由使用该土地的农村集体经济组织、村民委员会或者村民小组发包。”

因此，根据上述法规，根据土地权属的不同，分别由村集体经济组织、村民委员会或者村民小组进行发包。村集体经济组织或者村民委员会发包的，依法不得改变村内各集体经济组织农民集体所有的土地的所有权。

493. 耕地、林地、草地的土地承包期限是多长？

答：《农村土地承包法》第二十一条规定：“耕地的承包期为三十年。

草地的承包期为三十年至五十年。林地的承包期为三十年至七十年。前款规定的耕地承包期届满后再延长三十年，草地、林地承包期届满后依照前款规定相应延长。”第六十六条规定：“本法实施前已经按照国家有关农村土地承包的规定承包，包括承包期限长于本法规定的，本法实施后继续有效，不得重新承包土地……”

因此，耕地、草地、林地的承包期各不相同，期满后可再相应延长。同时，《农村土地承包法》实施前，各种土地的承包期限长于该法规定的，仍然有效，不须重新承包。

494. 合同期内，发包方是否可以收回承包地？

答：通常情况下不可以。《农村土地承包法》第五条规定：“农村集体经济组织成员有权依法承包由本集体经济组织发包的农村土地。任何组织和个人不得剥夺和非法限制农村集体经济组织成员承包土地的权利。”第二十七条规定：“承包期内，发包方不得收回承包地。”

但是《农村土地承包法》第四十二条规定，受让方有擅自改变土地的农业用途、弃耕抛荒连续两年以上、给土地造成严重损害或者严重破坏土地生态环境或者其他严重违约行为的，发包方有权单方解除土地经营权流转合同。

495. 农民承包地下挖出的埋藏物归谁所有？

答：根据《宪法》第九条的规定，矿藏、水流、森林、山岭、草原、荒地、滩涂等自然资源，都属于国家所有，即全民所有。因此，承包地下挖到的埋藏物，归国家所有。《民法典》第三百一十九条规定：“拾得漂流物、发现埋藏物或者隐藏物的，参照适用拾得遗失物的有关规定。法律另有规定的，依照其规定。”第三百一十四条规定：“拾得遗失物，应当返还权利人。拾得人应当及时通知权利人领取，或者送交公安等有关部门。”第三百一十六条规定：“拾得人在遗失物送交有关部门前，有关部门在遗失物被领取前，应当妥善保管遗失物。因故意或者重大过失致使遗失物毁损、灭失的，应当承担民事责任。”第三百一十八条规定，“遗失物自发布招领公告之日起一年内无人认领的，归国家所有。”因此，根据《民法典》的规定，埋藏物应返还权利人，无人认领的，归国家所有。

496. 土地承包经营权流转的方式有哪些？

答：《农村土地经营权流转管理办法》第十四条规定：“承包方可以采取出租（转包）、入股或者其他符合有关法律和国家政策规定的方式流转土地经营权。”第十五条规定：“承包方依法采取出租（转包）、入股或者其他方式将土地经营权部分或者全部流转的，承包方与发包方的承包关系不变，双方享有的权利和承担的义务不变。”

因此，根据上述法律规定，农村土地承包经营权的流转方式主要为转包、出租、入股或者其他符合有关法律和国家政策等规定的方式。

497. 土地承包经营权是否可以抵押？

答：可以。《农村土地承包法》第四十七条规定：“承包方可以用承包地的土地经营权向金融机构融资担保，并向发包方备案。受让方通过流转取得的土地经营权，经承包方书面同意并向发包方备案，可以向金融机构融资担保。”第五十三条规定：“通过招标、拍卖、公开协商等方式承包农村土地，经依法登记取得权属证书的，可以依法采取出租、入股、抵押或者其他方式流转土地经营权。”

因此，根据上述法规，无论是承包方还是通过流转取得经营权的受让方，都可以利用土地经营权进行抵押融资，但须经承包方书面同意并向发包方备案。

498. 家庭承包经营的土地承包经营权是否可以继承？

答：《农村土地承包法》第十六条规定，“家庭承包的承包方是本集体经济组织的农户。农户内家庭成员依法平等享有承包土地的各项权益。”第三十二条规定：“承包人应得的承包收益，依照继承法的规定继承。林地承包的承包人死亡，其继承人可以在承包期内继续承包。”《民法典》第一千一百二十二条规定：“遗产是自然人死亡时遗留的个人合法财产。依照法律规定或者根据其性质不得继承的遗产，不得继承。”《最高人民法院关于审理涉及农村土地承包纠纷案件适用法律问题的解释》第二十五条规定：“林地家庭承包中，承包方的继承人请求在承包期内继续承包的，应予支持。其他方式承包中，承包方的继承人或者权利义务承受者请求在承包期内继续承包的，应予支持。”

因此，根据上述法规，家庭承包经营本质特征是以本集体经济组织内部的农户家庭为单位实行农村土地承包经营。家庭承包方式的农村土地承包经营权属于农户家庭，不属于某一个家庭成员。在承包期内，某一成员死亡，其他成员可继续承包，不存在继承问题；但承包人应得的承包收益，可以依照继承法的规定继承。林地承包的承包人死亡，其继承人可以在承包期内继续承包。通过招标、拍卖、公开协商等方式取得的“四荒地”等土地承包经营权，该承包人死亡，其应得的承包收益，依照继承法的规定继承；在承包期内，土地承包经营权其继承人可以继续承包。

499. 哪些土地承包纠纷属于人民法院民事案件受理范围？

答：《最高人民法院关于审理涉及农村土地承包纠纷案件适用法律问题的解释》第一条规定：“下列涉及农村土地承包民事纠纷，人民法院应当依法受理：（1）承包合同纠纷；（2）承包经营权侵权纠纷；（3）土地经营权侵权纠纷；（4）承包经营权互换、转让纠纷；（5）土地经营权流转纠纷；（6）承包地征收补偿费用分配纠纷；（7）承包经营权继承纠纷；（8）土地经营权继承纠纷。农村集体经济组织成员因未实际取得土地承包经营权提起民事诉讼的，人民法院应当告知其向有关行政主管部门申请解决。农村集体经济组织成员就用于分配的土地补偿费数额提起民事诉讼的，人民法院不予受理。”

因此，根据上述法规，承包合同纠纷、承包经营权侵权纠纷、承包经营权流转纠纷、承包地征收补偿费用分配纠纷、承包经营权继承纠纷属于人民法院的受理范围。其余纠纷，应向有关行政主管部门申请解决或者通过其他途径解决。

500. 承包期内发包方是否可以调整承包地？

答：《土地承包法》第二十八条规定：“承包期内，发包方不得调整承包地。承包期内，因自然灾害严重毁损承包地等特殊情形对个别农户之间承包的耕地和草地需要适当调整的，必须经本集体经济组织成员的村民会议三分之二以上成员或者三分之二以上村民代表的同意，并报乡（镇）人民政府和县级人民政府农业农村、林业和草原等主管部门批准。承包合同中约定不得调整的，按照其约定。”

因此，根据上述法规，一般情况下，承包期内发包方不得调整承包地，但有特殊情形的，须经法定程序并报主管部门批准方能调整。

501. 发包方的权利和义务包括哪些？

答：《农村土地承包法》第十四条规定：“发包方享有下列权利：（1）发包本集体所有的或者国家所有依法由本集体使用的农村土地；（2）监督承包方依照承包合同约定的用途合理利用和保护土地；（3）制止承包方损害承包地和农业资源的行为；（4）法律、行政法规规定的其他权利。”第十五条规定：“发包方承担下列义务：（1）维护承包方的土地承包经营权，不得非法变更、解除承包合同；（2）尊重承包方的生产经营自主权，不得干涉承包方依法进行正常的生产经营活动；（3）依照承包合同约定为承包方提供生产、技术、信息等服务；（4）执行县、乡（镇）土地利用总体规划，组织本集体经济组织内的农业基础设施建设；（五）法律、行政法规规定的其他义务。”

502. 承包法应承担哪些权利和义务？

答：《农村土地承包法》第十七条规定：“承包方享有下列权利：（1）依法享有承包地使用、收益的权利，有权自主组织生产经营和处置产品；（2）依法互换、转让土地承包经营权；（3）依法流转土地经营权；（4）承包地被依法征收、征用、占用的，有权依法获得相应的补偿；（5）法律、行政法规规定的其他权利。”第十八条规定：“承包方承担下列义务：（1）维持土地的农业用途，未经依法批准不得用于非农建设；（2）依法保护和合理利用土地，不得给土地造成永久性损害；（3）法律、行政法规规定的其他义务。”

503. 承包期内，妇女结婚、离婚或者丧偶的，承包地如何处置？

答：《农村土地承包法》第三十一条规定：“承包期内，妇女结婚，在新居住地未取得承包地的，发包方不得收回其原承包地；妇女离婚或者丧偶，仍在原居住地生活或者不在原居住地生活但在新居住地未取得承包地的，发包方不得收回其原承包地。”

因此，根据上述法规，妇女结婚、离婚或者丧偶的，只要其在新居住地未取得承包地，发包方就不得收回原承包地。若在新居住地取得承包地的，发包方可以收回原承包地。

504. 发包方将同一土地重复发包并订立多个承包合同，哪个承包方可取得经营权？

答：《民法典》第二百零九条规定：“不动产物权的设立、变更、转让和消灭，经依法登记，发生效力；未经登记，不发生效力，但是法律另有规定的除外。”《最高人民法院关于审理涉及农村土地承包纠纷案件适用法律问题的解释》第十九条规定：“发包方就同一土地签订两个以上承包合同，承包方均主张取得土地经营权的，按照下列情形，分别处理：（一）已经依法登记的承包方，取得土地经营权；（二）均未依法登记的，生效在先合同的承包方取得土地经营权；（三）依前两项规定无法确定的，已经根据承包合同合法占有使用承包地的人取得土地经营权，但争议发生后一方强行先占承包地的行为和事实，不得作为确定土地经营权的依据。”

因此，根据上述法规，在发包方就同一土地签订两个以上承包合同的情况下，土地承包经营权的取得首先以登记为准，其次以合同生效为先，最后以占有使用为依据。

三、宅基地

505. 什么是农村宅基地？

答：《中央农村工作领导小组办公室、农业农村部关于进一步加强农村宅基地管理的通知》第三条规定：“宅基地是农村村民用于建造住宅及其附属设施的集体建设用地，包括住房、附属用房和庭院等用地。”因此，宅基地不包括与其相连的农业生产性用地、农户超出宅基地范围占用的空闲地等土地。

506. 申请宅基地建房应办理哪些手续？

答：《农业农村部、自然资源部关于规范农村宅基地审批管理的通知》指出，农村村民住宅用地，由乡镇政府审核批准；其中，涉及占用农用地的，依照《土地管理法》第四十四条的规定办理农用地转用审批手续。乡镇政府要切实履行属地责任，优化审批流程，提高审批效率，加强事中事后监管，组织做好农村宅基地审批和建房规划许可有关工作，为农民提供便捷高效的服务。

507. 农户申请宅基地的具体程序有哪些？

答：《农业农村部、自然资源部关于规范农村宅基地审批管理的通知》第二条第一项规定：符合宅基地申请条件的农户，以户为单位向所在村民小组提出宅基地和建房（规划许可）书面申请。村民小组收到申请后，应提交村民小组会议讨论，并将申请理由、拟用地位置和面积、拟建房层高和面积等情况在本小组范围内公示。公示无异议或异议不成立的，村民小组将农户申请、村民小组会议记录等材料交村集体经济组织或村民委员会（以下简称村级组织）审查。村级组织重点审查提交的材料是否真实有效、拟用地建房是否符合村庄规划、是否征求了用地建房相邻权利人意见等。审查通过的，由村级组织签署意见，报送乡镇政府。没有分设村民小组或宅基地和建房申请等事项已统一由村级组织办理的，农户直接向村级组织提出申请，经村民代表会议讨论通过并在本集体经济组织范围内公示后，由村级组织签署意见，报送乡镇政府。

508. 宅基地审核机制中，相关主管部门的职责是什么？

答：《农业农村部、自然资源部关于规范农村宅基地审批管理的通知》第二条第二项规定：市、县人民政府有关部门要加强对宅基地审批和建房规划许可有关工作的指导，乡镇政府要探索建立一个窗口对外受理、多部门内部联动运行的农村宅基地用地建房联审联办制度，方便农民群众办事。公布办理流程和要件，明确农业农村、自然资源等有关部门在材料审核、现场勘查等各环节的工作职责和办理期限。审批工作中，农业农村部门负责审查申请人是否符合申请条件、拟用地是否符合宅基地合理布局要求和面积标准、宅基地和建房（规划许可）申请是否经过村组审核公示等，并综合各有关部门意见提出审批建议。自然资源部门负责审查用地建房是否符合国土空间规划、用途管制要求，其中涉及占用农用地的，应在办理农用地转用审批手续后，核发乡村建设规划许可证；在乡、村庄规划区内使用原有宅基地进行农村村民住宅建设的，可按照本省（区、市）有关规定办理规划许可。涉及林业、水利、电力等部门的要及时征求意见。

根据各部门联审结果，由乡镇政府对农民宅基地申请进行审批，出具

《农村宅基地批准书》，鼓励地方将乡村建设规划许可证由乡镇一并发放，并以适当方式公开。乡镇要建立宅基地用地建房审批管理台账，有关资料归档留存，并及时将审批情况报县级农业农村、自然资源等部门备案。

509. 如何加强宅基地用地建房全过程管理？

答：《农业农村部、自然资源部关于规范农村宅基地审批管理的通知》第二条第三项规定：全面落实“三到场”要求。收到宅基地和建房（规划许可）申请后，乡镇政府要及时组织农业农村、自然资源部门实地审查申请人是否符合条件、拟用地是否符合规划和地类等。经批准用地建房的农户，应当在开工前向乡镇政府或授权的牵头部门申请划定宅基地用地范围，乡镇政府及时组织农业农村、自然资源等部门到现场进行开工查验，实地丈量批放宅基地，确定建房位置。农户建房完工后，乡镇政府组织相关部门进行验收，实地检查农户是否按照批准面积、四至等要求使用宅基地，是否按照批准面积和规划要求建设住房，并出具《农村宅基地和建房（规划许可）验收意见表》。通过验收的农户，可以向不动产登记部门申请办理不动产登记。各地要依法组织开展农村用地建房动态巡查，及时发现和处置涉及宅基地使用和建房规划的各类违法违规行为。指导村级组织完善宅基地民主管理程序，探索设立村级宅基地协管员。

510. 农房出租的最长年限是多少？

答：二十年。《民法典》第七百零五条规定：“租赁期限不得超过二十年。超过二十年的，超过部分无效。租赁期限届满，当事人可以续订租赁合同；但是，约定的租赁期限自续订之日起不得超过二十年。”《中央农村工作领导小组办公室、农业农村部关于进一步加强农村宅基地管理的通知》规定，城镇居民、工商资本等租赁农房居住或开展经营的，要严格遵守合同法的规定，租赁合同的期限不得超过二十年。合同到期后，双方可以另行约定。

511. 宅基地归谁所有？

答：农村宅基地归本集体成员集体所有。《宪法》第十条规定：“农村和城市郊区的土地，除由法律规定属于国家所有的以外，属于集体所有；宅基地和自留地、自留山，也属于集体所有。"《土地管理法》第九条规定："……宅基地和自留地、自留山，属于农民集体所有。"第十一条规定："农民集体所有的土地依法属于村农民集体所有的，由村集体经济组织或者村民委员会经营、管理；已经分别属于村内两个以上农村集体经济组织的农民集体所有的，由村内各该农村集体经济组织或者村民小组经营、管理；已经属于乡（镇）农民集体所有的，由乡（镇）农村集体经济组织经营、管理。"

512. 农民对宅基地享有哪些权利义务？

答：享有占有、使用、建造住宅的权利，并负有保护、管理的义务。《民法典》第三百六十二条规定："宅基地使用权人依法对集体所有的土地享有占有和使用的权利，有权依法利用该土地建造住宅及其附属设施。"《土地管理法》第九条第二款规定，宅基地和自留地、自留山，属于农民集体所有。第十条规定，国有土地和农民集体所有的土地，可以依法确定给单位或者个人使用。使用土地的单位和个人，有保护、管理和合理利用土地的义务。

513. 农村宅基地是否可以继承？

答：农村宅基地不能单独继承。《土地管理法》第十一条规定："农民集体所有的土地依法属于村农民集体所有的，由村集体经济组织或者村民委员会经营、管理；已经分别属于村内两个以上农村集体经济组织的农民集体所有的，由村内各该农村集体经济组织或者村民小组经营、管理；已经属于乡（镇）农民集体所有的，由乡（镇）农村集体经济组织经营、管理。"《民法典》第二百三十条规定："因继承取得物权的，自继承开始时发生效力。"第二百三十一条规定："因合法建造、拆除房屋等事实行为设立或者消灭物权的，自事实行为成就时发生效力。"

因此，宅基地的所有权和使用权是分离的，宅基地的所有权属于村集体，使用权属于村内房屋所有权人，村民只有宅基地使用权，不能随意对宅基地进行处置。所以宅基地不属于遗产，不能被继承，宅基地上的房屋依据《民法典》第二百三十一条自建造这一事实行为成就时发生物权效力，且根据《民法典》第二百三十条，该房屋可以继承。需要特别指出的是，将来继承的房屋灭失后（村民一户一宅外），不能进行重建或者以其他方式继续使用这块宅基地，由村集体经济组织按法定程序收回该宅基地使用权另行安排。

514. 什么是“一户一宅”？

答：《土地管理法》第六十二条第一款规定：“农村村民一户只能拥有一处宅基地，其宅基地的面积不得超过省、自治区、直辖市规定的标准。”第五款规定：“农村村民出卖、出租、赠与住宅后，再申请宅基地的，不予批准。”《中央农村工作领导小组办公室、农业农村部关于进一步加强农村宅基地管理的通知》规定：“农村村民一户只能拥有一处宅基地，面积不得超过本省、自治区、直辖市规定的标准。农村村民应严格按照批准面积和建房标准建设住宅，禁止未批先建、超面积占用宅基地。经批准易地建造住宅的，应严格按照‘建新拆旧’要求，将原宅基地交还村集体。农村村民出卖、出租、赠与住宅后，再申请宅基地的，不予批准。对历史形成的宅基地面积超标和‘一户多宅’等问题，要按照有关政策规定分类进行认定和处置。人均土地少、不能保障一户拥有一处宅基地的地区，县级人民政府在充分尊重农民意愿的基础上，可以采取措施，按照省、自治区、直辖市规定的标准保障农村村民实现户有所居。”

因此，根据上述法规，农村村民一户只能有一处宅基地，面积不得超过本省、自治区、直辖市规定的标准。且宅基地被出卖、出租、赠与后，不得再申请。

515. 哪些情况下不予办理宅基地使用权登记？

答：《农业农村部、自然资源部关于规范农村宅基地审批管理的通知》第二条第二项规定：“自然资源部门负责审查用地建房是否符合国土空间规划、用途管制要求……”《土地管理法》第六十二条第一款规定：“农村村民一户只能拥有一处宅基地，其宅基地的面积不得超过省、自治区、直辖市规定的标准。”第五款规定：“农村村民出卖、出租、赠与住宅后，再申请宅基地的，不予批准。”《中央农村工作领导小组办公室、农业农村部关于进一步加强农村宅基地管理的通知》第六条规定：“要充分保障宅基地农户资格权和农民房屋财产权。不得以各种名义违背农民意愿强制流转宅基地和强迫农民‘上楼’，不得违法收回农户合法取得的宅基地，不得以退出宅基地作为农民进城落户的条件。严格控制整村撤并，规范实施程序，加强监督管理。宅基地是农村村民的基本居住保障，严禁城镇居民到农村购买宅基地，严禁下乡利用农村宅基地建设别墅大院和私人会馆。严禁借流转之名违法违规圈占、买卖宅基地。”《不动产登记暂行条例》第二十二条规定：“登记申请有下列情形之一的，不动产登记机构应当不予登记，并书面告知申请人：（一）违反法律、行政法规规定的……”

有下列情况之一的，不予办理宅基地使用权登记：（1）所申请登记的宅基地使用权用地不符合《乡镇土地利用总体规划》；（2）除继承外，农村村民一户申请第二宗宅基地使用权登记；（3）非本集体经济组织成员或城镇居民在农村购买宅基地、住房的；（4）宅基地权属争议尚未处理结束的；（5）土地违法违规行为尚未处理或正在处理的；（6）农村宅基地经批准后连续两年未使用建设的；（7）法律法规、政策规定的其他不予确权的。

516. 农村村民建住宅，应当注意哪些问题？

答：《土地管理法》第六十二条第三款规定：“农村村民建住宅，应当符合乡（镇）土地利用总体规划、村庄规划，不得占用永久基本农田，并尽量使用原有的宅基地和村内空闲地。编制乡（镇）土地利用总体规划、村庄规划应当统筹并合理安排宅基地用地，改善农村村民居住环境和条件。”第四款规定：“农村村民住宅用地，由乡（镇）人民政府审核批准；其中，涉及占用农用地的，依照本法第四十四条的规定办理审批手续。”《中央农村工作领导小组办公室、农业农村部关于进一步加强农村宅基地管理的通知》第四条规定：“严格落实土地用途管制，农村村民建住宅应当符合乡（镇）土地利用总体规划、村庄规划。合理安排宅基地用地，严格控制新增宅基地占用农用地，不得占用永久基本农田；涉及占用农用地的，应当依法先行办理农用地转用手续。城镇建设用地规模范围外的村庄，要通过优先安排新增建设用地计划指标、村庄整治、废旧宅基地腾退等多种方式，增加宅基地空间，满足符合宅基地分配条件农户的建房需求。城镇建设用地规模范围内，可以通过建设农民公寓、农民住宅小区等方式，满足农民居住需要。”

因此，根据上述法规，农村村民建房，应当符合乡镇土地规划、村庄规划，并不得占用永久基本农田，但可通过新增建设用地计划指标、村庄整治、废旧宅基地腾退等多种方式，增加宅基地空间，满足符合宅基地分配条件农户的建房需求。

517. 农村宅基地和农民住房可以抵押吗？

答：不能。《民法典》第三百九十九条规定：“下列财产不得抵押：……（二）宅基地、自留地、自留山等集体所有土地的使用权，但是法律规定可以抵押的除外……”同时，《民法典》第三百九十七条规定：“以建筑物抵押的，该建筑物占用范围内的建设用地使用权一并抵押。以建设用地使用权抵押的，该土地上的建筑物一并抵押。抵押人未依据前款规定一并抵押的，未抵押的财产视为一并抵押。”即我国实行“房地一体”原则，因宅基地使用权不得抵押，该土地上建造的农房事实上也不能抵押。

但是，根据《国务院关于开展农村承包土地的经营权和农民住房财产权抵押贷款试点的指导意见》的规定，赋予“两权”（农村承包土地的经营权和农民住房财产权）抵押融资功能，维护农民土地权益。各地已经出台相关规定，在不改变宅基地所有权性质的前提下，以农民住房所有权及所占宅基地使用权作为抵押、由银行业金融机构（以下称贷款人）向符合条件的农民住房所有人（以下称借款人）发放的、在约定期限内还本付息的贷款。借款人获得的农民住房财产权抵押贷款，应当优先用于农业生产经营及其他生产经营等贷款人认可的合法用途。例如，《义乌市农民住房财产权抵押贷款试点实施办法》《印江自治县农村土地承包经营权、宅基地使用权和林权抵押贷款实施方案（试行）》《印江自治县农村土地承包经营权抵押贷款管理办法（试行）》《印江自治县农村宅基地使用权抵押贷款管理办法（试行）》《印江自治县林权抵押贷款管理办法（试行）》等。

518. 进城落户的农民是否必须退出原宅基地？

答：不是。《土地管理法》第六十二条规定：“国家允许进城落户的农村村民依法自愿有偿退出宅基地……”《中央农村工作领导小组办公室、农业农村部关于进一步加强农村宅基地管理的通知》第六条规定：“要充分保障宅基地农户资格权和农民房屋财产权。不得以各种名义违背农民意愿强制流转宅基地和强迫农民‘上楼’，不得违法收回农户合法取得的宅基地，不得以退出宅基地作为农民进城落户的条件。”

因此，进城落户的农民仍可以所有原有的宅基地，不得强制收回宅基地。

519. 经营农家乐、民宿等是否属于政府鼓励行为？

答：是。《中央农村工作领导小组办公室、农业农村部关于进一步加强农村宅基地管理的通知》第五条规定：“鼓励村集体和农民盘活利用闲置宅基地和闲置住宅，通过自主经营、合作经营、委托经营等方式，依法依规发展农家乐、民宿、乡村旅游等。城镇居民、工商资本等租赁农房居住或开展经营的，要严格遵守合同法的规定，租赁合同的期限不得超过二十年。合同到期后，双方可以另行约定。在尊重农民意愿并符合规划的前提下，鼓励村集体积极稳妥开展闲置宅基地整治，整治出的土地优先用于满足农民新增宅基地需求、村庄建设和乡村产业发展。闲置宅基地盘活利用产生的土地增值收益要全部用于农业农村。在征得宅基地所有权人同意的前提下，鼓励农村村民在本集体经济组织内部向符合宅基地申请条件的农户转让宅基地。各地可探索通过制定宅基地转让示范合同等方式，引导规范转让行为。转让合同生效后，应及时办理宅基地使用权变更手续。”

因此，根据上述法规，利用闲置宅基地和闲置住宅，依法依规发展农家乐、民宿、乡村旅游等，是国家政策鼓励的行为。

四、农产品质量安全

520. 农产品生产企业在生产过程中应当记录哪些事项？

答：《农产品质量安全法》第二十四条规定：“农产品生产企业和农民专业合作经济组织应当建立农产品生产记录，如实记载下列事项：（1）使用农业投入品的名称、来源、用法、用量和使用、停用的日期；（2）动物疫病、植物病虫草害的发生和防治情况；（3）收获、屠宰或者捕捞的日期。农产品生产记录应当保存二年。禁止伪造农产品生产记录。”

521. 用于销售的农产品包装应当遵守哪些规定？

答：《农产品质量安全法》第二十八条规定：“农产品生产企业、农民专业合作经济组织以及从事农产品收购的单位或者个人销售的农产品，按照规定应当包装或者附加标识的，须经包装或者附加标识后方可销售。包装物或者标识上应当按照规定标明产品的品名、产地、生产者、生产日期、保质期、产品质量等级等内容；使用添加剂的，还应当按照规定标明添加剂的名称。具体办法由国务院农业行政主管部门制定。”第二十九条规定：“农产品在包装、保鲜、贮存、运输中所使用的保鲜剂、防腐剂、添加剂等材料，应当符合国家有关强制性的技术规范。”第三十条规定：“属于农业转基因生物的农产品，应当按照农业转基因生物安全管理的有关规定进行标识。”第三十一条规定：“依法需要实施检疫的动植物及其产品，应当附具检疫合格标志、检疫合格证明。”

因此，根据上述法规，农产品应当按照相关规定进行包装或附加标识，符合国家有关强制性的技术规范，并应当附上相应的合格证明及标志。

522. 农产品生产者、销售者对产品检测结果有异议，如何救济？

答：《农产品质量安全法》第三十六条规定：“农产品生产者、销售者对监督抽查检测结果有异议的，可以自收到检测结果之日起五日内，向组织实施农产品质量安全监督抽查的农业行政主管部门或者其上级农业行政主管部门申请复检。采用国务院农业行政主管部门会同有关部门认定的快速检测方法进行农产品质量安全监督抽查检测，被抽查人对检测结果有异议的，可以自收到检测结果时起四小时内申请复检。复检不得采用快速检测方法。”

因此，根据上述法规，农产品生产者、销售者不服监督抽查检测结果的，可以自收到检测结果之日起五日内，向组织实施农产品质量安全监督抽查的农业行政主管部门或者其上级农业行政主管部门申请复检。采用快速检测方法的，可以自收到检测结果时起四小时内申请复检。

523. 哪些农产品不得销售？

答：《农产品质量安全法》第三十三条规定：“有下列情形之一的农产品，不得销售：（1）含有国家禁止使用的农药、兽药或者其他化学物质的；（2）农药、兽药等化学物质残留或者含有的重金属等有毒有害物质不符合农产品质量安全标准的；（3）含有的致病性寄生虫、微生物或者生物毒素不符合农产品质量安全标准的；（4）使用的保鲜剂、防腐剂、添加剂等材料不符合国家有关强制性的技术规范的；（5）其他不符合农产品质量安全标准的。”

524. “食用农产品”的定义是什么？

答：《食用农产品市场销售质量安全监督管理办法》第五十七条规定：

“本办法下列用语的含义：食用农产品，指在农业活动中获得的供人食用的植物、动物、微生物及其产品。农业活动，指传统的种植、养殖、采摘、捕捞等农业活动，以及设施农业、生物工程等现代农业活动。植物、动物、微生物及其产品，指在农业活动中直接获得的，以及经过分拣、去皮、剥壳、干燥、粉碎、清洗、切割、冷冻、打蜡、分级、包装等加工，但未改变其基本自然性状和化学性质的产品……”

因此，根据上述法规，食用农产品是指在传统的种植、养殖、采摘、捕捞以及设施农业、生物工程等农业活动中获得的供人食用的植物、动物、微生物及其产品。

525. 食用农产品一般可通过什么渠道销售？

答：《食用农产品市场销售质量安全监督管理办法》第二条规定：“食用农产品市场销售质量安全及其监督管理适用本办法。本办法所称食用农产品市场销售，是指通过集中交易市场、商场、超市、便利店等销售食用农产品的活动。本办法所称集中交易市场，是指销售食用农产品的批发市场和零售市场（含农贸市场）。”

因此，根据上述法规，食用农产品可以通过集中交易市场、商场、超市、便利店进行销售，集中交易市场包含批发市场、零售市场（含农贸市场）。

526. 食用农产品集中交易市场开办者依法应当做好哪些工作？

答：《食用农产品市场销售质量安全监督管理办法》第九条规定：“集中交易市场开办者应当建立健全食品安全管理制度，督促销售者履行义务，加强食用农产品质量安全风险防控。集中交易市场开办者主要负责人应当落实食品安全管理制度，对本市场的食用农产品质量安全工作全面负责。集中交易市场开办者应当配备专职或者兼职食品安全管理人员、专业技术人员，明确入场销售者的食品安全管理责任，组织食品安全知识培训。集中交易市场开办者应当制定食品安全事故处置方案，根据食用农产品风险程度确定检查重点、方式、频次等，定期检查食品安全事故防范措施落实情况，及时消除食用农产品质量安全隐患。”

因此，根据上述法规，集中交易市场开办者要负责本市场的食用农产品质量安全工作，配备食品安全管理人员、专业技术人员，明确入场销售者的食品安全管理责任，组织食品安全知识培训，制定食品安全事故处置方案，并定期检查食品安全事故防范措施落实情况，及时消除食用农产品质量安全隐患。

527. 集中交易市场的入场销售者应当提供哪些材料？

答：《食用农产品市场销售质量安全监督管理办法》第十二条规定："集中交易市场开办者应当查验并留存入场销售者的社会信用代码或者身份证复印件，食用农产品产地证明或者购货凭证、合格证明文件。销售者无法提供食用农产品产地证明或者购货凭证、合格证明文件的，集中交易市场开办者应当进行抽样检验或者快速检测；抽样检验或者快速检测合格的，方可进入市场销售。"第十三条规定："食用农产品生产企业或者农民专业合作经济组织及其成员生产的食用农产品，由本单位出具产地证明；其他食用农产品生产者或者个人生产的食用农产品，由村民委员会、乡镇政府等出具产地证明；无公害农产品、绿色食品、有机农产品以及农产品地理标志等食用农产品标志上所标注的产地信息，可以作为产地证明。"

因此，集中交易市场的入场销售者必须提供社会信用代码或者身份证复印件，原则上应当提供食用农产品产地证明或者购货凭证、合格证明文件。若无法提供证明文件，经集中交易市场开办者抽样检验或快速检测合格，也可进行销售。

528. 哪些食用农产品不得进行销售？

答：《食用农产品市场销售质量安全监督管理办法》第二十五条规定："禁止销售下列食用农产品：（1）使用国家禁止的兽药和剧毒、高毒农药，或者添加食品添加剂以外的化学物质和其他可能危害人体健康的物质的；（2）致病性微生物、农药残留、兽药残留、生物毒素、重金属等污染物质以及其他危害人体健康的物质含量超过食品安全标准限量的；（3）超范围、超限量使用食品添加剂的；（4）腐败变质、油脂酸败、霉变生虫、污秽不洁、混有异物、掺假掺杂或者感官性状异常的；（5）病死、毒死或者死因不明的禽、畜、兽、水产动物肉类；（6）未按规定进行检疫或者检疫不合格的肉类；（7）未按规定进行检验或者检验不合格的肉类；（8）使用的保鲜剂、防腐剂等食品添加剂和包装材料等食品相关产品不符合食品安全国家标准的；（9）被包装材料、容器、运输工具等污染的；（10）标注虚假生产日期、保质期或者超过保质期的；（11）国家为防病等特殊需要明令禁止销售的；（12）标注虚假的食用农产品产地、生产者名称、生产者地址，或者标注伪造、冒用的认证标志等质量标志的；（13）其他不符合法律、法规或者食品安全标准的。”

529. 集中交易市场开办者哪些行为属于违法行为？

答：《食用农产品市场销售质量安全监督管理办法》第四十七条规定："集中交易市场开办者违反本办法第九条至第十二条、第十六条第二款、第十七条规定，有下列情形之一的，由县级以上食品药品监督管理部门责令改正，给予警告；拒不改正的，处5000元以上3万元以下罚款：（1）未建立或者落实食品安全管理制度的；（2）未按要求配备食品安全管理人员、专业技术人员，或者未组织食品安全知识培训的；（3）未制定食品安全事故处置方案的；（4）未按食用农产品类别实行分区销售的；（5）环境、设施、设备等不符合有关食用农产品质量安全要求的；（6）未按要求建立入场销售者档案，或者未按要求保存和更新销售者档案的；（7）未如实向所在地县级食品药品监督管理部门报告市场基本信息的；（8）未查验并留存入场销售者的社会信用代码或者身份证复印件、食用农产品产地证明或者购货凭证、合格证明文件的；（9）未进行抽样检验或者快速检测，允许无法提供食用农产品产地证明或者购货凭证、合格证明文件的销售者入场销售的；（10）发现食用农产品不符合食品安全标准等违法行为，未依照集中交易市场管理规定或者与销售者签订的协议处理的；（11）未在醒目位置及时公布食用农产品质量安全管理制度、食品安全管理人员、食用农产品抽样检验结果以及不合格食用农产品处理结果、投诉举报电话等信息的。”

530. 食用农产品销售者违法尚不构成犯罪的，如何处罚？

答：《食用农产品市场销售质量安全监督管理办法》第五十条规定："销售者违反本办法第二十五条第一项、第五项、第六项、第十一项规定的，由县级以上食品药品监督管理部门依照食品安全法第一百二十三条第一款的规定给予处罚。"《食品安全法》第一百二十三条规定："违反本法规定，有下列情形之一，尚不构成犯罪的，由县级以上人民政府食品安全监督管理部门没收违法所得和违法生产经营的食品，并可以没收用于违法生产经营的工具、设备、原料等物品；违法生产经营的食品货值金额不足一万元的，并处十万元以上十五万元以下罚款；货值金额一万元以上的，并处货值金额十五倍以上三十倍以下罚款；情节严重的，吊销许可证，并可以由公安机关对其直接负责的主管人员和其他直接责任人员处五日以上十五日以下拘留：（1）用非食品原料生产食品、在食品中添加食品添加剂以外的化学物质和其他可能危害人体健康的物质，或者用回收食品作为原料生产食品，或者经营上述食品；（2）生产经营营养成分不符合食品安全标准的专供婴幼儿和其他特定人群的主辅食品；（3）经营病死、毒死或者死因不明的禽、畜、兽、水产动物肉类，或者生产经营其制品；（4）经营未按规定进行检疫或者检疫不合格的肉类，或者生产经营未经检验或者检验不合格的肉类制品；（5）生产经营国家为防病等特殊需要明令禁止生产经营的食品；（6）生产经营添加药品的食品。明知从事前款规定的违法行为，仍为其提供生产经营场所或者其他条件的，由县级以上人民政府食品安全监督管理部门责令停止违法行为，没收违法所得，并处十万元以上二十万元以下罚款；使消费者的合法权益受到损害的，应当与食品生产经营者承担连带责任。违法使用剧毒、高毒农药的，除依照有关法律、法规规定给予处罚外，可以由公安机关依照第一款规定给予拘留。”

因此，食用农产品销售者违反上述法规，可依情节严重程度处以没收用于违法生产经营的工具、设备、原料等物品、吊销许可证、拘留等，同时，违法生产经营的食品货值金额不足一万元的，并处十万元以上十五万元以下罚款；货值金额一万元以上的，并处货值金额十五倍以上三十倍以下罚款；情节严重的，吊销许可证，并可以由公安机关对其直接负责的主管人员和其他直接责任人员处五日以上十五日以下拘留。若明知销售者存在上述违法行为，仍为其提供生产经营场所或者其他条件的，将处没收违法所得，并处十万元以上二十万元以下罚款；若使消费者的合法权益受到损害的，还应当承担连带责任。

五、人格权

531. 自然人的人格权包含哪些内容？

答：《民法典》第九百九十条规定：“人格权是民事主体享有的生命权、

身体权、健康权、姓名权、名称权、肖像权、名誉权、荣誉权、隐私权等权利。除前款规定的人格权外，自然人享有基于人身自由、人格尊严产生的其他人格权益。”

因此，根据上述法规，民事主体即自然人、法人、非法人组织都享有人格权，而自然人享有的人格权更为广泛，随着社会经济的发展，对人身自由和人格尊严解读的变化，自然人的人格权的内涵和外延也可能随之变化。

532. 人格权有哪些特点？

答：《民法典》第九百九十一条规定：“民事主体的人格权受法律保护，任何组织或者个人不得侵害。”第九百九十二条规定：“人格权不得放弃、转让或者继承。”第九百九十三条规定：“民事主体可以将自己的姓名、名称、肖像等许可他人使用，但是依照法律规定或者根据其性质不得许可的除外。”

因此，根据上述法规，人格权受到法律保护，但又受到法律限制，其与物权存在较大区别，人格权不能放弃、转让或继承，但民事主体可以许可他人使用其姓名权、名称权、肖像权。

533. 《民法典》对“性骚扰”是如何规定的？

答：《民法典》第一千零一十条规定：“违背他人意愿，以言语、文字、图像、肢体行为等方式对他人实施性骚扰的，受害人有权依法请求行为人承担民事责任。机关、企业、学校等单位应当采取合理的预防、受理投诉、调查处置等措施，防止和制止利用职权、从属关系等实施性骚扰。”

因此，根据上述法规，如果他人意愿上不接受或不同意，行为人实施了口头语言、文字信息、图片视频、肢体动作等侵犯、挑逗行为，都可能构成性骚扰，受害人依法有权要求行为人承担赔偿损失、赔礼道歉等民事责任。同时，机关、企业、学校应当采取适当措施防止和制止性骚扰。

534. 自然人是否可以随意取名或更改姓名？

答：《民法典》第一千零一十五条规定：“自然人应当随父姓或者母姓，但是有下列情形之一的，可以在父姓和母姓之外选取姓氏：（1）选取其他直系长辈血亲的姓氏；（2）因由法定扶养人以外的人扶养而选取扶养人姓氏；（3）有不违背公序良俗的其他正当理由。少数民族自然人的姓氏可以遵从本民族的文化传统和风俗习惯。”第一千零一十六条规定：“自然人决定、变更姓名，或者法人、非法人组织决定、变更、转让名称的，应当依法向有关机关办理登记手续，但是法律另有规定的除外。”

因此，根据上述法规，除了少数民族自然人以外的自然人，没有法定理由的情况下，应当跟随父亲或母亲的姓氏，不能随意选择姓氏；若需要变更姓名，应向有关机关办理登记手续。

535. 哪些情况下，使用自然人的肖像权可以不经本人同意？

答：《民法典》第九百九十九条规定：“为公共利益实施新闻报道、舆论监督等行为的，可以合理使用民事主体的姓名、名称、肖像、个人信息等；使用不合理侵害民事主体人格权的，应当依法承担民事责任。”第一千零二十条规定：“合理实施下列行为的，可以不经肖像权人同意：（1）为个人学习、艺术欣赏、课堂教学或者科学研究，在必要范围内使用肖像权人已经公开的肖像；（2）为实施新闻报道，不可避免地制作、使用、公开肖像权人的肖像；（3）为依法履行职责，国家机关在必要范围内制作、使用、公开肖像权人的肖像；（4）为展示特定公共环境，不可避免地制作、使用、公开肖像权人的肖像；（5）为维护公共利益或者肖像权人合法权益，制作、使用、公开肖像权人的肖像的其他行为。”

因此，根据上述法规，为了公共利益实施新闻报道、舆论监督等行为的，或符合法律规定属于合理使用他人肖像权行为的，可以不经本人同意。

536. 哪些主体享有名誉权和荣誉权？

答：《民法典》第一千零二十四条规定：“民事主体享有名誉权。任何组织或者个人不得以侮辱、诽谤等方式侵害他人的名誉权。名誉是对民事主体的品德、声望、才能、信用等的社会评价。”第一千零三十一条规定：“民事主体享有荣誉权。任何组织或者个人不得非法剥夺他人的荣誉称号，不得诋毁、贬损他人的荣誉。获得的荣誉称号应当记载而没有记载的，民事主体可以请求记载；获得的荣誉称号记载错误的，民事主体可以请求更正。”

因此，根据上述法规，除了自然人以外，法人及非法人组织等民事主体都享有名誉权和荣誉权，且任何组织或个人都不得侵犯。

537. 自然人的哪些行为可能侵犯他人的隐私权？

答：《民法典》第一千零三十三条规定：“除法律另有规定或者权利人明确同意外，任何组织或者个人不得实施下列行为：（1）以电话、短信、即时通讯工具、电子邮件、传单等方式侵扰他人的私人生活安宁；（2）进入、拍摄、窥视他人的住宅、宾馆房间等私密空间；（3）拍摄、窥视、窃听、公开他人的私密活动；（4）拍摄、窥视他人身体的私密部位；（5）处理他人的私密信息；（6）以其他方式侵害他人的隐私权。”

因此，根据上述法规，自然人的行为侵犯了他人的私人生活、私密空间、私密活动、私密信息、身体的私密部位等，都可能构成侵犯隐私权。

538. 自然人的哪些个人信息受到法律保护？

答：《民法典》第一千零三十四条规定：“自然人的个人信息受法律保护。个人信息是以电子或者其他方式记录的能够单独或者与其他信息结合识别特定自然人的各种信息，包括自然人的姓名、出生日期、身份证件号码、生物识别信息、住址、电话号码、电子邮箱、健康信息、行踪信息等。”

因此，根据上述法规，能够单独或与其他信息相结合识别自然人身份的信息如姓名、出生日期、身份证件号码、生物识别信息（包括个人基因、指纹、声纹、掌纹、耳廓、虹膜、面部识别特征等）、住址、电话、电子邮箱、健康信息、行踪信息等，都属于法律保护的范围。

六、婚姻家庭、继承

539. 哪些情形属于可撤销婚姻？

答：《民法典》第一千零五十二条规定：“因胁迫结婚的，受胁迫的一方可以向人民法院请求撤销婚姻。请求撤销婚姻的，应当自胁迫行为终止之日起一年内提出。被非法限制人身自由的当事人请求撤销婚姻的，应当自恢复人身自由之日起一年内提出。”第一千零五十三条规定：“一方患有重大疾病的，应当在结婚登记前如实告知另一方；不如实告知的，另一方可以向人民法院请求撤销婚姻。请求撤销婚姻的，应当自知道或者应当知道撤销事由之日起一年内提出。”第一千零五十四条规定：“无效的或者被撤销的婚姻自始没有法律约束力，当事人不具有夫妻的权利和义务。同居期间所得的财产，由当事人协议处理；协议不成的，由人民法院根据照顾无过错方的原则判决。对重婚导致的无效婚姻的财产处理，不得侵害合法婚姻当事人的财产权益。当事人所生的子女，适用本法关于父母子女的规定。婚姻无效或者被撤销的，无过错方有权请求损害赔偿。”

因此，可撤销婚姻存在两种情形：

（1）如一方患有严重疾病，且一直对另一方隐瞒，婚后另一方发现该情况，对于这种情形，《民法典》规定，只要对方知情，婚姻就是有效的。但是如果对方不知道，那么从知道后一年内，被欺骗的一方可向法院请求撤销婚姻，而且被欺骗的一方还可以同时要求故意隐瞒方对其进行损害赔偿。

（2）如女方被男朋友以裸照或性爱视频等其他方式相威胁，被迫与其结婚。根据《民法典》第一千零五十二条的规定，因胁迫结婚的，受胁迫的一方可以向人民法院请求撤销婚姻。请求撤销婚姻的，应当自胁迫行为终止之日起一年内提出。被非法限制人身自由的当事人请求撤销婚姻的，应当自恢复人身自由之日起一年内提出。所以无论胁迫发生在什么时候，受胁迫一方均可以向法院申请撤销婚姻。

对于无效的或者被撤销的婚姻，其婚姻期间财产视为同居财产，由双方协议分配，协议不成的，由人民法院决定分配方案，但需照顾无过错一方，且无过错一方有权向过错方请求损害赔偿责任。

撤销婚姻时，还可以申请损害赔偿。

540. 未进行婚姻登记，结婚彩礼可以要求返还吗？

案例：

甲男、乙女于2018年5月举行订婚仪式，甲男给付乙女彩礼268000元，女方实收188000元，男方还为女方购买了价值18580元的四件金器，女方为男方购买了金项链一条。后因双方性格差异太大，时常吵闹未能进行结婚登记，男方要求女方返还彩礼，女方拒绝返还。男方遂诉至法院，要求女方及其父母返还彩礼。法院审理认为，本案中，甲乙双方订婚后虽未进行结婚登记，但已经开始同居生活，同居生活期间曾导致女方流产，对女方造成了一定程度的伤害。女方虽应返还彩礼，但不应该全部返还，而是根据未能进行结婚登记的原因、双方过错程度、经济能力酌情返还。在承办法官耐心的释法说理之下，最终原、被告双方达成和解协议：被告一次性返还原告彩礼人民币 100000 元；双方互相返还金器，并当庭履行完毕。

【法律解析】

在现实生活中，男女双方结婚给付彩礼的习俗普遍存在，有些地区彩礼的数额还比较大，后因种种原因未能进行结婚登记而要求返还彩礼的案例有上升趋势。

《民法典》第一千零四十二条第一款规定：“禁止包办、买卖婚姻和其他干涉婚姻自由的行为。禁止借婚姻索取财物。”《最高人民法院关于适用〈中华人民共和国民法典〉婚姻家庭编的解释（一）》第五条规定：“当事人请求返还按照习俗给付的彩礼的，如果查明属于以下情形，人民法院应当予以支持：（一）双方未办理结婚登记手续；（二）双方办理结婚登记手续但确未共同生活；（三）婚前给付并导致给付人生活困难。适用前款第二项、第三项的规定，应当以双方离婚为条件。”

彩礼属于以结婚为目的的附条件的赠与，给付彩礼后没有进行结婚登记，则所附条件没有成就，给付彩礼的一方有要求返还彩礼的权利，法院对此应予支持。但是返还彩礼的具体数额，应结合未进行结婚登记的原因、双方的过错程度、有无同居生活及同居生活时间的长短、有无对女方身体造成伤害等因素综合考量。

541. 如何认定夫妻共同财产？

答：夫妻共同财产，是指在夫妻关系存续期间，夫妻所共同拥有的财产。所谓夫妻关系存续期间，是指夫妻结婚后到一方死亡或者离婚之前这段时间，这期间夫妻所得的财产，除约定的外，均属于夫妻共同财产。

《民法典》第一千零六十二条规定：“夫妻在婚姻关系存续期间所得的下列财产，为夫妻的共同财产，归夫妻共同所有：（一）工资、奖金、劳务报酬；（二）生产、经营、投资的收益；（三）知识产权的收益；（四）继承或者受赠的财产，但是本法第一千零六十三条第三项规定的除外；（五）其他应当归共同所有的财产。夫妻对共同财产，有平等的处理权。”

但是，如果被继承人在遗嘱中指明某项遗产只归夫或妻一方所有，或赠与人在赠与合同中确定某项财产只赠给夫或妻一方，在这种情形下，法律应当尊重被继承人和赠与人的意愿，夫妻一方继承的遗产和接受的赠与物不能作为夫妻双方的共同财产。

①婚姻关系存续期间住房补贴和住房公积金是否属于夫妻共同财产？

答：在离婚案件中具体处理住房补贴和住房公积金问题时，应严格区分款项取得于婚前或婚后，离婚时分割的只是婚姻关系存续期间的住房补贴和住房公积金。在具体操作上，可以先计算出双方婚姻关系存续期间的住房公积金、住房补贴总额再分割。因当事人离婚并不是提取住房公积金的事由，故应经过折抵后，由一方根据其拥有的公积金、住房补贴的差额给对方予以补偿。

——本书编写组编：《民事审判实务问答》，法律出版社 2005 年版，第 206 页。

②一方在体育竞赛中所获奖牌、奖金是否属于夫妻共同财产？

答：一方在体育竞赛中获得的奖牌、奖金，是对其获得的优异成绩的奖励，是运动员个人的荣誉象征，具有特定的人身性质，应视为个人所有的财产。

——此为黑龙江省高级人民法院《刘某坤诉郑某秋离婚及财产分割案二审判决书》（1994 年）判决观点，来源于《中华人民共和国最高人民法院公报》1995 年第 2 期。

③指定受益人为夫妻一方的保险利益是否属于夫妻共同财产？

答：依照《保险法》第二十一条第三款、第六十条第一款、第六十三条的规定，受益人是指人身保险合同中由被保险人或者投保人指定的享有保险金请求权的人，投保人、被保险人可以为受益人。人身保险的受益人由被保险人或者投保人指定。被保险人死亡后，保险金作为被保险人的遗产，由保险人向被保险人的继承人履行给付保险金的义务。依照上述规定，保险利益主要表现为保险金，保险利益具有特定的人身关系，应属于夫妻一方的个人财产，不属于夫妻共同财产。

——本书编写组编：《民事审判实务问答》，法律出版社 2005 年版，第 206 页。

④一方取得的知识产权收益是否属于夫妻共同财产？

答：一方取得的知识产权收益是否属于夫妻共同财产，应以该知识产权的财产性收益取得是否在婚姻关系存续期间为判断标准，而不应以该知识产权权利本身的取得的时间为判断依据。夫妻离婚时只能对现有财产进行分割，对没有实现其价值的财产性收益不能估价予以分割，智力成果只有转化为具体的有形财产后才属于夫妻共同财产，而对其配偶在共同生活中付出的劳动，可从其他财产中给予适当补偿、照顾。

——本书编写组：《民事审判实务问答》，法律出版社2005年版，第205页。

⑤个人所有房屋的婚后收益是否属于夫妻共同财产？

答：一方婚后用个人财产购买房屋，离婚时该房屋属于“个人财产的替代物”，应认定为个人财产，其自然增值也属于个人财产；一方个人所有的房屋婚后用于出租，其租金收入属于经营性收入，应认定为夫妻共同财产。

——最高人民法院民事审判第一庭：《个人所有房屋的婚后收益认定及其处理》，载《民事审判指导与参考》2013年第4辑，人民法院出版社2014年版，第118－123页。

⑥享受本人工龄和已死亡配偶生前工龄优惠后所购公房是否属夫妻共同财产？

答：夫妻一方死亡后，如果遗产已经继承完毕，健在一方用自己的积蓄购买的公有住房应视为个人财产，购买该房时所享受的已死亡配偶的工龄优惠只是属于一种政策性补贴，而非财产或财产权益。夫妻一方死亡后，如果遗产没有分割，应予查明购房款是夫妻双方的共同积蓄，还是配偶一方的个人所得，以此确认所购房屋是夫妻共同财产还是个人财产；如果购房款是夫妻双方的共同积蓄，所购房屋应视为夫妻共同财产。

542. 夫妻双方结婚时口头约定：婚后两人挣的钱归各自所有，家庭开销对半分。多年后两人感情不和准备离婚，夫妻双方的财产应如何分配？

答：夫妻双方的财产按照婚内夫妻共有财产进行分配。根据《民法典》第一千零六十五条的规定，夫妻财产约定应当采用书面形式。所以，虽然夫妻双方在结婚时口头约定了财产AA制，但是没有形成书面的《婚内财产协议》，所以离婚时应按照夫妻共同财产进行分割。

543. 婚姻家庭编中关于如何认定夫妻共同债务的问题解析？

答：《民法典》第一千零六十四条中认定为夫妻共同债务的情形，包括如下几种情况：

①对外所负债务，夫妻双方共同签字的

例如夫妻双方在借条、借款合同、购房贷款合同上共同签字。由于夫妻双方在对外借债时体现了共同签字的一致性，该债务自然是夫妻双方共同的债务。此时，债权人举证时只需出示夫妻双方共同签名的借款合同或借条即完成该债务系夫妻共同债务的举证责任。

②夫或妻一方事后追认的

这里的事后追认，是指夫或妻一方在对外借债时，作为配偶的另一方并不知道，但当其知情后，明确表示同意，也表示愿意一并承担债务。例如，丈夫一方对外借款，在借条或借款合同上签上自己名字时，妻子并不在场，而当妻子得知后，在借条或借款合同上补上自己的签名，或者妻子在与债权人的沟通中（如短信、微信、邮件、书面信函等）明确表示为夫妻共同债务，或明确表示愿意共同承担还款义务。在举证时，债权人如需主张为夫妻共同债务，需要侧重于另一方存在事后追认的事实进行举证。

③夫或妻一方以自己个人名义为家庭日常生活需要所负的债务

例如，丈夫或妻子一方婚后为购买房屋、为归还婚后所购房屋的贷款、为孩子日常教育或看病治疗、为家庭添置家具家电等为日常家庭生活所需临时向亲朋好友借款而形成的债务。此时，该债务是否为家庭日常生活需要所借，将成为是否能认定夫妻共同债务的举证重点。从款项的实际最终用途导向作为判断依据，对于债权人的举证责任将非常严格。

④债权人能够举证证明，夫或妻一方以自己的名义所负债务虽然超出家庭日常生活需要，但该债务用于夫妻共同生活、共同生产经营或者基于夫妻双方共同意思表示的

从形式要件上来看，没有达成夫妻合意的一方婚后对外借债，如果债权人不能证明确实用于家庭日常生活需要、夫妻共同生活、共同生产经营，且事后也没有另一方追认的债务，债权人主张夫妻共同债务将非常困难，而只能向借款的一方主张债权，这样就使得那些离婚前故意虚构或制造债务的一方无法达到目的。

544. 婚姻关系存续期间，一方赠与他人财产有效吗？

案例：

甲乙系夫妻关系，共同经营副食品生意，丙曾在该副食品店打工。2016年5月始，甲与丙发生婚外情，并生育一女。2017年1月至2019年8月，甲未经乙同意多次通过银行转账、微信转账等方式赠与丙钱财。2019年6月，乙发现甲与丙之间存在不正当男女关系，及甲私自将夫妻共同财产赠与丙的事实，遂将丙诉至法庭。法官在审理本案过程中，查明甲与丙发生婚外情期间，未经乙同意，擅自将夫妻共同财产赠与丙，其行为有违公序良俗原则，丙取得上述财产并非出自善意，同时也严重侵害了乙对夫妻共同财产的所有权和处分权，故甲的擅自赠与行为应确认为全部无效，丙应全额返还其受赠的财产。

【法律解析】

第一，根据《民法典》第八条“民事主体从事民事活动，不得违反法律，不得违背公序良俗”之规定，夫妻一方基于其与第三者之间的婚外恋情，以保持不正当性关系为目的，赠与财物的行为具有不正当性，违背公序良俗，在效力上应予以否定。

第二，根据《民法典》婚姻家庭编第一千零六十二条之规定，对于夫妻共同共有的财产，在共有关系没有解除的情况下，不应进行分割，若夫妻一方超出日常生活需要，擅自处分夫妻共同财产，将共有财产无偿赠与他人，损害另一方财产权益，不符合《民法典》物权编第三百一十一条关于“善意取得”的构成要件，其赠与行为无效。

第三，根据《民法典》第一百五十七条“民事法律行为无效、被撤销或者确定不发生效力后，行为人因该行为取得的财产，应当予以返还”之规定，夫妻一方在婚姻关系存续期间赠与第三者财产的行为无效，第三者应当返还取得的财产。

545. 《民法典》为什么设立离婚冷静期条款？

答：近年来，中国的离婚率逐年增长，其中多数是通过协议登记的方式完成离婚。协议离婚基于双方当事人真实自愿的意思表示，反映了对婚姻当事人的婚姻意思自治的尊重。这种离婚方式，不仅手续简便、节省时间和费用，而且免除了当事人双方在法庭上剑拔弩张的场面，有利于离婚协议的自愿履行。

但是，这一离婚方式易造成冲动离婚。因为协议离婚程序的简单、方便、快捷等特点，促成了离婚当事人意气用事、在气头上解除婚姻的便捷性。这一类的“冲动型离婚”呈现逐年增长的形势。如果任由这一局面发展，不仅会带来登记机关工作与成本的增长，更会危害到弱势一方当事人的切身利益。2021 年 1 月 1 日生效的《民法典》婚姻家庭编针对这一类问题出台了新规。《民法典》第一千零七十七条规定：“自婚姻登记机关收到离婚登记申请之日起三十日内，任何一方不愿意离婚的，可以向婚姻登记机关撤回离婚登记申请。前款规定期限届满后三十日内，双方应当亲自到婚姻登记机关申请发给离婚证；未申请的，视为撤回离婚登记申请。”

从法条中不难看出，离婚冷静期适用的对象为协议离婚的双方当事人。即对于离婚以及离婚后相关子女抚养、财产善后等事项已经达成一致的夫妻，诉讼离婚当事人不适用此条款。

546. 协议离婚与诉讼离婚区别在哪些方面？

答：（1）对于离婚以及相关事项的意思表示不同

协议离婚是双方自愿离婚，对子女抚养、财产以及债务处理等事项协商一致；诉讼离婚指的是夫妻双方对离婚、婚后子女抚养或遗产分割等问题不能达成协议，由一方通过起诉的方式解除婚姻。

（2）主管机关不同

协议离婚的主管机关是通过行政程序进行的协议离婚的民政部门（一方当事人常住户口所在地的婚姻登记机关）；诉讼离婚的主管机关适用一般地域管辖，为被告住所地的人民法院。

547. 哪些情形下，一方当事人不得提出离婚？

答：一、关于诉讼离婚情形

（1）《民法典》第一千零八十二条规定，女方在怀孕期间、分娩后一年内或者终止妊娠后六个月内，男方不得提出离婚；但是，女方提出离婚或者人民法院认为确有必要受理男方离婚请求的除外。因此有以下情形的，男方不得提出离婚。

①女方怀孕期间

②女方分娩后一年内

③女方终止妊娠后六个月内

备注：限定对象为女方怀孕期间的男方，女方提出离婚或者人民法院认为确有必要受理男方离婚请求的除外。

（2）《民法典》第一千零八十一条规定，现役军人的配偶要求离婚，应当征得军人同意，但是军人一方有重大过错的除外。因此，有以下情形的，现役军人的配偶不得要求离婚：

①未征得军人同意

②军人一方没有重大过错

备注：限定对象为现役军人的配偶。

（3）《民事诉讼法》第一百二十四条第七项规定，判决不准离婚和调解和好的离婚案件，判决、调解维持收养关系的案件，没有新情况、新理由，原告在六个月内又起诉的，不予受理。因此，有以下情形的，原告起诉离婚，不予受理：

①判决不准离婚和调解和好的离婚案件

②没有新情况、新理由

③原告在六个月内又起诉

备注：限定对象为诉讼离婚中的原告。

二、关于协议离婚情形

这里提示不符合协议离婚的条件。

①只有一方当事人请求登记离婚（《民法典》第一千零七十六条规定：“夫妻双方自愿离婚的，应当签订书面离婚协议，并亲自到婚姻登记机关申请离婚登记。”第一千零七十八条规定：“婚姻登记机关查明双方确实是自愿离婚，并已经对子女抚养、财产以及债务处理等事项协商一致的，予以登记，发给离婚证。”）

②双方当事人对子女抚养、夫妻一方生活困难的经济帮助、财产分割、债务清偿未达成协议（《民法典》第一千零七十六条、第一千零七十八条）

③双方或一方当事人为限制民事行为能力人或无民事行为能力人的（《婚姻登记条例》第十二条）

④结婚登记不是在中国内地办理的（《婚姻登记条例》第十二条）

548. 离婚时，夫妻公司资产可以分割吗？

答：夫妻公司财产是指夫妻共同投资公司所形成的全部资产。在“夫妻公司”中，公司利润分配方案未经过法定程序分配，相关公司利润仍属于公司法人财产范畴，并非夫妻共同财产，不能在离婚纠纷中直接予以分割。在司法实践中对这类“夫妻公司”的财产离婚时如何分割的做法并不统一，各种观点也截然不同。

第一种观点认为，应当否定“夫妻公司”的法人人格，并向工商登记部门提出司法建议，恢复其私营企业或者个体工商户的性质，然后再将其资产作为夫妻共同财产进行分割。

第二种观点认为，对于双方在公司中的投资比例可视为夫妻双方对财产的约定。离婚案件中，不应将其系统地认定为夫妻共同财产，而应按照工商登记中确定的比例进行分割。

第三种观点认为，公司的股东地位，只是就对外关系而言，在夫妻关系内部，仍应根据《民法典》婚姻家庭编有关夫妻财产的规定来处理。

为此，在离婚案件中处理有关“夫妻公司”问题时，要注意与《公司法》的有关规定相衔接，可以考虑如下思路：

（1）离婚后夫妻双方都有经营能力，并且也都愿意继续共同经营的，可根据《民法典》婚姻家庭编有关处理夫妻财产的规定，直接分割双方的股权比例。

（2）夫妻双方都要求解散清算公司，则可以在清算后对公司剩余财产按照《民法典》婚姻家庭编有关规定进行分割。

（3）夫妻一方要求保留公司，另一方要求退出公司并获得相应补偿的，可以考虑通过将股权部分转让给第三人的方法来解决，既能使退出一方的补偿获得实现，又能使公司继续存续下去。

549. 离婚诉讼首次起诉，法院一定判不离婚吗？

答：对于离婚纠纷案件，如果被告不同意离婚，第一次起诉法院一般不判离婚，这在司法实践中已经形成共识。但从目前《民法典》婚姻家庭编的规定来看，法院判离的法定情形包括：

（1）《民法典》婚姻家庭编第一千零七十九条第三款规定："有下列情形之一，调解无效的，应当准予离婚：（一）重婚或者与他人同居；（二）实施家庭暴力或者虐待、遗弃家庭成员；（三）有赌博、吸毒等恶习屡教不改；（四）因感情不和分居满二年；（五）其他导致夫妻感情破裂的情形。"

（2）《最高人民法院关于人民法院审理离婚案件如何认定夫妻感情确已破裂的若干具体意见》规定："凡属下列情形之一的，视为夫妻感情确已破裂。一方坚决要求离婚，经调解无效，可依法判决准予离婚。"具体包括：

①一方患有法定禁止结婚的疾病，或一方有生理缺陷及其他原因不能发生性行为，且难以治愈的。

②婚前缺乏了解，草率结婚，婚后未建立起夫妻感情，难以共同生活的。

③婚前隐瞒了精神病，婚后经治不愈，或者婚前知道对方患有精神病而与其结婚，或一方在夫妻共同生活期间患精神病，久治不愈的。

④一方欺骗对方，或者在结婚登记时弄虚作假，骗取《结婚证》的。

⑤双方办理结婚登记后，未同居生活，无和好可能的。

⑥包办、买卖婚姻、婚后一方随即提出离婚，或者虽共同生活多年，但确未建立起夫妻感情的。

⑦因感情不和分居已满 3 年，确无和好可能的，或者经人民法院判决不准离婚后又分居满 1 年，互不履行夫妻义务的。

⑧一方与他人通奸、非法同居，经教育仍无悔改表现，无过错一方起诉离婚，或者过错方起诉离婚，对方不同意离婚，经批评教育，处分，或在人民法院判决不准离婚后，过错方又起诉离婚，确无和好可能的。

⑨一方重婚，对方提出离婚的。

⑩一方好逸恶劳、有赌博等恶习，不履行家庭义务，屡教不改，夫妻难以共同生活的。

⑪一方被依法判处长期徒刑，或其违法，犯罪行为严重伤害夫妻感情的。

⑫一方下落不明满二年，对方起诉离婚，经公告查找确无下落的。

⑬受对方的虐待、遗弃，或者受对方亲属虐待，或虐待对方亲属，经教

育不改，另一方不谅解的。

⑭因其他原因导致夫妻感情确已破裂的。

综上所述，第一次起诉离婚法院并非必然不判决离婚，难点在于如何收集证据证明夫妻感情确已破裂，因为婚后共同生活本身是相对私密的事情，很难充分举证证明。

550.《民法典》之家务补偿解读？

案例：

A与B签订婚前财产协议，约定婚后财产归各自所有、生活开支AA制，若双方有了孩子，女方A辞职负责在家照顾孩子，男方B每月给予女方A3000元生活费。结婚两年后儿子出生，女方A即辞职在家照顾孩子。后双方感情不和，男方B提出离婚，女方A认为自己婚后为照顾孩子才辞职成为家庭主妇，经济能力较弱，离婚后生活较为困难，因此女方A提出家务补偿，后法院判决男方B向女方A支付补偿款5万元。

【法律解析】

“法院判决男方支付女方补偿款5万元”，这就是家务补偿，它的前提条件就是双方签有书面协议、实行分别财产制，法律依据就是《婚姻法》第四十条：“夫妻书面约定婚姻关系存续期间所得的财产归各自所有，一方因抚育子女、照料老人、协助另一方工作等付出较多义务的，离婚时有权向另一方请求补偿，另一方应当予以补偿”。获得家务补偿至少要满足以下三个条件：（1）双方签有书面协议、实行分别财产制；（2）发生在夫妻之间，且在提起离婚时才能请求；（3）一方承担了较多家庭义务。

值得注意的是，由于原家务补偿制度将适用范围限定于分别财产制的夫妻，这就意味着如果没有书面财产协议，就不能提出这项请求，这就使得承担家庭义务较多的一方在离婚时不能有效地被保护。《民法典》第一千零八十八条直接规定为“夫妻一方因抚育子女、照料老年人、协助另一方工作等负担较多义务的，离婚时有权向另一方请求补偿，另一方应当给予补偿”，删除了现行《婚姻法》中关于财产约定的前提条件，这个修改具有极大的进步意义，使得家务补偿不再受限于分别财产制，将会得到更广泛的运用，家务劳动的价值也会得到更为广泛的承认和尊重。

551. 继子女是否有赡养继父母的义务？

答：《民法典》婚姻家庭编第一千零七十二条规定：“继父母与继子女间，不得虐待或者歧视。继父或者继母和受其抚养教育的继子女间的权利义务关系，适用本法关于父母子女关系的规定。”第一千零六十七条规定：“父母不履行抚养义务的，未成年子女或者不能独立生活的成年子女，有要求父母给付抚养费的权利。成年子女不履行赡养义务的，缺乏劳动能力或者生活困难的父母，有要求成年子女给付赡养费的权利。”根据以上法律规定，有抚养关系的继父母子女间有继承权，且继子女对继父母有赡养的义务，但仅为直系姻亲的继父母子女间没有法定的权利义务关系，由此可见，继父母与继子女之间的抚养义务和赡养义务是对等的，继父母要求继子女履行赡养义务的前提是继父母对继子女履行了抚养教育义务。

该抚养关系、教育关系是否形成，可以通过审查再婚时继子女是否成年，双方生活时间的长短，继子女是否实际接受生活上的照顾抚育确定。如果没有证据证明继父母对继子女进行了监护、家庭教育等抚养教育义务行为，双方家庭身份融合程度低，不适用婚姻法中关于父母子女之间的规定，仅仅是伦理意义上的直系姻亲的继父母子女关系，继父母要求继子女履行赡养义务缺少事实和法律依据。

552. 代孕母亲是否能起诉争夺抚养权？

答：代孕母亲是否享有对分娩婴儿的抚养权，这取决于代孕母亲与分娩婴儿之间是否构成亲子关系。对于这一问题，目前国际上存在不同观点，主要包括以下四种学说：分娩说（以分娩者为子女的合法母亲）、血缘说（根据子女基因来源判断合法父母）、协议说（根据代孕协议规定判断合法父母）、子女最佳利益原则（从最适合孩子成长的条件判断合法父母）。法院判决主要考虑以下两个方面：

一是血缘关系。关于亲子关系，《最高人民法院关于适用〈中华人民共和国民法典〉婚姻家庭编的解释（一）》第三十九条规定：“父或者母向人民法院起诉请求否认亲子关系，并已提供必要证据予以证明，另一方没有相反证据又拒绝做亲子鉴定的，人民法院可以认定否认亲子关系一方的主张成立。父或者母以及成年子女起诉请求确认亲子关系，并提供必要证据予以证明，另一方没有相反证据又拒绝做亲子鉴定的，人民法院可以认定确认亲子关系一方的主张成立。”结合上述提到的四种主流学说，可以看出我国法律条文倾向的是血缘说。

二是子女利益。中国首例代孕子女监护权案二审法院生效判决书中，法院认为“无论对非法代孕行为如何否定与谴责，代孕所生子女当属无辜，其合法权益理应得到法律保护。因此，不管是婚生子女还是非婚生子女，是自然生育子女抑或是以人工生殖方式包括代孕方式所生子女，均应给予一体同等保护。联合国《儿童权利公约》第三条确立了儿童最大利益原则，我国作为该公约的起草参与国和缔约国，亦应在立法和司法中体现这一原则，法院在确定子女监护权归属时，理应尽可能最大化地保护子女利益”。因此法院判决倾向于子女最佳利益原则。

553. 夫妻一方遭遇家暴或出轨，该如何维权？

答：一方遭受家庭暴力或出轨，可以从以下方面维护自己的合法权益：

（1）主张解除婚姻关系

《民法典》婚姻家庭编第一千零七十九条第三款规定的离婚法定情形包括：“（一）重婚或者与他人同居；（二）实施家庭暴力或者虐待、遗弃家庭成员；（三）有赌博、吸毒等恶习屡教不改；（四）因感情不和分居满二年；（五）其他导致夫妻感情破裂的情形。”常见涉及的离婚事由主要是“实施家庭暴力”和“出轨”导致夫妻感情破裂。为了证明上述事实，一方需要收集并提交其因家暴受伤的照片、医院病历材料、妇联关于家暴鉴定的介绍信、对方签署的承诺书以及谈话录音等证据，证明存在多次暴力行为，给一方的身体健康和精神均造成了难以磨灭的伤害；施暴方与第三者的微信聊天记录、第三者的妇科化验单、对方频繁出入并留宿第三者住所的视频以及与第三者开房、吃饭、为第三者购买礼物、给第三者钱卡等具体花销的记录，证明对方婚后与多名异性存在不正当男女关系的事实。最后由法院支持己方的离婚请求。

（2）主张分割夫妻共同财产

司法实践中一般不认可夫妻之间关于家暴或出轨净身出户承诺的效力，理由主要是：第一，承诺中约定的义务属于道德性质的义务，而非法律义务，应由当事人自觉履行，不具有强制执行力；第二，此类承诺约定的是离婚时违反义务的承诺方净身出户，属于以离婚为生效条件的财产处理约定，离婚时承诺方可以反悔的，此承诺并未生效。

（3）主张支付精神抚慰金

离婚纠纷案件中主张精神抚慰金几乎成了原告诉讼请求的标配，但得到支持的却不多，因此受害方需要提供充分的证据证明对方的家暴和出轨行为。

554. 假戏真做“被离婚”，夫妻共同财产是否可以分割？

答：夫妻一方因拆迁、买房等原因假意离婚，当对方不同意复婚时，才想起分割财产。实际上，双方自领取离婚证之日起，在法律上已经离婚。只是在这种情况下，双方对离婚协议是不是真实意思表示产生异议。被离婚方认为不是真实意思表示，但是又很难提出被法院认可的证据，所以，法院判决离婚后财产分割时，依然会参考离婚时的离婚协议来分割。

司法实践中，离婚后财产纠纷一般有以下几种情况：

（1）离婚协议是在欺诈胁迫情况下达成的

双方离婚时，一方以欺骗方式骗得对方在离婚协议上签字的，或者是胁迫对方签字，该离婚协议在一年内可以申请撤销，重新分割。但实操中，这类证据法院要求比较严格，不会简单地认定是欺诈胁迫，所以应保留好证据，如报警记录或者相关书面证据，才有胜诉的可能，故应在一年内起诉撤销原离婚协议中对财产分割的约定。

（2）离婚时存在没有分割的财产

①夫妻遗漏财产：离婚时根本没有分割的财产，有的离婚协议中表述“财产无异议”等，没有对相关财产列明，特别是房产，这种情形下可以起诉申请法院对没有分割的财产进行分割，且没有诉讼时效的限制。

相关法条：《最高人民法院关于适用〈中华人民共和国民法典〉婚姻家庭编的解释（一）》第八十三条规定：“离婚后，一方以尚有夫妻共同财产未处理为由向人民法院起诉请求分割的，经审查该财产确属离婚时未涉及的夫妻共同财产，人民法院应当依法予以分割。”

②隐藏财产：离婚时一方隐藏财产，在离婚协议分割时，未包括该类财

产，特别是房产，另一方离婚后发现的，可以要求分割。该类财产受诉讼时效限制，从发现时起算时效。

相关法条：《民法典》第一千零六十六条第一项规定："婚姻关系存续期间，有下列情形之一的，夫妻一方可以向人民法院请求分割共同财产：(一) 一方有隐藏、转移、变卖、毁损、挥霍夫妻共同财产或者伪造夫妻共同债务等严重损害夫妻共同财产利益的行为……"《民法典》第一千零九十二条规定："夫妻一方隐藏、转移、变卖、毁损、挥霍夫妻共同财产，或者伪造夫妻共同债务企图侵占另一方财产的，在离婚分割夫妻共同财产时，对该方可以少分或者不分。离婚后，另一方发现有上述行为的，可以向人民法院提起诉讼，请求再次分割夫妻共同财产。"

综上所述，离婚后财产纠纷，关键是看离婚协议如何约定，若离婚协议约定清楚，没有遗漏夫妻共同财产，也没有隐藏类财产，又不存在欺诈胁迫等可撤销离婚协议的情形，法院一般对离婚协议中已经分割的财产再重新分割的诉求不会支持。

555. 父母离异后，成年子女是否有权主张抚养费?

答:《民法典》第一千零六十七条规定："父母不履行抚养义务的，未成年子女或者不能独立生活的成年子女，有要求父母给付抚养费的权利。成年子女不履行赡养义务的，缺乏劳动能力或者生活困难的父母，有要求成年子女给付赡养费的权利。"第一千零七十一条规定："非婚生子女享有与婚生子女同等的权利，任何组织或者个人不得加以危害和歧视。不直接抚养非婚生子女的生父或者生母，应当负担未成年子女或者不能独立生活的成年子女的抚养费。"根据上述规定，父母对子女有抚养教育的义务，父母不履行抚养义务时，未成年的或不能独立生活的子女，有要求父母给付抚养费的权利。根据该条规定，成年子女且具备了独立生活的能力，其主张的抚养费没有法律依据，不应得到支持。

556. 离婚时双方约定的经济补偿款，受补偿一方死亡，继承人有权继承吗?

答:《民法典》婚姻家庭编第一千零五十九条规定："夫妻有相互扶养的义务。需要扶养的一方，在另一方不履行扶养义务时，有要求其给付扶养费的权利。”第一千零九十条规定：“离婚时，如果一方生活困难，有负担能力的另一方应当给予适当帮助。具体办法由双方协议；协议不成的，由人民法院判决。”根据以上规定，(1)离婚时的经济帮助不是夫妻扶养义务的延续。夫妻之间相互扶养的义务是基于夫妻人身关系而规定的，是无条件的，且随着婚姻关系的终止而终止。但离婚时经济帮助目的是消除婚姻而导致生活确实有困难一方的经济顾虑，是适当帮助，是基于原婚姻关系所派生出来的社会道义责任，是有条件的。(2)经济帮助对象是离婚时生活确实困难的一方当事人。享有经济帮助权利的只能是受帮助本人，他人无权主张该权利。如果受帮助一方死亡，帮助一方理所当然地不再支付。(3)经济帮助具有特定条件，当经济帮助未实现时，该项财产不属于受帮助一方的遗产。其经济帮助与一般债权不同，当受帮助者死亡时，经济帮助即随之停止。

557. 离婚协议中约定的子女抚养权可以变更吗?

答:《民法典》婚姻家庭编第一千零八十四条规定，父母与子女间的关系，不因父母离婚而消除。离婚后，子女无论由父或者母直接抚养，仍是父母双方的子女。离婚后，父母对于子女仍有抚养、教育、保护的权利和义务。《最高人民法院关于人民法院审理离婚案件处理子女抚养问题的若干具体意见》第十六条规定：“一方要求变更子女抚养关系有下列情形之一的，应予支持：(1)与子女共同生活的一方因患严重疾病或因伤残无力继续抚养子女的；(2)与子女共同生活的一方不尽抚养义务或有虐待子女行为，或其与子女共同生活对子女身心健康确有不利影响的；(3)10周岁以上未成年子女，愿随另一方生活，该方又有抚养能力的；(4)有其他正当理由需要变更的。”

结合上述法律规定，离婚协议是双方真实意思表示，对双方均具有约束力，双方应当按照离婚协议的约定履行各自义务。但是确定孩子的抚养权归属，应该根据有利于子女身心健康、保障子女合法权益出发的角度来整体衡量孩子跟谁生活更有利成长。

558. 夫妻一方以个人名义借款，另一方必须偿还吗?

《最高人民法院关于审理涉及夫妻债务纠纷案件适用法律有关问题的解释》第二条规定：“夫妻一方在婚姻关系存续期间以个人名义为家庭日常生

活需要所负的债务，债权人以属于夫妻共同债务为由主张权利的，人民法院应予支持。”第三条规定：“夫妻一方在婚姻关系存续期间以个人名义超出家庭日常生活需要所负的债务，债权人以属于夫妻共同债务为由主张权利的，人民法院不予支持，但债权人能够证明该债务用于夫妻共同生活、共同生产经营或者基于夫妻双方共同意思表示的除外。”在实际案例中，借款行为虽发生于夫妻关系存续期间，但该借款超出家庭日常生活需要，且另一方事后没有予以确认的不需要偿还借款。

559. 借款人死亡，出借人可以起诉借款人继承人吗？

答：《民法典》继承编第一千一百六十一条规定：“继承人以所得遗产实际价值为限清偿被继承人依法应当缴纳的税款和债务。超过遗产实际价值部分，继承人自愿偿还的不在此限。继承人放弃继承的，对被继承人依法应当缴纳的税款和债务可以不负清偿责任。”

因此，出借人可以起诉借款人的继承人，要求其归还借款，但借款人的继承人可以被继承人的遗产实际价值为限清偿债务。超过遗产实际价值部分，继承人自愿偿还的不在此限。

560. 当遗嘱继承和法定继承发生冲突时，谁更优先？

答：遗嘱是指人生前在法律允许的范围内，按照法律规定的方式对其遗产或其他事务所作的个人处理，并于创立遗嘱人死亡时发生效力的法律行为。

《民法典》继承编第一千一百二十三条规定：“继承开始后，按照法定继承办理；有遗嘱的，按照遗嘱继承或者遗赠办理；有遗赠扶养协议的，按照协议办理。”第一千一百三十三条规定：“自然人可以依照本法规定立遗嘱处分个人财产，并可以指定遗嘱执行人。自然人可以立遗嘱将个人财产指定由法定继承人中的一人或者数人继承。自然人可以立遗嘱将个人财产赠与国家、集体或者法定继承人以外的组织、个人。自然人可以依法设立遗嘱信托。”

561. 遗嘱有效的实质要件有哪些？

答：遗嘱有效的实质要件：（1）遗嘱人须有遗嘱能力。遗嘱设立人必须有相应的民事行为能力。依我国现行法规定，只有完全民事行为能力人，才有设立遗嘱的行为能力即遗嘱能力，不具有完全民事行为能力的人不具有遗嘱能力。(2) 遗嘱须是遗嘱人的真实意思表示。原则上应以遗嘱人最后于遗嘱中作出的意思表示为准。受胁迫、欺骗所立的遗嘱无效；伪造的遗嘱无效；遗嘱被篡改的，篡改的内容无效。(3) 遗嘱不得取消缺乏劳动能力又没有生活来源的继承人的继承权。《民法典》第一千一百四十一条规定："遗嘱应当为缺乏劳动能力又没有生活来源的继承人保留必要的遗产份额。"这一规定属于强行性规定，遗嘱取消缺乏劳动能力又没有生活来源的继承人的继承权的，不能有效。遗嘱人未保留缺乏劳动能力又没有生活来源的继承人的遗产份额，遗产处理时，应当为该继承人留下必要的遗产，所剩余的部分，才可参照遗嘱确定的分配原则处理。继承人是否缺乏劳动能力又没有生活来源，应按照遗嘱生效时该继承人的具体情况确定。(4) 遗嘱中所处分的财产须为遗嘱人的个人财产。(5) 遗嘱须不违反社会公共利益和社会公德，违反社会公共利益和社会公德民事行为无效。

562. 什么是分家析产纠纷？

答：分家析产纠纷，即为单个较大的家庭拟拆分为多个较小家庭时，原共同生活的家庭成员之间因分割共同财产所产生的纠纷。

家庭成员包括在同一家庭生活的夫妻、父母、子女及其他成员，如祖父母、外祖父母、孙子女、外孙子女及兄弟姐妹等。

共有财产关系的形成必须基于一定的法律事实，如家庭成员共同生产经营，或家庭成员共同继承、共同接受赠与或遗赠，或家庭成员将收入交归家庭，或共同购置家庭财产等。如果不存在形成共有财产关系的法律事实，家庭成员之间就不存在共有财产关系。因此，只有对家庭共有财产的形成尽了义务的家庭成员，才是家庭共有财产的共有人。未成年家庭成员一般对家庭共有财产的形成没有尽过义务，如果没有共同继承、共同接受赠与或遗赠的事实，则不是家庭共有财产的共有人。

要把家庭共有财产和夫妻共有财产、家庭成员的个人财产区分清楚。分家析产只能是分割家庭共有财产，夫妻共有财产、家庭成员的个人财产不属于分割范围。

563. 当前审理分家析产纠纷中有哪些司法观点？

答：（1）在分割家庭共同财产过程中，应当坚持公序良俗原则，对赡养老人的家庭成员予以补偿——丁一等诉丁五分家析产案

本案要旨：在分割家庭共同财产过程中，应该坚持公序良俗原则，在财产分配上应充分考虑到家庭成员对共有财产的管理及对父母的赡养等因素，对家庭共有财产分配比例予以调整，加大对赡养老人的家庭成员的补偿数额，弘扬尽孝赡养老人这一中华民族的传统美德。

案号：（2012）连民再终字第0026号

审理法院：江苏省连云港市中级人民法院

来源：国家法官学院案例开发研究中心编：《中国法院2014年度案例》（婚姻家庭与继承纠纷），中国法制出版社2014年版，第1－4页。

（2）各家庭成员约定共有房屋归一人所有的，应按约定履行，一方不得以撤销赠与为由主张分割——王某荣诉王某成、王某祥、王某龙分家析产纠纷案

本案要旨：家庭成员之间签订协议将房屋处分给某个家庭成员的，属于各家庭成员对处分家庭共有财产达成的协议，该协议性质为分家析产协议，而非赠与人无偿将标的物赠与受赠人的赠与协议。该分家析产协议是各家庭成员的真实意思表示，且不违反法律、强制性规定，因此，该协议合法有效应予履行，其他家庭成员不得以撤销赠与为由主张分割房屋。

案号：（2011）二中民终字第05513号

审理法院：北京市第二中级人民法院

来源：国家法官学院案例开发研究中心编：《中国法院2012年度案例》（婚姻家庭与继承纠纷），中国法制出版社2012年版。

（3）家庭共同共有关系终止时，对共有财产分割若不能达成协议的，一般按等分原则处理并考虑共有人的贡献等因素——王甲、朱珍、王乙诉张某分家析产纠纷案

本案要旨：分家析产的前提是存在家庭财产的共有。家庭共同共有关系终止时，对共有财产的分割，应由家庭成员协商确定各自应得的份额。不能达成协议的，一般应按等分原则处理，并考虑共有人对共有财产的贡献，适当照顾共有人生产、生活实际需要等因素。

来源：陕西法院网，2011年12月20日。

（4）分割家庭共同财产应坚持协商一致、有利于物的利用、按照贡献大小分配和照顾弱者原则——陆某、沈小某诉沈某分家析产纠纷案

本案要旨：家庭共同财产分割原则上均等分割，有约定的从约定，没有约定的，应当考虑共有人对共有财产的贡献大小，适当照顾共有人生产、生活的实际需要等情况进行分割。

来源：倪金龙主编：《农村婚姻家庭纠纷审理指引》，人民法院出版社2014年版，第176－180页。

七、侵权责任

564. 行为人承担侵权责任是否必然存在主观过错？

答：《民法典》第一千一百六十五条规定，行为人因过错侵害他人民事权益造成损害的，应当承担侵权责任。

依照法律规定推定行为人有过错，其不能证明自己没有过错的，应当承担侵权责任。

《民法典》第一千一百六十六条规定，行为人造成他人民事权益损害，不论行为人有无过错，法律规定应当承担侵权责任的，依照其规定。

565. 教唆、帮助实施侵权行为的，是否与行为人承担连带责任？

答：《民法典》第一千一百六十九条规定，教唆、帮助他人实施侵权行为的，应当与行为人承担连带责任。

教唆、帮助无民事行为能力人、限制民事行为能力人实施侵权行为的，应当承担侵权责任；该无民事行为能力人、限制民事行为能力人的监护人未尽到监护职责的，应当承担相应的责任。

566. 用人单位员工造成他人损害的，应由谁承担侵权责任？

答：《民法典》第一千一百九十一条规定，用人单位的工作人员因执行工作任务造成他人损害的，由用人单位承担侵权责任。用人单位承担侵权责任后，可以向有故意或者重大过失的工作人员追偿。

劳务派遣期间，被派遣的工作人员因执行工作任务造成他人损害的，由

接受劳务派遣的用工单位承担侵权责任；劳务派遣单位有过错的，承担相应的责任。

567. 个人劳务造成损害的，应由谁承担侵权责任？

答：《民法典》第一千一百九十二条规定，个人之间形成劳务关系，提供劳务一方因劳务造成他人损害的，由接受劳务一方承担侵权责任。接受劳务一方承担侵权责任后，可以向有故意或者重大过失的提供劳务一方追偿。提供劳务一方因劳务受到损害的，根据双方各自的过错承担相应的责任。

提供劳务期间，因第三人的行为造成提供劳务一方损害的，提供劳务一方有权请求第三人承担侵权责任，也有权请求接受劳务一方给予补偿。接受劳务一方补偿后，可以向第三人追偿。

568. 因租赁、借用机动车等造成损害的，应由谁承担侵权责任？

答：《民法典》第一千二百零九条规定，因租赁、借用等情形机动车所有人、管理人与使用人不是同一人时，发生交通事故造成损害，属于该机动车一方责任的，由机动车使用人承担赔偿责任；机动车所有人、管理人对损害的发生有过错的，承担相应的赔偿责任。

569. 挂靠车辆造成损害的，应由谁承担侵权责任？

答：《民法典》第一千二百一十一条规定，以挂靠形式从事道路运输经营活动的机动车，发生交通事故造成损害，属于该机动车一方责任的，由挂靠人和被挂靠人承担连带责任。

570. 擅自驾驶他人车辆造成损害的，应由谁承担侵权责任？

答：《民法典》第一千二百一十二条规定，未经允许驾驶他人机动车，发生交通事故造成损害，属于该机动车一方责任的，由机动车使用人承担赔偿责任；机动车所有人、管理人对损害的发生有过错的，承担相应的赔偿责任，但是本章另有规定的除外。

571. 买卖拼装车或报废车造成损害的，应由谁承担侵权责任？

答：《民法典》第一千二百一十四条规定，以买卖或者其他方式转让拼装或者已经达到报废标准的机动车，发生交通事故造成损害的，由转让人和受让人承担连带责任。

572. 盗窃、抢劫或者抢夺机动车造成损害的，应由谁承担侵权责任？

答：《民法典》第一千二百一十五条规定，盗窃、抢劫或者抢夺的机动车发生交通事故造成损害的，由盗窃人、抢劫人或者抢夺人承担赔偿责任。盗窃人、抢劫人或者抢夺人与机动车使用人不是同一人，发生交通事故造成损害，属于该机动车一方责任的，由盗窃人、抢劫人或者抢夺人与机动车使用人承担连带责任。

573. 免费搭车造成损害的，应由谁承担侵权责任？

答：《民法典》第一千二百一十七条规定，非营运机动车发生交通事故造成无偿搭乘人损害，属于该机动车一方责任的，应当减轻其赔偿责任，但是机动车使用人有故意或者重大过失的除外。

574. 医务人员未尽说明和明确义务造成损害的，应由谁承担侵权责任？

答：《民法典》第一千二百一十九条规定，医务人员在诊疗活动中应当向患者说明病情和医疗措施。需要实施手术、特殊检查、特殊治疗的，医务人员应当及时向患者具体说明医疗风险、替代医疗方案等情况，并取得其明确同意；不能或者不宜向患者说明的，应当向患者的近亲属说明，并取得其明确同意。

医务人员未尽到前款义务，造成患者损害的，医疗机构应当承担赔偿责任。

575. 哪些情形下患者受损害的，可以推定医疗机构有过错？

答：《民法典》第一千二百二十二条规定，患者在诊疗活动中受到损害，有下列情形之一的，推定医疗机构有过错：

（1）违反法律、行政法规、规章以及其他有关诊疗规范的规定；

（2）隐匿或者拒绝提供与纠纷有关的病历资料；

（3）遗失、伪造、篡改或者违法销毁病历资料。

576. 哪些情形下患者受损害的，医疗机构不承担赔偿责任？

答：《民法典》第一千二百二十四条规定，患者在诊疗活动中受到损害，有下列情形之一的，医疗机构不承担赔偿责任：

（1）患者或者其近亲属不配合医疗机构进行符合诊疗规范的诊疗；

（2）医务人员在抢救生命垂危的患者等紧急情况下已经尽到合理诊疗义务；

（3）限于当时的医疗水平难以诊疗。

前款第一项情形中，医疗机构或者其医务人员也有过错的，应当承担相应的赔偿责任。

577. 造成损害的，应由谁承担侵权责任？

答：《民法典》第一千二百四十条规定，从事高空、高压、地下挖掘活动或者使用高速轨道运输工具造成他人损害的，经营者应当承担侵权责任；但是，能够证明损害是因受害人故意或者不可抗力造成的，不承担责任。被侵权人对损害的发生有重大过失的，可以减轻经营者的责任。

578. 遗失、抛弃高度危险物造成损害的，应由谁承担侵权责任？

答：《民法典》第一千二百四十一条规定，遗失、抛弃高度危险物造成他人损害的，由所有人承担侵权责任。所有人将高度危险物交由他人管理的，由管理人承担侵权责任；所有人有过错的，与管理人承担连带责任。

579. 饲养的动物造成损害的，应由谁承担侵权责任？

答：《民法典》第一千二百四十五条规定，饲养的动物造成他人损害的，动物饲养人或者管理人应当承担侵权责任；但是，能够证明损害是因被侵权人故意或者重大过失造成的，可以不承担或者减轻责任。

580. 未对动物采取安全措施造成损害的，应由谁承担侵权责任？

答：《民法典》第一千二百四十六条规定，违反管理规定，未对动物采取安全措施造成他人损害的，动物饲养人或者管理人应当承担侵权责任；但是，能够证明损害是因被侵权人故意造成的，可以减轻责任。

581. 建筑物中抛掷物品造成损害的，应由谁承担侵权责任？

答：《民法典》第一千二百五十四条规定，禁止从建筑物中抛掷物品。从建筑物中抛掷物品或者从建筑物上坠落的物品造成他人损害的，由侵权人依法承担侵权责任；经调查难以确定具体侵权人的，除能够证明自己不是侵权人的外，由可能加害的建筑物使用人给予补偿。可能加害的建筑物使用人补偿后，有权向侵权人追偿。

物业服务企业等建筑物管理人应当采取必要的安全保障措施防止前款规定情形的发生；未采取必要的安全保障措施的，应当依法承担未履行安全保障义务的侵权责任。

发生本条第一款规定的情形的，公安等机关应当依法及时调查，查清责任人。

582. 林木折断、倾倒或者果实坠落等造成损害，应由谁承担侵权责任？

答：《民法典》第一千二百五十七条规定，因林木折断、倾倒或者果实坠落等造成他人损害，林木的所有人或者管理人不能证明自己没有过错的，应当承担侵权责任。

583. 发生交通事故后，如何确定保险公司的赔偿责任？

答：关于保险赔偿顺序问题，《最高人民法院关于审理道路交通事故损害赔偿案件适用法律若干问题的解释》第十六条第一款规定：“同时投保机动车第三者责任强制保险（以下简称‘交强险’）和第三者责任商业保险（以下简称‘商业三者险’）的机动车发生交通事故造成损害，当事人同时起诉侵权人和保险公司的，人民法院应当按照下列规则确定赔偿责任：（1）先由承保交强险的保险公司在责任限额范围内予以赔偿；（2）不足部分，由承保商业三者险的保险公司根据保险合同予以赔偿；（3）仍有不足的，依照道路交通安全法和侵权责任法的相关规定由侵权人予以赔偿。”按照上述司法解释规定，因交通事故引起的侵权赔偿顺序为首先在交强险责任限额范围内赔偿，其次不足部分在商业三者险内按合同赔偿，最后由侵权人赔偿。

584. 以自己的名义为他人租车，肇事后是否担责？

答：《民法典》侵权责任编第一千二百零九条规定：“因租赁、借用等情形机动车所有人、管理人与使用人不是同一人时，发生交通事故造成损害，属于该机动车一方责任的，由机动车使用人承担赔偿责任；机动车所有人、管理人对损害的发生有过错的，承担相应的赔偿责任。”由该规定可见，机动车所有人与使用人分离时发生交通事故的，首先由保险公司在机动车交通事故强制保险限额范围内赔偿；如果损失超过了保险公司的赔偿限额，则由机动车的使用人承担责任；机动车的所有人仅承担相应过错的按份责任。故以自己的名义为他人租车有过错的，同样需要承担相应的赔偿责任。

585. 私家车投保后从事网约车服务，发生事故是否理赔？

答：保险公司《家庭自用汽车损失保险合同》第十七条约定："投保人应如实填写投保单并回答保险人提出的询问，履行如实告知义务。在保险期限内，保险车辆改装、加装或从事营业运输等，导致保险车辆危险程度增加的，应当及时书面通知保险人。否则，因保险车辆危险程度增加而发生的保险事故，保险人不承担赔偿责任。"上述条款均对改变车辆性质的行为进行阐明及约束，且保险公司已尽到了提示义务，应认定上述条款具有约束力，保险双方应予以遵守。被保险机动车在投保时车辆使用性质为家庭自用汽车，即非营运车辆，而从事网约车服务，实际上改变了被保险人机动车的使用性质，且并未通知保险公司，违反了保险条款，符合保险条款约定的免赔情形。如私家车从事网约车服务，发生事故不予理赔。

586. 买车送商业保险，肇事后如何获理赔？

答：《最高人民法院关于审理道路交通事故损害赔偿案件适用法律若干问题的解释》第十六条规定："同时投保机动车第三者责任强制保险（以下简称'交强险'）和第三者责任商业保险（以下简称'商业三者险'）的机动车发生交通事故造成损害，当事人同时起诉侵权人和保险公司的，人民法院应当按照下列规则确定赔偿责任：（1）先由承保交强险的保险公司在责任限额范围内予以赔偿；（2）不足部分，由承保商业三者险的保险公司根据保险合同予以赔偿；（3）仍有不足的，依照道路交通安全法和侵权责任法的相关规定由侵权人予以赔偿。被侵权人或者其近亲属请求承保交强险的保险公司优先赔偿精神损害的，人民法院应予支持。"第十九条规定："未依法投保交强险的机动车发生交通事故造成损害，当事人请求投保义务人在交强险责任限额范围内予以赔偿的，人民法院应予支持。"故提醒广大消费者，买车后出现交通事故，保险公司应承担保险责任，但对商家"买车就送保险"的承诺应有合理的期待。

587. 货车发生交通事故，挂靠公司是否承担法律责任？

答：《最高人民法院关于适用〈中华人民共和国民事诉讼法〉的解释》第五十四条规定：“以挂靠形式从事民事活动，当事人请求由挂靠人和被挂靠人依法承担民事责任的，该挂靠人和被挂靠人为共同诉讼人。”

《最高人民法院关于审理道路交通事故损害赔偿案件适用法律若干问题的解释》第三条规定：“以挂靠形式从事道路运输经营活动的机动车发生交通事故造成损害，属于该机动车一方责任，当事人请求由挂靠人和被挂靠人承担连带责任的，人民法院应予支持。”从该条规定看，挂靠车辆发生了交通事故，赔偿责任由实际车辆所有人负责赔偿，但挂靠单位应与实际车辆所有人共同承担连带赔偿责任。也就是说，如果出了交通事故，事故的受害人有权要求车辆实际所有人或挂靠单位任何一方进行赔偿，实际所有人与挂靠单位之间签订的发生事故后承担责任的协议对其他人没有法律效力，法院会根据法律规定来判决双方承担连带责任。当然，挂靠单位在承担了赔偿责任后，可以根据双方的内部协议向实际所有人追偿。

588. 实习司机驾车上高速公路发生事故，保险公司是否理赔？

案例：

陈某购买一辆汽车，并为该车承保了交强险、商业险、第三者责任险和不计免赔险，《保险合同》约定：“驾驶人有法律、法规规定的其他属于无效驾驶资格的情况的，保险人不负赔偿责任。”后陈某在驾驶证实习期内单独驾车行驶在高速上时，发生交通事故，致王某死亡，经交警责任事故认定，陈某应付事故全部责任。王某家属遂向法院提起诉讼，要求保险公司承担交强险责任以及商业险的保险责任，不足部分由陈某承担。保险公司认为，根据《机动车驾驶证申请和使用规定》的规定：“驾驶人在实习期内驾驶机动车上高速公路行驶，应当由持相应或者高准驾车型驾驶证三年以上的驾驶人陪同。”而陈某不具备在高速公路上驾车的有效驾驶资格，保险公司不应承担商业三者险赔偿责任。

法院认为：陈某在实习期内独自驾车上高速的情形不属于案涉保险公司中约定的免责情形，对保险公司的免责抗辩主张，法院不予支持。

【法律解析】

实践中，对于商业险的赔付要根据当事人与保险公司签订的保险合同约定处理，保险公司对于实习期内独自驾车上高速造成的交通事故予以拒赔，往往成为案件的争议焦点。

（1）实习期驾车上高速发生交通事故，交强险需要赔付

《机动车交通事故责任强制保险条例》第二十一条规定："被保险机动车发生道路交通事故造成本车人员、被保险人以外的受害人人身伤亡、财产损失的，由保险公司依法在机动车交通事故责任强制保险责任限额范围内予以赔偿"。《最高人民法院关于审理道路交通事故损害赔偿案件适用法律若干问题的解释》第十八条规定："有下列情形之一导致第三人人身损害，当事人请求保险公司在交强险责任限额范围内予以赔偿，人民法院应予支持：（一）驾驶人未取得驾驶资格或者未取得相应驾驶资格的；（二）醉酒、服用国家管制的精神药品或者麻醉药品后驾驶机动车发生交通事故的；（三）驾驶人故意制造交通事故的。"《机动车驾驶证申领和使用规定》第七十五条规定："驾驶人在实习期内驾驶机动车上高速公路行驶，应当由持相应或者更高准驾车型驾驶证三年以上的驾驶人陪同。"据此，实习司机独自开车上高速的行为，即使违反了有关规定，但因为交强险的相关规定并未将实习期独自上高速的行为规定为交强险的免责范围，因此，在交强险的范围内还是应该予以理赔。

（2）商业三者险为第二赔偿责任顺序

《最高人民法院关于审理道路交通事故损害赔偿案件适用法律若干问题的解释》第十六条规定，同时投保机动车第三者责任强制保险和第三者责任商业保险的机动车发生交通事故造成损害，当事人同时起诉侵权人和保险公司的，人民法院应当按照下列规则确定赔偿责任：①先由承保交强险的保险公司在责任限额范围内予以赔偿；②不足部分，由承保商业三者险的保险公司根据保险合同予以赔偿；③仍有不足的，依照道路交通安全法和侵权责任法的相关规定由侵权人予以赔偿。

589. 死亡赔偿金是否属于遗产？

答：因人身损害导致自然人死亡的，可能会产生一笔死亡赔偿金，在实

务中，死亡赔偿金到底是否属于遗产的范围存在争议。《民法典》继承编第一千一百二十二条规定：“遗产是自然人死亡时遗留的个人合法财产。依照法律规定或者根据其性质不得继承的遗产，不得继承。”从该法律条款来看，并没有明确规定死亡赔偿金是不是遗产，但是根据最高人民法院（2004）民一他字第26号《关于空难死亡赔偿金能否作为遗产处理的复函》内容“空难死亡赔偿金是基于死者死亡对死者近亲属所支付的赔偿。获得空难死亡赔偿金的权利人是死者近亲属，而非死者。故空难死亡赔偿金不宜认定为遗产”。因此，该复函作为具有司法性质的文件，在实务中有明确的指导意义，对于死亡赔偿金不再按遗产处理。另外，死亡赔偿金是在自然人死亡后才产生的，生前并不存在这笔遗产，不符合遗产的基本法律特征。死亡赔偿金的作用是弥补受害人近亲属因受害人死亡所遭受的物质和精神上的损失，赔偿的对象是受害人的近亲属。再者，受害人一旦死亡，就丧失民事主体资格，就不可能在死亡后还取得合法财产。

590. 好意帮忙载人，发生事故是否需要承担责任？

案例：

甲开车免费搭载乙，但在行驶过程中发生交通事故，导致乙身受重伤。后乙将甲和保险公司诉至法院，要求其承担全部责任20万元。甲认为其免费搭载乙是出于好意帮助他人，不应当承担责任。后经法院审理查明，乙乘坐甲的车辆并未支付任何车辆使用费及劳务费，在行驶途中发生案涉交通事故。

法院认为，民事主体从事民事活动，应当遵循公平原则，合理确定各方的权利和义务。对于乘车人而言，好意同乘与乘坐营运车辆有实质区别。乙要求甲承担全部赔偿责任，有违公平以及权利义务一致原则。法院判决，确认乙的全部损失为19万元。被告保险公司在交强险范围内赔偿，甲不承担责任。

【法律解析】

《民法典》第一千二百一十七条规定：“非营运机动车发生交通事故造成无偿搭乘人损害，属于该机动车一方责任的，应当减轻其赔偿责任，但是机动车使用人有故意或者重大过失的除外。”驾驶人在未收取乘车人任何费用的情况下，允许乘车人搭乘其驾驶的机动车，行为符合社会道德和绿色出行理念，应受到鼓励和支持。发生交通事故后，根据公平原则，应减轻驾驶人的赔偿责任。

无偿搭乘车辆，在我们身边时有发生。遇到确实需要帮助的人，明明可以让他人搭乘自己的车，但是又怕出事故承担赔偿责任而拒绝他人搭乘。《民法典》增设“好意同乘”条款，鼓励人们助人为乐，符合公序良俗及公平原则。《民法典》明确了无偿驾驶人仅是在轻过失时可以减轻责任，故意或重大过失情况下仍要承担侵权责任，体现了法律保护同乘人生命财产安全，以及在保护受害人权益和鼓励善良间寻求平衡的价值取向。驾驶人在未收取乘车人任何费用的情况下，允许乘车人搭乘其驾驶的机动车，该行为构成好意同乘。驾驶人的行为符合社会道德和绿色出行理念，应受到鼓励和支持。发生交通事故后，根据公平原则，应减轻驾驶人的赔偿责任。新颁布的《民法典》对此首次予以了明确。搭乘人有过错的，应当适当减轻被搭乘方的责任。实践中主要表现为明知机动车存在超载或者驾驶员酒后驾驶、未取得驾驶资格等行驶风险，受害人坚持搭乘等。

591. 被三轮车撞伤，对方欲逃跑，受害人可否扣留对方的三轮车？

答：受害人可以暂时扣留对方的三轮车。《民法典》第一千一百七十七条规定：“合法权益受到侵害，情况紧迫且不能及时获得国家机关保护，不立即采取措施将使其合法权益受到难以弥补的损害的，受害人可以在保护自己合法权益的必要范围内采取扣留侵权人的财物等合理措施；但是，应当立即请求有关国家机关处理。受害人采取的措施不当造成他人损害的，应当承担侵权责任。”该条规定的是“自助行为”制度，受害人可以在保护自己合法权益的必要范围内采取扣留侵权人的财物等合理措施；但是，应当立即请求有关国家机关处理，注意不能采取过激措施，否则造成他人损害要承担侵权责任。

592. 因交通事故受伤，受害人可否要求营养费和住院伙食补助费？

答：受害人可以要求营养费和住院伙食补助费，在《民法典》第一千一百七十九条“侵害他人造成人身损害的，应当赔偿医疗费、护理费、交通费、营养费、住院伙食补助费等为治疗和康复支出的合理费用，以及因误工减少的收入。造成残疾的，还应当赔偿辅助器具费和残疾赔偿金；造成死亡的，还应当赔偿丧葬费和死亡赔偿金”中明确了人身损害赔偿包含了“营养费”和“住院伙食补助费”，这是受害人治疗和康复中需要支出的合理费用，应当得到支持。

593. 如何计算人身损害案件赔偿费用？

答：根据《最高人民法院关于审理人身损害赔偿案件适用法律若干问题的解释》第十七条至第三十条的规定，受害人遭受人身损害，因就医治疗支出的各项费用以及因误工减少的收入，包括医疗费、误工费、护理费、交通费、住宿费、住院伙食补助费、必要的营养费，赔偿义务人应当予以赔偿。受害人因伤致残的，其因增加生活上需要所支出的必要费用以及因丧失劳动能力导致的收入损失，包括残疾赔偿金、残疾辅助器具费、被扶养人生活费，以及因康复护理、继续治疗实际发生的必要的康复费、护理费、后续治疗费，赔偿义务人也应当予以赔偿。受害人死亡的，赔偿义务人除应当根据抢救治疗情况赔偿本条第一款规定的相关费用外，还应当赔偿丧葬费、被扶养人生活费、死亡补偿费以及受害人亲属办理丧葬事宜支出的交通费、住宿费和误工损失等其他合理费用。受害人或者死者近亲属遭受精神损害，赔偿权利人向人民法院请求赔偿精神损害抚慰金的，适用《最高人民法院关于确定民事侵权精神损害赔偿责任若干问题的解释》予以确定。精神损害抚慰金的请求权，不得让与或者继承。但赔偿义务人已经以书面方式承诺给予金钱赔偿，或者赔偿权利人已经向人民法院起诉的除外。具体计算项目如下：

（1）医疗费：根据医疗机构出具的医药费、住院费等收款凭证，结合病历和诊断证明等相关证据确定。赔偿义务人对治疗的必要性和合理性有异议的，应当承担相应的举证责任。

医疗费的赔偿数额，按照一审法庭辩论终结前实际发生的数额确定。器官功能恢复训练所必要的康复费、适当的整容费以及其他后续治疗费，赔偿权利人可以待实际发生后另行起诉。但根据医疗证明或者鉴定结论确定必然发生的费用，可以与已经发生的医疗费一并予以赔偿。

（2）误工费：根据受害人的误工时间和收入状况确定。

误工时间根据受害人接受治疗的医疗机构出具的证明确定。受害人因伤致残持续误工的，误工时间可以计算至定残日前一天。

受害人有固定收入的，误工费按照实际减少的收入计算。受害人无固定收入的，按照其最近三年的平均收入计算；受害人不能举证证明其最近三年的平均收入状况的，可以参照受诉法院所在地相同或者相近行业上一年度职工的平均工资计算。

（3）护理费：根据护理人员的收入状况和护理人数、护理期限确定。

护理人员有收入的，参照误工费的规定计算；护理人员没有收入或者雇用护工的，参照当地护工从事同等级别护理的劳务报酬标准计算。护理人员原则上为一人，但医疗机构或者鉴定机构有明确意见的，可以参照确定护理人员人数。

护理期限应计算至受害人恢复生活自理能力时止。受害人因残疾不能恢复生活自理能力的，可以根据其年龄、健康状况等因素确定合理的护理期限，但最长不超过二十年。

受害人定残后的护理，应当根据其护理依赖程度并结合配制残疾辅助器具的情况确定护理级别。

（4）交通费：根据受害人及其必要的陪护人员因就医或者转院治疗实际发生的费用计算。交通费应当以正式票据为凭；有关凭据应当与就医地点、时间、人数、次数相符合。

（5）住院伙食补助费：可以参照当地国家机关一般工作人员的出差伙食补助标准予以确定。

受害人确有必要到外地治疗，因客观原因不能住院，受害人本人及其陪护人员实际发生的住宿费和伙食费，其合理部分应予赔偿。

（6）营养费：根据受害人伤残情况参照医疗机构的意见确定。

（7）残疾赔偿金：根据受害人丧失劳动能力程度或者伤残等级，按照受诉法院所在地上一年度城镇居民人均可支配收入或者农村居民人均纯收入标准，自定残之日起按二十年计算。但六十周岁以上的，年龄每增加一岁减少一年；七十五周岁以上的，按五年计算。

受害人因伤致残但实际收入没有减少，或者伤残等级较轻但造成职业妨害严重影响其劳动就业的，可以对残疾赔偿金作相应调整。

（8）残疾辅助器具费：按照普通适用器具的合理费用标准计算。伤情有特殊需要的，可以参照辅助器具配制机构的意见确定相应的合理费用标准。

辅助器具的更换周期和赔偿期限参照配制机构的意见确定。

(9) 丧葬费：按照受诉法院所在地上一年度职工月平均工资标准，以六个月总额计算。

(10) 被扶养人生活费：根据扶养人丧失劳动能力程度，按照受诉法院所在地上一年度城镇居民人均消费性支出和农村居民人均年生活消费支出标准计算。被扶养人为未成年人的，计算至十八周岁；被扶养人无劳动能力又无其他生活来源的，计算二十年。但六十周岁以上的，年龄每增加一岁减少一年；七十五周岁以上的，按五年计算。

被扶养人是指受害人依法应当承担扶养义务的未成年人或者丧失劳动能力又无其他生活来源的成年近亲属。被扶养人还有其他扶养人的，赔偿义务人只赔偿受害人依法应当负担的部分。被扶养人有数人的，年赔偿总额累计不超过上一年度城镇居民人均消费性支出额或者农村居民人均年生活消费支出额。

(11) 死亡赔偿金：按照受诉法院所在地上一年度城镇居民人均可支配收入或者农村居民人均纯收入标准，按二十年计算。但六十周岁以上的，年龄每增加一岁减少一年；七十五周岁以上的，按五年计算。

说明：①赔偿权利人举证证明其住所地或者经常居住地城镇居民人均可支配收入或者农村居民人均纯收入高于受诉法院所在地标准的，残疾赔偿金或者死亡赔偿金可以按照其住所地或者经常居住地的相关标准计算。

②被扶养人生活费的相关计算标准，依照前款原则确定。

③本解释所称“城镇居民人均可支配收入”“农村居民人均纯收入”“城镇居民人均消费性支出”“农村居民人均年生活消费支出”“职工平均工资”，按照政府统计部门公布的各省、自治区、直辖市以及经济特区和计划单列市上一年度相关统计数据确定。“上一年度”，是指一审法庭辩论终结时的上一统计年度。

八、妇女权益保护

594. 妇女受到家庭暴力，应如何维权？

答：在农村家庭暴力纠纷是比较常见的，具有易发性、长期性的特点，因为农村老一辈人可能文化水平普遍不高，并且可能存在比较深的封建传统思想，那么妇女在受到家庭暴力时，应当如何维权？

根据《反家庭暴力法》第二条的规定，家庭暴力，是指家庭成员之间以殴打、捆绑、残害、限制人身自由以及经常性谩骂、恐吓等方式实施的对身体、精神等侵害行为。大概分为以下几种情况：身体暴力、精神暴力、性暴力、冷暴力，当妇女受到家庭暴力时，应当第一时间离开家暴现场，并及时向邻居、村委会寻求帮助，紧急时应当报警，防止家庭暴力伤害的进一步扩大。在确保自己人身安全的情况下，尽可能收集有关家庭暴力的证据，可以收集的证据有见证家暴的证人证言、报警记录、向有关单位投诉的投诉书、伤情诊断报告、验伤报告、可以证明家暴的电子证据视听资料如聊天记录、录音录像等，收集证据后可以向受害人经常居住地、加害人经常居住地或家庭暴力行为发生地的人民法院起诉要求暴力实施者承担损害赔偿的民事责任，如果家庭暴力发生在夫妻之间，可以起诉要求与配偶离婚，根据《反家庭暴力法》第二十三条，同时可以向法院申请人身保护令。《民法典》第一千零四十二条规定，禁止家庭暴力。禁止家庭成员间的虐待和遗弃。

妇女属于弱势群体，尤其是农村妇女应当注意保护自己，在必要时应当果断拿起法律武器，维护自己的合法权益。同时村委会、村干部应当重视对农村妇女的保护，建立完善农村留守妇女关爱村规民约，对农村妇女的合法权益给予最大保障。

595. 农村妇女在遇到性骚扰时该如何处理？

答：农村妇女与城市妇女在面对性骚扰问题时有很大的不同，城市妇女由于受教育程度高，以及处在社会秩序相对文明的城市，对于性骚扰的救济手段比较多，但是农村妇女尤其是留守妇女与一般妇女最突出的不同在于，由于丈夫长时间不在身边容易缺乏安全感，加上受教育程度较低以及所在农村家庭思想可能比较封建守旧，当妇女在遇到性骚扰等不法侵害时羞于启齿、不敢声张，因此村集体村干部应当尤其重视对农村留守妇女的保护。当女性受到违背意愿的强烈性要求时，即遭受性攻击，受害人可直接报警，通过公安机关调查、取证认定事实。

《妇女权益保障法》第五十二条规定：“妇女的合法权益受到侵害的，

有权要求有关部门依法处理，或者依法向仲裁机构申请仲裁，或者向人民法院起诉。对有经济困难需要法律援助或者司法救助的妇女，当地法律援助机构或者人民法院应当给予帮助，依法为其提供法律援助或者司法救助。"

在公共场所遭受骚扰行为，包括有侮辱性言语和动作，这种情况通称"流氓行为"，受害人也可报警，通过公安机关调查取证认定事实。当妇女遭遇具有"隐蔽性""突发性"特征的"性骚扰"时，这种性骚扰通常侵害程度轻微、无他人在场、难以取证或未及时报警，可通过起诉对方民事侵权来维护权益。

596. 妇女应如何保护自己的就业权利？

答：目前我国多部法律规定了对妇女就业权的保护，《劳动法》第十二条规定，劳动者就业，不因民族、种族、性别、宗教信仰不同而受歧视。针对现实生活中有些用人单位招聘时，招男不招女，《劳动法》第十三条又作出明确规定，妇女享有与男子平等的就业权利。在录用职工时，除国家规定的不适合妇女的工种或者岗位外，不得以性别为由拒绝录用妇女或者提高对妇女的录用标准。《妇女权益保障法》第二十二条规定，国家保障妇女享有与男子平等的劳动权利和社会保障权利。同时，第二十三条第一款规定，各单位在录用职工时，除不适合妇女的工种或者岗位外，不得以性别为由拒绝录用或者提高对妇女的录用标准。

以上规定从法律上保障了妇女与男子享有平等的就业权利，有助于消除就业领域的性别歧视，保障妇女就业权利。女性在就业时遭遇性别歧视，可以根据上述法律保护自己的合法权益。

597. 对女职工三期的劳动保护方面有哪些特别规定？

答：《劳动法》第六十条规定："不得安排女职工在经期从事高处、低温、冷水作业和国家规定的第三级体力劳动强度的劳动。"第六十一条规定："不得安排女职工在怀孕期间从事国家规定的第三级体力劳动强度的劳动和孕期禁忌从事的劳动。对怀孕七个月以上的女职工，不得安排其延长工作时间和夜班劳动。"第六十二条规定："女职工生育享受不少于九十天的产假。"第六十三条规定："不得安排女职工在哺乳未满一周岁的婴儿期间从事国家规定的第三级体力劳动强度的劳动和哺乳期禁忌从事的其他劳动，不得安排其延长工作时间和夜班劳动。”

598. 侵害女性生命健康权的行为有哪些具体表现？

答：《妇女权益保障法》第三十八条规定，妇女的生命健康权不受侵犯。禁止溺、弃、残害女婴；禁止歧视、虐待生育女婴的妇女和不育的妇女；禁止用迷信、暴力等手段残害妇女；禁止虐待、遗弃病、残妇女和老年妇女。侵害女性生命健康权的行为具体表现在：

（1）溺、弃、残害女婴。在我国农村，因生育女婴而抛弃甚至杀害的现象仍屡屡发生。抛弃和残害女婴是一种严重的犯罪行为。禁止抛弃和残害女婴。

（2）歧视、虐待生育女婴的妇女和不育的妇女。由于重男轻女和传宗接代观念的存在，不仅在农村，甚至在城市也存在着歧视和虐待生育女婴和不育妇女的现象。妇女权益保障法明令禁止歧视和虐待生育女婴和不育妇女，是保障妇女身心健康的重要法律依据。

（3）用迷信、暴力等手段残害妇女。由于几千年封建社会形成的对女性的歧视，现代社会中仍存在着残害妇女的现象，如强奸、家庭暴力。强奸作为传统犯罪的一种形式，已被刑法所明令禁止。家庭暴力也是严重侵害女性生命健康权的行为，亦为法律所禁止。

（4）虐待、遗弃病、残妇女和老年妇女。家庭成员之间有相互扶养的义务，子女对父母有赡养的义务。虐待、遗弃病残妇女和老年妇女，情节严重的，可能构成虐待罪、遗弃罪。

599. 出嫁的妇女是否有权继承父母的遗产？

答：有权继承。《民法典》第一千一百二十七条规定，遗产按照下列顺序继承：（1）第一顺序：配偶、子女、父母；（2）第二顺序：兄弟姐妹、祖父母、外祖父母。继承开始后，由第一顺序继承人继承，第二顺序继承人不继承；没有第一顺序继承人继承的，由第二顺序继承人继承。本编所称子女，包括婚生子女、非婚生子女、养子女和有扶养关系的继子女。本编所称父母，包括生父母、养父母和有扶养关系的继父母。本编所称兄弟姐妹，包括同父母的兄弟姐妹、同父异母或者同母异父的兄弟姐妹、养兄弟姐妹、有扶养关系的继兄弟姐妹。

根据上述法律规定，出嫁的妇女作为父母子女，不论是否出嫁，都不影响其享有继承权。

600. 如何保护离婚妇女的人身财产权益?

答：针对离婚中女性为弱势群体，《民法典》第一千零八十二条、第一千零八十七条、第一千零九十条、第一千零九十一条、第一千零九十二条等条款充分体现出对妇女合法权益的保护。

（1）《民法典》第一千零八十二条规定：“女方在怀孕期间、分娩后一年内或者终止妊娠后六个月内，男方不得提出离婚；但是，女方提出离婚或者人民法院认为确有必要受理男方离婚请求的除外。”

根据上述法律规定，在女方存在特殊情形下，男方不得提出离婚，保护女方的权益，但同时赋予女方单方离婚权。

（2）《民法典》第一千零八十七条规定：“离婚时，夫妻的共同财产由双方协议处理；协议不成的，由人民法院根据财产的具体情况，按照照顾子女、女方和无过错方权益的原则判决。”

在离婚时共同财产分割问题上，规定了照顾女方的原则。离婚时夫妻共同财产的分割，先由双方协议处理；协议不成时，由人民法院根据财产的具体情况，依照顾子女和女方权益的原则判决。由于历史的原因，男女的经济地位还存在实际的差别，女方的经济地位一般低于男子，所以法律规定了照顾女方的原则。

（3）《民法典》第一千零九十条规定：“离婚时，如果一方生活困难，有负担能力的另一方应当给予适当帮助。具体办法由双方协议；协议不成的，由人民法院判决。”

离婚时，如一方生活困难，另一方应从其住房等个人财产中给予适当帮助。从实际执行的情况看，接受经济帮助的多为女方。

（4）《民法典》第一千零九十一条规定：“有下列情形之一，导致离婚的，无过错方有权请求损害赔偿：（一）重婚；（二）与他人同居；（三）实施家庭暴力；（四）虐待、遗弃家庭成员；（五）有其他重大过错。”

《民法典》第一千零九十二条规定：“夫妻一方隐藏、转移、变卖、毁损、挥霍夫妻共同财产，或者伪造夫妻共同债务企图侵占另一方财产的，在离婚分割夫妻共同财产时，对该方可以少分或者不分。离婚后，另一方发现有上述行为的，可以向人民法院提起诉讼，请求再次分割夫妻共同财产。”

根据上述规定，《民法典》延续了原《婚姻法》离婚补偿制度及离婚损害赔偿制度，对维护妇女的权益具有十分重要的作用。

可见民法典婚姻家庭编出于保护孩子、妇女的角度立法，全面保护妇女的人身、财产权。

九、儿童权益保护

601. 如何保护留守儿童的受教育权？

答：由有关部门采取措施，使其父母或其他监护人送其就学，并对其父母或其他监护人进行批评教育，经教育后仍不送其就学的，可以视情节处以罚款。《义务教育法实施细则》第十三条规定：“父母或者其他监护人不送其适龄子女或者其他被监护人入学的，以及其在校接受义务教育的适龄子女或者其他被监护人辍学的，在城市由市或者市辖区人民政府及其教育主管部门，在农村由乡级人民政府，采取措施，使其送子女或者其他被监护人就学。”第四十条规定：“适龄儿童、少年的父母或者其他监护人未按规定送子女或者其他被监护人就学接受义务教育的，城市由市、市辖区人民政府或者其指定机构，农村由乡级人民政府，进行批评教育；经教育仍拒不送其子女或者其他被监护人就学的，可视具体情况予以罚款，并采取其他措施使其子女或者其他被监护人就学。”

因此，若儿童在城市的，其主管部门为所在市辖区人民政府及其教育主管部门；若儿童在农村的，其主管部门为所在地乡级人民政府。

602. 抱养、收养的儿童是否有继承权？

答：《民法典》第一千一百二十七条规定，遗产按照下列顺序继承：（1）第一顺序：配偶、子女、父母；（2）第二顺序：兄弟姐妹、祖父母、外祖父母。继承开始后，由第一顺序继承人继承，第二顺序继承人不继承；没有第一顺序继承人继承的，由第二顺序继承人继承。本编所称子女，包括婚生子女、非婚生子女、养子女和有扶养关系的继子女。本编所称父母，包括生父母、养父母和有扶养关系的继父母。本编所称兄弟姐妹，包括同父母的兄弟姐妹、同父异母或者同母异父的兄弟姐妹、养兄弟姐妹、有扶养关系的继兄弟姐妹。第一千一百三十一条规定，对继承人以外的依靠被继承人扶养的人，或者继承人以外的对被继承人扶养较多的人，可以分给适当的遗产。

《最高人民法院关于适用〈中华人民共和国民法典〉继承编的解释（一）》第十条规定：“被收养人对养父母尽了赡养义务，同时又对生父母扶养较多的，除可以依照民法典第一千一百二十七条的规定继承养父母的遗产外，还可以依照民法典第一千一百三十一条的规定分得生父母适当的遗产。”

根据上述法律规定，对于抱养、收养的子女，如果办理相应的收养手续，则可以继承养父母的遗产，如果未办理相应的收养手续，只能通过《民法典》第一千一百三十一条规定酌情分得遗产，同样并不因为已经被人抱养而不得继承生父母的遗产，同样可以根据《民法典》的规定分得生父母的适当遗产。

603. 用人单位聘用未成年人是否违法？

答：未成年工一般是指年龄满 16 周岁未满 18 周岁的劳动者。未成年工劳动保护的主要内容有：（1）禁止安排未成年工从事矿山井下等特别繁重的体力劳动和对未成年工身体健康特别有害的工作；（2）企业录用未成年工时，应对其进行体格检查，合格者方能录用，录用后要定期进行健康检查；（3）提供适合未成年工身体状况的劳动条件；（4）组织、指导未成年工的业余文化、技术学习，帮助他们提高文化技术水平；（5）必要时要缩短工作时间，延长年休假的假期；（6）禁止安排未成年工加班加点。因此，用人单位聘用未成年人应符合上述规定。

未成年工分为两类：

（1）不满 16 周岁，用人单位不得聘用；

（2）已满 16 周岁未满 18 周岁的，用人单位在符合上述条款的情况下可以聘用。

604. 目前法律对农村儿童合法权益有哪些规定？

答：在农村，儿童合法权益受到侵害的事件时有发生，由于农村孩子通常都是“放养”状态，大人都忙于在外务工或是忙于农活，对于儿童的身心健康发展缺乏必要的重视及关心，我国《宪法》《未成年人保护法》《义务教育法》《教师法》等都对儿童的合法权益作了特别规定，具体如下：

（1）受教育权。国家、社会、学校和家庭具有保障适龄儿童接受义务教育的责任，父母或者其他监护人必须履行保障适龄女性儿童接受义务教育的义务。对于随意开除学生、侵犯学生受教育权的违法行为，儿童及其监护人有权要求主管部门进行查处，或直接依法向人民法院提起诉讼。

（2）生命权、身体权、健康权。父母或者其他监护人不得虐待、遗弃儿童；学校、幼儿园、托儿所的教职员工应当尊重儿童的人格尊严，不得对儿童实施体罚、变相体罚或者其他侮辱人格尊严的行为；校外人员不得进入学校对儿童造成伤害。

（3）生活获得照顾权。父母对儿童有抚养教育的义务。父母不履行抚养义务时，儿童有要求父母给付抚养费的权利。关于儿童生活费和教育费的协议或判决，不妨碍儿童在必要时向父母任何一方提出超过协议或判决原定数额的合理要求。

（4）人身自由权。禁止非法拘禁、剥夺或限制儿童的人身自由和非法搜身。

（5）财产权。国家保障儿童的财产不受侵犯，即使是其监护人，除为儿童的利益外，也不得擅自处理。

（6）接受赠与权。儿童在接受奖励、赠予、报酬时，他人不得以行为人无民事行为能力、限制民事行为能力为由，主张以上行为无效。

（7）财产继承权。儿童享有合法财产的继承权。立遗嘱时，应当为没有生活来源的儿童保留必要的遗产份额。

（8）肖像权。以营利为目的使用或对外提供有关儿童的学习、生活照片时，必须征得儿童或其监护人的同意。

（9）名誉权。禁止用侮辱、诽谤等方式损害儿童的名誉。

（10）荣誉权。不得阻碍儿童获得各种荣誉，也不得随意加以撤销或剥夺。

（11）隐私权。任何组织和个人不得披露儿童的个人隐私。儿童的隐私权包括个人信息的保密权、个人生活不受干扰权、个人私事决定权。

（12）著作权。儿童就其作品，享有发表权、署名权、修改权、保护作品完整权、使用权和获得报酬权。

（13）民事活动代理权。儿童就其不能独立完成的民事活动，可要求监护人、学校代理。

（14）休息娱乐权。儿童有休息、娱乐和游戏的权利，应鼓励他们参加游戏、娱乐以及文化艺术活动，家长、学校应当为儿童的娱乐、休息提供良好的条件。

（15）获得良好的校园环境权。据《中小学校园环境管理的暂行规定》，学校有义务采取措施，使校园环境达到相关标准，以满足儿童健康成长的需要。

（16）拒绝不合理劳动权。即不得要求儿童从事营利性劳动或过重的体力劳动。

（17）拒绝不合理校内外活动权。如参加政府的庆典演出等。

（18）平等对待权。儿童在入学、升学、评价等方面应一视同仁，不受歧视。

605. 农村就学儿童被侵害，学校应承担哪些法律责任？

答：《民法典》第一千一百九十九条规定，无民事行为能力人在幼儿园、学校或者其他教育机构学习、生活期间受到人身损害的，幼儿园、学校或者其他教育机构应当承担侵权责任；但是，能够证明尽到教育、管理职责的，不承担侵权责任。

第一千二百条规定，限制民事行为能力人在学校或者其他教育机构学习、生活期间受到人身损害，学校或者其他教育机构未尽到教育、管理职责的，应当承担侵权责任。

第一千二百零一条规定，无民事行为能力人或者限制民事行为能力人在幼儿园、学校或者其他教育机构学习、生活期间，受到幼儿园、学校或者其他教育机构以外的第三人人身损害的，由第三人承担侵权责任；幼儿园、学校或者其他教育机构未尽到管理职责的，承担相应的补充责任。幼儿园、学校或者其他教育机构承担补充责任后，可以向第三人追偿。

根据上述法律规定，农村就学儿童在校被侵害，学校根据是否尽到管理职责、未成年人的民事行为能力承担相应的侵权责任或补充责任；当然学校在承担补充责任后，可以向第三人追偿。

606. 父母可以侵占、挪用孩子的压岁钱吗？

答：《民法典》第三十五条规定："监护人应当按照最有利于被监护人的原则履行监护职责。监护人除为维护被监护人利益外，不得处分被监护人的财产。"

因此，8 周岁以上未成年儿童每年获得的压岁钱属于一种纯获利益的民事法律行为，受法律保护，父母可以代为保管孩子的压岁钱，但除为了维护被监护人利益之外，不得将压岁钱侵占、挪作他用，否则，属于侵犯孩子财产权的行为。

十、农民工权益保护

607. 农民工进城务工，承包的土地如何处理？

答：李四是李家村的村民，有一块耕地，但因生计需要，其与妻子外出务工，在务工期间，李四接到李家村村委会通知，因李四长期在外务工，其土地无人耕种，现收回土地。村委会能以土地无人耕种而收回土地吗？

根据国务院《关于解决农民工问题的若干意见》第二十七条的规定，保护农民工土地承包权益。土地不仅是农民的生产资料，也是他们的生活保障。要坚持农村基本经营制度，稳定和完善农村土地承包关系，保障农民工土地承包权益。不得以农民进城务工为由收回承包地，纠正违法收回农民工承包地的行为。农民外出务工期间，所承包土地无力耕种的，可委托代耕或通过转包、出租、转让等形式流转土地经营权，但不能撂荒。农民工土地承包经营权流转，要坚持依法、自愿、有偿的原则，任何组织和个人不得强制或限制，也不得截留、扣缴或以其他方式侵占土地流转收益。

因此，为养家糊口而外出打工，村集体不得因为其外出务工而收回其已承包的土地，更应该关心外出务工的农民工，让其土地权益得到应有的保障。

608. 已婚务工人员与他人同居是否触犯法律？

答：有些外出打工人员由于配偶长期没在身边，可能与其他异性同居，这种行为可能构成重婚罪。

已婚务工人员与他人以夫妻名义公开同居，涉嫌重婚罪，即便未与他人登记领证，只是以夫妻名义公开生活在一起，这里的“以夫妻名义共同生活”是一种事实婚姻，对于这样的情况，也应认定为重婚。我国法律规定以下情况都属于重婚：（1）有配偶的人未办理离婚手续又与他人登记结婚的；（2）有配偶的人，虽未登记结婚，但事实上与他人以夫妻名义公开同居生活的；（3）无配偶的人明知他人有配偶而仍然与之登记结婚的；（4）无配偶的人明知他人有配偶而仍然与之以夫妻名义共同生活的。

重婚是对善良婚姻伦理观念的冲击，违反公序良俗，对于重婚者，不仅要解除其重婚关系，还应当追究犯罪者的刑事责任。《刑法》第二百五十八条规定，有配偶而重婚的，或者明知他人有配偶而与之结婚的，处二年以下有期徒刑或者拘役。

609. 夫妻一方常年外出务工是否还要承担另一方的扶养义务？

答：仍需承担扶养义务。农村夫妻一方外出打工不回家，不尽扶养另一方的义务，甚至还会在外与他人同居，更有甚者还与他人重婚。

农民工夫妻之间的扶养义务不因时间而发变化。《民法典》第一千零五十九条规定，夫妻有相互扶养的义务。需要扶养的一方，在另一方不履行扶养义务时，有要求其给付扶养费的权利。夫妻之间的扶养义务是平等的，有扶养能力的一方必须自觉地承担这一义务，特别是在对方生病、丧失劳动能力的情况下。如果一方不履行扶养义务，对方有权向其索要扶养费。

610. 拖欠农民工工资不给，农民工如何通过法律维权？

答：国务院强调，“各级政府和国有企事业单位不得以任何理由拖欠农民工工资”。“农民工在全社会处于弱势群体地位，打工收入是他们的主要收入来源。”“不仅要给他们提供进城打工的机会，同时要切实保障他们应有的所得。”

2019 年 12 月 30 日，公布了《保障农民工工资支付条例》（以下简称《条例》），自 2020 年 5 月 1 日起施行。自此，根治拖欠农民工工资有了法律武器，开启了依法治理欠薪的新阶段。

《条例》第二条规定，本条例所称农民工，是指为用人单位提供劳动的农村居民。条例明确“农民工”的定义，是指农村居民。《条例》第十一条规定，农民工工资应当以货币形式，通过银行转账或者现金支付给农民工本人，不得以实物或者有价证券等其他形式替代。第十二条规定，用人单位应当按照与农民工书面约定或者依法制定的规章制度规定的工资支付周期和具体支付日期足额支付工资。明确只能通过转账或现金支付工资，因为农民需要的就是最后能拿到自己应有的工资，还明确必须根据书面约定和规章制度支付工资，切实保障农民能放心准时拿到自己的工资。

《条例》明确对违反本法规定拖欠农民工工资的单位的惩戒条款，但是在现在的社会经济条件下，对用人单位的罚款金额过少，可能不能起到警示的作用，不能很好杜绝“黑心”企业恶意欠薪的行为。因此，《条例》第六十三条规定，用人单位一时难以支付拖欠的农民工工资或者拖欠农民工工资逃匿的，县级以上地方人民政府可以动用应急周转金，先行垫付用人单位拖欠的农民工部分工资或者基本生活费。这也给广大农民工吃了一颗定心丸。

611. 进城务工人员养老保险如何计算？

答：进城务工人员和其他职工一样，在不同单位就业，养老保险关系可以转移和接续，在不同时间、地点的缴费年限可以累积计算。如果进城务工人员离开就业单位，养老保险既可自愿按照有关规定一次性结清，也可由社会保险经办机构暂时保存其养老保险关系。

进城务工人员到达国家规定的退休年龄，可由保管其档案并保留其养老保险关系的单位或部门代其办理申请退休手续，和其他类型职工一样享受养老保险相关待遇。缴费年限达到 15 年或 15 年以上的，可按月领取养老金；缴费年限不足 15 年的，将个人账户储存额一次性支付给本人，终止养老保险关系。

612. 农民工如何享受失业保险待遇？

答：根据《失业保险条例》第六条的规定，城镇企业事业单位按照本单位工资总额的百分之二缴纳失业保险费。城镇企业事业单位职工按照本人工资的百分之一缴纳失业保险费。城镇企业事业单位招用的农民合同制工人本人不缴纳失业保险费。也就是说，用人单位应当给农民工缴纳失业保险费，农民工个人不缴纳，由用人单位按照上一年度单位全部职工平均工资的 1% 缴纳失业保险费；无法确定上一年工资总额的，按全市上一年职工平均工资的 1% 缴纳失业保险费。

失业保险待遇主要包括：失业保险金、医疗补助金、丧葬费和抚恤金。《失业保险条例》第二十一条规定，单位招用的农民合同制工人连续工作满1年，本单位并已缴纳失业保险费，劳动合同期满未续订或者提前解除劳动合同的，由社会保险经办机构根据其工作时间长短，对其支付一次性生活补助。补助的办法和标准由省、自治区、直辖市人民政府规定。根据上述规定，农民工目前是不能享受以上待遇的。农民工虽然可以要求用人单位缴纳失业保险费，并根据法律规定可在终止劳动关系时领取一次性生活补助费，但农民工目前并不能享受其他失业保险待遇。

613. 农民工工作时受伤，如何维权？

答：根据《工伤保险条例》第十七条的规定，有权提出工伤认定申请的主体有两类：一是工伤职工所在单位；二是工伤职工或者其直系亲属。因申请主体的不同，工伤认定的申请时限也不同。如果用人单位提出申请，申请时限一般应在事故发生之日或者被诊断、鉴定为职业病之日起30日内；如果是职工申请，申请时限为事故发生之日或者被诊断、鉴定为职业病之日起1年内。

如用人单位是申请人，事情就相对简单，因此法律规定了较短的申请时效。假如职工是申请人，问题就变得复杂了。根据法律规定，认定工伤关键在于两点：一是劳动关系，二是存在工伤事实。也就是说，劳动关系是工伤认定的前提条件。

如果职工手里有劳动合同，劳动关系无须证明，只要拿出劳动合同即可。对于没有劳动合同的劳动者来说，用人单位又不配合（用人单位如果配合，出具书面证明，承认双方有劳动关系即可），证明劳动关系，是个难题。因此，要申请工伤认定，须先证明劳动关系的存在。

在实践中，职工在申请工伤认定时，可以把能够认定劳动关系的证据和工伤发生的证据（工伤发生时在场的工友的证言、医疗诊断证明）一并提交劳动行政机关的工伤认定部门，由该部门对劳动关系以及工伤一并作出认定。如果职工提交的证据不足以认定劳动关系，必要时，职工可先行向劳动仲裁委员会提出申请，由劳动仲裁委员会来认定劳动关系。

十一、合同

614. 什么是合同？

答：《民法典》第四百六十四条规定，合同是民事主体之间设立、变更、终止民事法律关系的协议。

婚姻、收养、监护等有关身份关系的协议，适用有关该身份关系的法律规定；没有规定的，可以根据其性质参照适用本编规定。

615. 订立合同可以采用哪些形式？

答：《民法典》第四百六十九条规定，当事人订立合同，可以采用书面形式、口头形式或者其他形式。

书面形式是合同书、信件、电报、电传、传真等可以有形地表现所载内容的形式。

以电子数据交换、电子邮件等方式能够有形地表现所载内容，并可以随时调取查用的数据电文，视为书面形式。

616. 合同成立的要件是什么？

答：《民法典》第四百九十条规定，当事人采用合同书形式订立合同的，自当事人均签名、盖章或者按指印时合同成立。在签名、盖章或者按指印之前，当事人一方已经履行主要义务，对方接受时，该合同成立。

法律、行政法规规定或者当事人约定合同应当采用书面形式订立，当事人未采用书面形式但是一方已经履行主要义务，对方接受时，该合同成立。

第四百九十一条规定，当事人采用信件、数据电文等形式订立合同要求签订确认书的，签订确认书时合同成立。

当事人一方通过互联网等信息网络发布的商品或者服务信息符合要约条件的，对方选择该商品或者服务并提交订单成功时合同成立，但是当事人另有约定的除外。

617. 合同成立是否即合同生效？

答：《民法典》第五百零二条规定，依法成立的合同，自成立时生效，但是法律另有规定或者当事人另有约定的除外。

依照法律、行政法规的规定，合同应当办理批准等手续的，依照其规定。未办理批准等手续影响合同生效的，不影响合同中履行报批等义务条款以及相关条款的效力。应当办理申请批准等手续的当事人未履行义务的，对方可以请求其承担违反该义务的责任。

依照法律、行政法规的规定，合同的变更、转让、解除等情形应当办理批准等手续的，适用前款规定。

618. 合同一般包括哪些条款？

答：《民法典》第四百七十条规定，合同的内容由当事人约定，一般包括下列条款：

（1）当事人的姓名或者名称和住所；

（2）标的；

（3）数量；

（4）质量；

（5）价款或者报酬；

（6）履行期限、地点和方式；

（7）违约责任；

（8）解决争议的方法。

当事人可以参照各类合同的示范文本订立合同。

619. 合同约定有先后履行义务的，先履行一方有哪些限制性规定？

答：《民法典》第五百二十六条规定，当事人互负债务，有先后履行顺序，应当先履行债务一方未履行的，后履行一方有权拒绝其履行请求。先履行一方履行债务不符合约定的，后履行一方有权拒绝其相应的履行请求。

620. 合同约定有先后履行义务的，哪些情形下先履行一方可以中止履行？

答：《民法典》第五百二十七条规定，应当先履行债务的当事人，有确切证据证明对方有下列情形之一的，可以中止履行：

（1）经营状况严重恶化；

（2）转移财产、抽逃资金，以逃避债务；

（3）丧失商业信誉；

（4）有丧失或者可能丧失履行债务能力的其他情形。

当事人没有确切证据中止履行的，应当承担违约责任。

621. 哪些情形下，当事人可以解除合同？

答：《民法典》第五百六十二条规定，当事人协商一致，可以解除合同。

当事人可以约定一方解除合同的事由。解除合同的事由发生时，解除权人可以解除合同。

第五百六十三条规定，有下列情形之一的，当事人可以解除合同：

（1）因不可抗力致使不能实现合同目的；

（2）在履行期限届满前，当事人一方明确表示或者以自己的行为表明不履行主要债务；

（3）当事人一方迟延履行主要债务，经催告后在合理期限内仍未履行；

（4）当事人一方迟延履行债务或者有其他违约行为致使不能实现合同目的；

（5）法律规定的其他情形。

以持续履行的债务为内容的不定期合同，当事人可以随时解除合同，但是应当在合理期限之前通知对方。

622. 合同解除后后续事宜如何处理？

答：《民法典》第五百六十六条规定，合同解除后，尚未履行的，终止履行；已经履行的，根据履行情况和合同性质，当事人可以请求恢复原状或者采取其他补救措施，并有权请求赔偿损失。

合同因违约解除的，解除权人可以请求违约方承担违约责任，但是当事人另有约定的除外。

主合同解除后，担保人对债务人应当承担的民事责任仍应当承担担保责任，但是担保合同另有约定的除外。

623. 当事人一方违约的，应承担哪些违约责任？

答：《民法典》第五百七十七条规定，当事人一方不履行合同义务或者履行合同义务不符合约定的，应当承担继续履行、采取补救措施或者赔偿损失等违约责任。

624. 合同履行中遇到台风、地震等不可抗力不能履行合同的，当事人是否一定免除违约责任？

答：《民法典》第五百九十条规定，当事人一方因不可抗力不能履行合同的，根据不可抗力的影响，部分或者全部免除责任，但是法律另有规定的除外。因不可抗力不能履行合同的，应当及时通知对方，以减轻可能给对方造成的损失，并应当在合理期限内提供证明。

当事人迟延履行后发生不可抗力的，不免除其违约责任。

625. 借款时没有约定利息，偿还本金时可以要求支付利息吗？

答：A 为了买房，跟 B 借了 10 万元，并且在借款的合同中明确了借款数额和还款的期限，却并没有提前约定好借款的利息。到还款时，B 拿回本金时还要求支付利息。但是当初达成借款协议的时候并没有约定利息，那么这种情况下，可以事后追加利息吗？

《民法典》第六百八十条规定：“禁止高利放贷，借款的利率不得违反国家有关规定。借款合同对支付利息没有约定的，视为没有利息。借款合同对支付利息约定不明确，当事人不能达成补充协议的，按照当地或者当事人的交易方式、交易习惯、市场利率等因素确定利息；自然人之间借款的，视为没有利息。”根据上述法律规定，借款合同对支付利息没有约定的，视为没有利息。也就是说如果在当时签订借款合同时，B 没有对当时的利息做出规定，也就会被视为双方未约定利息，既然没有规定，就不能随意给合同中的当事人增加义务。因此，A 可以拒绝 B 要求支付利息的要求。

626. 担心借款人日后不还利息，可预先在本金里扣除吗？

答：小 A 向朋友借了 5 万元，想要付汽车的首付，借钱时签订借款合同，且约定利息。他朋友怕到期时小 A 不还利息，在借款的时候预先从 5 万元的本金里面将利息扣除，这种做法是否符合法律规定？

答：不可以预先在本金里扣除。根据《民法典》第六百七十条的规定，借款的利息不得预先在本金中扣除。利息预先在本金中扣除的，应当按照实际借款数额返还借款并计算利息。《最高人民法院关于审理民间借贷案件适用法律若干问题的规定》第二十七条规定，借据、收据、欠条等债权凭证载明的借款金额，一般认定为本金。预先在本金中扣除利息的，人民法院应当将实际出借的金额认定为本金。因此，借款人不得提前将利息扣除，否则，按实际借款数额返还本金及利息。

627. 借款人自愿支付利息，但事后反悔能追回利息吗？

答：小张向小王借款3万元，当时小王说不用利息，但是小张自己说利息还是要给的，于是和小王口头约定并每月支付利息。等到还本金时小张又后悔了，小张是否可以追回这笔利息钱款？

《民法典》没有明确约定，但《最高人民法院关于审理民间借贷案件适用法律若干问题的规定》第三十一条规定："没有约定利息但借款人自愿支付，或者超过约定的利率自愿支付利息或违约金，且没有损害国家、集体和第三人利益，借款人又以不当得利为由要求出借人返还的，人民法院不予支持……"因此，如果小张自愿支付利息，且约定利息没有超过合同成立时一年期贷款市场报价利率四倍的，就应当返还本金，且不可以反悔追回已支付的利息。

628. 没有借条、欠条，能追回欠款吗？

答：从法律角度讲，民间借贷最好是要签订借款合同或者写欠条，防止日后发生纠纷无法举证，因为在司法实践中，口头约定是很难证明债务关系的，如果债权人拿不出有效的证据证明双方存在债权债务关系，那么债权人有可能承担败诉后果。如果确实当时没有签署借条、欠条，那么债权人应当尽可能拿出其他间接证据，取证越多证明力越强，形成一个完整"证据链"，期望可以打动法官，支持自己的诉求。

可以利用的间接证据有：

（1）证人，通过第三方无利害关系人见证发生了借款事实；

（2）录音录像，尽量保证内容清晰、流畅，并且把重要信息涵盖其中，但是应注意不能侵犯他人合法利益，不能违反公序良俗；

（3）通过QQ、微信、短信等通信工具向借款人催款，应当把主要信息表达清楚，包括何时何地借款、借款金额、所欠金额、还款期限等；

（4）银行转账凭证，微信、支付宝转账记录等。

629. 恶意捏造事实向法院提起诉讼，可能导致什么后果？

答：当事人恶意捏造事实，向法院提起诉讼，使对方无辜陷入诉讼纠纷中，这种行为人法律意识淡薄，藐视司法威信，浪费司法资源，侵犯他人利益，严重时可能造成国家利益的损失。

《最高人民法院关于审理民间借贷案件适用法律若干问题的规定》第二十条之规定，经查明属于虚假民间借贷诉讼，原告申请撤诉的，人民法院不予准许，并应当依据《民事诉讼法》第一百一十二条之规定，判决驳回其请求。

诉讼参与人或者其他人恶意制造、参与虚假诉讼，人民法院应当依据《民事诉讼法》第一百一十一条、第一百一十二条和第一百一十三条之规定，依法予以罚款、拘留；构成犯罪的，应当移送有管辖权的司法机关追究刑事责任。

单位恶意制造、参与虚假诉讼的，人民法院应当对该单位进行罚款，并可以对其主要负责人或者直接责任人员予以罚款、拘留；构成犯罪的，应当移送有管辖权的司法机关追究刑事责任。

630. 民间借贷的诉讼时效有多久？隔了十年还能再起诉吗？

答：根据《民法典》第一百八十八条的规定，向人民法院请求保护民事权利的诉讼时效期间为三年。法律另有规定的，依照其规定。诉讼时效期间自权利人知道或者应当知道权利受到损害以及义务人之日起计算。法律另有规定的，依照其规定。但是，自权利受到损害之日起超过二十年的，人民法院不予保护，有特殊情况的，人民法院可以根据权利人的申请决定延长。

根据上述规定，可见法律规定诉讼时效为三年，最多不得超过二十年。如果诉讼时效即将到期，应如何处理？

根据《民法典》第一百九十五条的规定，有下列情形之一的，诉讼时效中断，从中断、有关程序终结时起，诉讼时效期间重新计算：

（1）权利人向义务人提出履行请求；

（2）义务人同意履行义务；

（3）权利人提起诉讼或者申请仲裁；

（4）与提起诉讼或者申请仲裁具有同等效力的其他情形。

因此，诉讼时效即将到期，出借人可以通过电话录音、微信短信、发函等方式保留追索债务以及债务人同意履行义务的证据，避免诉讼时效到期的风险。

631. 以现金方式出借的风险有哪些？

答：有时出借人采用交付现金的形式出借款项，如果金额比较小，根据出借人的出借能力、借款原因、交易习惯等，法院可以在查明事实的基础上要求对方还款；如果金额较大，就必须结合当地的交易习惯，但是当地没有特殊的交易习惯，法院一般不予支持。

因此，现金方式出借款项存在一定的诉讼风险，出借人尽可能不要用现金形式出借，如果对方在庭审时抗辩自己没有收到出借款项，则出借人将很难提供其他证据证明自己履行了出借义务。根据《民法典》第六百七十九条的规定，自然人之间的借款合同，自贷款人提供借款时成立。因此借贷双方的借贷事实关键在于贷款人也就是出借人是否有交付借款，根据“谁主张，谁举证”的一般举证规则，需要出借人举证。

632. 借款复利是否可以被法院支持？

答：甲借给乙 10000 元，约定利息月利率 2%，借款期限一年，借款期限届满后，乙没有还钱，之后甲又重新出具一张借条，将 10000 元本金和 2400 元利息合计 12400 元出借给乙，约定利息月利率 2%，借款期限一年，一年后，乙还是没有还钱，甲向法院起诉要求乙偿还本金 12400 元及利息 2976 元合计 15376 元。

根据《最高人民法院关于审理民间借贷案件适用法律若干问题的规定》第二十七条的规定，借贷双方对前期借款本息结算后将利息计入后期借款本金并重新出具债权凭证，如果前期利率没有超过合同成立时一年期贷款市场报价利率四倍，重新出具的债权凭证载明的金额可认定为后期借款本金。超过部分的利息，不应认定为后期借款本金。按前款计算，借款人在借款期间届满后应当支付的本息之和，超过以最初借款本金与以最初借款本金为基数、以合同成立时一年期贷款市场报价利率四倍计算的整个借款期间的利息之和的，人民法院不予支持。

根据上述法条规定，如果每次出具的债权凭证年利率没有超过合同成立时一年期贷款市场报价利率四倍的，均有效，如果多次出具债权凭证的，最后计算的本息不得超过合同成立时一年期贷款市场报价利率四倍。甲第一次出具借条，出借 10000 元，然后过了两年，最后一次的本息之和为 14800 元，然而甲向法院主张的是 15376 元，超过了法条规定的计算限度范围。因此复利计算法院予以支持，但是不得超过合同成立时一年期贷款市场报价利率四倍。

633. 借条与欠条有何不同？

答：借条与欠条系完全不同的法律性质，借条是借贷之债，欠条是合同之债。如小李为买房向小张借 10 万元，其所立字据为借条；小李向小陈购买了手机，但未付清全款，其为证明欠款所立字据为欠条。在司法实践中，借贷纠纷需由出借人举证借贷合同，即借条或借款合同，以及出借人是否实际交付了出借款。而在欠款相关的合同纠纷中，原告需要举证形成欠款的原因，即合同关系、合同履行情况、欠款结算依据等。另外，如果借条中没有约定借款期限，则出借人随时可向借款人主张返还借款，不存在诉讼时效问题；但欠条一般情况下受到诉讼时效的限制。

634. 如何撰写符合法定形式的借条？

答：一张完美的借条应当具备以下内容：

（1）借款用途：借款原因应当合法有效，否则借贷合同可能会被认定无效。《最高人民法院关于审理民间借贷案件适用法律若干问题的规定》第十三条规定，具有下列情形之一的，人民法院应当认定民间借贷合同无效：套取金融机构贷款转贷的；以向其他营利法人借贷、向本单位职工集资，或者以向公众非法吸收存款等方式取得的资金转贷的；未依法取得放贷资格的出借人，以营利为目的向社会不特定对象提供借款的；出借人事先知道或者应当知道借款人借款用于违法犯罪活动仍然提供借款的；违反法律、行政法规强制性规定的；违背公序良俗的。

（2）借款金额：应当包括借款金额大小写及币种以免发生篡改或引发歧义，且与实际交付的借款金额一致。借条上载明的借款金额一般认定为本金，若与实际交付的借款金额不一致的，因借条属于实践合同，最终将认定实际出借金额为本金。

（3）出借方式：以银行转账为宜。由于民间借贷合同属于实践性合同，有“完美”借条只是第一步，还须实际交付借款。借款若以现金交付往往难以举证，从而导致双方对借条是否实际履行发生争议。

（4）借款期限：明确约定借款期限，以及期限的起算日和终止日，以明确日后出借人要求还款以及利息计算的时间条件。日期宜大写，以免篡改。借条上注明还款期限的，诉讼时效为自还款期届满的次日起算三年。若借款人逾期未还款的，出借人应当及时主张权利，如发送催款函、律师函、协商还款计划、提起诉讼等；若借款期限届满三年的，出借人应当保留要求借款人还款的证据，比如电话录音、短信、微信等，或者与借款人重新出具借条。

（5）利率：一般以借款本金为基数，以年利率或月利率约定借款利率，并注意借条中利率大小写一致，以免歧义或借条篡改。没有约定利息或约定不明的，诉讼时主张利息法院将不予支持；《最高人民法院关于审理民间借贷案件适用法律若干问题的规定》第二十五条规定，出借人请求借款人按照合同约定利率支付利息的，人民法院应予支持，但是双方约定的利率超过合同成立时一年期贷款市场报价利率四倍的除外。

前款所称“一年期贷款市场报价利率”，是指中国人民银行授权全国银行间同业拆借中心自 2019 年 8 月 20 日起每月发布的一年期贷款市场报价利率。

（6）还款义务：明确约定还款义务内容包含本息，以明确履约标准。

（7）逾期利率：借贷双方对逾期利率有约定的，从其约定，但是以不超过合同成立时一年期贷款市场报价利率四倍为限。

未约定逾期利率或者约定不明的，人民法院可以区分不同情况处理：①既未约定借期内利率，也未约定逾期利率，出借人主张借款人自逾期还款之日起承担逾期还款违约责任的，人民法院应予支持；②约定了借期内利率但是未约定逾期利率，出借人主张借款人自逾期还款之日起按照借期内利率支付资金占用期间利息的，人民法院应予支持。

（8）争议管辖：本着有利于守约方的原则，宜约定为出借人所在地人民法院管辖，以增加出借人在借款人违约情形下的维权便利。

（9）逾期的其他费用：出借人与借款人既约定了逾期利率，又约定了违约金或者其他费用，出借人可以选择主张逾期利息、违约金或者其他费用，也可以一并主张，但总计不得超过合同成立时一年期贷款市场报价利率四倍，若主张律师费的，应在借条中明确约定，可以作为维权成本的依据。

（10）借条正文结尾：借条正文结尾需写上“立此为据”，防止借条篡改。

（11）主体信息：应当列明借款人的姓名、身份证号、联系方式、住址，以便于纠纷发生时，具有明确的被告以及有效的送达地址。以免因借款人身份无法确认、没有有效送达地址而陷入维权困境。

下篇

案例

一、行政案例[①]

案例1：土地征收——未按规范建设防渗工程设施，镇政府成被告

【内容简要】垃圾填埋场在运行过程中，T镇政府未按照规范建设防渗工程等相关污染防治设施，违反法律规定。

基本案情

2005年4月，T镇人民政府（以下简称T镇政府）违反《土地管理法》，未办理农用地转为建设用地相关手续，也未按照《环境保护法》开展环境影响评价，与T村村民委员会签订《关于垃圾场征用土地的协议》，租用该村5.1亩农用地建设垃圾填埋场，用于拖市镇区生活垃圾的填埋。该垃圾填埋场于同年4月投入运行，至2016年10月停止。该垃圾填埋场在运行过程中，违反污染防治设施必须与主体工程同时设计、同时施工、同时投产使用的“三同时”规定，未按照规范建设防渗工程等相关污染防治设施，对周边环境造成了严重污染。

案例评析

本案的争议焦点在于T镇政府是否具有环境保护职责？镇政府建设垃圾填埋场的行为是否为行政行为？

《环境保护法》第六条第二款规定，地方各级人民政府应当对本行政区域的环境质量负责；第三十三条第二款规定，县级、乡级人民政府应当提高农村环境保护公共服务水平，推动农村环境综合整治；第三十七条规定，地方各级人民政府应当采取措施，组织对生活废弃物的分类处置、回收利用。本案中，T镇政府与村委会签订征地协议，建设、运行垃圾填埋场，目的是处置镇区生活垃圾，履行农村环境综合整治职责，是行使职权的行政行为。但其履职不到位，未办理用地审批、环境评价，未建设防渗工程、渗滤液处理、地下水导排监测等必要配套设施，导致周边环境严重污染，造成社会公共利益受到损害，应当依法履职，采取积极措施治理污染，修复生态；T镇

---

① 编者注：为便于读者阅读，法条规定所列法条均为编者根据案件发生时适用法律的修订情况进行的修改，故其所列法律名称和条文序号均指现行法，特此说明。

政府在收到检察建议后，虽然对该垃圾填埋场做了覆土处理，但未完全进行治理，检察机关经跟进调查和委托检测，确认社会公共利益仍处于受侵害状态。

处理结果

法院支持了检察机关全部诉讼请求，认定T镇政府作为一级政府，具有环境保护的法定职责；T镇政府建设垃圾填埋场是履行职权属行政行为；根据现有证据，该垃圾填埋场存在潜在污染风险；T镇政府治理垃圾填埋场是其违法后应当承担的法律义务，其应当继续履行整治义务。判决如下：1. 确认被告T镇政府建设、运行垃圾填埋场的行政行为违法；2. 责令被告T镇政府对垃圾填埋场采取补救措施，继续进行综合整治。

法条规定

1.《行政诉讼法》第二十五条；

2.《地方各级人民代表大会和地方各级人民政府组织法》第六十一条；

3.《环境保护法》第六条、第十九条、第三十三条、第三十七条、第四十一条；

4.《土地管理法》第四十四条；

5.《最高人民法院、最高人民检察院关于检察公益诉讼案件适用法律若干问题的解释》第二十一条；

6.《村庄和集镇规划建设管理条例》第三十九条。

案例2：乡规民约——侵犯妇女权益的乡规民约不能作为收益分配依据

【内容简要】在发放安置地拍卖分成款中，C村委会制订的安置地拍卖分成款分配方案侵犯妇女权益，该分配方案能否成立。

基本案情

王某系二级智力残疾人，其户籍登记在C村，与其父母、兄弟在同一家庭户内。2015年5月18日，王某与叶某彬登记结婚，婚后王某未将户口迁移往夫家落户。2016年8月1日，王某夫妻生育一子。2016年10月14日，其子以出生申报户口方式入籍C村，与王某亦在同一家庭户内。因2008年某电厂三期项目建设，C村整村搬迁，为解决C村民生产、生活和住房问题，C区政府提供了三个标段安置地块进行安置房建设，其中Ⅱ标段安置地为C村留用地。后Ⅱ标段安置地块由政府挂牌出让，C村委会取得相应份额的土地出让分成款。

2017年7月至2018年11月，C村委会确定安置地拍卖分成款的发放范围和对象并发放分成款。王某父母兄弟均享受全额发放标准。根据C村委会于2017年5月19日通过的第一次分配方案中关于“已出嫁女及其子、女户口在本村的”均不享受分配待遇的规定，与父母家人登记在同一家庭户内的王某、王某的孩子未享受分配权益。

案例评析

本案的争议焦点在于王某与其子是否属于C村集体经济组织成员？是否有权获得村集体安置地拍卖分成款的分配权益？

村民委员会是群众自治组织，村民会议或者村民代表大会讨论所形成的对村集体资产的使用或分配方案也可归入乡规民约的范畴。但是，乡规民约不得与宪法、法律、法规和国家的政策相抵触，不得有侵犯村民的人身权利、民主权利和合法财产权利的内容。侵犯妇女权益的乡规民约不能作为否认妇女取得集体经济组织收益分配、土地征收或者征用补偿费使用资格的依据。农村集体经济组织成员资格的确认，一般应以依法取得农村集体经济组织所在地户籍为基本原则，同时以是否形成较为固定的生产、生活为条件，根据一审法院查明的事实，王某系二级智力残疾人，其子系儿童，且在该村形成较为固定的生产、生活的情形，因此，王某与其子确属C村村集体经济组织成员，有权享受集体经济组织成员待遇。本案讼争款项系C村安置后的留用地经挂牌出让后所得的土地分成款，属于集体所有。王某与其子应当分得相应补偿款，C村委会以乡规民约为由认定王某与其子不享有成员权益以及讼争款项并非土地补偿，仅是针对房屋的补偿的上诉理由均不能成立。鉴于王某与其子有共同的诉讼请求，为避免当事人讼累，一审法院将其列为共同原告并无不当。

处理结果

综上所述，依照《民事诉讼法》第一百七十条第一款第一项的规定，判决如下：一、驳回上诉，维持原判；二、二审案件受理费3620元，由C村民委员会负担。

法条规定

《村民委员会组织法》第二十七条。

案例3：乡规民约——村规民约是否属于法院行政案件受理范围

【内容简要】在村规民约纠纷中，法院认为《Z社区〈村规民约〉补充规定》不属于人民法院行政案件受案范围。

基本案情

Z社区居委会2017年12月29日召开村民代表会议，违法通过《Z社区〈村规民约〉补充规定》：在本社区村庄改造规定时间内，不按时签约且不按时腾房的本集体经济组织成员，今后不享受村庄改造所产生的集体利益分配权及社区一切福利待遇和集体资产改革时的集体资产量化配股权。2018年1月29日召开社区两委会议，研究社区福利待遇及年终分配相关事宜，形成决议执行以上《Z社区〈村规民约〉补充规定》。原告认为该规定未经村民会议讨论通过即公布的程序违法且原告系Z社区居民，属于Z社区集体经济组织成员，依法享有Z社区居民应有的集体经济组织收益分配权，包括土地补偿费、粮食补贴、村民福利待遇等基本权利。Z社区居委会2018年1月29日作出的两委会议决议违法取消原告的福利待遇，侵害了原告的合法权益。

案例评析

本案的起因，源于原告作为居民委员会成员与其所属的居民委员会的争议。根据《城市居民委员会组织法》第二条第一款的规定，“居民委员会是居民自我管理、自我教育、自我服务的基层群众性自治组织”。虽然《最高人民法院关于适用〈中华人民共和国行政诉讼法〉的解释》第二十四条第一款规定，村民委员会或者居民委员会可以成为行政诉讼的被告，但被诉行为应当限于“依据法律、法规、规章的授权履行行政管理职责的行为”。换句话说，村民委员会或者居民委员会之所以能够成为行政诉讼的被告，不是因为它本身属于行政机关，而是因为它在有些情况下，依据法律、法规、规章的授权，行使了某种行政管理的职权。因此并非村民委员会或者居民委员会作出的所有行为都能够在行政诉讼中挑战，可诉的行为仅限于那些既有法律、法规、规章的授权依据，在性质上又属于履行行政管理职责的行为。本案中，原告诉请撤销的《Z社区〈村规民约〉补充规定》和Z社区两委会议决议，显然不属于人民法院行政案件受案范围。

处理结果

据此，依照《行政诉讼法》第二条、第四十九条，《最高人民法院关于适用〈中华人民共和国行政诉讼法〉的解释》第一条第二款第三项、第六十九条之规定，裁定如下：驳回原告的起诉。

法条规定

1.《城市居民委员会组织法》第二条；

2.《最高人民法院关于适用〈中华人民共和国行政诉讼法〉的解释》第二十四条。

案例4：招标采购——招标文件不得以企业规模条件对供应商实行差别待遇或者歧视待遇

【内容简要】在政府采购投诉项目中，投诉人投诉招标文件设置“投标人单位员工的总人数”“投标人近3年连续盈利额”评分项存在歧视性，该投诉能否成立。

基本案情

2015年，采购人A委托代理机构B采购厨具，投诉人C对招标文件提出质疑与投诉：

招标文件“第二章投标人须知”之“评标标准和方法”中“C.商务部分评分”关于“根据投标人单位员工的总人数评分，以总人数30人评分为基准，低于30人为零分，在0－3分之间打分”及“财务状况：投标人近3年连续盈利100万元以上的得2分，没有不得分”的评分设置存在倾向性，不符合《政府采购促进中小企业发展暂行办法》的规定。

采购人A回复称：

1. 本次采购由于资金使用期限和单位新址建设进度方面要求，采购人A要求中标人能在较短时间内完成全部物品供应和安装，其中的排烟系统等要求相应的安装队伍，因此设置这样一个考评项目是合同履行能力的重要保障；针对小微企业等相关法律法规要求的强制执行优惠政策在本次招标文件中没有被恶意删除；投诉人在部分商业平台中亦宣称其有员工101－200人，按照2015年最新小微企业标准，投诉人不属于小微企业。

2. 获取商业利润是企业生产经营活动的直接目的，获利能力也是企业经营稳定状况的一个重要体现，采购人A希望本次招标能选择一个经营稳定的企业作为供应商，以获得相对可靠售后服务保障等；根据随机查阅广东、浙江、上海和本省等部分国内厨具企业的网页资料显示，多数企业（不下10家，包括投诉人在内）都宣传注册资金1000万元。

据此，采购人A认为投诉事项不成立。

代理机构B回复称：

1. 目前国内市场上30人以上厨具企业不下百家，投诉人亦声称为手工生产的企业，其员工数量应远高于30人，此条款完全未排斥投诉人。投诉人误解招标文件，其投诉事项与事实不符。

2. 根据《政府采购法》第二十三条之规定，鉴于本次采购为特殊商品，出于安全和售后服务保障考虑，采购人对经营业绩优、营利能力强的企业给予适当加分，不存在排斥潜在供应商的情形。此外，本次招标公告已在政府采购监督部分指定网站上发布公告，不存在向供应商提供有差别信息的问题，更不存在倾向。

据此，代理机构B认为投诉人的投诉事项与事实不符。

案例评析

本案的争议焦点在于招标文件设置“投标人单位从业人员”及“投标人单位财务状况”是否属于对供应商实行差别待遇或者歧视待遇的情形？

《政府采购法》第二十二条第二款规定，采购人可以根据采购项目的特殊要求，规定供应商的特定条件，但不得以不合理的条件对供应商实行差别待遇或者歧视待遇。《财政部、工业和信息化部关于印发〈政府采购促进中小企业发展暂行办法〉的通知》[①] 第三条规定，任何单位和个人不得阻挠和限制中小企业自由进入本地区和本行业的政府采购市场，政府采购活动不得以注册资本金、资产总额、营业收入、从业人员、利润、纳税额等供应商的规模条件对中小企业实行差别待遇或者歧视待遇。

根据上述规定，本案招标文件关于“投标人单位从业人员”及“投标人单位财务状况”的评分设置属于以从业人员、利润条件对中小企业实行差别待遇或者歧视待遇的情形。同时，根据政府采购监管部门的调查情况，设置上述评分项与采购项目的具体特点和实际需要不相适应或者与合同履行无关，违反了《政府采购法实施条例》第二十条关于“采购人或者采购代理机构有下列情形之一的，属于以不合理的条件对供应商实行差别待遇或者歧视待遇：……（二）设定的资格、技术、商务条件与采购项目的具体特点和实际需要不相适应或者与合同履行无关”的规定。

因此，投诉人投诉事项属实。

本案发生于2015年，根据2017年10月1日起施行的《政府采购货物和服务招标投标管理办法》（财政部令第87号）第十七条规定，采购人、采购代理机构不得将招标人的注册资本、资产总额、营业收入、从业人员、利润、纳税额等规模条件作为资格要求或者评审因素，也不得通过将除进货物以外的生产厂家授权、承诺、证明、背书等作为资格要求，对招标人实行差别待遇或者歧视待遇。进一步规定了采购人、采购代理机构不得以规模条件作为供应商的资格要求或者评审因素。本案中，招标文件关于“投标人单位从业人员”及“投标人单位财务状况”评分设置亦违反了现行有效的《政府采购货物和服务招标投标管理办法》（财政部令第87号）第十七条之有关规定。

同时根据2018年3月1日起施行的《政府采购质疑和投诉办法》（财政部令第94号）第三十一条第一项的规定：“投诉人对采购文件提起的投诉事项，财政部门经查证属实的，应当认定投诉事项成立。经认定成立的投诉事项不影响采购结果的，继续开展采购活动；影响或者可能影响采购结果的，

---

① 2020年12月18日《财政部、工业和信息化部关于印发〈政府采购促进中小企业发展管理办法〉的通知》公布，并自2021年1月1日起施行。《财政部、工业和信息化部关于印发〈政府采购促进中小企业发展暂行办法〉的通知》（财库〔2011〕181号）同时废止。

财政部门按照下列情况处理：（一）未确定中标或者成交供应商的，责令重新开展采购活动。”本案中，政府采购监管部门若认定招标文件评分项的设置属于对中小企业实行差别待遇或者歧视待遇的，应依照上述规定作出“责令重新开展采购活动”的处理决定。

处理结果

综上，招标文件关于“投标人单位从业人员”及“投标人单位财务状况”评分设置属于以从业人员、利润条件对中小企业实行差别待遇或者歧视待遇，且与采购项目的具体特点和实际需要不相适应或者与合同履行无关。据此，政府采购监管部门根据《政府采购法》第五十六条、《政府采购供应商投诉处理办法》（财政部令第20号，已失效）第十七条第三项及第十八条第一项的规定，作出了“投诉人投诉事项成立。采购文件违法，责令修改采购文件，并按修改后的采购文件开展采购活动”的处理决定。

法条规定

1. 《政府采购法》第二十二条、第五十六条；
2. 《政府采购法实施条例》第二十条；
3. 《政府采购质疑和投诉办法》（财政部令第94号）第三十一条；
4. 《政府采购促进中小企业发展管理办法》第五条；
5. 《政府采购货物和服务招标投标管理办法》（财政部令第87号）第十七条。

案例5：土地征收——政府未履行土地征收公告职责和办理补偿、安置手续，程序违法

【内容简要】在土地征收中，T县人民政府没有依法履行公告职责和办理补偿、安置手续，确认程序违法。

基本案情

原告郝某等15人和第三人高某等6人均系W村村民，郝某、高某等人与W村签订了土地承包合同，承包村里的果园地，承包期限为1993年至1999年。承包期满后，合同变为一年一签，直至2003年。2003年10月，郝

某、高某等人承包的果园地被A公司占用。2004年11月24日，T县人民政府向S省人民政府和C市人民政府报送了《关于A公司清真肉业深加工改扩建项目建设用地的请示》，申请征用W村土地。郝某、高某等人承包的果园地在该请示拟征用的范围内。2005年12月14日，T县人民政府与W村签订了《土地补偿协议》，约定T县人民政府使用W村土地100亩，补偿费分年度支付。2006年8月4日，S省人民政府以J政地字〔200X〕号文批复同意T县人民政府征用上述土地，并由T县人民政府负责所转用面积的耕地补充、批后实施及公告等工作。从2004年开始，T县人民政府每年通过W村支付郝某、高某等人租地费，直至2008年。2009年，因郝某、高某等人提起本案诉讼，W村未将租地费给付各承包户。

2007年6月，T县国土资源局将征用的土地出让给A公司，用于清真肉业深加工改扩建项目。同年8月27日，T县国土资源局对该块土地初始登记的审核情况进行公告。郝某、高某等人称，直至此时方得知所承包土地已被征用并出让给A公司，而T县政府自始没有告知其征用土地的事实，更没有依法履行征地方案和征地补偿、安置方案公告的法定职责，而是一直以租地费的形式给予其补偿。故提起诉讼，要求T县人民政府依法履行公告职责，并依法一次性支付征地补偿款。一审认为，郝某、高某等人均已从村委领取了补偿款，应视为其对土地补偿、安置方案已认可，再公告征地补偿、安置方案已无实际意义，且经省人民政府同意，该宗土地被转为建设用地，郝某、高某等人早已知道土地被征用，且被A公司使用，T县人民政府公布征地方案已无实际意义，故驳回郝某、高某诉讼请求。

案例评析

根据《土地管理法》及《土地管理法实施条例》的有关规定，国家征收土地，应当依照法定程序履行征地方案和征地补偿、安置方案公告职责。国土资源部《征用土地公告办法》[①] 对公告事项作了详细规定，第四条规定："被征用土地所在地的市、县人民政府应当在收到征用土地方案批准文件之日起10个工作日内进行征用土地公告，该市、县人民政府土地行政主

① 2010年11月30日，根据《国土资源部关于修改部分规章的决定》，《征用土地公告办法》（国土资源部令第10号）的名称修改为《征收土地公告办法》。

管部门负责具体实施。”第七条规定：“有关市、县人民政府土地行政主管部门会同有关部门根据批准的征用土地方案，在征用土地公告之日起45日内以被征用土地的所有权人为单位拟订征地补偿、安置方案并予以公告。”第十四条规定：“未依法进行征用土地公告的，被征地农村集体经济组织、农村村民或者其他权利人有权依法要求公告，有权拒绝办理征地补偿登记手续。未依法进行征地补偿、安置方案公告的，被征地农村集体经济组织、农村村民或者其他权利人有权依法要求公告，有权拒绝办理征地补偿、安置手续。”本案中，S省人民政府于2006年8月4日批准讼争土地转为建设用地并办理征收手续，并确定T县人民政府负责批后实施及公告工作。T县人民政府在接到S省人民政府的征地批文后，组织实施了征地工作及出让工作，但没有依法履行公告职责和办理补偿、安置手续。T县人民政府从2004年起支付给上诉人郝某等人的土地租赁费，不能等同于征收土地的补偿、安置费。上诉人郝某等15人作为被征地农村村民有权要求T县人民政府履行征地方案和征地补偿、安置方案公告职责，并依法支付征地补偿、安置费。原判关于征地行为已经完成且郝某等人领取了土地租赁费视为对补偿、安置方案已认可，T县人民政府履行征地公告职责已经没有实际意义的观点，不能成立。

处理结果

综上，根据《行政诉讼法》第六十一条第二项之规定，判决如下：一、撤销一审行政判决；二、T县人民政府依法履行征地方案和征地补偿、安置方案公告职责。

法条规定

1.《自然资源听证规定》[①] 第十九条；

2.《政府信息公开条例》第二十条至第二十一条；

3.《征收土地公告办法》第四条、第七条、第十四条。

---

① 2020年3月20日发布的《自然资源部关于第二批废止和修改的部门规章的决定》第二条第（四）项规定：将《国土资源听证规定》中的“国土资源”统一修改为“自然资源”。

案例6：工伤赔偿——用工单位违法转包是否应当承担工伤保险责任

【内容简要】在施工中，蔺某在施工现场某楼楼顶铺设琉璃瓦时，被吊沙灰的塔吊铁盘砸伤左足，后认定为工伤。

基本案情

C公司经K县工商行政管理局注册登记，成立于2008年，属企业法人（自然人独资），经营范围：建筑劳务分包服务（按资质证核定范围期限经营）。2013年9月，中铁二十五局集团第X分公司将其承建的C镇M乡路的“H”项目工程的劳务部分分包给C公司，C公司又将铺设琉璃瓦劳务分包给自然人董某，董某的合伙人孙某卫招聘蔺某等四人共同铺设琉璃瓦。后蔺某在施工现场某楼楼顶铺设琉璃瓦时，被吊沙灰的塔吊铁盘砸伤左足，后被送往J医院救治。

蔺某向L市人社局提出工伤认定申请，并提交了L市职工工伤认定申请表、蔺某的住院病历、身份证复印件、孙某等工友的证明等相关材料。L市人社局于2016年受理后，向C公司邮寄送达了L市职工工伤认定调查举证通知书。L市人社局经审查核实，作出《L市职工工伤认定决定书》，依据《工伤保险条例》第十四条第一项之规定，认定蔺某为工伤，并分别送达给蔺某、C公司。

案例评析

国家建立工伤保险制度，其目的在于保障因工作遭受事故伤害或者患职业病的职工获得医疗救治和经济补偿。用人单位有为本单位全部职工缴纳工伤保险费的义务，职工有享受工伤保险待遇的权利。即通常情况下，社会保险行政部门认定职工工伤，应以职工与用人单位之间存在劳动关系为前提，除非法律、法规及司法解释另有规定的情形。《最高人民法院关于审理工伤保险行政案件若干问题的规定》第三条第一款规定：“社会保险行政部门认定下列单位为承担工伤保险责任单位的，人民法院应予支持：……（四）用工单位违反法律、法规规定将承包业务转包给不具备用工主体资格的组织或者自然人，该组织或者自然人聘用的职工从事承包业务时因工伤亡的，用工单位为承担工伤保险责任的单位……”该条规定从有利于保护职工合法权益的角度出发，对《工伤保险条例》将劳动关系作为工伤认定前提的一般规定作出了补充，即当存在违法转包、分包的情形时，用工单位承担职工的工伤保险责任不以是否存在劳动关系为前提。根据上述规定，用工单位违反法律、法规规定将承包业务转包、分包给不具备用工主体资格的组织或者自然人，职工发生工伤事故时，应由违法转包、分包的用工单位承担工伤保险责任。

本案中，C公司对蔺某由董某聘用并在铺设琉璃瓦时因工受伤的事实不持异议，但认为其不属于违法分包。住房城乡建设部《建筑工程施工转包违法分包等违法行为认定查处管理办法（试行）》（建市〔2014〕118号）[①] 第九条明确规定："存在下列情形之一的，属于违法分包：……（六）劳务分包单位将其承包的劳务再分包的……"该条规定不违反《建筑法》的相关规定，可以作为判断C公司是否属于违法分包的参考依据。中铁二十五局集团第X分公司将其承建项目工程的劳务部分分包给C公司。C公司属于具有建筑劳务资质的企业，其应使用自有劳务工人完成所承接的劳务项目，但其却又将铺设琉璃瓦劳务分包给自然人董某，该行为属于违法分包。故C公司的该辩解意见不能成立，本院不予采纳。

C公司作为具备用工主体资格的承包单位，违法将其所承包的业务分包给自然人董某，董某聘用的工人蔺某在铺设琉璃瓦时因工受伤，C公司依法应当承担蔺某所受事故伤害的工伤保险责任。L市人社局作出工伤认定决定所认定的事实清楚，适用法律正确，符合法定程序。

处理结果

综上所述，一审法院判决如下：维持L市人社局作出的工伤认定决定书。

二审驳回上诉，维持判决。

法条规定

1.《最高人民法院关于审理工伤保险行政案件若干问题的规定》第三条；

2.《建筑工程施工发包与承包违法行为认定查处管理办法》第十二条。

① 《建筑工程施工发包与承包违法行为认定查处管理办法》于2019年1月3日起施行，《建筑工程施工转包违法分包等违法行为认定查处管理办法（试行）》（建市〔2014〕118号）同时废止。

案例 7：村代会决议违法——村集体组织作出的决议违反法律、法规规定，侵犯妇女合法权益的，村民有权向基层政府控告、检举

【内容简要】在申请确认享有发展股、村级股及安居工程股的权利中，A 经联社第八经济社认定杨某不属于其在册农业人口，损害了妇女权益。

基本案情

2014 年，杨某向 S 区办事处提出处理申请，请求：1. 确认《A 经联社章程》、《第八经济社章程》和《补充章程》、《A（村）安居工程受惠对象确权界定方案》中有关女性股民离婚应迁未迁和应即迁未即迁而被剥夺股份的条款违反国家法律法规规定，责令修改 A 经联社、第八经济社 2002 年 12 月 20 日制定的《章程》的违法内容；2. 确认杨某享有 A 经联社农村集体经济组织成员 100% 的安居工程股和村级股；3. 确认杨某享有第八经济社农村集体经济组织成员 100% 的发展股；4. 责令 A 经联社补发杨某安居工程股分配款和轻轨征地补偿股份分红 ××元；5. 责令第八经济社补发发展股分红 ××元；6. 责令 A 经联社、第八经济社为杨某购买 2008 年 1 月 1 日至 2014 年 9 月 10 日的社会养老保险和医疗保险。S 区办事处经调查，于 2015 年作出行政处理决定，认为“杨某没有证据证实其户口迁入时，已被 A 经联社、第八经济社成员大会或有权机构表决确定其成员资格及相应权利，经联社、第八经济社认定杨某不属于其在册农业人口并无不妥。根据有关章程，杨某不享有发展股、村级股及安居工程股”，该决定书驳回杨某的申请请求。

案例评析

《妇女权益保障法》第三十三条第一款规定，任何组织和个人不得以妇女未婚、结婚、离婚、丧偶等为由，侵害妇女在农村集体经济组织中的各项权益。《广东省农村集体经济组织管理规定》第十五条第四款规定，农村集体经济组织成员户口注销的，其成员资格随之取消。广东省委农办、省妇联、省信访局发布的《关于切实维护农村妇女土地承包和集体收益分配权益的意见》规定，农村集体经济组织成员中的妇女，因离婚、丧偶，户口仍在夫家所在地并尽义务的，享有与所在地男子平等权益。根据上述规定，离婚并非农村集体经济组织成员资格丧失的法定条件，离婚后户口未迁出，仍然在夫家所在地的，并不丧失所在村村集体组织成员的资格，只要继续尽村民的义务，就应当享有与该村村民同等的权利。村民集体经济组织制定的村规民约、规章制度、财产分配方案等，不得违反法律、法规以及有效规章和行政规范性文件规定的男女平等、村民平权等基本原则。本案中，A经联社、第八经济社制定的相关章程、方案中规定，外地嫁入本村，户口已经迁入，离异后与外村的其他人再婚的妇女及随其生活的子女不分配股权，违背男女平等、村民平权的基本原则，是对离婚后再嫁其他村村民妇女的歧视，违反上述相关法律法规、规章及规范性文件的规定。杨某提出监督处理申请，S区办事处未依法行使监督权，市政府作出复议决定，撤销S区办事处决定，并无不当。

处理结果

村集体组织依法享有自主决定自治范围内事项的权利。但是，必须符合法律、法规以及合法有效规章、规范性文件的规定，不得剥夺村集体组织成员的依法应当享有的基本权利。如果村集体组织作出的决议违反法律、法规规定，侵犯村民合法权益，村民有权向基层政府控告、检举，请求予以监督。本案S区办事处收到杨某申请后，未依法行使监督权，市政府作出复议决定，撤销S区办事处决定，并不违反法律规定。A经联社、第八经济社应当根据复议决定及本案二审生效判决，及时纠正相关章程、方案中的违法条款，依法维护离异外嫁妇女的合法权益。

法条规定

1.《村民委员会组织法》第三十六条；

2.《妇女权益保障法》第三十三条第一款。

二、刑事案例

案例8：村主干违规——违规将不符合条件的人员纳入镇保范围，可能构成滥用职权

【内容简要】在从事被征用农民集体所有土地负责农业人员就业和社会保障工作过程中，陈某、林某、李甲徇私舞弊，共同或者单独将不符合镇保条件的人员纳入镇保范围。

基本案情

2004 年 1 月至 2006 年 6 月，被告人陈某利用担任 S 镇推进镇保工作领导小组办公室负责人的职务便利，被告人林某（原系 S 镇 Y 村党支部书记）、李甲（原系 S 镇 Y 村党支部委员）利用受 S 镇人民政府委托分别担任 Y 村镇保工作负责人、经办人的职务便利，在从事被征用农民集体所有土地负责农业人员就业和社会保障工作过程中，违反相关规定，采用虚增被征用土地面积等方法徇私舞弊，共同或者单独将 Y 村、L 村、H 村 114 名不符合镇保条件的人员纳入镇保范围，致使 S 镇人民政府为上述人员缴纳镇保费用共计人民币 600 余万元、S 市社会保险事业基金结算管理中心（以下简称市社保中心）为上述人员实际发放镇保资金共计人民币 178 万余元，并造成了恶劣的社会影响。

案例评析

被告人陈某身为国家机关工作人员，被告人林某、李甲作为在受国家机关委托代表国家机关行使职权的组织中从事公务的人员，在负责或经办被征地人员就业和保障工作过程中，故意违反有关规定，共同或单独擅自将不符合镇保条件的人员纳入镇保范围，致使公共财产遭受重大损失，并造成恶劣社会影响，其行为均已触犯刑法，构成滥用职权罪，且有徇个人私情、私利的徇私舞弊情节。其中被告人陈某、林某情节特别严重。犯罪后，三被告人在尚未被司法机关采取强制措施时，如实供述自己的罪行，属自首，依法可从轻或减轻处罚。

处理结果

依照《刑法》第三百九十七条，第二十五条第一款，第六十七条第一款，第七十二条第一款，第七十三条第二款、第三款之规定，判决被告人陈某犯滥用职权罪，判处有期徒刑二年；被告人林某犯滥用职权罪，判处有期徒刑一年六个月，宣告缓刑一年六个月；被告人李甲犯滥用职权罪，判处有期徒刑一年，宣告缓刑一年。一审判决后，被告人林某提出上诉。上海市第一中级人民法院二审终审裁定，驳回上诉，维持原判。

法条规定

1. 《刑法》第三百九十七条；

2. 全国人民代表大会常务委员会《关于〈中华人民共和国刑法〉第九章渎职罪主体适用问题的解释》。

三、民事案例①

案例9：土地出租——村委会能否将村集体所有的林地直接出租给村集体成员之外的第三人

【内容简要】村委会未经民主程序直接将村集体所有的林地出租给村集体成员之外的第三人，违反农村土地承包经营制度的强制性规定，双方签订的合同无效。

基本案情

陈某、刘某均为非S村民。2009年10月，S村委会与陈某、刘某签订《集体林地（使用地）租赁合同》约定：S村将村集体所有总面积3500亩的宜林地租赁给陈某、刘某营林；具体亩数和四至范围以陈某、刘某具体种植为准；租赁期限自2010年起30年；租金为每年每亩人民币20元整，每年一付。就本案讼争林地的出租事宜，S村委会召开了村民代表会议，共29名村民代表签字同意将讼争林地出租给陈某、刘某。合同签订后，S村委会向陈某、刘某共收取了人民币10万元。

案例评析

本案的关键问题为，S村委会能否将村集体所有的林地直接出租给村集体成员之外的陈某、刘某。

---

① 《中华人民共和国民法典》于2021年1月1日起实施，《中华人民共和国婚姻法》《中华人民共和国继承法》《中华人民共和国民法通则》《中华人民共和国收养法》《中华人民共和国担保法》《中华人民共和国合同法》《中华人民共和国物权法》《中华人民共和国侵权责任法》《中华人民共和国民法总则》同时废止。最高人民法院对相关司法解释也进行了废止或修改。本书收录的案例均裁判于《中华人民共和国民法典》生效前，适用的是当时有效的法律法规及司法解释，下文将不再对此进行提示。但法条规定所列法条为最新规定。

《农村土地承包法》第三条规定："国家实行农村土地承包经营制度。农村土地承包采取农村集体经济组织内部的家庭承包方式，不宜采取家庭承包方式的荒山、荒沟、荒丘、荒滩等农村土地，可以采取招标、拍卖、公开协商等方式承包。"第四十八条规定："发包方将农村土地发包给本集体经济组织以外的单位或者个人承包，应当事先经本集体经济组织成员的村民会议三分之二以上成员或者三分之二以上村民代表的同意，并报乡（镇）人民政府批准。"本案S村委会将总面积达3500亩的宜林地直接以出租的方式对外流转给本集体经济组织以外的陈某、刘某，因此，S村委会对外出租林地的行为明显违反了《农村土地承包法》关于国家实行农村土地承包经营制度的强制性规定，故确认陈某、刘某与S村委会双方签订的《集体林地（使用地）租赁合同》为无效合同，并对S村委会诉请返还集体林地予以支持，于法有据。综上所述，村集体作为土地所有权人，无权直接以出租的方式流转集体土地使用权。S村作为讼争林地的所有权人，直接将集体林地对外出租，违反了《农村土地承包法》的强制性规定，该租赁合同应当认定无效。S村的诉请于法有据，应予支持。至于无效合同产生的损失等问题，当事人可根据过错责任另行主张。

处理结果

根据《合同法》第五十二条第五项、第五十八条和《农村土地承包法》第一条、第三条、第九条、第三十二条、第三十四条、第四十八条之规定，判决：一、确认原告Z县Z乡S村民委员会与被告陈某、刘某于2009年签订的《集体林地（使用地）租赁合同》为无效合同；二、被告陈某、刘某应于本判决生效后三十日内返还原告Z县Z乡S村民委员会出租集体林地。一审宣判后，原审被告陈某、刘某及第三人L公司不服，提起上诉。二审维持原判，驳回上诉。

法条规定

1.《民法典》第一百五十三条、第一百五十七条；

2.《农村土地承包法》第一条、第三条、第八条、第三十六条、第五十二条。

案例10：村民选举资格——是否具有集体经济组织成员资格不是认定具有选民资格的条件

【内容简要】

基本案情

张某为海港镇李庄村居民，2020年，李庄村换届选举委员会公布的选民名单中并无张某的姓名，因此张某无法行使海港镇李庄村的选举权和被选举权。张某向Q市海港区海港镇李庄第十届村委会换届选举委员会提出申诉后，该委员会作出决定，该决定为：“因你们不属于我村集体经济组织成员，经我村第十届换届选举委员会认真讨论，无法确认你们是否有选民资格，因此不对你们进行选民登记，望你们用诉讼程序来解决选民资格（必须带着本人户口本和身份证）。”名单中有张某，故不给张某登记为第十届换届选举的选民。张某不服这一处理决定，因为身为李庄居民，应依法享有选举权和被选举权，换届选举委员会将张某排除在选民之外的处理决定是违法的，依法应予以纠正。特提请人民法院依法确认张某具有海港镇李庄第十届村委会换届选举选民资格并予以公榜。

案例评析

本案的争议焦点在于不具备集体经济组织成员资格的村民是否不具有选民资格？

选举权与被选举权是我国宪法赋予公民享有的一项基本政治权利。《村民委员会组织法》第十三条规定：“年满十八周岁的村民，不分民族、种族、性别、职业、家庭出身、宗教信仰、教育程度、财产状况、居住期限，都有选举权和被选举权；但是，依照法律被剥夺政治权利的人除外。村民委员会选举前，应当对下列人员进行登记，列入参加选举的村民名单：（一）户籍在本村并且在本村居住的村民；（二）户籍在本村，不在本村居住，本人表示参加选举的村民；（三）户籍不在本村，在本村居住一年以上，本人申请参加选举，并且经村民会议或者村民代表会议同意参加选举的公民。已在户籍所在村或者居住村登记参加选举的村民，不得再参加其他地方村民委员会的选举。”根据上述法律规定，是否具有集体经济组织成员资格不是认定具有选民资格的条件，张某符合上述规定，且现未被剥夺政治权利，具备李庄第十届村委会换届选举的选民登记条件，依法应享有选举权和被选举权。李庄第十届村委会换届选举委员会以张某不具备集体经济组织成员资格为由对张某作出的不进行选民登记的决定不符合上述法律规定，应予撤销；张某要求确认其具有李庄第十届村委会换届选举选民资格的请求应予支持。

处理结果

依据《村民委员会组织法》第十三条、第三十六条第一款，《民事诉讼法》第一百八十一条、第一百八十二条的规定，判决如下：一、撤销Q市海港区海港镇李庄第十届村委会换届选举委员会作出的对张某选民资格不予登记的决定；二、张某具有Q市海港区海港镇李庄第十届村委会换届选举选民资格，享有选举权和被选举权。

法条规定

1.《村民委员会组织法》第十三条、第三十六条第一款；

2.《民事诉讼法》第一百八十一条、第一百八十二条。

案例11：生态环境——行为人破坏生态的，法定社会组织可以作为公益诉讼原告要求赔偿

【内容简要】在生态环境保护中，经常遇到由谁向破坏生态者主张权利的难题。由于起诉主体不明确或不适格，往往导致败诉的可能。根据《环境保护法》第五十八条的规定，法定社会组织可以作为公益诉讼原告索赔。

基本案情

2008年7月，被告人谢某、倪某、郑某未经批准，从李某手中购得某石材厂矿山的采矿权。三被告人在未办理采矿许可延期手续和未取得占用林地许可证的情况下，开采矿石并扩大塘口，将弃土和废石向山下倾倒，造成19.44亩林地原有植被严重破坏。三被告人还在矿山塘口下方占用林地兴建砖混结构的工棚供工人居住。2011年6月，在国土资源部门数次责令停止开采的情况下，三被告人仍然雇人用挖掘机开路和扩大矿山塘口面积，再次造成林地植被毁坏。

案例评析

本案的争议焦点在于原告主体资格、被告的侵权责任、生态环境功能损失的适用。

关于原告A、B的主体资格问题。原告A系2010年6月18日在北京市朝阳区民政局登记成立的民办非企业单位，虽然其自登记之日起至本案起诉之日止成立不满五年，但其在登记前已经依法从事环境保护公益活动，至提起本案诉讼前从事环境保护公益活动已满五年，且在本案诉讼过程中其登记设立已满五年，并无违法记录。因此，原告A在本案中符合"从事环境保护公益活动连续五年以上"的主体资格要件。原告B于2006年11月7日在福建省民政厅登记，是从事环境保护的非营利性的社会组织，专门从事环境保护公益活动连续五年以上且无违法记录。故原告A、B均符合《环境保护法》第五十八条所规定的作为公益诉讼原告的主体适格。

关于被告谢某、倪某、郑某、李某是否应承担破坏生态的侵权责任，以及具体的责任形式和责任大小问题。被告谢某、倪某、郑某非法占用林地共20亩，被告谢某、倪某、郑某依法应当承担该部分损坏林地植被的恢复义务。虽然被告李某与被告谢某、倪某、郑某签订了《采矿权转让合同》，但该合同未经主管部门批准而未生效，且被告李某在采矿许可证到期未经行政主管部门办理续期手续的情况下，擅自将矿山采矿权四至范围扩大至原采矿点整个山顶范围出让给被告谢某、倪某、郑某采矿，被告李某对被告谢某、倪某、郑某非法占用林地造成植被破坏的行为具有共同过错，故被告李某对被告谢某、倪某、郑某非法占用林地20亩应承担共同责任。由于被告李某的原塘口9亩部分已被被告谢某、倪某、郑某之后采矿期间所产生的弃石、弃土所掩埋，对该部分被告李某与被告谢某、倪某、郑某的责任无法区分，故被告谢某、倪某、郑某也应对该部分承担共同恢复责任。

关于《最高人民法院关于审理环境民事公益诉讼案件适用法律若干问题的解释》规定的生态环境受到损害至恢复原状期间服务功能损失是否适用于本案的问题。因新的法律、法规或者司法解释实施前的有关民事行为或者事件发生纠纷起诉到人民法院，在行为发生时的法律、法规或者司法解释没有明确规定时，可以适用新的法律、法规或者司法解释的规定。2015年1月7日，《最高人民法院关于审理环境民事公益诉讼案件适用法律若干问题的解释》正式施行，该解释第二十一条规定："原告请求被告赔偿生态环境受到损害至恢复原状期间服务功能损失的，人民法院可以依法予以支持。"[①] 本案系于2015年1月1日立案受理，一审审理过程中上述司法解释颁布实施，故针对该司法解释规定的生态环境服务功能损失，可以适用于本案。因此，原告主张被告赔偿生态环境受到损害至恢复原状期间服务功能损失，法院予以支持。

处理结果

综上，根据《森林法》第十八条、国土资源部《矿山地质环境保护规定》第二十四条的规定，法院作出如下判决：一、三被告限期清除矿山工棚、机械设备等，恢复被破坏的20亩林地的功能，在林地上补种林木，并抚育保护3年；二、如不能在指定期间内恢复林地植被，则应共同赔偿生态环境修复费用111万元，共同赔偿生态环境受损恢复原状期间的服务功能损失127万元，用于原地的生态修复，或异地公共生态修复。

法条规定

1.《最高人民法院关于审理环境民事公益诉讼案件适用法律若干问题的解释》第二十一条；

2.《森林法》第三十七条；

3.《矿山地质环境保护规定》第二十条；

4.《环境保护法》第五十八条。

案例12：安置补偿——土地征地补偿中，安置补助费、土地补偿费应如何依法分配

【内容简要】征地补偿费中的安置补助费是对丧失承包经营权的被征地农民的专项保障费用，依法应当支付给放弃统一安置的承包经营权人。征地补偿费中的土地补偿费归农村集体经济组织所有。村集体基于村民自治的权

---

① 根据2020年12月23日最高人民法院审判委员会第1823次会议通过的《最高人民法院关于修改〈最高人民法院关于人民法院民事调解工作若干问题的规定〉等十九件民事诉讼类司法解释的决定》修正，该司法解释第二十一条规定："原告请求被告赔偿生态环境受到损害至修复完成期间服务功能丧失导致的损失、生态环境功能永久性损害造成的损失的，人民法院可以依法予以支持。"

利，可以依照法律规定的民主议定程序，决定在本集体经济组织内部分配已经收到的土地补偿费。具有本集体经济组织成员资格的人，有权请求村集体按照确定的分配方案支付相应份额的土地补偿费。

基本案情

1982年，彭A从B村委会承包六块责任田，其中对郭坑田1.6亩、上河田2亩两块土地始终未取得土地承包经营权证。彭A于1984年至1996年将郭坑田1.6亩流转给何某耕种，1999年至2008年又流转给聂某耕种，其余时间由彭A自己耕种；彭A于1984年至1996年将上河田2亩流转给何某耕种，其余时间由彭A耕种。截至裁判时，彭A实际耕种郭坑田1.6亩土地8年，何某耕种12年，聂某耕种10年；彭A实际耕种上河田2亩土地18年，何某耕种12年。彭A将涉案土地流转给何某、聂某耕种均是私下进行，未签订书面合同，也没有经过幸福村委会同意。2012年，县人民政府因建设需要将郭坑田1.6亩、上河田2亩征收，已将所涉青苗补偿费、安置补助费、土地补偿费一并拨付至B村委会。经B村委会讨论，每亩承包地村集体实际对安置补助费、土地补偿费按每亩提留30%后分给农户。2016年，B村委会村两委会成员、村民代表对该村土地补偿分配方案进行了决议，具体内容为：1. 2016年8月1日后新发生的征地纠纷，严格依据确权确地新的农村土地承包经营权证办理。之前已发生的纠纷依照1997年颁发的农村土地承包经营权证为基本依据。2. 有经营权证的土地其他人耕种了若干年的，其主张分配征地补偿费的，应依据双方协商的一致意见办理。3. 双方无法确定经营权证的土地，征地补偿纠纷建议按各方实际种植年限30年计算，按年度分配征地补偿费；青苗补偿费按征地时谁种谁所有。4. 纠纷方都无法提供真实有效土地承包经营权证，经村委会多次调解无果后，青苗补偿费归实际耕种人，征地补偿费收归集体。

一审诉讼中，当事人对5806.8元青苗补偿费应分配给彭A无争议；除此以外，对扣除B村委会提留的征收补偿费用后尚待分配的73165.68元（29034元/亩×70%×1.6亩+29034元/亩×70%×2亩）的安置补助费和土地补偿费存在分配争议，其中具体包含：安置补助费58068元（16130元/亩×1.6亩+16130元/亩×2亩）；土地补偿费15097.68元（73165.68元-58068元）。

案例评析

本案的争议焦点在于农村集体土地被政府征收时，土地补偿费、安置补助费应如何依法分配?

农村集体土地被政府征收时，征地补偿费分为土地补偿费、安置补助费、青苗（地上附着物）补偿费三个部分，司法实践中存在较多争议的是土地补偿费、安置补助费的分配问题。根据法律实务经验，确立如下的裁判原则：

1. 审理征地补偿费分配纠纷等案件应把握的裁判原则

涉农村土地承包纠纷审判应秉持依法保护农村土地承包经营权与支持村民自治、民主议定并重，尊重村民自治与有限合法性审查相结合的原则。村民会议的决定事项宜界定为法律政策没有明确规定，涉及全体村民的共同利益，应当通过村民自治方式予以决定的事宜。对于村民会议决定事项，除非存在明显损害农户合法权益的情形，司法一般应当予以尊重。

2. 关于安置补助费的归属问题

根据土地管理法和最高法院司法解释的规定，安置补助费是国家征收集体土地后，安置被征地单位由于征地造成的多余劳动力的专项补助费用，其目的是保障以土地为主要生产资料和生活来源的失地农户的基本生活，具有很强的人身性。安置补助费与土地补偿费无论从性质还是功能上均不相同，不能混为一谈。实践中，在承包地被征收而又没有安置单位的情况下，安置补助费虽然一般直接支付给作为发包方的村集体经济组织，村集体经济组织可以对安置补助费进行管理和使用，用于统一安置失地农户的生产生活，但安置补助费的设立目的及权益归属最终均指向失地农户。

3. 关于土地补偿费的分配问题

土地补偿费属于对集体土地所有权的补偿，土地管理法实施条例明确规定归农村集体经济组织所有，统一支付给被征地单位的农村集体经济组织。土地补偿费是否在集体经济组织成员间进行分配以及如何分配，因涉及每一个村民的切身利益，依法应当按照民主议定程序由村民会议讨论决定。土地补偿费分配方案一经确定，集体经济组织成员均有权依照分配方案请求发包方支付相应的份额。

回归本案中，彭 A 于 1982 年分田到户时即承包了包括郭坑田 1.6 亩、上河田 2 亩在内的六块责任田，对此 B 村委会、何某和聂某均没有异议。虽然彭A没有取得土地承包经营权证，但根据《物权法》第一百二十七条的规定，并不影响彭A于1982年分田到户即实际取得涉案土地承包经营权的事实。彭A将涉案土地流转给何某耕种均是私下进行，既没有签订书面合同，也没有经过B村委会同意，故涉案土地承包关系依法并未发生变更。彭A一直是涉案土地的实际承包经营权人，其依法有权获得58068元安置补助费。

B村委会就该村土地补偿费分配问题召开村民代表会议通过具体分配方案。当时方案没有区分安置补助费和土地补偿费，故其中涉及安置补助费的部分，依法应当补偿给彭A；但涉及土地补偿费的部分，可以参照具体分配方案的第3项，按照各方实际种植年限予以分配。郭坑田1.6亩的土地补偿费为：6710.08元（15097.68元×1.6/3.6），其中，彭A应得1789.36元（6710.08元×8/30），何某应得2684.03元（6710.08元×12/30），聂某应得2236.69元（6710.08元×10/30）；上河田2亩的土地补偿费为：8387.6元（15097.68元×2/3.6），其中，彭A应得5032.56元（8387.6元×18/30），何某应得3355.04元（8387.6元×12/30）。以上彭A、何某、聂某分别应获得6821.92元、6039.07元、2236.69元土地补偿费。彭A应获得的青苗补偿费、安置补助费、土地补偿费合计70696.72元（5806.8元+58068元+6821.92元），B村委会依法应当向彭A支付该部分款项。

处理结果

综上，县人民法院作出判决：B村委会于判决生效之日起七日内向彭A支付青苗补偿费5806.8元、安置补助费58068元、土地补偿费6821.92元，合计70696.72元。

法条规定

1.《民法典》第二百四十三条、第三百三十三条、第三百三十八条；

2.《最高人民法院关于审理涉及农村土地承包纠纷案件适用法律问题的解释》第二十一条、第二十二条；

3.《土地管理法实施条例》第二十六条；

4.《农村土地承包法》第三十七条。

案例 13：农房买卖——非本村村民买卖宅基地上自建房，合同无效

【内容简要】 非本村村民购买集体土地上的房屋，因违反《土地管理法》的规定，侵害了村集体其他成员宅基地使用权，合同应属无效。

基本案情

原、被告签订《房屋买卖协议》，约定由被告将位于Z县M镇杨店村自建房屋的第三层毛坯套房出售给原告。房屋价格18万元。事后得知双方签订《房屋买卖协议》违背了法律的相关规定。为此，原告请求法院确认《房屋买卖协议》无效；判令被告向原告返还购房款18万元及利息；并由被告承担本案的诉讼费。

经法院审理查明：原告是Q镇T村村民；被告出售给原告的房屋是在原有宅基地基础上翻修扩建，建房占有的土地属M镇杨店村集体所有制土地。

案例评析

所有人对自己的不动产或动产，依法享有占有、使用、收益和处分的权利，但其对自己财产的处分不得违反法律、行政法规的强制性规定。原、被告签订《房屋买卖协议》虽属自愿，在协议中约定土地不转让，但根据“地随房走”的原则，农村房屋买卖必然涉及宅基地转让。我国《合同法》第一百三十二条规定：“出卖的标的物，应当属于出卖人所有或者出卖人有权处分。法律、行政法规禁止或者限制转让的标的物，依照其规定。”被告人自建的房屋，虽属其所有，但所建房屋的土地是属村集体所有，村集体所有的土地由本村村民集体所有。我国《物权法》第一百五十三条规定：“宅基地使用权的取得、行使和转让，适用土地管理法等法律和国家有关规定”。根据我国《土地管理法》的相关规定，宅基地使用权是农村集体经济组织成员享有的权利，与享有者特定的身份相联系，非本集体经济组织成员无权取得或变相取得。被告将在村集体所有的土地上建设的房屋出售给不属本村村民的原告，双方签订的《房屋买卖协议》违反了我国《土地管理法》的强制性规定，该合同应认定为无效。我国《合同法》第五十八条规定：“合同无效或被撤销后，因该合同取得的财产，应当予以返还……”故被告基于合同而收取的原告购房款18万元应予返还。导致协议无效，原、被告双方均有过错，故对双方提出的损失问题由各自承担。

我国对农村土地实行严格管理，农村土地所有权属村集体所有，宅基地使用权属本村村民所有。已依法取得宅基地的农户，与买受人签订的合同，其效力因买受人的身份不同而不同。分为三种情况：一是本村村民购买本村集体土地上的房屋，该合同有效；二是城镇居民购买集体土地上的房屋，该合同无效；三是非本村村民购买集体土地上的房屋，该合同无效。

三、处理结果

湖北省Z县人民法院作出民事判决：一、原告、被告签订的《房屋买卖协议》无效；二、被告返还原告购房款18万元，定于本判决生效后二十日内付清；三、驳回被告的其他诉讼请求。宣判后，双方均未上诉，判决已发生法律效力。

法条规定

1.《民法典》第五百九十七条、第一百五十七条、第三百六十二条、第三百六十三条；

2.《土地管理法》第十一条、第八十二条。

案例14：彩礼返还——给付彩礼而最终未办理结婚登记手续的，女方应酌情返还部分数额彩礼

【内容简要】未婚男女双方确已共同生活但最终未能办理结婚登记手续，给付彩礼方请求返还彩礼，人民法院可以根据双方共同生活的时间、彩礼数额并结合当地风俗习惯等因素，确定是否返还及具体返还的数额。

基本案情

2015年5月，赖某与张某经媒人介绍认识。2017年1月，双方举行订婚仪式。订婚当日，赖某向张某转账300000元，并现金交付张某33000元作为感谢女方父母的“养育恩”的费用。双方互相交换一条黄金项链。订婚后，赖某与张某一同居住于赖某在福州承租的房屋内。2017年5月起，赖某与张某居住于张某家中（长乐区××座×××室），并在赖某名下房屋（长乐区×座×××）装修完成后，一同居住于赖某新装修的房屋。后双方因房屋问题及日常生活琐事，发生争吵。2018年12月，双方脱离关系。双方至今未办理结婚登记手续，亦未生育子女。赖某诉至法院请求：1. 判令张某返还赖某彩礼款333000元、下聘礼物和香烟（价值19000元）、一台金色苹果平板电脑（价值3000元）、一枚铂金钻戒（价值3600元）；2. 判令张某赔偿赖某媒人介绍费12000元与订婚酒宴费用11000元；3. 判令张某向赖某支付逾期付款利息，利息以375000元为基数，按银行同期贷款利率计算，从起诉之日起计算至张某实际还清之日。

案例评析

本案的争议焦点在于：1. 彩礼数额应如何认定？2. 彩礼是否应返还及返还数额？3. 赖某和张某双方是否共同生活？

（一）关于彩礼数额

经查，确定彩礼的范围应充分考虑当地习俗。赖某订婚当日现金给付的33000元，赖某及其母亲称系答谢女方父母养育恩的感恩费，张某称其中30000元属于感恩费，另外3000元为彩礼零头。根据双方陈述一致的部分可以认定感恩费为30000元。按照当地习俗，该30000元“搭吃”费用系男方自愿赠送给女方父母的养育费用，不属于彩礼范围。赖某提出的价值19000元的礼物和香烟、金色苹果平板电脑一台（价值3000元）和铂金钻戒一枚（价值3600元）无证据证明，且部分物品属于一般礼节性、消耗性的赠礼，不属于彩礼范围。故一审法院以赖某转账的300000元加上张某自认的现金3000元来认定彩礼数额并无不当。

（二）关于彩礼是否应返还及返还数额

《最高人民法院关于适用〈中华人民共和国婚姻法〉若干问题的解释（二）》第十条规定，“当事人请求返还按照习俗给付的彩礼的，如果查明属于以下情形，人民法院应当予以支持：（一）双方未办理结婚登记手续的；……”从立法原意来看，该条规定并非针对双方已共同生活的情形，如果未婚男女双方确已共同生活但最终未能办理结婚登记手续，给付彩礼方请求返还彩礼，人民法院可以根据双方共同生活的时间、彩礼数额并结合当地风俗习惯等因素，确定是否返还及具体返还的数额。赖某和张某订婚后共同生活一年多时间，结合彩礼数额和当地习俗，法院酌定张某返还赖某100000元是适当的。

（三）关于赖某和张某双方是否共同生活

赖某主张双方未同居生活。经查，根据当地农村习俗，男女双方订婚后即同居生活，赖某提交的照片亦反映双方已在天主教堂举行了婚配仪式，结合张某提交的照片、外卖订单截图等，可以合理认定双方共同生活的事实。

（四）关于赖某主张逾期付款利息

赖某主张张某未返还婚约财产礼金375000元，应支付逾期付款利息。赖某与张某的婚约财产所涉及的权利义务尚存在纠纷，未经法院审理确认，其权利义务尚未明确，因此，赖某的该项主张无法律事实和法律依据，依法不予支持。

处理结果

综上所述，一审法院依照《最高人民法院关于适用〈中华人民共和国婚姻法〉若干问题的解释（二）》第十条第一款第一项及《最高人民法院关于适用〈中华人民共和国民事诉讼法〉的解释》第九十条规定，作出判决：一、张某应于本判决生效后十日内一次性返还赖某100000元礼金；二、驳回赖某的其他诉讼请求。

法条规定

1.《最高人民法院关于适用〈中华人民共和国民法典〉婚姻家庭编的解释（一）》第五条；

2.《最高人民法院关于适用〈中华人民共和国民事诉讼法〉的解释》第九十条。

案例15：见义勇为——肇事者逃逸被撞死，追赶者是否应承担赔偿责任？

【内容简要】在道路交通事故中，肇事者逃逸被车撞死，追赶者发现逃逸的违法行为，挺身而出，予以制止，属于见义勇为，不承担责任。

基本案情

2017年1月9日上午11时许，张A由南向北驾驶两轮摩托车行驶至G水产门口，与张B无证驾驶同方向行驶的无牌照两轮摩托车追尾相撞，张A

跌倒、张B倒地受伤、摩托车受损，后张A起身驾驶摩托车驶离现场。此事故经交警部门认定：张A负主要责任，张B负次要责任。

事发当时，被告朱某驾车经过肇事现场，发现肇事逃逸行为即驾车追赶。追赶过程中，朱某多次向L边防派出所、C公安局110指挥中心等公安部门电话报警。后张A跑上公路，扬言自杀，有向过往车辆冲撞的行为。又转向铁路方向的开阔地跑去。在此过程中，X区交通局路政执法大队等人加入，与朱某一起继续追赶。

张A走到铁路时，翻过护栏，朱某亦翻过护栏继续跟随。张A自行走向两铁轨中间，火车机车上的视频显示，朱某挥动上衣，向驶来的列车示警。张A被火车撞倒，后经检查被确认死亡。

案例评析

本案的争议焦点在于被告朱某的行为是否具有违法性；被告朱某对张A的死亡是否具有过错；被告朱某的行为与张A的死亡结果之间是否具备法律上的因果关系？

首先，案涉道路交通事故发生后张B受伤倒地昏迷，张A驾驶摩托车逃离。被告朱某作为现场目击人，及时向公安机关电话报警，并驱车、徒步追赶张A，敦促其投案，其行为本身不具有违法性。同时，根据《道路交通安全法》第七十条规定，交通肇事发生后，车辆驾驶人应当立即停车、保护现场、抢救伤者，张A肇事逃逸的行为违法。被告朱某作为普通公民，挺身而出，制止正在发生的违法犯罪行为，属于见义勇为，应予以支持和鼓励。

其次，从被告朱某的行为过程看，其并没有侵害张A生命权的故意和过失。根据被告朱某的手机视频和机车行驶影像记录，双方始终未发生身体接触。在张A持刀声称自杀意图阻止他人追赶的情况下，朱某拿起木凳、木棍属于自我保护的行为。在张A声称撞车自杀，意图阻止他人追赶的情况下，朱某和路政人员进行了劝阻并提醒来往车辆。在追赶过程中有时喊话传递的信息不准确或语言不文明，但不构成民事侵权责任过错，也不影响追赶行为的性质。在张A为逃避追赶，跨越铁路围栏、进入火车运行区间之后，被告朱某及时予以高声劝阻提醒，同时挥衣向火车司机示警，仍未能阻止张A死亡结果的发生。故该结果与朱某的追赶行为之间不具有法律上的因果关系。

处理结果

法院依法作出判决：驳回张 A 亲属的诉讼请求。

法条规定

1.《民法典》第一千一百六十五条；

2.《道路交通安全法》第七十条。

案例 16：解除收养——收养法颁布前收养的子女，养父母能否解除收养关系

【内容简要】《收养法》第十五条规定，收养应当向县级以上人民政府民政部门登记。收养关系自登记之日起成立。在收养法颁布之前收养的，是否成立收养关系？

基本案情

黄小 A 系黄 A 已故妻子林 B 姐姐所生之子，因黄 A、林 B 未生育子女，黄小 A 出生后不久即被送由黄 A、林 B 抚养。双方以父母子女相称，家庭户口簿中，黄小 A 登记为黄 A、林 B 的儿子（登记出生时间为 1983 年 12 月 27 日），但双方未办理收养登记。之后，黄 A、林 B 共同抚养黄小 A 成人，黄小 A 结婚后将户口迁出。后林 B 去世，黄 A、黄小 A 未再一起生活。林 B 去世后黄 A 有再婚，现已离婚。近年来，黄小 A 在外欠下巨额债务，黄 A 作为担保人对部分债务承担连带清偿责任。黄 A 欲出卖自己所建一栋房屋以清偿自己所负担保债务，但黄小 A 不同意，双方因此产生矛盾。黄 A 认为黄小 A 对其不关心，生病也不照顾，自己还要偿还担保债务等，认为双方已经无法继续生活，遂于 2017 年起诉，提出解除收养关系等。

案例评析

本案的争议焦点在于未办理收养登记手续，黄 A 与黄小 A 之间是否成立收养关系？能否解除收养关系？

黄 A 与黄小 A 之间的收养关系建立时，虽未办理登记手续，但考虑到当时《收养法》及相关法规规章等尚未颁布，且双方以父子相称至今，并有相应的户籍登记等为证，足以证明双方养父子关系的事实，故双方之间的收养关系合法有效，应予确认。根据《收养法》的规定，审查收养关系是否应予判决解除的标准是看双方之间的关系是否已经恶化，是否无法共同生活。从本案查明的事实看，双方在林 B 去世前关系尚可，但林 B 去世后双方未再一起生活。黄小 A 作为成年子女，本应给予父亲在生活起居、精神情感上更多关心和照顾，但近几年来因经济问题双方产生矛盾，父子之间分歧渐大达到现在已无法正常交流甚至诉诸法院，黄 A 实已无法从黄小 A 处得到生活上的照顾及精神上的慰藉。庭审中黄小 A 虽坚持不愿意解除收养关系，但并未对不解除的情况下未来父子之间如何沟通及调整相处模式表现出诚恳的态度。综上，法院认为黄 A、黄小 A 确已无法继续共同生活，现黄 A 要求与黄小 A 解除收养关系，应予支持。

处理结果

根据《收养法》第二十七条、《民事诉讼法》第六十四条第一款之规定，判决如下：解除黄 A 与黄小 A 之间的收养关系。

法条规定

1.《民法典》第一千一百零五条、第一千一百一十五条；

2.《民事诉讼法》第六十四条第一款。

案例 17：遗产继承纠纷——遗赠扶养协议的效力优先于法定继承

【内容简要】遗赠扶养协议是不同于法定继承和遗嘱继承的第三种继承方式，它是一种独特的新型的死后转移死者财产的方式，体现了遗赠人和扶养人的共同意志，是一种互助性的转移遗产方式，也是解决孤寡老人、残疾人扶养问题的较佳途径。根据我国《继承法》第五条的规定，遗赠抚养协议的效力优先于法定继承。法定继承人对被继承人也给予一定的照顾供养的，应当酌情予以相应补偿。

基本案情

张 A 系耿 B 丈夫的堂弟。耿 B 生前与丈夫育有一女，其丈夫早年已经去世，被告张 C 是耿 B 女儿。

1984 年，耿 B 所在生产队四队、耿 B 与张 A 签订抚养合同，内容如下：

甲方四队，乙方被抚养人耿B，丙方抚养人张A，经三方协商定出如下意见：1. 四队分给耿B一人份责任田，由张A耕种管理，每年不向生产队交提留粮款、公粮。每年生产队再补助耿B现金30元。到耿B年老去世时，生产队补小麦100斤、现金50元作为后事用。2. 耿B在当前能自立生活时，张A每年交给耿B小麦300斤、玉子100斤、花生20斤等。一年两清账。3. 耿B原欠生产队社员往来欠款，由生产队负责报销。4. 耿B的家庭生活事务均由张A负责，耿B去世后其全部家屋都由张A继承，其他亲族无权干涉。

2001年因村镇规划，耿B原房屋拆除，张A领取搬迁集体补贴1500元，村四队为耿B重新划定宅基地，张A在耿B新的宅基地上为耿B建房2间。2006年，张A为耿B办理了新型农村合作医疗。

2014年，张A及耿B所居住村庄整体拆迁，2014年1月，郑州某办事处与被告张C签订协议书，房屋补偿费、房宅综合补贴及奖励、搬家补助费、搬迁奖励费、房屋租赁费、提前拆迁奖励、房宅综合奖励等各项费用共计31万多元，已由被告张C领取并占有，张A多次向张C讨要，未果。2016年，张A诉至法院，要求张C返还拆迁补偿费31万多元。

案件评析

《继承法》第三十一条规定：“公民可以与扶养人签订遗赠扶养协议。按照协议，扶养人承担该公民生养死葬的义务，享有受遗赠的权利。公民可以与集体所有制组织签订遗赠扶养协议。按照协议，集体所有制组织承担该公民生养死葬的义务，享有受遗赠的权利。”遗赠扶养协议，即指受扶养人和扶养人之间订立的，扶养人承担受扶养人的生养死葬的义务，受扶养人将自己的财产于其死后转移给扶养人所有的协议。本案中，耿B作为受抚养人生前与张A、村四队签订抚养协议是双方当事人真实意思表示，协议内容不违反法律和行政法规的相关规定，应为有效协议。被告张C虽然辩称该协议不是耿B的真实意思，且签订协议的目的是张A多分土地，但其未提供相关证据予以证明，其辩称意见不能成立。根据已查明的案件事实，张A在耿B生前为其建造居住房屋，提供日常生活所需的粮食、水电并办理了农村医保，耿B去世后，积极参与办理后事，履行了扶养协议中的相关义务，依据该协议约定以及法律规定，在耿B亡故后，张A理应享有其财产权。张A

在涉案的抚养协议中，已经按照约定履行扶养协议确定的义务，应当在被扶养人耿B去世后依照协议约定及法律规定享有财产权。

鉴于张C系耿B的女儿，且在耿B生前对耿B多有照顾，特别是后期耿B生活不能自理时将耿B接到自己家中予以照顾，耿B去世后，也积极参与办理后事，对耿B尽到了相应的赡养义务，综合考虑本案实际，法院酌定给予被告50000元补偿。

当然，协议中扶养人依协议对遗赠人生养死葬义务的履行情况，是影响协议持续效力和最终效力的关键性因素，也决定了扶养人最终取得遗赠财产的多少。扶养人享有受遗赠的权利是以其履行相应义务为前提，而不单单是以有遗赠扶养协议为前提。

案件处理

综上，法院作出如下判决：被告张C于本判决生效之日起十日内向张A支付26万多元。

法条规定

1.《民法典》第一千一百五十八条；

2.《最高人民法院关于适用〈中华人民共和国民法典〉继承编的解释(一)》第三条、第四十条。

案例18：建筑物侵权——农村老宅倒塌侵权的，应由所有权人或管理人承担相应的赔偿责任

【内容简要】房屋的所有人和使用人因疏于对房屋进行必要的管理及修缮，致使其房屋倒塌造成他人受伤的，应承担相应的赔偿责任。

基本案情

原告史小A的父亲是史A。原、被告均系同村组人，相邻而居。被告孟A、孟B系兄弟关系，被告陈A、史B系夫妻关系。被告孟A家的老房子在原告家前排房子，被告陈A、史B家房屋在被告孟A家老房子南边。因被告史B家需要购买被告孟A家老房子拆作道路，经两家协商后签订了《房屋买卖协议》，被告史B家即按约支付了被告孟A购房款5000元，但并未办理物权变更手续。在此期间，被告孟B及其母亲到被告史B家告知所买卖的老房子家人存有争议而加以干预，因此被告孟A并未将其老房子实际交付给被告史B家管理使用。2018年9月，原告史小A在上述房屋的路边玩耍，该房屋靠路边的山墙突然倒塌，致使原告被埋在所倒塌的房屋下面而受伤。原告受伤后被送往县人民医院住院治疗，经诊断为面部外伤，开支医疗费1699.03元。为此，原告于2019年1月诉至法院，请求人民法院根据《民法通则》第一百二十六条及《侵权责任法》第八十五条的规定，裁判四被告连带赔偿原告医疗费1699.03元、护理费642.8元、交通费600元、住院伙食补助费400元，合计3341.83元。另查明，该涉案倒塌房屋的所有权及其土地使用权均为被告孟A所有。

案例评析

本案所涉倒塌的房屋系农村自建老宅，因客观原因并无相应房屋权属证书，根据上诉人孟A与被上诉人孟B在房屋倒塌后在公安机关及在庭审时对房屋来源、归属所作的陈述，以及孟A事前将该房屋转卖给被上诉人史B、陈A的事实，并结合本案其他相关证据，可证实该房屋属上诉人所有，且在倒塌前由上诉人占有并管理使用，其是该房屋的实际管理使用人。由于其作为涉案房屋的实际管理人，常年疏于对该房屋进行必要的管理及修缮造成倒塌，一审判决其承担责任并无不当。上诉人将所涉房屋转卖给被上诉人史B、陈A，因故未实际将房屋移交，管理责任未转移至被上诉人史B、陈A，且双方均表达了解除协议的意思表示。

被告孟A作为涉案倒塌房屋的所有人和使用人，因疏于对其房屋进行必要的管理及修缮，致使其房屋山墙倒塌造成在路边玩耍的原告史小A受伤，存在过错；原告史小A的父亲史A对其未成年子女未尽到必要的监护义务，也存在过错。故根据《侵权责任法》第六条“行为人因过错侵害他人民事权益，应当承担侵权责任。根据法律规定推定行为人有过错，行为人不能证明自己没有过错的，应当承担侵权责任”、第二十六条“被侵权人对损害的发生也有过错的，可以减轻侵权人的责任”、第八十五条“建筑物、构筑物或者其他设施及其搁置物、悬挂物发生脱落、坠落造成他人损害，所有人、管理人或者使用人不能证明自己没有过错的，应当承担侵权责任。所有人、管理人或者使用人赔偿后，有其他责任人的，有权向其他责任人追偿”的规定，及《民法通则》第十八条第一款、第三款“监护人应当履行监护职责，保护被监护人的人身、财产及其他合法权益，除为被监护人的利益外，不得处理被监护人的财产”“监护人不履行监护职责或者侵害被监护人的合法权益的，应当承担责任……”第一百二十六条“建筑物或者其他设施以及建筑物上的搁置物、悬挂物发生倒塌、脱落、坠落造成他人损害的，它的所有人或者管理人应当承担民事责任，但能够证明自己没有过错的除外”的规定，对原告的损失应由被告孟A承担主要民事赔偿责任，由原告及其法定代理人自行承担相应民事责任。因被告孟B并非该涉案倒塌房屋的利害关系人；被告陈A和史B家虽向被告孟A购买过该涉案房屋，但因他人干预等原因被告孟A并未将其房屋实际交付被告陈A、史B管理使用，故依法被告孟B、陈A、史B对原告损失均不承担民事赔偿责任。原告虽未提交相应的交通费发票，但酌情确定其交通费为100元。因原告所主张的医疗费、护理费、住院伙食补助费的计算标准符合事实及法律规定，故均予以支持。

处理结果

根据原告的诉讼请求及《最高人民法院关于审理人身损害赔偿案件适用法律若干问题的解释》第十七条第一款、第二款“受害人遭受人身损害，因就医治疗支出的各项费用以及因误工减少的收入，包括医疗费、误工费、护理费、交通费、住宿费、住院伙食补助费、必要的营养费，赔偿义务人应当予以赔偿”“受害人因伤致残的，其因增加生活上需要所支出的必要费用以及丧失劳动能力导致的收入损失，包括残疾赔偿金……”、第十九条“医疗费根据医疗机构出具的医药费、住院费等收款凭证，结合病历和诊断证明等相关证据确定……”、第二十一条“护理费根据护理人员的收入状况和护理人数、护理期限确定。护理人员有收入的，参照误工费的规定计算……”、第二十二条“交通费根据受害人及其必要的陪护人员因就医或者转院治疗实际发生的费用计算。交通费应当以正式票据为凭……”、第二十三条“住院伙食补助费可以参照当地国家机关一般工作人员的出差伙食补助标准予以确定”的规定，依法判决：一、由被告孟A于本判决生效之日起十五日内一次性赔偿原告史小A及其法定代理人史A医疗费、护理费、交通费、住院伙食补助费人民币1705.10元。二、驳回原告史小A的其余诉讼请求。

法条规定

1.《最高人民法院关于审理人身损害赔偿案件适用法律若干问题的解释》第六条、第八条、第九条、第十条；

2.《民法典》第一千一百六十五条、第一千一百七十三条、第一千二百五十三条、第三十四条、第一千二百五十三条。

案例 19：动物侵权——饲养动物侵权的，应当承担相应的赔偿责任

【内容简要】《侵权责任法》第七十八条规定：“饲养的动物造成他人损害的，动物饲养人或者管理人应当承担侵权责任……”第八条规定：“二人以上共同实施侵权行为，造成他人损害的，应当承担连带责任。”本案中，被告王某、李某、兰某和案外人钱某共同饲养七里蜂致人损害，因此均应连带赔偿二原告在本案事故中的人身和财产损失。

基本案情

2017 年 10 月 1 日，二原告年某、鲁某带着共同生育的女儿年 A（2013 年生）及女儿年 B（2014 年生）到村民何某家做农活。当日中午 1 时左右，原告年某在何某家的牛圈楼休息，原告鲁某在何某家吃中午饭，让年 B 及年 A 独自在何某家院子边树下玩耍。在玩耍的过程中，年 B 和年 A 遭遇到了七里蜂的叮咬。事发后二原告及时将年 B 及年 A 带到县人民医院进行治疗，年 B 于 2017 年 10 月 11 日下午 3 时 48 分经抢救无效在市儿童医院死亡。经过派出所调查核实，叮咬二原告女儿年 B、年 A 的七里蜂，系被告王某、李某、兰某等人饲养的，原告认为，因被告将七里蜂养殖在村子旁边，管理不善，存在严重过错，导致了原告女儿年 B 死亡的事实，给原告造成了极大的精神损害，故诉至法院。

另查明，叮咬二原告女儿年 B、年 A 的七里蜂系被告王某、李某、兰某和案外人钱某共同饲养的，二原告向本院起诉时也将钱某列为了本案的共同被告，因钱某下落不明，二原告以无法向本院提供钱某的详细地址而采取其他方法处理双方的纠纷为由，于 2018 年 1 月 17 日向本院书面申请撤回对钱某的起诉。

案例评析

被告王某、李某、兰某和案外人钱某饲养七里蜂致人损害的行为，系造成二原告的女儿年A受伤及年B死亡结果的根本原因，上述行为和结果之间形成了侵权行为构成要件中的因果关系，故因本案事故造成的人身损害和财产损失，依照相关法律规定有权获得赔偿。

（一）关于本案的事故责任

《侵权责任法》第七十八条规定：“饲养的动物造成他人损害的，动物饲养人或者管理人应当承担侵权责任……”第八条规定：“二人以上共同实施侵权行为，造成他人损害的，应当承担连带责任。”故本案中，被告王某、李某、兰某和案外人钱某均应连带赔偿二原告在本案事故中的人身损害及财产损失。除此之外，二原告作为年A和年B的法定监护人，根据《民法总则》第二十条第一款的规定，父母对未成年子女负有抚养、教育和保护的义务。而本案中，二原告没有履行好监护的职责，让年幼的两个孩子独自在树下玩耍却不对其尽到安全和保护义务，致二被监护人受伤和死亡，则监护人自身也存在过错，故二原告亦应当承担因本案事故造成的人身损害和财产损失。综合全案进行分析，被告王某、李某、兰某和案外人钱某应对本案事故造成的人身损害和财产损失承担70%的责任，由二原告年某和鲁某自行承担30%的责任。

（二）连带责任人内部责任分担问题

根据《侵权责任法》第十四条的规定，连带责任人根据各自责任大小确定相应的赔偿数额；难以确定责任大小的，平均承担赔偿责任。本案中，养蜂人共四人，四人属共同养殖，难以确定责任大小，因此四人内部是按份承担责任。但因其中一人下落不明，原告放弃了对其的诉讼请求，该表示是原告对自己权益的放弃，其他连带责任人应在放弃的责任份额中相应减免责任，否则对其他连带责任人明显不公平。因此，本案判决时只判决了三被告各自承担25%的赔偿责任。

（三）关于本案的各项损失

根据法律及本案事实，结合原告的主张，关于本案的损失，本院认定如下：

1. 死亡赔偿金。2. 丧葬费。3. 交通费、住宿费、伙食费。4. 医疗费。

5. 精神损害抚慰金。故此，以上因本案事故造成的人身损害的各项经济损失共计 305140.96 元，应由原告方自行承担 30% 的责任，即 91542.29 元（305140.96 元 × 30%），由三被告及案外人钱某承担 70% 的责任，即 213598.67 元（305140.96 元 ×70%），因派出所已证实致使本案事故发生的动物即七里蜂系本案被告王某、李某、兰某和案外人钱某共同饲养的，则应由四位饲养人共同承担按份的侵权责任，故上述费用 213598.67 元应由本案被告王某、李某、兰某和案外人钱某各承担 25%，即 53399.67 元（213598.67 × 25%），因本案案外人钱某外出下落不明，原告撤回了对钱某的诉讼，原告的行为系当事人对实体权利的处分，对于应由案外人钱某承担的部分，不应由三被告承担，故应由三被告各自赔偿原告方的金额为 53399.67 元，合计 160199.01 元，对于原告方超过该部分的诉讼请求本院不予支持。

处理结果

综上，法院作出如下民事判决：被告王某、李某、兰某于本判决生效之日起九十日内每人分别向原告年某、鲁某一次性赔偿人身损害所造成的各项经济损失 53399.67 元，共计 160199.01 元；由被告王某、李某、兰某对以上赔偿款项相互承担连带清偿责任。

法条规定

《民法典》第二十六条、第一千一百六十八条、第一千二百四十五条、第一千一百七十二条、第一百七十八条第二款。

案例 20：夫妻财产——分居期间夫妻一方超出日常生活需要进行不合理的个人高消费，且未经另一方同意的，离婚时应承担相应的赔偿责任

【内容简要】夫妻双方在处理夫妻共同财产上的权利是平等的。因日常生活需要而处理夫妻共同财产的，任何一方均有权决定；非因日常生活需要对夫妻财产作重要处理决定的，夫妻双方应取得一致意见。夫妻一方于分居期间超出日常生活需要进行不合理的个人高消费，且未经另一方同意的，高消费一方对因此给另一方造成的损失应承担相应的赔偿责任。

基本案情

曾某、杨某于 1999 年 9 月相识后确立恋爱关系，2000 年 9 月 8 日登记结婚，2005 年 1 月 6 日生育一女名杨 A。婚初，原、被告夫妻感情尚可，但此后渐因生活琐事争吵，并在子女教育问题上产生分歧。2015 年 9 月，被告独自搬离双方共同居住处与原告分居，杨 A 则随原告共同生活。2016 年 1 月，曾某向法院提起离婚诉讼，2016 年 2 月 23 日，法院作出判决未予支持曾某的诉讼请求。2016 年 11 月，曾某向法院再次提起离婚诉讼，诉请判决双方离婚，并主张对子女抚养权、夫妻财产分割等问题作处理。

截至 2016 年 10 月，曾某累计缴存住房公积金 16802.76 元。杨某就职于 Z 上海分社，2016 年 1 月至 11 月实得工资收入 173263.80 元。杨某银行账户内长期存在频繁及较为大额的转账、取现、消费记录。

另查明，2016 年 4 月至 11 月，杨某在某直播网站共充值消费 170.6 万元，充值款项主要是从杨某的招商银行及建设银行卡上消费所得。截至 2017 年 7 月 20 日，杨某在该直播网站上的账户余额为 1848 星币，折合人民币约为 1.8 元。

案例评析

本案的争议焦点在于杨某在夫妻分居期间在某直播网站上累计个人消费 170.6 万元的行为应如何认定，以及另一方是否有权对该部分个人高消费财产主张权利。而解决这个争点的前提，就是要厘清行使夫妻共同财产处分权的基本原则，以及一方擅自处分共同财产的法律后果及救济方式。

1. 处分夫妻共同财产的基本原则

我国《婚姻法》规定了夫妻共同财产制是我国的法定夫妻财产制，即夫妻在婚前或婚后未就夫妻财产作出约定或约定无效的，依照法律规定为夫妻共同共有。

夫妻因日常家庭事务而与第三人交往时所为法律行为，视为夫妻共同的意思表示，配偶他方承担连带责任。关于日常生活需要的范围，一般包括维持家庭生活正常进行的一切必要开支，大致可以归类为以下几类：（1）日常物质生活消费：包括衣食住行、基本的日用品、房租、水电费用等；（2）医疗保健消费：包括医疗医药支出、合理的保健与锻炼等；（3）文化娱乐消费：包括购买书籍、订阅报纸杂志、观看电影戏剧等消费；（4）子女的培养教育费用：包括学杂费、兴趣班等；（5）必要的社交支出：包括亲友之间的宴请、按习俗所为的赠与等；（6）其他夫妻双方及未成年子女日常共同生活通常必要的事项。

2. 对日常家事代理之外的重要处理决定须双方共同处分

关于日常生活需要之外的重要处理决定，通常需要满足两个条件：一是处理财产并非为了家庭日常生活所需，如是为了个人“婚外情”的需要等；二是处理决定的事项对夫妻财产具有重大影响，如处分不动产及大额动产等。

3. 对不合理个人高消费的认定标准及救济方式

在司法实践中，认定是否属于超出日常家庭生活需要的不合理的个人高消费，应结合消费行为的发生时间、用途、金额、消费习惯、家庭收支状况等因素综合考量。

以本案为例，根据查明的事实，2016 年 4 月至 11 月，杨某通过银行卡直付通、支付宝等方式在某直播网站共充值消费 170. 6 万元。杨某于夫妻分居期间在短时间内持续高消费总额高达 170 余万元明显超过了“日常家事代理权”的合理范围，系擅自处分夫妻共同财产的行为。具体理由如下：第一，从高消费发生的时间来看，双方于 2015 年 9 月开始分居，2016 年 1 月曾某提起离婚诉讼，2016 年 2 月法院作出不予离婚的判决。之后，杨某在 2016 年 4 月至 11 月持续进行高消费，故高消费的行为发生在第一次离婚诉讼之后，双方处于分居期间，夫妻关系已恶化。第二，从高消费的用途来看，杨某自述在直播网站上充值购买星币后，用星币购买网络虚拟礼物送给主播，故杨某高消费并非为了家庭日常生活需要。第三，从消费的金额来看，杨某频繁网站消费、累计金额高达 170 余万元，明显属于处分夫妻大额动产的行为，属于对夫妻共同财产做重要处理决定的事项。第四，从家庭的经济状况及收支情况来看，杨某除不确定的股票收益外，2016 年年收入为 17 余万元，曾某年收入为 5 万元左右，家庭开支主要以日常必要的生活开销及女儿的教育、培训费用为主。在近 8 个月时间内累计消费高达 170 余万元，明显与家庭日常生活状况不相适应，属于明显超出家庭经济承受能力的消费行为。第五，对于杨某在直播网站上的高消费行为，杨某事先未取得曾某的同意，事后曾某亦不认可杨某的消费行为，故杨某在直播网站上累计消费高达 170 余万元属于明显不合理的个人高消费，且属擅自处分夫妻共同财产的行为。

综上，根据《婚姻法》及相关司法解释规定，夫或妻对夫妻共同所有的财产，有平等的处理权。夫或妻非因日常生活需要对夫妻共同财产做重要处理决定，夫妻双方应当平等协商，取得一致意见。杨某在未征得曾某同意的前提下，非因家庭日常生活需要擅自处分夫妻大额动产，侵犯了曾某对夫妻共同财产的所有权及平等处理权。鉴于杨某高消费的财产已经消费完毕，故已不存在分割该部分夫妻财产的客观基础，但对因此给曾某造成的财产损失，应由杨某作出赔偿，故法院在查清杨某高消费金额为170.6万元的事实基础上，判决杨某赔偿曾某财产损失85.3万元。

处理结果

法院作出民事判决：一、准予原告曾某与被告杨某离婚；二、离婚后，原、被告所生之女杨A随原告曾某共同生活，被告杨某自本判决生效之日起按月给付原告曾某子女抚养费3000元，至杨A 18周岁止；三、原、被告各自处的银行存款余额、公积金余额、保单取现金额归各自所有；四、杨某于本判决生效之日起六十日内赔偿曾某财产损失人民币85.3万元。

法条规定

1.《民法典》第一千零六十二条、第一千零六十四条、第一千零七十九条、第一千零八十四条、第一千零八十五条、第一千零八十七条、第一千零九十一条、第一千零九十二条；

2.《最高人民法院关于适用〈中华人民共和国民法典〉婚姻家庭编的解释（一）》第二十八条。

图书在版编目（CIP）数据

“三农”法律顾问实务：技能、问答与案例 / 郑新芝主编．—北京：中国法制出版社，2021.6

ISBN 978 -7 -5216 -1925 -6

Ⅰ．①三…　Ⅱ．①郑…　Ⅲ．①农村 - 法治 - 研究 - 中国　Ⅳ．①D920.0

中国版本图书馆 CIP 数据核字（2021）第 103368 号

策划编辑：黄会丽

责任编辑：黄会丽　孙　静　　　封面设计：周黎明

“三农”法律顾问实务：技能、问答与案例

“SANNONG” FALÜ GUWEN SHIWU：JINENG、WENDA YU ANLI

主编/郑新芝

经销/新华书店

印刷/三河市紫恒印装有限公司

开本/730 毫米×1030 毫米　16 开　　　印张/ 25.5　字数/ 360 千

版次/2021 年 6 月第 1 版　　　2021 年 6 月第 1 次印刷

中国法制出版社出版

书号 ISBN 978 -7 -5216 -1925 -6　　　定价：79.00 元

北京西单横二条 2 号

邮政编码 100031　　　传真：010 -66031119

网址：http：//www.zgfzs.com　　　**编辑部电话：010 -63141787**

市场营销部电话：010 -66033393　　　**邮购部电话：010 -66033288**

（如有印装质量问题，请与本社印务部联系调换。电话：010 -66032926）